四川宋瓷博物馆 编

遂宁历史名人研究

胡传淮 著

巴蜀书社

图书在版编目（CIP）数据

遂宁历史名人研究 / 胡传淮著. —成都：巴蜀书社，2017.12

ISBN 978-7-5531-0858-2

Ⅰ.①遂…　Ⅱ.①胡…　Ⅲ.①历史人物－生平事迹－遂宁
Ⅳ.①K820.871.3

中国版本图书馆 CIP 数据核字（2017）第 229928 号

遂 宁 历 史 名 人 研 究　　胡传淮　著
SUINING LISHI MINGREN YANJIU

责任编辑　王群栗　王承军
封面设计　冀帅吉
出　　版　巴蜀书社
　　　　　成都市槐树街 2 号　邮编 610031
　　　　　总编室电话：(028)86259397
网　　址　www.bsbook.com
发　　行　巴蜀书社
　　　　　发行科电话：(028)86259422　86259423
经　　销　新华书店
照　　排　四川胜翔数码印务设计有限公司
印　　刷　四川五洲彩印有限责任公司
版　　次　2017 年 12 月第 1 版
印　　次　2017 年 12 月第 1 次印刷
成品尺寸　240mm×170mm
印　　张　22
字　　数　320 千
书　　号　ISBN 978-7-5531-0858-2
定　　价　78.00 元

前　言

汉代史学家司马迁说："古者富贵而名磨灭，不可胜计，唯倜傥非常之人称焉。"有的人生前显赫，死后默默无闻；有的人生前无名，死后流芳百世。大江东去，浪淘尽，千古风流人物。蜀中遂宁，地灵人杰，文献名邦，上下两千年，兴亡多少事，不尽涪江万古流。历史的天空群星灿烂，他们或怒发冲冠，或荡气回肠，如大风悲歌，如高山流水，千百年来，其叱咤风云、慷慨磊落之气，尚纵横驰骋于遂州大地，磅礴激荡于数百万遂宁儿女心中。

四川遂宁，代为中川名郡，雄控巴蜀，居水陆之要冲，素称"剑南大镇""武信巨镇""东川会邑""东蜀都会"，曾为德阳郡、遂宁郡、遂州、遂宁府、遂宁县、遂宁市。唐代大诗人白居易云："遂居蜀之腴。"（《白氏长庆集》卷三十一）杜牧云："遂宁旁缘巴微，号为沃野。"（《樊川文集》卷十八）北宋状元杨砺云："涪岭维峭，涪江维清，峭清浑融，介为遂宁。"（《舆地纪胜》卷一五五）

涪上山川，灵秀如此，熏陶沐教，所产必佳。东晋史学家常璩云："山原肥沃，有泽渔之利。士女贞孝，望山乐水，土地易为生事。"（《华阳国志》卷三）南朝陆徽赞遂宁郡龚颖云："秉身贞白，抗志不挠""当今之忠壮，振古之遗烈。"（《宋书》卷九十一列传第五十一孝义）清代学者周彭年则曰："古今人材辈出，风俗淳美，为全蜀冠。"（乾隆十二年《遂宁县志》卷首）

民国十八年（1929），抗日名将李家钰为《遂宁县志》撰序云："家钰束发受书时，闻乡先辈谈蜀中旧事，莫不曰相业以张文端公（张鹏翮）为最优，科第以榜眼李仙根为最早。至以诗书画三绝，树帜立坛，为后贤所景仰企慕者，前则潜叟吕半隐（吕潜），后则检讨张船山（张问陶）。问其人，皆遂宁也。夫大清一代，二百余年，以总揆（宰辅）谥文端者，蜀中仅二人，而遂宁居其一；以鼎甲显者，蜀中仅三人，而遂宁又居其一。”

自晋至今，文脉承继，遂宁名士，迭出无穷。遂宁不仅有国内知名的政治家、军事家，亦有名闻海外的文学家、禅学家。

一、政治名人

第一次出现在正史中的遂宁人是晋末宋初的龚颖。龚颖素有德才，被益州刺史毛璩聘为劝学从事。后国变，谯纵据蜀，颖誓不附庸，为刘宋名臣陆徽所激赏。陆徽在《荐遂宁龚颖表》中称颖“秉身贞白，抗志不挠”“虽桎梏在身，践危愈信其节；白刃临颈，见死不更其守”，并赞他为“当今之忠壮，振古之遗烈”。遂宁人铁胆忠义的形象从此深深地留在了人们的脑海里。

自龚颖以来，遂宁历代政治人物（含军事人物）层出不穷，较为著名的有夏鲁奇、赵开、杨辅、席书、杨最、陈讲、吕大器、李仙根、张鹏翮等。

夏鲁奇是五代十国时期后唐名将，曾生擒铁枪王王彦章，有“神枪王”之誉。其任武信军节度使（驻遂州方义县）时，创筑了“有城如斗，有壁如金”的“斗城”。后来，遂州被西川将领李仁罕攻破，夏鲁奇全家殉难。

席书是明代著名政治家。其在“大礼议”事件中表现突出，合帝意，世宗倚为亲信，官至礼部尚书加武英殿大学士，撰有《大礼集议》《大礼纂要》等。席书对阳明学贡献较大，著名心学家王阳明讲“知行合一”之学于贵阳文明书院，即为其延请。王阳明赞其曰：“豪杰之士，社稷之臣。”

吕大器是明末著名政治家、军事家、诗人。历任吏部稽勋主事、考功主事、文选主事，陕西关南道参议，固原副使，都察院右佥都御史巡抚甘肃，兵部添注右侍郎，保定、山东、河北总督，江西、湖广、应天、安庆总督，南京兵部右侍郎兼礼部事，吏部左侍郎，兵部尚书兼东阁大学士，文渊阁大学士兼少傅，武英殿大学士。身历崇祯、弘光、隆武、永历四朝，且均身居要职。瞿式耜论大器曰：“东川素有才路，为人亦爽恺”“每事决断，不肯模棱”。其为大明江山战斗到了最后一刻。

李仙根是清初著名政治家、外交家、文学家、书法家，是康熙皇帝的老师。顺治十八年（1661）辛丑科榜眼。他是四川入清后获鼎甲第一人，亦为有清一代巴蜀地区唯一榜眼，遂宁历史上科名最高者。历任弘文院编修、国子监司业、秘书院侍读、宣谕安南正使、国子监祭酒、康熙庚戌科武会试总裁、经筵讲官、日讲官、起居注官、内阁学士、礼部侍郎、《太宗文皇帝实录》副总裁、鸿胪寺少卿、左副都御史、明史纂修官、户部右侍郎、光禄寺少卿。曾于康熙七年（1668）至八年奉使安南，不辱使命，平靖边事，撰《安南使事纪要》四卷，卓然一代外交名臣。仙根更是清代首批经筵讲官和起居注官，乃一代帝师，与熊赐履、陈廷敬、张玉书、严我斯等汉族官员为儒化清廷作出了不可磨灭的贡献。

张鹏翮是遂宁历史上最为知名的政治人物，是清代著名政治家、水利专家、理学家、文学家、外交家，是清代四川官位最显赫、名声最响亮的一代贤相。历任刑部主事、苏州知府、兖州知府、河东盐运使、通政司参议、兵部督捕副理事官、大理寺少卿、浙江巡抚、兵部右侍郎提督江南学政、左都御史、刑部尚书、江南江西总督、河道总督、户部尚书等职，官至文华殿大学士兼吏部尚书，时人称其为“遂宁相国”。雍正三年（1725）于相位上病逝，归葬遂宁庆元山。谥“文端”，人称“张文端公”。祀于清朝贤良祠、遂宁乡贤祠。文端公历官五十余载，一介不取，以清正自持，康熙赞之云“天下廉吏，无出其右”，又褒其为“天下第一清官”。雍正在御制碑文中赞其“秉性贞介，持身廉洁”，称他为“卓然一代之完人”。

二、文艺名人

自唐代陈子昂、张九宗至今，遂宁文脉从未断绝。虽有宋末、明末两次毁灭性灾难，遂宁文学艺术亦能在较快时间内恢复生机（但是，遂宁文化之最盛时期依然在两宋，元代最为凋零）。绝大多数遂宁历史名人（含流寓学者）在文艺方面都是佼佼者，其中最突出的有陈子昂、张九宗、贾岛、孙樵、船子德诚、雪窦重显、王灼、北涧居简、王璲、谢东山、黄峨、吕大器、吕潜、张鹏翮、张问陶、张问安、陈慧殊、杨继端等。

陈子昂是唐代著名文学家，主张改革六朝以来绮靡纤弱的诗风，恢复《诗经》的风雅传统，强调比兴寄托，提倡汉魏风骨。代表作有《感遇》三十八首、《蓟丘览古赠卢居士藏用》七首和《登幽州台歌》。其诗思想进步充实，语言刚健质朴，对唐代诗歌影响巨大，张九龄、李白、杜甫、元稹、白居易都从中受到启迪。其亦为唐代古文运动的前驱者。

贾岛是中唐著名诗人，唐文宗时，坐飞谤，贬遂州长江县（今遂宁市大英县），为长江主簿，著有《长江集》，世称“贾长江”。其诗孤峭瘦硬、幽清寂冷，人称“瘦岛”。家无一钱，尤好苦吟，人称“诗奴”。贾岛为诗长于五律，多注重字词推敲与意境锤炼。常以“两句三年得，一吟双泪流”自慰。

王璲是明初著名诗人、书法家。洪武中举浙江乡试，以荐摄府学教授，改应天训导，擢翰林五经博士。永乐初，进检讨，再进春坊赞善，下诏狱死。洪熙初赠太子宾客，谥“文靖”。清初学者曹溶论曰：“其诗不费冥索，斤斤唐人之调。吴人徐用理集永乐后诗家三百三十人，以汝玉压卷焉。”

黄峨是“蜀中四大才女”之一（另三位是卓文君、薛涛、花蕊夫人）。明南京工部尚书黄珂之女，新都状元杨慎之妻。自幼聪敏好学，博通经史，善书札，能诗词，尤擅散曲。杨慎因“大礼议”事件贬谪云南后，夫妇长久分离，然感情浓烈，常诗词唱和。

吕潜是清初著名遗民诗人、书画家，与新繁费密、达川唐甄合称“清初蜀中三杰”，与“金陵八家”之首龚贤并称“天下二半”。其诗“清逸”，其画“萧疏简远，脱尽蹊径”（乾隆《湖州府志》），“用笔放纵，而不越矩矱，神气清朗可赏”（《国朝画征续录》），向有“诗书画三绝”之誉。

张问陶是清代杰出诗人、诗论家，著名书画家。其诗天才横溢，价重鸡林，与袁枚、赵翼合称清代“性灵派三大家”。袁枚在《答张船山太史寄怀即仿其体》中赞曰：“忽然洪太史，夸我得奇士。西川张船山，盘盘大才子。”张问陶被誉为“青莲再世”“少陵复出”、清代“蜀中诗人之冠”，为元明清巴蜀第一大诗人。

三、学术名人

遂宁学术名人往往又是政治名人或文艺名人。诗学方面，陈子昂、王灼、吕潜、张问陶是代表人物；史学方面，谢端、杨名、陈讲、李实、张鹏翮是代表人物；理学方面，傅耆、席书、杨名、章评、杨甲仁、张鹏翮是代表人物。

王灼是宋代著名文学家、科学家，所撰《碧鸡漫志》为我国第一部词学专著，《糖霜谱》为我国第一部糖业科技专著。

谢端是元代著名文学家、史学家，《元史》评之曰：“元世蜀士以文名者，曰虞集，而谢端其次云。”在史学方面，与修《英宗实录》《明宗实录》《文宗实录》《宁宗实录》及《累朝功臣列传》。《元史》云：“至顺、元统以来，国家崇号，慈极升祔先朝，加封宣圣考妣，制册多出其手。”时称端有史才。谢端与苏天爵合撰有《正统论》，辩辽金宋正统甚悉。对前代君臣得失、人物贤否，甚为精熟，以不克纂述三史为憾。元文宗崇儒，建奎章阁，搜罗中外才俊置其中，尝对近臣阿荣曰："当今文学之士，朕惟未识谢端。"

章评是明代蜀中著名学者，为湖南学者蒋信门人，著名心学家王阳明再传弟子，曾刊蒋信《道林诸集》。

张问陶作为清代"性灵派三大家"之一，在诗学方面一再标举"性灵"，同时巧于用典。"诗人原是有情人""好诗不过近人情""写出此身真阅历，强于饤饾古人书"等，乃其代表性诗学主张，对清代中后期诗坛影响很大。

四、宗教名人

遂宁自汉晋以来是佛教大郡，历代高僧辈出，具有代表性的高僧有唐代克幽禅师、遂州道圆、船子德诚，宋代雪窦重显、北涧居简、痴绝道冲，明代高原明昱等，这些高僧在我国佛教史上具有重要地位。特别是唐宋时期的几位大和尚，对我国佛教影响深远。

船子德诚是药山惟俨的法嗣，唐代著名禅僧。住秀州华亭（今上海市松江区），常泛一小舟，随缘度日，世因谓之"华亭和尚""船子和尚"。船子德诚在江南非常有名，家喻户晓，至今上海市还有他的遗迹。华东师范大学出版社 1987 年出版有《船子和尚拨棹歌》；中国文史出版社 2007 年出版有《唐高僧船子德诚禅师》；上海金山东林文史研究会 2015 年出版有《东林文史·船子德诚专刊》。

雪窦重显是北宋禅宗大德，弘法江南，住明州雪窦山资圣寺（今宁波奉化雪窦寺），为"云门宗中兴之祖"。著作《祖英集》《颂古集》《瀑泉集》《拈古集》，对禅宗的发展影响很大。中国社会科学出版社 2014 年出版有《指月与话禅：雪窦重显研究》；上海古籍出版社 2016 年出版有《雪窦重显禅师集》。

北涧居简是南宋中后期著名禅林大师，亦是一位被四川埋没而在东亚闻名的著名诗僧。居简字敬叟，号北涧，22 岁依邑之广福院得度。居简《通泉广福院记》云："广福皇觉院，制度小而最古……吾庐距此仅一舍。"可见广福院为当时通泉县的一座古刹，居简家距此仅三十里（一舍）。通泉治今遂宁市射洪县沱牌镇通泉坝，可知居简为今射洪县人，并非三台县人。居简弟子浙江鄞县物初大观所作的《北涧禅师行状》（《物初剩语》卷二十四，日本宝永五年活字本）亦载北涧居简为潼川府通泉县人。禅宗临济宗自大慧宗杲、虎丘绍隆后，主要分为北涧居简、妙峰之善、松源崇岳、破庵祖先四系。后世临济高僧几乎全从这四系法嗣中出。北涧居简为临济宗“居简系”鼻祖，其地位可想而知。居简著作甚多，有《北涧集》十卷、《北涧文集》十卷、《北涧诗集》九卷、《外集》一卷、《续集》一卷、《北涧居简禅师语录》一卷等。南宋张诚子云：“读其文，与宗密未知伯仲；诵其诗，合参寥觉范为一人，不能当也。”《北涧文集》不摭拾宗门语录，气格清拔，深得四库馆臣赞许。居简存诗约一千六百首，这一数字在宋僧中仅次于惠洪。居简在当时与“永嘉四灵”之一的赵师秀，江湖诗人高翥，硕儒钱厚、叶适、王居安、真德秀、洪迈等均有来往。其诗歌在题材的选择、人文意象的运用、审美情趣的表现上，不像一个出家人，而更接近士大夫文人。他的诗歌既是僧诗史上的重要组成部分，亦是南宋诗坛不可或缺的一部分。其著述与思想对日本之“五山文学”产生过巨大影响。国家图书馆出版社 2004 年出版中华再造善本《北涧文集》（全四册）；复旦大学出版社 2014 年出版《北涧文集》；西南师范大学出版社 2016 年出版《北涧文集》（校勘本）。

痴绝道冲是遂州长江县（今大英县）人，也是南宋著名禅僧、诗僧。曾住持明州天童寺、阿育王寺，弟子有渡日高僧兰溪道隆等。日本东京国立博物馆等海外机构至今还藏有其手泽。

高原明昱，明末蓬溪人，号高原，唯识学者、名僧。明神宗万历年间任四川蓬溪县崇因寺住持，人称“万历国师”。明昱工诗文，著有《明昱诗集》一卷、《成唯识论俗诠》十卷、《相宗八要解》八卷。

2017 年 1 月，中共中央办公厅、国务院办公厅印发《关于实施中华优秀传统文化传承发展工程的意见》。四川省以创新性举措深入贯彻落实《意见》，于 3 月 22 日正式启动并实施“四川历史名人文化传承创新工程”。天府之国自古人杰地灵、物阜民丰，深厚的历史文化孕育出无数俊杰翘楚，留下处处遗迹胜景。深入挖掘四川历史名人文化资源，古为今用，必将提升四川文化软实力、影响力和竞争力。四川省委宣传部、省文化厅、省新闻出版广电局联合印发《关于做好首批四川历史名人推荐申报工作的通知》，要求深入挖掘四川历史名人思想文化资源及其当代价值，用历史的、发展的、辩证的思维和眼光开展扬弃继承、转化创新，不断赋予其新的时代内涵和现代表现形式，让历史名人及其文化“活”起来，真正走出历史、融入当代，走出书斋、面向社会，走出四川、走向世界。

为了积极响应习近平总书记关于建设社会主义文化强国及坚守“四个自信”的号召，落实四川省实施四川历史名人文化传承创新工程及遂宁市委、市政府“文化兴市”的要求，特编著《遂宁历史名人研究》一书，抛砖引玉，以供学人研究巴蜀文化与挖掘开发四川历史名人文化资源时参考。

目　录

唐宋名人

元明名人

清代名人

综合研究

研究综述

唐宋名人

唐代著名诗人陈子昂与遂州山水

陈子昂（约661—702），初唐著名诗人，文学家，诗歌革新家。字伯玉，梓州射洪（今四川省射洪县）人。唐睿宗文明元年（684）进士，官至右拾遗，后世称为陈拾遗。他论诗标榜汉魏风骨，反对齐梁绮靡文风，以其清新的语言、丰富的感情、爽朗刚健的风格，为唐诗的健康发展奠定了基础，被李白、杜甫誉为“麟凤”“雄才”，被王适奉为“海内文宗”。现代史学家范文澜称他为“唐古文运动最早的奠基人”。

陈子昂曾官麟台正字，直言敢谏，一度因“逆党”株连而下狱。两次从军，对边塞形势和人民生活有较深的认识。圣历元年（698），因父老解官回乡。父死居丧期间，权臣武三思指使射洪县令段简罗织罪名，加以迫害，致其冤死狱中。他是初唐诗文革新人物之一。其诗风骨峥嵘，寓意深远，苍劲有力。现存诗歌一百二十余首，文一百一十余篇，诗风质朴浑厚，以三十八首《感遇诗》最为杰出，撰有《陈伯玉集》十卷。

在初唐到盛唐诗风发展转变的过程中，陈子昂起到了重要的作用，时人和后人都给了他很高的评价。

卢藏用《右拾遗陈子昂文集序》云：“横制颓波，天下翕然质文一变。”杜甫《陈拾遗故宅》：“终古立忠义，感遇有遗编。”白居易《初授拾遗》：“杜甫陈子昂，才名括天地。”韩愈《荐士》：“国朝盛文章，子昂始高蹈。”萧颖士曾谓：“近日陈拾遗子昂文体最正。”梁肃《补阙李君前集序》：“陈子昂以风雅革浮侈。”宋刘克庄《后村诗话》：“唐初王、杨、沈、宋擅名，然不脱齐梁之体，独陈拾遗首倡高雅冲淡之音，一扫六代之纤弱，趋于黄初、建安矣。”金元好问《论诗绝句》：“沈宋横驰翰墨场，风流初不废齐梁。论功若准平吴例，合著黄金铸子昂。”

的确，陈子昂进一步发展了“初唐四杰”所追求的充实、刚健的诗风，彻底肃清了齐梁诗歌中绮靡纤弱的习气，对盛唐诗人张九龄、李白、杜甫产生了深远影响。

陈子昂不少诗文描绘了遂州美丽的山水，表现了诗人对遂州风物的热爱。

据《陈子昂研究》（韩理洲著）记载，陈子昂一生有三次到过遂州（四川省遂宁市）和长江县（今大英县）。《旧唐书·地理志》：“剑南道遂州，隋遂宁郡，武德元年改为遂州。领方义、长江、青石三县。”唐高宗仪凤二年（678），21岁的陈子昂第一次离开故乡射洪金华，沿涪江南下，经长江县、遂州，穿三峡，到达京城长安，入太学学习。武则天光宅元年（684），27岁的陈子昂赴东都洛阳考进士，道经长江县和遂州。武则天长寿二年（693）秋末，36岁的陈子昂守丧期满，入朝仕宦，沿涪江南下，经长江县、遂州、忠州、万州，转江陵，北上东都洛阳，任右拾遗。陈子昂每次经遂州时，都为遂州山水而陶醉，写下了不少脍炙人口的诗篇。

武则天长寿二年秋末，陈子昂丁母忧后，再赴东都洛阳，道经遂宁，遂宁诗友们在遂州城南郊涪江岸边，设帐置宴为陈子昂送别。当时，秋风瑟瑟，寒蝉凄切，诗友们热情地劝陈子昂饮酒，祝愿他仕途、旅途一帆风顺。陈子昂被诗友们的深情感动，挥毫写下了《遂州南江别乡曲故人》一诗：

楚江复为客，征棹方悠悠。故人悯追送，置酒此南洲。
平生亦何恨，夙昔在林丘。违此乡山别，长谣去国愁。

他在诗中说：“故人悯追送，置酒此南州。”可见诗友们与陈子昂多么难舍难分，长亭更短亭，相送一程又一程，直到孤帆远影碧空尽，诗友们才念念不舍地离开涪江。

武则天圣历元年（698）秋，陈子昂仕途坎坷，怀才不遇，于是辞官归里，在射洪西山构茅宇数间，种树采药，徜徉山水。归田后，陈子昂到过安居溪（今遂宁市安居区琼江），作有《入峭峡安居溪伐木溪源幽邃林岭相映有奇致焉》一首：

肃徒歌伐木，骛楫漾轻舟。靡迤随回水，潺湲溯浅流。
烟沙分两岸，露岛夹双洲。古树连云密，交峰入浪浮。
岩潭相映媚，溪谷屡环周。路迥光逾逼，山深兴转幽。
麇鼯寒思晚，猿鸟暮声秋。誓息兰台策，将从桂树游。

因书谢亲爱，千岁觅蓬丘。

安居溪是诗人家乡涪江的一条支流，陈子昂在诗中描绘了安居溪一带景物的幽邃，浸透着陈子昂对故土的一片深情。

【原载】《芝溪集》，胡传淮著，2003年出版

唐代名僧广德寺克幽禅师

“人间好语佛说尽，天下名山僧占多。”佛教源于印度，早在东汉明帝时（58—75）就正式传入中国。到南北朝时，佛教在我国迅猛发展。苍苍古寺映林峦，山路逢人半是僧。在众多僧人中，唐代克幽禅师就是一位著名高僧。

克幽禅师（728—787），俗姓李，祖籍陇西（今属甘肃省）。其父因官入蜀，迁居遂州长江县（今四川省大英县）。一次，克幽得疾，见猛火相逼，遂发愿出家学佛。唐天宝年间，往成都净众寺，拜无相大师金和尚为师。无相大师为唐代高僧，由朝鲜来到中国，人称“金和尚”，唐玄宗避乱入蜀时，对他极为礼敬。无相对克幽十分赏识，授以心要，并对他说：“汝如香象渡河，深通我愿，付法之最，当在汝也。”后又往彭县白鹿山，结庐静修，禅定大进。再拜南阳白崖山慧忠国师，专习宴寂，修持卓异。肃宗、代宗时，曾两次入禁宫说法。《巴蜀禅灯录》《巴蜀文化大典》《广德寺志》载有克幽禅师事迹。宋代遂宁进士赵嗣业撰有《克幽禅师记》。

唐大历二年（767），东川节度使杜济，恭迎克幽到遂州石佛寺（今遂宁市广德寺）任住持，为人说法，学徒云集。

唐大历七年（772），克幽忽现瑞相，身坐圆光中，远近花卉，变成莲萼，人皆惊异。遂州刺史鲜于曼、皇叔李朴也向克幽参叩秘旨，于是学者更众。大历九年，克幽再次奉召入京，与道士史华论议，史华理屈。大历十三年，敕赐禅师名“克幽”，并赐紫衣。《八琼室金石补正·敕赐遂州广利禅寺善济塔记》载：大历十三年，克幽禅师派其门人升岸到资阳郡丹山县（今资阳市丹山镇）为处寂禅师造真身塔，即今丹山白塔，现存。

唐贞元三年（787）五月，克幽禅师对众人说：“吾于此方缘尽，不久将行。”九月十一日，克幽升座曰：“时至矣。”遂圆寂于广德寺，享年 60 岁。其门徒奉遂州刺史韦成武之命，在广德寺西建塔以葬金身，其塔今存，即广德寺善济塔（又称舍利塔、肉身塔）。宋徽宗崇宁二年（1103），敕赐克幽为“圆觉慧应慈感大师”，今广德寺圆觉桥，即为纪念克幽而建。

1988 年版《广德寺志》明确指认克幽禅师就是唐代高僧无住禅师，称广德寺即是无住弘法的保唐寺。那么，克幽禅师是无住吗？

遂宁广德寺方丈普正法师撰《唐代克幽非保唐无住考》（《佛学研究》2006 年 1 期）一文，从克幽与无住的文献记载、生卒年、驻锡地等六个方面考证，认为克幽绝非保唐无住。该文考证说，克幽禅师为中唐川东名僧，与保唐无住禅师、神清禅师等同为无相禅师嗣法弟子。克幽并不是保唐无住，依据有六：

第一，唐、宋、元、明历朝之现存文献资料中，没有“克幽”即“无住”之说的文字记载。

第二，克幽禅师与无住禅师二人之生卒年岁不同。克幽禅师之生卒年为 728—787 年，《历代法宝记》载保唐无住禅师之生卒年为 714—774 年。无住大克幽 14 岁，世寿大克幽 1 岁。又《克幽禅师记》载克幽禅师示寂于九月十一日，《历代法宝记》载无住禅师入灭于六月三日。

第三，克幽禅师与无住禅师二人之住锡地不同。克幽禅师开山阐教于遂宁广德寺；无住禅师住锡益州保唐寺，故称“益州保唐寺无住禅师”。克幽禅师之影响主要局限于川东地区，故高僧传及禅宗灯录诸书皆未列传。

第四，克幽禅师与无住禅师二人之身世经历不同。克幽祖籍陇西，时为遂州长江县人；而无住为陕西郿县人。克幽“幼玩世典，有志于仕”；而无住“武艺绝伦”，“充卫前游弈先锋官”。克幽披剃于无相大师门下，而无住削发于自在禅师座前。克幽 25 岁出家，时为唐玄宗天宝十一年（752）；无住于天宝八年受比丘戒，时年 36 岁，出家在 742—749 年之间。克幽拜见无相大师在玄宗天宝十一年，无住在肃宗乾元二年（759）方得依止无相大师。克幽有广德寺升岸、原善、道圆等弟子，无住有胜光寺净藏、知一、登州忠信、陇州法缘、常精进尼等法嗣。二人的大护法也不同，无住禅师的护法是杜鸿渐和崔宁，克幽的护法为杜济。公元 767 年，杜济被任命为东川节度使，崔宁为西川节度使，杜鸿渐入朝奏事。如是等等，不同之处尚多，可见二者断非一人。

第五，克幽禅师与无住禅师二人之教化风格不同。从克幽禅师与无住禅师各自之传记及其相关资料来看，克幽禅师除授人佛法心要外，其生前寂后，主要是显化神异以启信，以至于公认其为观音化身。换言之，其教化说法之形式乃以示现神通为主，而以讲经开示为辅，故其传记及相关资料中，所载语录很少，而记其诸多神异事迹。无住禅师则不然，其教化说法之形式是以讲经开示、直指心性为主，而少有神异之记载，故《历代法宝记》及《景德传灯录》中录其法语甚多；其次是其阅历丰富，如传记中载其广泛参学，遍访知识；再次是其清修苦行，如传记中有“专务宴寂”“性好殊野，多泊山间”等皆是。盖二人因缘各不相同，诸如出身、性格、成长历程、所受家庭及社会教育、宿世及现世的善根福德之积累、出家愿力、修行境界及法缘等均有差异。但二人在说法开示之内容上，风格则有相近之处。如《克幽禅师记》载其法语云：“凡受法者，须具福智二门，行住坐卧，皆不离此心，即六识清净，妙周三界。故经云：‘所见色与欲等，所闻声与响等，但心不生，则诸法空寂。’”《景德传灯录》卷四载无住禅师法语云：“见境心不起，名不生，不生即不灭。既无生灭，即不被前尘所缚，当处解脱。不生名无念，既无灭无念，即无缚无念，即解脱。率要言之，识心即离念，见性即解脱。离识心见性外，更有法门证无上菩提者，无有是处。”二者皆不尚虚谈高论，不求机锋转语，但于平实处独露真常，于无风雨处呈现真性。又在说法时，二人皆以“无念”为宗旨，指导学人悟入。这一点并不奇怪，因二人同师无相大师，同以无念为宗之教授而得开悟。二人发明心地之同等经历，决定基本相同的说法风格。故单纯依据二人“对禅宗教理阐述”上的一致性，来断定“克幽即无住”，显然失之偏颇。克幽禅师与无住禅师同师无相大师，上溯而至五祖弘忍，这就决定其实质内容上的相同，而教化方式上稍有不同。

第六，从相关僧传本身考证，二者显非一人。无相大师传记及其相关资料中，对其嗣法弟子之记载，或录，或不录，是为佛教史上之常事。在《历代法宝记》、宗密《中华传心地禅门师资承袭图》、《圆觉经大疏》、《景德传灯录》、《五灯会元》、《宋高僧传》、北宋契嵩《传法正宗记》、明成祖朱棣《神僧传》等相关史料中，对无相大师或录，或不录。录后立传时，所写内容也各不相同，其差异性可以互补。从传记中得知其嗣法弟子有益州保唐寺无住、益州净众寺神会、梓州慧义寺神清、江西马祖道一、荆州明月山融禅师、汉州云顶山王头陀等。从《克幽禅师记》中得知克幽亦为其弟子。故就目前史料来看，无相大师有七位弟子。其中马祖道一仅初参学于无相门下，后在南岳怀让座前得悟心法；遂州克幽只见载于《克幽禅师记》一文中。故真正传承无相大师道法者，主要是无住、神会、神清三人。考相关史料可知，无住禅师亦姓李氏。主要表现其放弃王族高位、燃指求法、山居苦行、神异事迹等，影响遍及全国。无住在西北贺兰山一带游历时，闻其名声，而入川拜谒。无住禅师传中，主要突出其游学广博、遍参知识、兰若苦修、平实说法等，力弘其师宗旨，唯以无念接引学人，留下大量机缘语录。创保唐宗，度生无量，得悟心法者众多，如比丘僧有净藏、知一、忠信、法轮、绥州一行与惠明、法缘等，尼僧有正遍知、常精进、了见性等，又有道士、居士及士大夫等，影响远超其师。传承保唐派宗旨者，有净藏、知一、忠信等人。克幽禅师传中，主要宣扬其生前寂后之神异示现，明示人们克幽即观音化身，以启信立愿，成就广德寺为观音示现道场。《广德寺志》载其弟子有升岸、原善、道圆等三人。但在中国历代佛教文献中未见记载，仅《遂宁县志》《蓬溪县志》等地方志与广德寺内部资料上有录，如《广德寺志》中有《克幽禅师记》《广德寺插占传承录》《遂宁广德寺历史沿革》《广德寺克幽禅师略传》等文。可见影响远不如其师，也不如同门师兄无住，唯止于川东，或巴蜀一带。但对地方影响深远，我们又可以说克幽远超其师父与师兄，甚至到了今天，仍有活力。这不能不说是一种奇迹了。高僧传记重在突出一生行迹，兼及法语等，禅宗灯录诸书重在法语及机锋转语等。高僧传记取材广泛，举凡佛教高僧，不论何宗何派，均可选入，故禅师大德亦被收录，禅宗灯录诸书唯选禅门大德。是以无相大师虽为禅门大德，但以其神异行迹著称，故列入高僧传中，如《宋高僧传》《神僧传》等；又其得法弟子多人，开创净众禅派，而被收入禅宗灯录里，如《历代法宝记》《景德传灯录》等。无住身为禅师，留下法语颇多，充分体现其以无念为宗之传承家风，故传载于禅宗灯录里，如《历代法宝记》《景德传灯录》《五灯会元》《传法正宗记》等，而未收入高僧传中。克幽亦为禅师，而以神异闻名，虽获朝廷敕封，但信徒重出世之解脱而轻政治之礼遇，其影响主要限于川东一带，故未能列入高僧传中；又其法语颇少，故不收入禅宗灯录里。

综上可知，“克幽”绝非“无住”。

四川大学哲学系王红涛《无相禅师弟子：无住与克幽考辨》（2009 年 4 月 13 日《佛缘资讯》）一文指出：近年一则地方史料横空出世，将四川保唐宗的开创者无住与遂宁的克幽说成是同一个人，从而把保唐寺也从成都拉到了遂宁，引起极大的混乱。对于克幽禅师，应明确与无住禅师分开，其宗派应属净众而非保唐，四川保唐宗在历史上确属昙花一现，随政治力量的支持而起，兴盛无比，又随无住法师的圆寂而去，湮没无闻，可谓来也匆匆，去也匆匆。对于克幽禅师，可定位为“中兴”净众的中坚力量，他就是宗密在《圆觉经大疏钞》中曾列举的无相法师的四个弟子之一“遂州李”，由于神会法师卓锡的净众寺已不存在，其弟子也未见于史料，克幽禅师及其卓锡的广德寺就成了“中兴”净众的现存的唯一基地，加之《广德寺志》中保存有大量的净众后学的资料，无疑可以成为研究净众禅派的重镇。这个定位比强把无住从成都拉到遂宁，把与保唐禅法迥然不同的禅法硬定为保唐宗要明智得多，否则，不仅无法说服众人，而且会闹出笑话。所谓“净众—保唐禅派”，只是川外对蜀中禅派的统称，作为四川学人，应当细加分析，因为在无相圆寂后，种种迹象表明，保唐宗与净众宗的关系并不融洽，很可能是互不认同，相互竞争。应该对无相禅师开创的净众禅派重新认识：它存在的时间比原来想象的要长得多，影响也比原来想象的要大得多。

广德寺自克幽禅师开山阐教后，高僧辈出，曾主领川、滇、黔三百余山，获唐、宋、明三朝十一次敕封，被誉为“西来第一禅林”。元代遂宁进士文礼恺《广德寺》诗云：“斗城精舍入云烟，风景宜人乐事偏。施食堂高深倚竹，放生池古半凋莲。谈玄喜有远公在，入社惭非陶令贤。堪笑此身犹未隐，白云青嶂总无缘。”明代遂宁诗人余玮《广德寺》诗云：“风飘白云来，雨逐浮埃去。不遇斋中人，空倚斋前树。”

克幽禅师不愧为大英县这块沃土走出的一位闻名遐迩的高僧，对遂宁佛教的影响，延续至今。

【原载】《大英风物志》，刘安遇、胡传淮编著，巴蜀书社1999年出版，收入本书时作了增补

唐代神僧船子德诚及其《拨棹歌》

巴蜀之地，高僧辈出，佛教界有“言蜀者不可不知禅，言禅者尤不可不知蜀”之说。船子德诚禅师就是诞生于蜀中遂宁的唐代禅僧、诗僧，宗风峻烈，为世人所称道。船子禅师在中华文化中，是最杰出、独特、高贵、无可言宣的超等人物。在唐代禅林中，船子和尚是极具传奇色彩的一员，其特立独行的节操，玄妙空灵的三十九首《拨棹歌》，对禅林和士林都产生了深远的影响。唐朝诗人张志和曾作过五阕《渔父词》，名扬天下，和者如林。但船子和尚作过三十九首《拨棹歌》，不仅知之者不多，连《全唐诗》都失于采录，王国维、林大椿诸家辑唐词者，也失于采录。鉴于人们对船子德诚事迹著述知之尚少，特撰此文，抛砖引玉，以期唤起学术界、佛学界、文学界对他的重视。

一、船子德诚禅师简介

船子德诚（766？—836），唐代高僧，蜀中遂州（今四川省遂宁市）人。宋代北涧居简禅师（1164—1246）《西亭兰若记》云：“诚禅师，号船子，蜀东武信人。”《遂宁县志·沿革》（民国本）载：“代宗大历二年（767），于（遂）州置静戎军，以县为治。昭宗乾宁四年（897），改军曰武信，升节度使，治遂州。……宣和五年（1123），升都督府武信军节度使。”武信，即唐宋时代的武信军，治遂州，即今遂宁市。宋代蜀武信长江县（今遂宁市大英县）痴绝道冲禅师（1168—1249）拜谒法忍寺船子道场后，作诗云：“与师同是遂宁人，来访遗踪愧后生。当日相逢定槌杀，也教知道有乡情。”元代释岸觉《释氏稽古略》曰：“华亭朱泾船子和尚，名德诚，遂宁府人，号船子和尚。”明代沈季友《槜李诗系》曰：“德诚，蜀东武信人。”曹学佺《蜀中广记》卷八十三、清修《四川通志》卷三十八同之。近人丁福保《佛学大辞典》也持此说。由此可知，船子德诚禅师为四川遂宁人。

根据《五灯会元》等佛典记载：船子德诚禅师，节操高邈，度量不群。幼于成都净众寺出家，后出三峡，到湖南药山，成为唐代高僧药山惟俨禅师（737—834）法嗣，与道吾宗智禅师（769—835）、云岩昙晟禅师（782—841）为同道友，共同侍奉药山惟俨禅师数十年。

药山惟俨初见船子时，问其名，答：“德诚。”药山惟俨又问：“德诚又成得个什么？”德诚答：“家园丧尽浑无路。”药山惟俨于是又喊了一声“德诚”，德诚刚想回答，却被药山惟俨掩住了嘴，于是当下心中顿悟。药山惟俨预言了德诚的未来：“子以后上无片瓦，下无锥地，大阐吾宗。”

药山惟俨禅师圆寂后，德诚、云岩、道吾三人随即下山传道。开始他们三人打算一同遁隐山林，但后来道吾禅师担心从此埋没了药山的宗派，于是改变初衷，德诚亦希望云岩与道吾去四方传道，弘扬药山佛法。他告诉道吾、云岩二师弟说：“公等应各据一方，建立药山宗旨。予率性疏野，唯好山水，乐情自遣，无所能也。他后知我所止之处，若遇灵利座主，指一人来，或堪雕琢，将授生平所得，以报先师之恩。”嘱托二人日后传道过程中，若发现有灵根之人，可让其找他。

德诚禅师在药山尽道三十年后，离开湖南药山，渡洞庭、鄱阳，涉长江、钱塘，东行四五千里，至华亭朱泾（今上海市金山区朱泾镇）。见此地芦苇萧萧，碧水长流，风景清丽，才停息下来。于是他在朱泾吴江间三泖一带上下百里间的江上，终日驾一叶扁舟，出没烟波芦苇间，随缘度日，有人时拨棹渡客；无人时舞丝垂钓。上无片瓦，下无立锥之地，时人莫知其来历，便叫他“船子和尚”。

有一天，船子停船在岸边休息，有个自觉有些道行的人问他：“如何是和尚日用事？”船子竖起船桨说：“会么？”答：“不会。”船子叹了口气说：“棹拨清波，金鳞罕遇。”意在叹息还没有遇到资质可以做他弟子的人才。

船子和尚在华亭摆渡的时间比较长，大约有三十年。在这漫长的三十年中，他一边摆渡，一边等待接法者。直到道吾禅师给他介绍了夹山善会（805—881），他才终止“一船明月一船诗”式的生活。他曾写过几首诗偈，表达其禅悟境界和寻找嗣法者的寂寞。

道吾禅师同船子和尚分手后，四处游方，心中一直惦记着船子和尚临别所托。在行脚过程中，他一直留心给船子和尚物色合适的嗣法者。可是，寻找法嗣并不是一件容易的事情。当年达摩祖师在遇到慧可之前，曾在少林寺面壁九年。这次道吾禅师为船子和尚德寻找法嗣，前后竟用了三十年时间。

终于有一年，道吾禅师行脚来到京口（今江苏镇江），正好遇上善会禅师上堂示众。有僧问："如何是法身？"善会禅师道："法身无相。"那僧又问："如何是法眼？"善会禅师道："法眼无瑕。"当时道吾禅师亦随众听讲。当他听了善会禅师的这些答话时，不觉失笑。善会禅师于是下座，恭敬地请问道吾禅师："某甲适来只对这僧话必有不是，致令上座失笑。望上座不吝慈悲！"道吾禅师说："和尚一等是出世未有师在？"善会禅师道："某甲甚处不是，望为说破。"道吾禅师道："某甲终不说，请和尚却往华亭船子处去。"善会禅师问："此人如何？"道吾禅师道："此人上无片瓦，下无卓锥。和尚若去，须易服而往。"善会禅师于是休讲散众，改装易形，前往华亭礼谒船子和尚。

船子一见善会，便问："大德住甚么寺？"善会答："寺即不住，住即不似。"船子又问："不似，似个甚么？"善会答："不是目前法。"船子问："甚处学得来？"善会答："非耳目之所到。"船子说："一句合头语，万劫系驴橛。"又问："垂丝千尺，意在深潭。离钩三寸，子何不道？"善会刚打算回答，被船子一桨打落水中。善会好不容易才从水中爬上小船，船子就问他："道！道！"善会又想说话，结果又被船子打入水中。善会突然顿悟：在这生死攸关的当口，言语是那么无关紧要。他心头豁然明朗，于是对着船子点头三下表示他懂了。船子于是让他上船。

船子说道："竿头丝线从君弄，不犯清波意自殊。"善会反问："抛纶掷钓，师意如何？"船子答："丝悬渌水，浮定有无之意。"善会道："语带玄而无路，舌头谈而不谈。"船子听到这里终于满意，于是说了一句："钓尽江波，金鳞始遇。"此时善会的反应只是用手掩住耳朵。船子见此点了点头，称道："如是！如是！"于是叮嘱善会道："汝向去直须藏身处没踪迹，没踪迹处莫藏身。吾三十年在药山，只明斯事。汝今既得，他后莫住城隍聚落，但向深山里，镢头边，觅取一个半个接续，无令断绝。"

从船子与善会师徒的对话中，可以看出船子的禅法宗旨就在于一个"断"字，截断时人对于语言、观念等意识上的执着。佛法是"不可言传，只可意会"的，领悟禅的最简便的途径就是自心觉悟。而要自心觉悟，就必须放下言语、意识上的成见。当善会被打入水中、生死相迫之时，才算完全忘却了言语、泯灭了意识，于是刹那间寻到了光明。而船子同时又告诉徒弟，禅是灵活的，不是死的，虽然不要执着外在，但同时也不应当拘泥于自己的内心。一切都应当无拘无束，可有言可无言，可有心可无心，故有“藏身处没踪迹，没踪迹处莫藏身”之说。

善会上岸前行，不住回头，似乎还有疑虑。船子和尚站在船头喊了声：“和尚!”待善会回头时，他倾翻小船，“覆船入水而逝”。他用生命告诉夹山善会，不要颠倒妄想，不要有所怀疑。真正禅悟的人，生灭不二。他以生命为善会开示了什么是“涅槃寂静”；他以弃世的方式来见证自己禅悟后的通脱自在与传法其人后的了然无碍，这样的结局更可见禅悟之人超然圆满。而此种传奇式的结局也使得船子与善会师徒间的这一段交往，在禅宗史上成为逸韵悠然的佳话。

老子向往小国寡民，鸡犬相闻，老死不相往来，却留下一部《道德经》。船子德诚在小船上接引善会后，便覆水而逝，消失得无影无踪，只字不留，何其与天地同在又超越天地!

船子和尚入寂后，善会不再回头，恭禀遗命，遁世忘机，随宜施化，走进了长江中游的湖南夹山（在今湖南澧县），成为弟子众多的大师。

船子德诚禅师法系为：六祖慧能→青原行思→石头希迁→药山惟俨→船子德诚→夹山善会。

船子德诚禅师事迹载于《五灯会元》卷五、《祖堂集》卷五、《景德传灯录》卷十四、《蜀中广记》、《中国佛学人名辞典》、《佛光大辞典》、《巴蜀禅灯录》等典籍。

二、《船子和尚拨棹歌》主要内容

船子既是高僧，亦是词人。船子和尚常与渔人为友，创作了大量吟咏渔人生活而寓以释教玄理的诗词，并为渔人所传唱。今存《拨棹歌》三十九首，是唐词中弥足珍贵的资料，句法类于张志和《渔父词》，语句浅显明白，脍炙人口，后人有“求一言之益，而拨俗于千仞之上”的评价。宋人林希逸《西亭兰若记》云：“寄以叶舟往来华亭朱泾，自为歌诗，时以唱咏，渔者传而和之。”可见这些诗词尽管船子没有落下一纸一笔，但当时已经在民间广为传诵。

《拨棹歌》全文如下：

有一鱼兮伟莫裁，混虚包纳信奇哉。能变化，吐风雷，下线何曾钓得来。
千尺丝纶直下垂，一波才动万波随。夜静水寒鱼不食，满船空载月明归。
莫学他家弄钓船，海风起也不知边。风拍岸，浪掀天，不易安排得帖然。
大钓何曾离钓求，抛竿卷线却成愁。法卓卓，乐悠悠，自是迟疑不下钩。
别人只看采芙蓉，香气长粘绕指风。两岸映，一船红，何曾解染得虚空。
静不须禅动即禅，断云孤鹤两萧然。烟浦畔，月川前，槁木形骸在一船。
莫道无修便不修，菩提痴坐若为求。勤作棹，慧为舟，这个男儿始彻头。
水色春光处处新，本来不俗不同尘。着气力，用精神，莫作虚生浪死人。
独倚兰桡入远滩，江花漠漠水漫漫。空钓线，没腥膻，那得凡鱼总上竿。
揭却云篷进却船，一竿云影一潭烟。既掷网，又抛筌，莫教倒被钓丝牵。
苍苔滑净坐忘机，截眼寒云叶叶飞。戴箬笠，挂蓑衣，别无归处是吾归。
外却形骸放却情，萧然孤坐一船轻。圆月上，四方明，不是奇人不易行。
世知我懒一何嗔，宇宙船中不管身。烈香饮，落花茵，祖师元是个闲人。
都大无心罔象间，此中那许是非关。山卓卓，水潺潺，忙者自忙闲者闲。
鼓棹高歌自适情，音稀和寡出嚣尘。清风起，浪元平，也且随流逐势行。
浪宕从来水国间，高歌龟枕看遥山。红蓼岸，白萍湾，肯被兰桡使不闲。
一叶虚舟一副竿，了然无事坐烟滩。忘得丧，任悲欢，却教人唤有多端。
一任孤舟正又斜，乾坤何路指津涯。抛岁月，卧烟霞，在处江山便是家。
愚迷未识主人翁，终日孜孜恨不同。到彼岸，出樊笼，元来只是旧时公。
古钓先生鹤发垂，穿波出浪不曾疑。心荡荡，笑怡怡，长道无人画得伊。
一片江云倏忽开，翳空朗日若为哉？适消散，又徘徊，试问本从何处来。
不妨轮线不妨钩，只要钩轮得自由。掷即掷，收即收，无踪无迹乐悠悠。
钓下俄逢赤水珠，光明圆澈等清虚。静即出，觅还无，不在骊龙不在鱼。
卧海拏云势莫知，优游何处不相宜。香象子，大龙儿，甚么波涛扬得伊。
虽慕求鱼不食鱼，网帘篷户本空无。在世界，作凡夫，知闻只是个毗卢。
香饵针头也不无，向来只是钓名鱼。波沃日，浪涵虚，万象箩笼号有余。
乾坤为舸月为篷，一屏云山一罨风。身放荡，性灵空，何妨南北与西东。
终日江头理棹间，忽然失济若为还。滩急急，水潺潺，争把浮生作等闲。
有鹤翱翔四海风，往来踪迹在虚空。图不得，算何穷，日月还教没此中。
钓头曾未曲些些，静向江滨度岁华。酌山茗，折芦花，谁言埋没在烟霞。

吾自无心无事间，此心只有水云关。携钓竹，混尘寰，喧静都来离又闲。

晴川清濑水横流，潇洒元同不系舟，长自在，恣优游，将心随逐几时休。

欧冶铦锋价最高，海中收得用吹毛。龙凤绕，鬼神号，不见全牛可下刀。

动静由来两本空，谁教日夜强施功。波渺渺，雾蒙蒙，却成江上隐云中。

问我生涯只是船，子孙各自睹机缘。不由地，不由天，除却蓑衣无可传。

媚俗无机独任真，何须洗耳复澄神。云与月，友兼亲，敢向浮沤任此身。

逐块追欢不识休，津梁浑不挂心头。霜叶落，岸花秋，却教渔父为人愁。

三十余年江上游，水清鱼现不吞钩。钓竿斫尽重栽竹，不计工程得便休。

三十余年坐钓台，钩头往往得黄能。锦鳞不遇虚劳力，收取丝纶归去来。

船子一生唯好山水，并将禅心融入山水之间，既陶冶了情操，又物我两忘，禅人和一。这种境界在船子遗留后世的三十九首《拨棹歌》中得以体现。在这些作品里，船子以禅入诗，以诗示禅，书写山水之趣和禅悦之妙。因此，这些作品可以划分为两大类，一类是船子解密禅机、示现禅理之作。如诗云："三十年来海上游，水清鱼现不吞钩；钓竿斫尽重栽竹，不计工程得便休。"船子以钓鱼喻佛事，前后三十年的修持与功力，终于达到了"水清鱼现"的境地。鱼比拟佛性，诗人已经证悟得道，那么"钩"与"饵"已属多余。"钓竿斫尽重栽竹"，诗人虽然已经证道得果，却不舍因行，继续栽竹制作钓鱼之竿，此处正显菩萨悲心广运，无住生心之妙意。"不计工程得便休"，虽然广化众生，却不计功程，无所执着，因已证悟诸法空性，了不可得。与此相类似的诗还有很多，如："一叶虚舟一副竿，了然无事坐烟滩。忘得丧，任悲欢，却教人唤有多端。""一任孤舟正又斜，乾坤何路指津涯。抛岁月，卧烟霞，在处江山便是家。"同样是以咏渔父生活，而寓以禅理。而禅只在自心，自心悟时即证禅道。

另一类是那些吟咏悠游山水、闲放自得之情，反映禅悟后的空明宁静的自在之作。如："钓头曾未曲些些，静向江滨度岁华。酌山茗，折芦花，谁言埋没在烟霞。"不为名位所累，率性山水，正是船子超凡潇然一生的真切写照。而船子实别于唐五代的诗僧，盖因其无意为诗，以自然取胜，于山清水秀中流露其真心真情，多具天然之趣与鲜活生气，诗意禅机盎然流动于中，自为禅诗中的天籁。

葛兆光教授在《禅宗与中国文化》一书中，对船子词极为推重，并赞《船居寓意》（"千尺丝纶直下垂，一波才动万波随。夜静水寒鱼不食，满船空载月明归。”）说：“万顷澄澈的湖面上，月明星稀，水波不兴，只有一只孤舟独下钓丝，在平滑如镜的水面上轻轻荡起了微微的波纹，一圈，又一圈，伸展开去。动，恰恰反衬了静；人，恰恰反衬了无人，宇宙空寂，令人身心俱忘。千尺钓丝，意在鱼而又不在鱼，月明满船，在意之外又在意之中。这里，是多么空旷浩渺的景与多么自然淡泊的情!”这是船子最为著名、流传最广的一首词，是借夜晚江上垂钓一事，来抒发情感、表明心志的，语言优美，境界高远，深蕴禅机。

《拨棹歌》还为我国古典诗词中的“渔父”形象注入了新的精神内涵。船子以后，诗词中渔父形象多超然旷达，逍遥自在。船子和尚以身证道、超然通脱的宗风自成禅林一派，其高逸脱俗的节操与玄妙空灵的诗作对后世影响深远。

船子诗词，淡雅清远，自有林下风流，备受历代缁素喜爱。宋僧居简在《西亭兰若记》中称德诚诗词“西亭三咏，照耀天地，虽乳儿灶妇能歌之”，达到了凡有井水处即有人歌船子词的程度。

三、历代高僧文士对船子的纪念赞咏

船子德诚禅师之事迹，在其身后广为流传，船子德诚也被看作一位禅法精深、行为高蹈、宗风峻猛的龙象，僧俗中很多人对他充满敬仰之情。唐咸通十一年（870），僧藏晖在船子覆舟处岸侧建寺（初名建兴寺，宋代更名法忍寺，俗称西林寺），以纪念船子禅师，并为德诚立像，供人瞻拜，故法忍寺有“船子道场”之称。宋理宗景定三年（1262），僧妙贤、若圭在“船子钓滩”（今上海市金山区朱泾镇西林中学内，船子当年系舟和歌咏处）建立小寺院“西亭兰若”。元代大德六年（1302），法忍寺僧舜宾在法忍寺侧建“推篷室”，后毁；清代嘉庆四年（1799）在原址重建。可惜所有船子胜迹今已无存。宋僧智园《法忍寺结界记》、宋人林希逸《西亭兰若记》、宋僧北涧居简《西亭兰若记》、元僧明本《推篷室记》、清人朱栋《重建推篷室记》，详载其事。

元初杂剧作家李寿卿，《录鬼簿》《太和正音谱》均著录其有十部杂剧作品，他以船子和尚的事迹为题材，编撰了杂剧《船子和尚秋莲梦》。

著名学者顾廷龙先生曾手书“船子和尚钓滩”，收藏者跋云：“唐高僧德诚，药山惟俨禅师法嗣，隐于吴江畔，以小舟渡人，号船子和尚，有《船子和尚拨棹歌》传世，寓禅理于渔歌，向极倾慕之。幸得顾廷龙先生手书横幅‘船子和尚钓滩’，乃悬于斋中，日日观摩，心向神驰，怡然有自得之状。”

船子超然洒脱，不牵不挂的修持境界和得道觅徒的奇特机缘作风更是屡被后人称道传唱。各地高僧名士纷纷前往朱泾，寻觅船子遗迹，从唐代至清代，千余年间从未间断。据《船子和尚机缘集》统计，拜谒船子遗迹后留下诗作的有投子青、道潜、佛印、居简、道冲等禅师僧人 67 人；有宋代著名诗人黄庭坚、名臣张商英、清代诗人厉鹗等居士文人 10 人。而《续机缘集》收录的古人诗作有唐代 1 人、宋代 6 人、明代 3 人、清代 132 人，可见船子影响之深远。如：

唐代愚公谷人《船子和尚东游泊钓船处》云：“和尚东来泊钓船，一溪秋水月明天。此中定有高人出，为忆前身几百年。”此诗于会昌元年（841）十一月刻石；清嘉庆六年（1801）三月二十七日法忍寺天空阁毁于火，在灰烬中得此石刻及诗。

宋代且庵赞诗云：“萧萧芦荻映江流，短棹孤篷泛小舟。细雨斜风浑不管，一心只在钓竿头。”宋代诗僧道潜禅师赞颂云：“钓鱼船子住溪滩，些些活计夹山传。太湖三万六千顷，影在波心心在天。”慈受怀深禅师赞颂：“箬笠蓑衣自在身，棹头不肯入红尘。我惭白发未归去，笑杀华亭这老人。”解空观禅师赞颂：“船子料应无可做，故来此处弄钓竿。夹山不在一楫上，明月芦花夜夜寒。”石桥宣禅师赞颂：“离钩三寸若为酬，不犯清波得自由。船子踏翻归去也，至今遗恨满沧洲。”白牛乡禅师赞颂：“一叶轻舟逐晓风，朱泾来谒老禅翁。寒波拍岸师何在，只见孤蟾挂碧空。”

宋代名臣张商英赞颂：“芦苇萧萧江岸秋，长天独月向西流。离钩三寸无人道，笑倚兰桡自点头。”著名诗人黄庭坚赞颂：“荡漾生涯身已老，短蓑箬笠扁舟小。深入水云人不到，吟复笑，一轮明月长相照。”“谁谓阿师来问道，一桡直与传心要。船子踏翻才是了，波渺渺，长鲸万古无人钓。”名士赤城罗适赞颂：“船子飘然去不归，袈裟唯得旧时衣。朱泾野水清如染，只与山川照落辉。”鲁子言赞颂：“几年江上下金钩，得个鱼儿便罢休。小艇踏翻归去也，朱泾千古月波流。”

明代朱从善咏赞云：“携手来萧寺，秋风欲暮天。重寻船子迹，同悟夹山禅。载月怜清旷，垂纶得自然。联吟惭名拙，漫附白云篇。”

清代名士咏赞云：“地僻林深气郁葱，一湾春水淡濛濛。当年垂钓人何处，恍在迷离烟雨中。”程飞凤咏赞：“船子遗踪何处存？潮穿石窟络苔痕。一滩秋水无人钓，烟雨萧萧锁寺门。”施士恺咏赞：“茅茨滩水杳无踪，寥寂空怀船子风。千载留将公案在，至今人尚问推篷。”

清代著名学者厉鹗咏赞：“船子高风去不还，霜天如洗白鸥闲。明年若买蓑兼笠，合并华亭落照湾。”徐祖鎏咏赞：“不须趺坐始参禅，个里能得三味诠。滩尚在，灯已传，歌词流播万千年。”周云桂咏赞：“茫茫烟水漫寻思，何处波平不钓丝。一自踏翻船子去，机缘千古少人知。”成章宣咏赞：“不把袈裟换绿蓑，惯随行脚念弥陀。一声佛号千声梵，都逊前滩拨棹歌。”周陛联咏赞：“船子风流不可攀，夕阳仍照翠微湾。滩头寂寂无人到，诗思禅心一味闲。”倪斌咏赞：“船子棹歌三十九，歌余还觉逸篇多。我游滩上云和月，补作当年一曲歌。”卢槐茂咏赞：“沙平岸阔水潺潺，船子当年寄此间。俗累净时孤艇远，禅心淡处一竿闲。不嫌高处收纶晚，好向湾头载月还。踪迹欲藏藏不得，机缘终古播人寰。”姚映奎咏赞：“古寺萧萧芦荻秋，昔年船子此勾留。一竿一叶今何在？门外寒滩空自流。”

四、《船子和尚拨棹歌》的版本

迄今为止，全国仅发现两部唐朝的词集：一部是在敦煌石窟中发现的《云谣集杂曲子》，另一部就是船子禅师的《拨棹歌》，这两部最早的词集，如今已成为研究我国词的产生和发展的实物依据，也是研究唐代文学、佛学的重要文献。

据专家研究，船子词在唐代已经传入日本，其词的形式为日本诗人广泛采用，称为“越调诗”。北宋大观四年（1110），华亭吕益柔从其先人遗编中得《拨棹歌》三十九首，认为“寄意脱然，迥出尘网之外，篇篇可观，决非庸常学道辈所能乱真”。遂刻石于枫泾海会寺，得以流传于世。

《船子和尚拨棹歌》，有以下几种刻本。

一、北宋吕益柔刻本。原为北宋吕益柔“得其父遗编中”，刻于枫泾海会寺。卷后有吕益柔跋，今无存。

二、元至治二年（1322）壬戌释坦上人刻本。坦上人为元代法忍寺首座。其书上卷为宋人吕益柔刻石于枫泾海会寺之船子和尚《拨棹歌》三十九首；下卷为“诸祖赞”，乃辑录投子青、保宁勇以下宋元诸禅师咏赞，兼及黄庭坚、张商英、赵子固诸居士和作，今为传世孤本。

三、明万历四年（1576）云间超果寺僧智空重刻本。

四、明崇祯十年（1637）法忍寺僧澄澈再刻本。

五、清嘉庆九年（1804）法忍寺僧漪云上人刻本。

从元至清共四刻，元刻本现为海内孤本，藏于上海图书馆；明代二刻，存亡不可知；清刻本仅华东师范大学图书馆有藏。

五、船子德诚的研究现状

改革开放以来，对船子德诚禅师及其《拨棹歌》的介绍、宣传和研究不断多了起来。从中国知网统计，研究船子其人其作的论文近 20 篇。主要有：华风《新发现的唐代词学和佛学文献〈船子和尚拨棹歌〉出版》（《文学遗产》1987 年 5 期）；华风《〈上海文献丛书〉第一种〈船子和尚拨棹歌〉评介》（《图书馆杂志》1988 年 5 期）；陈宪春《船子和尚和〈渔父词〉》（《中国水产》1990 年 11 期）；张则桐《李寿卿散佚杂剧〈船子和尚秋莲梦〉考释》（《文学遗产》1998 年 2 期）；张则桐《船子和尚和他的偈颂》（《中国典籍与文化》1998 年 3 期）；宗琏《施蛰存与船子和尚》（《新文学史料》2001 年 3 期）；陆永峰《船子和尚与〈拨棹歌〉》（《佛教文化》2004 年 5 期）；蔡荣婷《唐代华亭德诚禅师〈拨棹歌〉所呈现的意涵》（《新国学》2008 年第七卷）；周金标《钓鱼诗的禅境——浅析船子和尚的一首禅诗》（《名作欣赏》2009 年 3 期）；冯淑然、姜剑云《明月禅心，大钓不钓——释德诚〈船居寓意〉赏析》（《名作欣赏》2009 年 3 期）；陈燕《禅心如日丽天——〈船居寓意〉中之船子和尚》（《名作欣赏》2009 年 6 期）；高慎涛《唐释德诚〈船子和尚拨棹歌〉考论》（《江汉论坛》2010 年 11 期）；朱小平《“满船空载月明归”——“船子和尚”德诚》（《海内与海外》2013 年 1 期）；木斋、李明华《论佛经俗讲寺院梵唱对曲辞通俗化历程的推动——兼谈释德诚诗歌的意义》（《山西大学学报》2013 年 1 期）；吉曲·旦增尼玛《解读与发现——仓央嘉措诗歌与释德诚诗歌之比较》（《西藏文学》2014 年 1 期）等。

1987 年，《船子和尚拨棹歌》选入《上海文献丛书》第一种，华东师范大学出版社 1987 年 10 月影印出版，陆定一为《上海文献丛书》题词，赵朴初为《船子和尚拨棹歌》题签，著名学者施蛰存为该书作序，序中云：“船子和尚，古之高僧也。在今上海市金山县法忍寺住持多年，故法忍寺素称船子道场。《续高僧传》《景德传灯录》《五灯会元》诸书均有其小传，且载其咏渔父生涯之偈语三首，黄山谷、张商英、赵子固等宋元诗家颇引用之。……此书为新发现之唐代文学、佛学文献。法忍寺今属上海市，又得为上海市文献，印行此书，可谓一举三得矣。”《上海文献丛书》编委会在《船子和尚拨棹歌》一书后记中说：“本书不仅提供了有关上海的史料，还有助于研究佛学、词学和促进中日文化交流。”

洪丕谟编《新编白话禅宗妙语》（中国文联出版社 1995 年出版），选录《德诚禅语》二则，即《棹拨清波》《钓尽江波》。段晓华《禅诗二百首》（江西人民出版社 1995 年出版），选录船子德诚诗 6 首。刘尊明、王兆鹏、曹济平、曾昭岷编《全唐五代词》（中华书局 1999 年 12 月出版）收入释德诚《拨棹歌》39 首。

上海市金山区朱泾镇人民政府十分重视船子德诚留下的诗词和佛理。朱泾东林寺，今建有船子公园，用以纪念船子德诚禅师。2007 年，陆建中主编《朱泾民间民俗文化系列丛书》中，收录有《唐高僧船子德诚禅师》一书。该书《后记》载，2004 年，朱泾镇党委和政府认为船子在朱泾弘扬佛理 30 余年，留下了宝贵财富《船子和尚拨棹歌》，属于朱泾古镇珍贵的历史文献，故组织有关学者搜集、整理船子诗文，并打印成册。2006 年至 2007 年 5 月，朱泾各界人士为歌颂船子和尚的功绩，不遗余力为船子撰写文章，搜集并拍摄了许多珍贵照片，撰写了 30 多首颂歌；书画家还将船子 39 首诗词写成书法作品，绘成插图，纳贤士之文，集景慕之心，编辑成《唐高僧船子德诚禅师》一书出版，以表达对船子禅师的敬意。

船子诗词在台港澳地区及外国也有影响。2002 年 5 月 28 日至 30 日，香港浸会大学中文系召开了“唐代文学与宗教学术研讨会”，蔡荣婷教授宣读了论文《唐代华亭德诚禅师〈拨棹歌〉所呈现的意涵》，该论文探究了禅门渔父词的意象，认为就叙述模式而言，德诚偏重于渔父形象的叙写，所表现的是中国传统的叙述模式。就叙述角度而言，德诚多是从主观的角度叙写个人志意。就表现手法而言，德诚善于运用譬喻的技巧，笔下的语汇多数具有多重的象征意义。就文学风格而言，德诚的渔父词有两种风格，一种是运用传统的文学语言来表达，另一种是运用宗教语言来表达。后者为禅门渔父词开辟了新的路向，影响了宋代禅宗渔父词转向论理的写作风格。

“人生天地间，忽如远行客。”我们在近百年的时空游弋中，到底该怎样选择生存的方式呢？从前，船子禅师以唯美的姿态，在黄浦江上摆渡，将无数人从此岸渡到彼岸。今天，禅师流传下来的这些诗词，是否也能够将我们从混乱喧嚣的物质世界，带到自由清净的精神世界呢？

【原载】《空林佛教》2009年8期、《大慈》2011年4期

宋代高僧云门宗大师重显及其著述

东蜀遂宁，林泉清绝。早在一千多年前，美丽幽静的涪水船山就成了高僧大德云集之地。据有关史料记载，遂宁境内曾佛刹相望，寺庙林立，有“邑中名山僧占尽”之说。僧侣数以千计，“苍苍古寺映林峦，山路逢人半是僧”。在众多僧人中，有的静侍于古佛青灯前，潜心佛学；有的穿梭于阡陌街衢中，鼓琴作画；有的满腹诗书，是披着袈裟的诗人、学者。禅堂上，师徒临机不让，棒喝交加；青峰下，名僧指天笑月，谈笑多味。在这片人杰地灵的土地上，曾经孕育出一批批佛门高僧，宋代雪窦重显禅师就是其中的佼佼者。雪窦重显是北宋中期云门宗著名禅师，系宋代文字禅的著名代表人物，参禅问道，住持弘法五十余载，道行高深，学识渊博，被誉为“云门中兴”之祖、“雪窦翰林”。元代万松行秀禅师云：“吾宗有雪窦、天童，犹孔门之有游、夏。二师之颂古，犹诗坛之李、杜。”可见雪窦重显禅师在宋代禅宗史、宋代佛教史乃至中国佛教史上，都具有重要地位。

一、雪窦重显生平

（一）幼结佛缘，落发成都

重显（980—1052），俗姓李，字隐之，号长松长老，宋初遂州人。家世豪富，世传儒业。幼精锐，读书知要，下笔敏速。宋人吕夏卿《明州雪窦山资圣寺第六祖明觉大师塔铭》云：“禅师讳重显，字隐之。大寂九世之孙，智门之法嗣也。俗姓李氏，母文氏，以太平兴国五年四月八日，生大师于遂州。始生，瞑目若寐三日，既浴，乃豁然而寤。屏去荤血，不习戏弄。七岁，有僧过其门，挽持袈裟，喜不自胜，闻梵呗之声，辄泣下。父母问其故，恳请出家，父母执不可，师不食者累日。”

宋真宗咸平五年（1002），23 岁的重显到成都普安院出家，以释仁铣为师，落发受戒。《塔铭》云：“咸平中，终父母丧，诣益州普安院仁铣师，落发为弟子。”仁铣为其取法名“重显”。云门宗祖师文偃（864—949）曾说：“二百年后，吾道重显。”预言他身后二百年，云门宗将迎来复兴的局面。而重显出世，恰好证实了这一预言。

重显在成都期间，曾听大慈寺元莹经师讲授《圆觉疏》，请教于元莹。往复辩诘，终使元莹无以应对。《建中靖国续灯录》云：“受具之后，横经讲席，究理穷玄，诘问锋驰，机辩无敌。”元莹经师建议重显走出四川，到外地参禅，重显遂出蜀，东游荆襄。

（二）游鄂赣皖，问道参禅

景德初年至三年（1004—1006），重显离开四川后，浮沉荆渚间，游学各地。到襄阳参谒了石门蕴聪禅师，服勤三年，但未能领悟蕴聪法旨。

景德四年至大中祥符元年（1007—1008），重显离开襄阳南下，至大阳，谒警玄禅师，为典客，结识韩大伯。

大中祥符二年至六年（1009—1013），重显北游至复州（今湖北天门）北塔，向云门宗法嗣智门光祚禅师参学。光祚见重显聪明好学，十分喜爱他。一日问曰：“不起一念，云何有过?”光祚以佛子打之，重显豁然开悟，遂留五载，尽得其道，续云门血统，为四世嫡孙。

大中祥符七年至天禧元年（1014—1017），重显离开恩师，前往佛教圣地庐山。曾向罗汉院林禅师参学，与齐岳结伴同游五祖山，参谒师戒禅师。在逗留庐山期间，重显还参访了洞山大龙和尚、舒州四面和尚、蕲州回峰和尚等。

宋真宗天禧初年（1017—1018），重显来到池州（今安徽贵池）景德寺，出任首座。标志重显游方问道生涯即将结束，而进入住持弘法阶段。

在池州，重显与池州知州曾会（952—1033）相逢。曾会，字宗元，泉州晋江人，宋端拱二年（989）榜眼，官刑部郎中、集贤殿修撰，赠太师中书令兼尚书令，封楚国公。曾会问重显欲何往，重显曰：“游钱塘，绝西兴，登天台、雁荡。”曾会以杭州灵隐荐之，曰：“灵隐天下胜处，珊禅师吾故人。”遂以书荐重显。

（三）江浙住持，雪窦弘法

天禧三年至五年（1019—1021），重显至灵隐，滞留三年，一直没有出示曾会的荐书。后来，曾会奉使浙西，到灵隐寺访重显，僧堂千余人，无识之者。逐一寻求，始得见之。曾问向所附书，重显袖纳之，曰："公意勤，然行脚人非督邮也。"曾会大笑，珊禅师由是奇之。此时，重显已经透脱生命本源，了却心中大事，成为随处做主的洒脱高僧。

后来，苏州洞庭山翠峰寺虚席，珊禅师遂举荐重显任该寺住持。乾兴元年至天圣元年（1022—1023）重显主持苏州洞庭山翠峰寺两年多，深受僧众欢迎。南宋著名诗人范成大《翠峰寺》诗云："来从第九天，橘社系归船。借问翠峰路，谁参雪窦禅？应真庭下木，说法井中泉。公案新翻出，诸方一任传。"诗前小序云："在东山雪窦显老道场，山半有悟道井，庭下大罗汉木两株，虬曲蟠壮，甚奇古。"

宋仁宗天圣二年（1024），曾会出任明州（今浙江宁波）知州，亲笔撰写《明州军州官请住雪窦疏》，敦请重显前往住持雪窦山（今浙江奉化县）资圣寺。一日，有僧问："远离翠峰祖席，已临雪窦道场，未审是一是二？"答曰："马无千里漫追风。"又问："恁么则云散千千月？"答曰："龙头蛇尾汉。"有僧问："如何是佛法大意？"答曰："祥云五色。"又曰："学人不会。"答曰："头上漫漫。"又问："达摩未来时如何？"答曰："猿啼古木。"问："事后如何？"答云："鹤翔云霄。"又问："如何是诸佛本源？"答曰："千峰寒色。"

重显住持雪窦山资圣寺达三十年之久，大弘禅法，妙语遍丛林，天下宗风，由此大振，衲子争集，号为"云门中兴"。

云门宗为佛教禅宗五家之一，由五代时文偃创立，因住韶州云门山（今广东乳源县北）光泰禅院，故名，属南宗青原法系。以为万事万物，皆体现真如，皆有佛性。其说教方式为云门三句："函盖乾坤"、"截断众流"、"随波逐浪"，大意是说佛性普现万有，真理不可名说，应随机教化学人。其"宗风"是："孤危耸峻，人难凑泊。"重显把云门宗风推上了顶峰，他著有《颂古百则》，首开"文字禅"先河，跳出了"不立文字"的禅宗规范，为后世禅宗的发展开辟了新的道路，因此在禅学史上占有里程碑式的地位。冯学成《四川禅宗史概述》（1992 年 6 月成都出版社出版）云："他（香林澄远）的弟子智门光祚和再传弟子雪窦重显是北宋时期中兴云门宗的关键人物。特别是雪窦重显禅师（980—1052）住持浙江雪窦寺达30年，把云门宗风推上了顶峰，时人称之为‘云门中兴’，在北宋一代显荣之极，其声势还超过了临济宗。”

宋仁宗皇祐四年（1052）六月九日，雪窦重显游山时，四顾周览，谓侍者曰：“自今过此，何日复至？”侍者大惊，哀求遗偈，重显曰：“吾平生患语之多矣。”翌日，出杖履衣钵，遣散其徒。其夜沐浴整衣，侧卧而化，年七十三岁。吕夏卿《明州雪窦山资圣寺第六祖明觉大师塔铭》载重显圆寂于“皇祐四年六月十日，俗寿七十三，僧腊五十夏”，塔葬于雪窦山资圣寺之西南五百余步，诏赐“明觉大师”。

重显一生，从西向东，足迹所至，包括四川、湖北、湖南、江西、安徽、江苏和浙江，在浙江活动时间最久，大约三十三年。

二、雪窦重显著述

重显工诗文，“世谓雪窦有翰林之才”，“犹诗坛之李、杜”。故其著述甚丰，主要包括重显亲笔撰写的《祖英集》《颂古集》和弟子整理记录的《洞庭语录》《雪窦开堂录》《瀑泉集》《拈古集》《雪窦后录》，凡七集。

《祖英集》二卷

又名《庆元府雪窦明觉大师祖英集》，收入诗歌三百首，宋仁宗天圣十年（1032）正月，释文政编辑并付梓刊行。文政系重显弟子，重显有诗《送文政禅者》。文政在《祖英集序》中云：“师之形言也，且异乎阳春白雪、碧云清风者也。夫大圭不琢，贵乎天真；至言不文，尚于理实。乃世之衡鉴，岂智识而拟议哉？师自戾止翠峰、雪窦，或先德言句渊密，师因而颂之；或感兴、怀别、贻赠之作，固亦多矣。其有好道者，并录而囊之。一日总辑成二百二十首，乃写呈师。”《祖英集》收入《四库全书》，四库馆臣提要云：“重显戒行清洁，彼教称为古德，故其诗多语涉禅宗，与道潜、惠洪诸人专事吟咏者，蹊径稍别。然胸怀脱洒，韵度自高，随意所知，皆天然拔俗。五言如‘静空孤鹗远，高柳一蝉新’，‘草随春岸绿，风倚夜涛寒’，‘片石幽笼藓，残花冷衬云’，‘啼狖冲寒影，归鸿见断行’，皆绰有九僧遗意。七言绝句如《自贻》《送僧》《喜禅人回山》诸篇，亦皆风致清婉，琅然可诵，因非概作禅家酸馅语也。”后来，又收入《四部丛刊续编》、北京大学编《全宋诗》卷一四七至卷一四八中。《四川通志》卷六十七、《续通志》卷一六二、《续通考》卷一九五有著录。上海图书馆藏有日本天保六年（1835）大智院刊本《祖英集》二卷。

《瀑泉集》一卷

又名《雪窦和尚明觉大师瀑泉集》，参学小师圆应述。此集由圆应命名，根据古今机缘语句所作的代别问答是该集的主要部分。《宋史·艺文志》子类著录，收入《四部丛刊续编》集部《雪窦显和尚明觉大师颂古集》附。

《雪窦颂古》八卷

又名《雪窦显和尚明觉大师颂古集》《雪窦和尚百则颂古》。远尘集，昙玉序。日本秋月龙珉《禅海珍言》云："《雪窦颂古》是云门大师雪窦重显以云门祖师的机缘语录为基础，用偈颂形式加以阐述云门宗思想的集则。"著录于《郡斋读书志》卷三下、《文献通考》卷二二七、《遂初堂书目》子部释家类（作《雪窦语录》无卷数）、《文渊阁书目》卷十七、《明书·经籍志》拾补佛书作一册、《宋史·艺文志》子类、《国史经籍志》子类（作《语录》八卷）。今存《雪窦和尚百则颂古》一卷，收入《续藏经》;《雪窦显和尚明觉大师颂古集》一卷，收入《四部丛刊续编》。《颂古集》有宋刊本、元刊本（元至正二年大明寺住持释海岛刊本），今已收入北京大学编《全宋诗》第一四九卷中。后来，克勤禅师在重显禅师《颂古百则》的基础上，加以点评、阐述而成《碧岩录》。

《碧岩录》十卷

又名《碧岩集》《重显颂古克勤评唱》。著录于《郡斋读书后志》卷二、《文献通考》卷二二七、《文渊阁书目》卷十七，作一册或五册；《明书经籍志拾补》作六册。收入《大正藏》第四十八册。《碧岩录》成书于宋宣和七年（1125），它是宋僧圆悟克勤对雪窦重显《颂古百则》的讲评。雪窦重显从禅师语录中选出公案百则，附以颂文（即颂古）。克勤在成都、夹山、湘西作了三次详细讲演，其门人将在夹山灵泉院所讲记录下来，整理成书。因夹山是唐代高僧善会开辟的道场，善会有"猿抱子归青嶂里，鸟衔花落碧岩前"的诗句，故禅林称夹山为"碧岩"，该书遂以"碧岩"为名。该书在录出《颂古百则》每一则之前，先加"垂示"，以作提示；列出"本则"后，著语评论。自宋以来，禅门就把《碧岩录》列为"禅门第一书"，正如日本学者秋月龙珉在《禅海珍言》中说："它客观而深刻地大写了中国的了不起的伟大的禅。"《碧岩录》的出现，直接导致了日本五山禅学的兴盛，日本禅学界称它为三大奇书之一。在国内则被誉为与《坛经》合璧的禅学圣经，至今仍以独特的魅力，吸引着大量的禅宗爱好者。

《显禅师语录》

又名《长松长老显禅师语录》，宋僧法安辑，今佚。杨天惠有《长松长老显禅师语录序》，收入《宋代蜀文辑存》卷二十六，苏元老亦有序，收入《宋代蜀文辑存》卷三十五，著录于《蜀中广记》卷九十五。

《明州雪窦明觉大师开堂录》

门人文轸录，曾会序。序后有“杭州承天寺住持赐紫嗣法弟子传宗校勘立版”字样。包括上堂语、举古、勘辨、歌颂等部分。

《雪窦和尚住洞庭语录》

参学小师惟盖集，无序。内容有在杭州灵隐寺既受翠峰请疏之后的升堂法语，辞别杭州时接受诸院僧众邀请的升座法语，到达苏州在洞庭山翠峰寺的开堂录，以及后来住持翠峰寺接引学人的一系列语录、室中举古、勘辨等，另有一篇《雪峰和尚塔铭》。

《雪窦和尚后录》

子环集，如玉序。内容为继雪窦开堂录之后，住持资圣寺期间的法语辑录，共一百二十余则。

《雪窦和尚拈古》

由允诚、思恭二位参学小师集录并作序，有开禧元年（1205）雪窦住持德云序。

另外，厉鹗《宋诗纪事》卷九十一收重显诗五首。

日本正德二年（1289）覆刻宋五山版《雪窦明觉大师语录》、日本大正新修大藏经本《明觉禅师语录》和四部丛刊续编本《雪窦四集》，为现存的重显著述的重要版本。另外，《明觉禅师语录》六卷，也见于当代新编之《中华大藏经》第七十六册。

三、雪窦重显影响

作为一代高僧，雪窦重显的出现，使云门宗在北宋出现了“中兴”局面。宋代惠洪《禅林僧宝传》云：“禅师名重显，后住明州雪窦，宗风大振。天下龙蟠凤逸，衲子争集座下，号‘云门中兴’。”在北宋乃至中国禅宗史上，雪窦重显作为一代龙象，在丛林与士林均产生了广泛而深刻的影响。

雪窦重显不仅在中国禅宗史上占有很重要的地位，而且对越南佛教史也有很深影响。他的弟子草堂禅师，于11世纪中叶到越南弘扬佛教，被李朝国王李圣宗（1054—1072年在位）封为国师。草堂禅师在升龙（今越南河内）开国寺传《雪窦百则》，正式创建草堂禅派，又称“雪窦明觉派”。李圣宗为他第一代弟子。草堂继承雪窦重显法统，传《雪窦百则》，倡导禅净一致教义。“雪窦明觉派”分为李圣宗、般若和吴舍三个支系。李圣宗支系是越南李朝皇帝圣宗所创建，只在朝廷内部流传，至三祖杜武，法系中断。般若支系是般若禅师所创建，经绍明、梵音、张三藏相传，至13世纪初法系中断。吴舍支系是吴舍禅师所创建，经二祖空路、四祖杜常相传，历经五代，法系中断。该派得到李朝皇帝圣宗、英宗（1138—1175年在位）和高宗（1176—1210年在位）的信仰，他们分别是雪窦明觉派第一代、三代和五代弟子。

唐代马祖道一、圭峰宗密和宋代雪窦重显是四川历史上最杰出的三大高僧，任继愈主编的《宗教词典》和何兹全主编的《中国历代名僧》四川籍僧人中选有也只选有这三位蜀中高僧，可见这三人是禅宗史上里程碑式的人物。《禅诗二百首》（1995年江西人民出版社出版）选录重显诗歌6首，洪丕谟《新编白语禅宗妙语》选录全国禅门高僧101人之禅语，重显共选7则。日本当代禅宗研究家秋月龙珉在其所著《禅海珍言》（1991年广西漓江出版社出版）一书中，对重显极为推重，称赞重显为“宋代高僧”“云门宗大师”，并说：“宋代高僧圆悟克勤和尚（1063—1135）以云门宗大师雪窦重显所作的《雪窦颂古》为基础，在门生面前通过诗偈说唱的形式，提示真正的禅意。又名‘提唱’。圆悟手下的门人把它们集录整理成书，就成了今天的《碧岩录》。”并在该书中选录重显禅语甚多，称之为“超凡脱俗的佛禅妙语，大彻大悟的东方智慧”。

雪窦重显在中华禅宗史上占有重要一席。讵知世远年湮，时迁事变，今知晓重显大师者，鲜矣。故特将其生平、著述作一考述，抛砖引玉，敬祈方家郢政。

【原载】《空林佛教》2009年3期

宋代理学家傅耆

傅耆，字伯成，北宋蜀学家、理学名儒，嘉祐六年（1061）进士，遂州遂宁县（今重庆市潼南区）人。英宗治平间（1064—1067），任校书郎；神宗熙宁元年（1068）前后，为嘉州平羌县令；哲宗元祐三年（1088）到绍圣二年（1095），任成都灵泉县令；元符三年（1100）前后，任朝奉大夫、知资州，后迁朝议大夫、知汉州。入元祐党籍。著有《长庆集》，惜今不传。

傅耆为理学开山祖师周敦颐的蜀中门人，与濂溪讲学甚多，书信不绝，濂溪曾将《姤说》《同人说》等精髓写示之。傅耆还与随父程珦入蜀的程颐游，二人同出濂溪门下，互为珍重。朱子在《跋度正家藏伊川先生帖后》言傅耆与濂溪、伊川的交往："傅君周旋周程师弟子间，知所主友，而伊川先生手刺谒谢，为礼亦恭。"评傅耆云："其人之贤，不问可知。"全谢山先生评傅耆云："蜀中学派，当首先生。"

长期以来，因傅耆著述不传，仅存文字亦不详载诸书，学界未能窥其全貌。言傅耆者，多为濂溪学术研究时附论，迄今未有专论。实则宋刻本《元公周先生濂溪集》中有傅耆六封书信、濂溪《与傅耆伯成书》及傅耆唱和濂溪诗等珍贵文献。今笔者试从傅耆字号、籍贯、著述的考证出发，以宋刻《元公周先生濂溪集》为基础，对傅耆之学行作一考述，冀为涪江文化研究贡献绵薄之力。

一、傅耆字号、籍贯、著述考

（一）傅耆字号考

关于傅耆的字，学界所论三种。其一，言傅耆字"伯成"，以雍正《四川通志》、乾隆十二年《遂宁县志》、嘉庆《汉州志》、民国《新修合川县志》等为代表。其二，言傅耆字“伯寿”，《蜀学编》《古城三台概况》持此见；其三，言傅耆既字“伯成”亦字“伯寿”，《全宋诗》（1992）云：“傅耆，字伯寿，一字伯成”；《中国文学家大辞典》（2004）云：“傅耆（生卒年不详），字伯成，一字伯寿”；《全宋文》（2006）云：“傅耆，字伯成，一云字伯寿”；《湖湘学案》（2013）云：“傅耆，字伯成（一说字伯寿）。”那么，以上哪一种观点为确呢？

嘉庆《四川通志》卷六十载傅耆北宋元符三年（1100）《资州东崖题名》，该文为傅耆撰写，自称“朝奉大夫、知州事、遂宁傅耆伯成”，傅耆本人之言当可确信。又度正（1166—1235）嘉定六年（1213）《书晦庵〈太极图解〉后》云“遂宁傅耆伯成”；度正嘉定十四年（1221）《书文集目录后》云“先生语及周子在吾乡时，遂宁傅耆伯成从之游”，且提“伯成”四次；度正在《正伏承泽深佥判学士贤友以正生朝宠贶佳篇辄次元韵》中亦言“遂宁傅耆伯成从濂溪于合阳”，皆云傅耆字“伯成”。“伯寿”首次出现在《晦庵集》卷八十四《跋度正家藏伊川先生帖后》。该文由三部分组成：第一为伊川先生谢傅耆手谒；第二为度正于伊川先生手谒后之跋；第三为朱子于度正跋后之跋。伊川在手谒中并未称傅耆为“伯寿”，“伯寿”出于度正之跋，度正云“大夫公讳耆，字伯寿，名在元符党籍”。朱子跋于庆元三年（1197）七月，度正文中傅光来信时间为庆元二年（1196）秋，度跋当作于此间。在度正其后有关傅耆的文章里未再称傅耆为“伯寿”，皆称“伯成”。《二程文集》在编撰过程中，从《晦庵集》中摘录了《跋度正家藏伊川先生帖后》文的第一部分，且题为《谢傅耆伯寿手谒》，此为“伯寿”第二次出现。“伯寿”未见于其他文献。沿用《晦庵集》和《二程文集》之见者有：光绪《潼川府志》引《度正家藏伊川先生帖后跋》云傅耆字“伯寿”；《宋元学案》载傅耆字“伯成”，王梓材在案语中云：“《二程遗书》附有伊川《谢傅耆伯寿手谒》称‘长官秘书’，是先生当字伯寿。”伊川手谒载《二程文集》非《二程遗书》，为其一误；未考“伯寿”来源，且以孤例判定，为其二误。

综上可知：“伯寿”应为度正笔误或刊误，其后又因《二程文集》而将傅耆字“伯寿”之误流传开来，以致《蜀学编》《全宋诗》等认为其本字“伯寿”或“伯寿”与“伯成”二字并存。傅耆当字“伯成”，非字“伯寿”。

傅耆之号，未载诸史。曾超教授在《白鹤梁题刻易学文化考察》中称涪陵白鹤梁题刻名人众多，其中有不少为易学家或易学人士，其中就有傅耆，且在文中详述傅耆与濂溪在合州的交往。笔者考与白鹤梁题刻有关诸书，未见有“傅耆”字样的题刻照片或拓本，仅在《水下碑林白鹤梁》一书中发现编号为“100（60）”的拓本，上镌“遂宁傅端卿游此”。“傅端卿”之名不见史册，若仅以此推之，只能判定此人或为遂宁宋代地方望族傅氏族人，不能证其确为傅耆。

（二）傅耆籍贯考

傅耆籍贯在哪里？学界对此有二说。其一，傅耆是遂宁人，以《蜀中广记》《宋元学案》、乾隆十二年《遂宁县志》、嘉庆《汉州志》、光绪《新修潼川府志》、民国《新修合川县志》等为代表；其二，傅耆是梓州人，此说见于《蜀学编》和《古城三台概况》。

度正在嘉定六年（1213）《书晦庵〈太极图解〉后》、嘉定十三年《跋贺傅伯成手谒》、嘉定十四年《濂溪先生周元公年表序》和《书文集目录后》中均称傅耆为遂宁人。傅耆元符三年（1100）在资州东崖题名，自称“朝奉大夫、知州事、遂宁傅耆伯成”，知傅耆确为北宋遂宁人。

今之遂宁在北宋的行政建置为遂州，下辖小溪县、遂宁县、蓬溪县、长江县、青石县。小溪县即今之遂宁市船山区，为遂州州治，北宋遂宁县为遂州属县。那么，傅耆是北宋小溪县人还是遂宁县人？“遂宁”在东晋桓温平蜀后被命名，始为郡，其后为州、为府、为县。北宋之“遂宁”多指“遂宁县”（南宋则多指遂宁府）。故傅耆应为北宋遂宁县人（今重庆市潼南区；潼南一地1914年始得名“潼南”，1958划出遂宁，历史上一直为遂宁辖地；傅耆祀于遂宁乡贤祠近千年）。《全宋诗》和《全宋文》同此观点。因遂州在北宋属梓州路，故称傅耆为梓州路遂州遂宁人。《蜀学编》载傅耆籍贯为“梓州”而非“梓州路”，致《古城三台概况》误认傅耆为三台人。

据笔者推断，傅耆及其后人应长住遂州州治小溪县。理由有四：一、傅耆知遇于时任遂州小溪县县丞陆某（名未详，以下称“陆君”）。度正在《濂溪先生周元公年表》中云，嘉祐二年（1057），“先生妻党陆丞自小溪解官东归，过合阳，为先生言傅之为人”。因陆君推荐，濂溪致信傅耆。傅耆在《与周茂叔书（一）》中云：“又得知陆丞，沿流一无惊扰，平达荆渚，良辰计至，辇毂欣跃之至，弗可胜。”《与周茂叔书（三）》中云：“又得闻陆丞已抵荆渚，诸况安吉。”知陆君实为傅耆知遇之人，两人交往甚密，则傅耆长期生活在小溪而与陆君较多的切磋机会之可能为大。二、濂溪在《与傅耆伯成书》中提及“遂州平纹纱”，并请傅耆代买一匹来合州。小溪县为遂州政治经济中心，平纹纱之产亦在小溪，傅耆身在小溪而办事较便。三、南宋遂宁人赵汝涧嘉定元年（1208）在《雁塔题名序》中言“武信文物郡，嘉祐间乡大夫傅公耆作《题名记》”。傅耆为北宋遂州名贤，作有《雁塔题名记》于遂州学官，应身在文化中心小溪县。四、度正《跋伊川先生帖后》中言：“正为遂宁户掾，友人王君世垕，数数为正言城西傅君光家，藏先正韩、范诸公手迹甚富。”度正为遂宁府户掾，傅光为傅耆之孙，傅家在小溪城西，则傅耆早家于此。

（三）傅耆著述考

1.《同人卦说》并非傅耆著述

《全宋文》（2006）言傅耆“著有《同人卦说》《长庆集》”。曾超《白鹤梁题刻易学文化考察》（2015）言傅耆“著有《同人卦说》《长庆集》，今已佚”。

考曹学佺《蜀中广记》卷九十一有“傅耆《同人卦说》”一条，并谓“耆，遂宁人。有俊才，十四荐于乡。朱晦庵常属门人度正访其家，求《同人卦说》。详见《濂溪年谱》及《性理书》”。朱彝尊《经义考》卷六十九云：“傅氏耆《同人卦说》：一篇，佚。”竹垞之说或抄自《蜀中广记》，他不仅肯定了《同人卦说》为傅耆所撰，还增度正之语以证之。《钦定四库全书考证》卷四十六又同《经义考》之说。乾隆十二年《遂宁县志》云：“朱晦庵常属其门人度正访于子孙，求《同人卦说》，载在《性理书》。”明显抄自《蜀中广记》。民国《新修合川县志》云：“州人度正学于朱熹，熹嘱正访耆家，求其《同人卦说》不得，而得敦颐帖及程颐手刺。”则抄自《遂宁县志》。傅增湘《宋代蜀文辑存》从《经义考》卷六十九中单独引出度正的话，题为《跋傅耆〈同人卦说〉》。至此，傅耆著有《同人卦说》之说便流传开来。

然上论皆误。度正《濂溪先生周元公年表》云，濂溪治平四年（1067）秋“摄邵州事。九月，先生自邵阳发递，以改定《同人说》寄傅伯成，傅时知嘉州平羌县。明年，傅复书云：‘蒙寄贶《同人说》，徐展熟读，较以旧本，改易数字，皆人意所不到处，宜乎使人宗师仰慕之不暇也。’”傅耆信中一个

“贶”字便点明了濂溪寄傅耆的乃是濂溪新改定之《同人说》，非傅耆之《同人说》。嘉定十四年（1221）度正在《濂溪先生周元公年表序》中明言“始仕遂宁，闻其乡前辈故朝议大夫知汉州傅耆曾从先生游，先生尝以《说姤》及《同人说》寄之，遂访求之”。曹学佺认为傅耆撰有《同人卦说》乃是误会，其后朱彝尊、傅增湘更是沿袭此说。《经义考》卷六十九所载度正之语乃省自《濂溪先生周元公年表》，亦未有傅耆著有《同人卦说》之意。

2. 傅耆《长庆集》

据度正《跋伊川先生帖后》，其为遂宁户掾时，通过友人王世垕，发现傅耆与濂溪的交往关系。经反复访求，终见傅耆书稿。度正在嘉定六年（1213）《书晦庵〈太极图解〉后》中感喟曰：“在吾乡时，傅尝有书谢其所寄《姤说》，其后在永州又有书谢其所寄改定《同人说》。但傅之书稿无恙而周子之《易说》则不可复见耳。”可知，傅耆之著述直至南宋仍保存完好。

度正在嘉定十三年（1220）《跋贺傅伯成手谒》中提及《傅氏家集》，言：“按《傅氏家集》，濂溪在吾州尝以《姤说》示之，其后在零陵又寄所改《同人说》，二说当即所谓《易通》者。”《傅氏家集》或为遂宁傅氏之总集。第二年，度正在《濂溪先生周元公年表序》中云：“先生尝以《说姤》及《同人说》寄之，遂访求之。仅得其目录及《长庆集》，载先生遗事颇详。”表明濂溪《说姤》《同人说》二文确实存在，但仅存书名，不见内容。《长庆集》“载先生遗事颇详”，当为傅耆之撰著。宋刻《元公周先生濂溪集》中所载傅耆《与周茂叔书》（五篇）、《答卢次山书》及《和周茂叔席上酬孟翱太博》《周茂叔送到近诗数篇，因和渠阎裴二公招隐诗》二诗均应转自《长庆集》。

那么，作为傅耆专集的《长庆集》由哪几部分构成呢？其一，前文已言，傅耆作为濂溪蜀中弟子，当有不少说易之作。虽无一传世，但从濂溪将自己《姤说》《同人说》等写示傅耆来看，傅耆的易学修养必是颇高的，说《易》之文在《长庆集》中或为主要。其二，《长庆集》应载有不少傅耆与当时名公来往之诗书，其中与濂溪往来之部分为最重要，并保存至今。其三，《长庆集》中还应有傅耆所撰之记、序、题刻等杂文。南宋嘉定元年（1208）遂宁赵汝涧《雁塔题名序》中称傅耆曾于嘉祐间作《雁塔题名记》（佚）；王象之《舆地纪胜》载傅耆在治平间撰有《普净院记》（佚）；曹学佺《蜀中广记》载傅耆撰有《盘石迁治记》（存残句）；嘉庆《四川通志》卷六十载傅耆元符三年（1100）撰有《资州东崖题名》（存）。

傅耆在《与周茂叔书（四）》中言：“惟识中下，又为时事所役，不克专一于道。日来复多作雕刻无益之词，以混吾常习。呜呼！其不得已也。”傅耆所言之“雕刻无益之词”乃是应酬之作；“常习”应指以濂溪之学为核心的“正学”；“不得已也”，则因宦迹所累。宋末四川战乱，人民流离，士人东徙，文献多丧。傅耆《长庆集》亦未能幸免于难。

二、傅耆与濂溪先生周敦颐

一代理学宗师晦庵先生朱熹至为推崇濂溪先生周敦颐，晦庵《先生像赞》云“道丧千载，圣远言湮。不有先觉，孰开我人。书不尽言，图不尽意。风月无边，庭草交翠”，极言濂溪继前圣续后学的转折意义。理学大儒南轩先生张栻赞濂溪“于惟先生，绝学是继。穷原太极，示我来世”。周子为理学开山祖师，至此成为定论。濂溪嘉祐元年（1056）至五年仕于蜀之合州，与蜀中学人往来甚密，讲道论学朝夕不断。任大中曾在《送周茂叔赴合州佥判》中寄语濂溪“一帆风雪别南昌，路出涪陵莫恨长。绿水泛莲天与秀，蜀中何处不闻香”，后果其然。朱子在《先生事状》中云“蜀之贤人君子，皆喜称之”。蜀人从濂溪游者甚众，濂溪在蜀之门人最著者当为遂宁人傅耆。

（一）傅耆《与周茂叔书（一）》

度正《濂溪先生周元公年表》云：“遂宁傅耆伯成，少有俊才，年十四荐于乡。”知傅耆自幼颖异。据前所考，傅耆作为遂州遂宁县人，与遂州小溪县令陆君相交颇密，深为后者赏识。濂溪嘉祐元年（1056）“以太子中舍佥署合州判官事”，“十一月至合州”。嘉祐二年，“先生妻党陆丞自小溪解官东归，过合阳，为先生言傅之为人”。陆君解官东归，以濂溪妻子族兄的身份向濂溪引荐傅耆。在得知傅耆之德才后，“先生致书于傅”，则是濂溪先致信于傅耆。濂溪寄给傅耆的第一封信已不可考，但从傅耆回信中可窥濂溪心意。傅耆在接到濂溪信后，迅速回信，即为《与周茂叔书（一）》。傅耆在信中言“昨辱急步至，传诲笔，且审公余，起居百福，封君尊候康宁”。濂溪在信中不仅介绍了自己，还介绍了家庭情况（“封君尊候康宁”)。傅耆赞濂溪：“盖执事以济众为怀，神所劳赍，故得高士与施至术，而心朋远寓名方，岂不盛哉！”濂溪在信中抒发了“济众”之志，且言及交游往来。“心朋”一词，度正认为“意似指二程”，然“心朋”之意似指他贤。“又得知陆丞沿流一无惊扰，平达荆渚，良辰计至，辇毂欣跃之至弗可胜。”知濂溪信中还谈及陆君已在下瞿塘赴荆渚的船上，“辇毂欣跃之至”，突显了傅耆与陆君的情谊。濂溪在首次与傅耆的信中毫无保留地书写了个人思想及私事，可见他对于妻兄推荐之人极为信任，濂溪之怀抱可见。傅耆在意识到一位思想巨子降临身旁之时，欣喜之至，甚至手足无措。他在信中表达了对濂溪的崇慕之情：“贱子闻之，弗胜喜蹈。”傅耆言“既惟未克趋见增郁耳”，因不能在接信后即下合州与濂溪会面，实为“增郁”。傅耆与濂溪的第一次通信成为傅耆一生的转折点。

（二）傅耆《与周茂叔书（二）》

傅耆与濂溪第一次通信后不久，又接到濂溪来书。傅耆在《与周茂叔书（二）》中称：“迩者石照公皂回，尝具短书，少致叙谢之恳。”又言：“耆居里中亦常式，但违远高贤，倏已浃日，鄙吝之怀又复萌芽矣。”再抒亲近“高贤”濂溪之志意。进言“所幸向接高论，固多余意，行思坐诵，默有所得，俾不遂溺于时习，而失于古道也。”濂溪前所递来之书，多论思想见解，傅耆为之心慑，乃至“行思坐诵，默有所得”。傅耆言通过习濂溪之论方得以不失于古道，则濂溪之说或已涉太极之论。傅耆在信末言“然必待再卜，言侍以卒其业焉”，全然拜师之意。

（三）傅耆《与周茂叔书（三）》

据《濂溪先生周元公年表》，傅耆《与周茂叔书（三）》亦作于嘉祐二年（1057）。度正所云“时傅已来合阳见先生矣”，当在《与周茂叔书（二）》后，《与周茂叔书（三）》前。傅耆在再次接到濂溪信后不久，便乘涨水之季，沿涪江顺流而下抵达合州，始见濂溪真颜。《与周茂叔书（三）》首有云“两旬不偶”，则傅耆离合州与濂溪别已近一月；末有云“霜寒加甚”，知作于秋冬之季。推知傅耆在合州与濂溪相处大概有一月左右。“可量倾想，兵卒至，忽捧来教”，傅耆在回遂后不久，濂溪又寄来书信。耆复书云：“且幸闻公介万福，得闻封君雅候甚平复；又得闻陆丞已抵荆渚，诸况安吉；又得闻短序有疏脱处。”傅耆云“是皆可喜事，感刻感刻”，则濂溪在信中提及了夫人的身体状况、妻党陆君已安全抵达荆渚以及和友人写示诗文诸事。《濂溪先生周元公年表》嘉祐五年条云：“按嘉祐二年，傅与先生书云：‘封君尊候康宁。’又云：‘闻封君雅候甚平复。’当是素抱疾，故门人书问及之，然竟以不起。”可知傅耆在合期间，濂溪还照顾着病弱的夫人，实属不易。此信中最重要一语为“兼承宠示《说姤》”，度正即以此及傅耆《与周茂叔书（五）》中“又蒙寄贶《同人说》”一句，证实濂溪《说姤》《同人说》的存在，从而推论濂溪之《通书》为《易通》，“则六十四卦疑皆有其说”，“则其书之散逸亦多矣”。濂溪《说姤》一文当附在傅耆回遂后不久与傅耆信中。傅耆高度激赏濂溪《说姤》，赞云：“意远而不迂，词简而有法。以之杂于元次山集中，能文之士观之，亦不能辨其孰周而孰元也。”据傅耆《答卢次山书》，知傅耆得《说姤》后，即抄示友人卢次山诸友。卢次山回傅耆称濂溪之文“辞淳义密，如轲之文”，傅叹曰“真知言也”。通过傅耆主动在学术圈内传播濂溪思想来看，傅耆俨然已是濂溪门人。然根据濂溪与傅耆来往书信语气，濂溪似未“正式”收傅耆为弟子。但再三细揣之，傅耆与濂溪实已为亦师亦友的关系。傅耆接《说姤》后有云“若耆小子，屡得观雄文，以为模范，岂不幸之大乎”。傅耆自第一次接到濂溪来信后，便执弟子礼，后到合州与濂溪相处长达一月左右，更是建立一生师友情的基石。

傅耆在合州问道之时，濂溪常带他一起参与合州同人之宴饮、雅集。傅耆《和周茂叔席上酬孟翱太博》一诗即反映了当时以濂溪为核心的合州同人之往来情境。傅耆此诗虽为和濂溪酬孟翱太博之作，但细玩文字，却多是说与濂溪听的。“古人务乐善，见士即推毂。今也多忌才，对面远吴蜀”，叹濂溪神才未获大用。“顾予尝喜学，幽室未偶烛。幸会才翘翘，深惭识碌碌”，言逢师之喜。“升堂听高论，惟愁日景促。经义许叩击，诗章容往复”，为傅耆在合州问学濂溪之直接写照。“荷公引重语，玞珉变良玉”，实人生之转折。“远闻落帽节，宾朋相追逐。剩摘篱下黄，痛饮杯中醁”，酬孟翱太博之日应在重阳或其前后。“毕力为徒弟，强勉攀高躅”，内心早为濂溪弟子。“异时公行道，其势不可独。首愿策疲蹇，助公施蕴蓄。舒张太平策，散作苍生福”，誓随濂溪弘道之意。在傅耆回遂之后，濂溪亦常将新诗写示傅耆，傅耆亦多有和作。合州遂州，鸿雁不绝。傅耆在《周茂叔送到近诗数篇，因和渠阆裴二公招隐诗》中赞濂溪“不欲尘埃作苟容”，诚高士也。末联云“明逸招归豹林谷，乐天邀入香炉峰”，“明逸”即种放，该句是否暗示了濂溪之师承，我们不得而知，但濂溪为傅耆学行之师范，则可知之。傅耆在《与周茂叔书（三）》中云“唱和诗《济川集》皆已写讫”，《济川集》当为濂溪在蜀与友人、门生唱和之集，乃嘱傅耆完整抄录。傅耆因担心寄达过程中“不能护惜”，未能立即付上，诚见文字之重。信末云“前所告者二集，因便切希借示”，此“二集”似指濂溪之文。

（四）濂溪《与傅耆伯成书》

《元公周先生濂溪集》中《与傅耆伯成书》作于嘉祐三年（1058）三月四日，为濂溪与傅耆众多书信中迄今仅存的一封。度正嘉定十四年（1221）《书文集目录后》有云“最后又得其在吾乡时所与傅伯成手书”，该信为度正几经周折方寻得。濂溪信末言“急遣人探新守次，走笔不谨”，度正《濂溪先生周元公年表》云濂溪“因遣人至遂宁，探问新合州使君，有书寄傅”，知濂溪是在遣人到遂宁（应指州治小溪）探问合州新守的情况下致信傅耆的。又濂溪在信首称“昨日饭会上，草草致书，不识已达否”。濂溪一连两日致信傅耆，交往之密可见。濂溪进而言“自春来，郡事并多。又新守将至，诸要备办。稍有一日空暇，则或过客，或节辰，或不时聚会。每会必作诗，雅则雅矣，形亦劳瘁，故尚未有意思为足下作策问”。该句反映了濂溪在合州事务之忙、活动之多。当时傅耆正积极准备科举考试。从濂溪“尚未有意思为足下作策问”，可知傅耆常请濂溪代作“策问”范文，受濂溪指点甚厚。其后濂溪言“遂州平纹纱轻细者，此中人唤作‘漫（去声）纱’。染得好皂者，告买一匹，自要作夏衫。并买樗蒲绫裤段二个”。濂溪之请皆极私之事，而托傅耆在遂州代为购买，最为直接地反映了傅耆与濂溪二人的关系，所谓亦师亦友全见于此。《濂溪先生周元公年表后记》载度正因眼疾“不能多作字”，在编撰濂溪年表时，“皆口授子弟执笔从旁书之”。当写到《与傅耆伯成书》中濂溪请傅耆购买平纹纱、衫材、樗蒲绫裤段之时，执笔子弟问度正：“不太苛细否?”度正答曰：“此固哲人细事，如食之精、脍之细、鱼之馁、绀緅之饰、红紫之服、当暑之絺绤，《乡党》皆备书之。今读之如生于千载之前，同堂合席也，岂可忽乎?”知圣人之细末，后生方得以亲近。

（五）濂溪《贺傅伯成手谒》

嘉祐五年六月九日，濂溪解职东归。嘉祐六年，傅耆赴京赶考。二月辛未，仁宗御崇政殿试礼部进士。三月癸巳，赐进士王俊民等一百三十九人及第，傅耆中第三十名进士。此时，濂溪亦在汴梁。在得知傅耆进士及第后，濂溪于三月十二日致手谒祝贺，文云："从表殿中丞、前合州从事周惇实，专谒贺新恩先辈傅弟。三月十二日手谒。"傅耆能进士及第，濂溪授业之功最大。前文所言，濂溪在合州与傅耆相与交流高标之论，并为之作有应试"策问"，傅耆获益不可估量。从《与傅耆伯成书》和《贺傅伯成手谒》均可看出，濂溪在与自己的门生相交时，从未以尊长身份处之，全然是平易可亲的形象。傅耆所得全在濂溪提携，他收到濂溪手谒时，必当感动之至。

（六）傅耆《与周茂叔书（四）》

度正未言傅耆《与周茂叔书（四）》作于何时，他只截录了该信的片断。信中有云"又为时事所役，不克专一于道"，傅耆此时应已为官；又云"弥益思念"，知其与濂溪通讯已经不便。又据《濂溪先生周元公年表》，《与周茂叔书（五）》作于熙宁元年（1068），故《与周茂叔书（四）》应作于嘉祐六年后熙宁元年前。据"献岁发春"，则作于春日。傅耆在此次与濂溪远别后的通信中，言及近况："日来复多作雕刻无益之词，以混吾常习。呜呼！其不得已也。"言已为宦迹所累，致正学不精进。傅耆再言以濂溪为范："后讯切希借觊，以为规范，则后进生之怀抱，愈有所开发矣。"通过该信，我们还知濂溪近来多有诗作："又闻迩辰甚多诗章新吟，以匆遽未暇写示。"此信乃回书，"忽捧执事诲笔，副以《二何诗集》"，濂溪主动寄信与傅耆，并将《二何诗集》与之分享。傅耆谢曰："且喜且读，并释烦闷。若盛暑沃冰雪，何快如之！"师友相惜矣。濂溪倾心传道之志亦显。

（七）傅耆《与周茂叔书（五）》

傅耆登第后不久即回蜀任职。嘉定元年（1208）遂宁赵汝涧《雁塔题名序》云："武信文物郡，嘉祐间乡大夫傅公耆作《题名记》。"傅耆作遂宁《雁塔题名记》当在嘉祐六年（1061）后。据王象之《舆地纪胜》，傅耆在治平间（1064—1067）任校书郎，曾为坐落在涪陵江北的普净院撰记，即《普净院记》。

《濂溪先生周元公年表》载，治平四年（1067），宋神宗登极，濂溪迁朝奉郎、尚书驾部员外郎。是年秋，濂溪摄邵州事，"九月，先生自邵阳发递，以改定《同人说》寄傅伯成，傅时知嘉州平羌县"。熙宁元年（1068）春，时知嘉州平羌县的傅耆在收到濂溪信后即回书，即《与周茂叔书（五）》。此信为傅耆与濂溪最后一次交往记录。傅耆与濂溪业已数年未见，虽相隔甚远，神交从未离散，故云“发而伏读，词与意厚，虽在数千里外，若奉高标大论，其欣快何如哉”。该信现存完整，然诸书流传的仅是片断，即《濂溪先生周元公年表》中引用之句：“蒙寄贶《同人说》，徐展孰读，较以旧本，改易数字，皆人意所不到处，宜乎使人宗师仰慕之不暇也。”细玩可知，濂溪早前即有《同人说》，且曾写示傅耆，此次是将新改定的《同人说》寄之以供再论，以获共鸣。

关于濂溪治平四年致信傅耆并寄赠《同人说》的史实，在度正笔下还有两种说法。嘉定六年（1213）度正在《书晦庵〈太极图解〉后》中云：“在吾乡时，傅尝有书谢其所寄《姤说》，其后在永州又有书谢其所寄改定《同人说》。”此句表达颇混乱，似傅耆曾在永州并回信濂溪。嘉定十三年度正在重庆所书之《跋贺傅伯成手谒》云：“按《傅氏家集》，濂溪在吾州尝以《姤说》示之，其后在零陵又寄所改《同人说》，二说当即所谓《易通》者。”谓濂溪是在零陵寄《同人说》与傅耆。事实上，这两种说法都是错误的。度正在搜集濂溪遗事的过程中不断更新认识，最终凭借载在傅耆《长庆集》中的《与周茂叔书（五）》弄清了濂溪《同人说》的来龙去脉。

傅耆在《与周茂叔书（五）》中还抒发了在蜀中缺少师友亲近的无奈：“耆兹粗如，老幼幸无恙，惟是书策笔砚，不敢少辍，但寡师友磨之耳。”一如前信，濂溪依然附上了诗文近作，耆谦言：“濂溪诗文，皆当世名公所为，自顾顽钝，未敢措手，或时强为，皆未能脱俗气，故迟疑蓄缩，久而未敢尘听也。”陵阳韩职方来汉嘉求船，“计必如期南下”，傅耆或托他将复信带给濂溪。蜀湘千里之遥，师门牵念满怀。傅耆感慨云：“西南相辽，未涯趋拜。”并冀望濂溪“为宗社自寿”。千年至今，似有回响。

三、傅耆与伊川先生程颐

程珦（1006—1090），字伯温，洛阳人，明道、伊川二先生之父。曾知龚、凤、磁、汉四州，官至太中大夫。在《中国哲学大辞典》（2010）中程珦与傅耆二人被认为是“濂溪学派”的代表。程珦庆历间为南安通守，与濂溪游，而二程始受业于濂溪。

治平四年（1067）至熙宁三年（1070）间，程珦知汉州，伊川先生随父入蜀。此间，同为濂溪门人的傅耆与伊川游。时傅耆任嘉州平羌县令，即度正所言“为邑西川”之时。今存二人的交往记录为伊川《谢傅耆伯成手谒》（前文已考，“伯寿”当为“伯成”）。

伊川《谢傅耆伯成手谒》原藏遂宁傅氏，为傅耆子孙所珍存。度正在《跋伊川先生帖后》中叙述了在访问濂溪遗迹过程中发现与濂溪在蜀中交往最密切之门生傅耆的经历。度正时为遂宁户掾，友人王世垕（叔载）常对他说“城西傅君光家，藏先正韩、范诸公手迹甚富”。傅光，字用之，为傅耆之孙。度正始得知“乃祖大夫公嘉祐初实见濂溪周先生于合阳，求教先生，手书《家人》《艮》《遇》等说赠之”。不仅如此，傅耆还与伊川有交往：“其后程太中公知汉州，大夫公时为邑西川，又得交伊川兄弟间，手笔相问，往往皆在。”当时度正、鹤山先生等认为二程均莅临蜀中，如鹤山云：“蜀虽偏左，而先正大儒如濂溪周先生、河南二程先生，皆尝不鄙而幸临之。”然据近人考证，明道当时在他地为官，恐非在蜀。而傅耆与伊川的交往为确实。

据《跋伊川先生帖后》文意，度正最初似未造访傅家，而是委托王世垕“访求周程诸先生手迹”。庆元二年（1196）正月四日，王君将傅光家藏的“伊川先生手状”交予度正考订，此即《谢傅耆伯成手谒》。《谢傅耆伯成手谒》为傅耆集在日记册中，度云其形制内容：“此版起六月，终七月十六日，内载王氏父子、吕氏兄弟迁擢，盖熙宁间日报。作细字，背面皆满，先生字处阙之，独得不谩。”度正认为，此正是伊川“入蜀时笔也”。度正问王君濂溪遗书，王曰“亡矣”。度正向王君表达了慕圣之志与存书之忧，其言：“今此纸幸脱于败烂之中，然诸先生所以开示后世者，世方以为奇货，安知叔孙武叔辈见之不遂投之水火耶？为我谢傅君，正奉藏之，俾勿坏。”据朱子《跋度正家藏伊川先生帖后》，及鹤山《跋遂宁傅氏所藏濂溪伊川真迹》中所言“了翁偶获窥见者，如濂溪先生帖、伊川先生手刺，则遂宁傅氏各藏其一，而合阳度周卿所藏程刺亦得之傅氏也”，知《谢傅耆伯成手谒》终为遂宁傅氏赠与度正珍藏。

伊川《谢傅耆伯成手谒》共十九字，全文为：“颐谨诣行馆，拜谢长官秘书，十月日河南程颐状。”从该帖可知，伊川主动拜访傅耆，并因事谢之。伊川是在怎样的情境下访耆，又因何事谢之，今不得而知。然极简的文字却显照了二人交往之诚。伊川早年受业于濂溪，而傅耆为濂溪蜀中最亲密之门生，二人讲谈间必云濂溪修养。故朱子得知傅耆学行事迹后如此赞叹：“傅君周旋周程师弟子间，知所主友，而伊川先生手刺谒谢，为礼亦恭，则其人之贤，不问可知。”朱子在鉴览伊川帖后感慨不已，有云：“尝读明道先生《颜乐亭诗》，其卒章曰‘井不忍废，囿不忍荒’。呜呼，正学其何可忘！”并勉励弟子度正悉心访求圣贤遗泽，以绵延正学于万世。

四、蜀中学派，当首先生

清代史学大家全祖望在《宋元学案·知州傅先生耆》中认为傅耆开启了以理学为核心的宋代蜀学，其评傅耆云“蜀中学派，当首先生”。谢山先生在《宋元学案·濂溪讲友》中称濂溪之门人有二程，然“不过少时师之”；平生“讲学之友”计六人：胡宿、周文敏、傅耆、李初平、王贶、许渤。谢山先生谓濂溪弟子甚少，二程见识乃“所自得者多”；其言傅耆则云“先生虽言论风旨不传，然二百年后，度正从其家以求元公之遗墨，尚多有之，安得不列之《学案》中邪”，并谓傅耆作为濂溪的四川弟子，实有启发之功，言耆学于周子之后，“范淳夫学于司马氏，谯天授、谢持正学于程氏，马巨济学于关中吕氏，以启南轩、鹤山诸公之盛”。

南宋巨儒鹤山先生在《跋遂宁傅氏所藏濂溪伊川真迹》中云濂溪、伊川在蜀时“所闻未彰，而蜀人从之者已众矣”。濂洛“遗墨多在蜀”，而“濂溪先生帖、伊川先生手刺，则遂宁傅氏各藏其一”。涪上幸有濂洛足迹，傅耆濂洛之缘深矣。圣贤遗泽，即使“只辞断册”，亦万世宝之，“贻之子孙，不敢失坠”。怎奈宋末蜀乱，遗泽所存无几。

傅耆是遂宁理学第一人，世称“理学名儒”，祀于乡贤祠，千年不绝。明代学者陈讲在《遂宁修学记》中言遂宁宋代学术之盛曰：“在宋日，养子弟员八百，进士表雁塔者几半。若数理学如傅耆，文章如于至，谏诤如张述，气节如冯康国，功业如杨辅、冯楫，彬彬乎多才足征矣！”新都杨廷和为遂宁余本实所请，撰《遂宁县修学记》，载明弘治年间全遂上下一心振兴学宫事为详。时武陵丁頀任遂宁知县，亲自指挥修学事宜，“如营其家”。宫成，释菜礼毕，丁頀征诸遂之故老以励诸生，言及傅耆则曰：“遂之先正又有傅公耆者，常受业濂溪之门，与闻性命之说，晦翁亦有慕焉，而属其门人度正以访于其子孙，今其流风余韵或者尚在也。”言诸生勿“徒假之以取荣而终弃之”，勿“徒以科第而已”，当从正学，修己治国。

吕半隐先生潜《高惕庵语录序》有云：“邹鲁既远，言人人殊，惟河汾濂洛诸君子起，颇得千载已坠之绪。”遂宁傅耆亲炙濂溪，交游伊川，启两宋之蜀学，受朱子之推崇，荣耀殊甚。然世人知耆者鲜。民国《新修合川县志》叹曰："今乃有不能举耆之姓名者矣。岂独代远年湮，流风殆歇，无亦竞争权利，不暇及于讲道论德之人与?"

【原载】《蜀学》第十一辑，与陈名扬合撰

宋代临济宗高僧痴绝道冲禅师

痴绝道冲（1169—1250），南宋临济宗高僧、禅林巨匠。宋人赵若琚《径山痴绝禅师行状》云："师名道冲，自号痴绝，武信（治今四川遂宁）长江苟氏子。"生于南宋孝宗乾道五年（1169）。幼资性绝群，稍长，考进士不第，遂到梓州（今四川三台）妙音院出家。后又到成都深造佛学理论。

宋光宗绍熙三年（1192），道冲出三峡，游荆楚，拜饶州（今江西波阳）曹源道生禅师学佛。三年后，云游浙江，到杭州西湖灵隐寺参松源崇岳禅师。初住浙江省嘉兴天宁寺，声名隆望，闻于朝廷。后又担任江苏南京钟山、浙江宁波天童寺、阿育王寺等著名禅院住持。南宋淳祐四年（1244），道冲奉诏从明州（今浙江宁波）阿育王寺到杭州主持灵隐寺。《径山痴绝禅师行状》云："蒋山田多，依山濒水，旱潦不常，岁租不足以供众，师攻苦食淡，相安于寂寞，十四年始终如一日。时参枢抑斋陈公（参知政事陈铧），开阃金陵，素敬师操行孤高，举似于闽帅东畎曹公（福州知府曹豳）。会鼓山虚席，即命师主之。未行，迁雪峰，嘉熙戊戌（1238）入院。甫半载，有旨住太白名山。适育王住持未得人，因师之至，又强之兼领。师往来两山间，四方学者从之如归市，声闻京师。淳祐甲辰（1244），诏移灵隐，说法飞来峰下。"道冲在灵隐时，因为邻峰僧侣所嫉，伐鼓退隐金陵，丞相游似、侍郎程公许、京尹赵崇度再三力请出山，不为所动。

《径山痴绝禅师行状》云："所至以激扬宗风为己任，以道法未得其传为己忧。平居简淡沉默，若不能言。及坐筹室，勘验衲子，机锋一触，犹雷奔电掣，海立江翻，皆茫然莫知凑泊。誓不轻以词色假人，重误来学。晚年无他好，多留意字法。于小楷最得三昧，往往端严凝重，类其人，僧俗归敬，求法语偈赞无虚日。虽祁寒盛暑，挥染不倦，士大夫多乐从之游，而尤为名公巨卿所推重，以至声名喧传海外，有具书礼，犯鲸波而来问法者。其道德有以服人，一至于此。”由于道冲德高望重，南宋理宗颁布圣旨，诏请道冲大师担任南宋首都临安（今杭州）径山寺住持，径山寺为“东南第一禅院”。道冲主持之杭州临安县径山、杭州钱塘县灵隐山、明州鄞县天童山、明州鄞县阿育王山、明州奉化县雪窦寺等，均在五山十刹之列。五山十刹是我国禅林宫寺制度中最高级别的寺院。宋代五山十刹，享有免税等特权，其住持由官方派任，寺院建筑雄伟，规模宏大。僧人咸以册名五山十刹为荣，犹如仕宦而至将相，乃无上之光彩，为缁素所钦羡。道冲住山前后三十年，历任五山中四山之住持，声著丛林，为士大夫所乐交，为帝倚重，深受圣眷，众集如海。

道冲“声名喧传海外，有具书礼犯鲸波而来问法者”，故道冲弟子中有一批日本僧人，如日本心地觉心，1249—1254年间在中国寻师，以痴绝道冲和荆叟如珏为主要参学对象；痴绝道冲还有另外一个日本弟子，就是圆尔辨圆，圆尔（1202—1280）是后期入宋求法僧中数一数二的人物，他入宋参学游方六年，至淳祐元年（1241）学成归日。在这六年间，他先后投于痴绝道冲、西岩了慧、无准师范门下。他由明州入宋，先至明州景福律院闻月宗主说法，后至天童参痴觉道冲，道冲禅师对日本禅宗的影响很大。

道冲工诗，诗风雍容清雅，韵味深长。《全宋诗》中收道冲诗近九十首。道冲禅师曾到法忍寺（位于今上海市金山区朱泾镇）拜谒唐代神僧船子德诚（今四川遂宁人）遗迹，作诗云：“与师同是遂宁人，来访遗踪愧后生。当日相逢定槌杀，也教知道有乡情。”（载《上海文献丛书》之《船子和尚拨棹歌》，华东师范大学出版社1987年影印出版）。淳祐辛丑（1241）立秋后一日，道冲游览了闽东著名古刹福州鼓山涌泉寺，《鼓山志》载有道冲《淳祐辛酉（丑）立秋后一日游鼓山》诗云：“野径斜连石涧旁，草根昵昵语寒蛩。郊原经雨多秋意，庭院无人自夕阳。风卷暮云归碧嶂，叶随野水入寒塘。数家篱落枫林外，枳壳垂青菊绽黄。”诗写得从容温厚，心平气和，精粹简练，韵味盎然。道冲禅师不但自己写诗，也影响了他的弟子，形成了“痴绝派僧”。南宋江湖诗僧亚愚绍嵩就是痴绝道冲之法嗣。南宋有一群诗僧，都是临济系大慧宗杲、佛照德光、痴绝道冲等重要禅师的嗣法传人。

道冲有弟子写诗，亦有弟子画画。美国加州大学美术史教授高居翰编著的《唐宋元中国画家与名画索引》中指出活跃于13世纪初的禅师直翁若敬是痴绝道冲的门人，而相传为他所画的一幅大阪藤田美术馆收藏的《布袋图》上，有痴绝道冲的题字。直翁另外一幅画，收藏于大东急纪念文库的《六祖挟担图》，指定为日本国宝。此外，尚有一山一宁是痴绝道冲的再传弟子，他有一幅《十六罗汉画》，现珍藏于日本大德寺龙光院。

道冲善书，有墨宝在美国、日本等地传至今日。道冲部分诗是题在画上的，像美国俄亥俄州克利夫兰美术馆珍藏的《出山释迦图》，就有道冲题写之诗文，除题字外，还盖了痴绝道冲的印章。佛教艺术造诣很深的台湾文化大学教授陈清香研究珍藏日本的宋代罗汉画时，述及一幅存于兵库颖川美术馆相传是牧溪手笔的《罗汉像》，图上有痴绝道冲题赞。日本 Komoyo 寺珍藏的一幅《观音像》，也有痴绝道冲的题字。高明道《读史杂记——谈痴绝道冲禅师》云：诗画之外，痴绝道冲也跟书法结下缘。日本政府文化厅历年指定的重要文化财中所谓“中国书迹”，就包括五幅痴绝道冲的墨迹：一、1942 年 6 月 26 日指定，登录编号 360，为私人在东京拥有的宋理宗淳祐甲辰七月四日（1244 年 8 月 8 日）墨宝；二、1957 年 2 月 19 日指定，编号 1807，东京五岛美术馆收藏的《与悟兄都寺偈颂》，是淳祐丙午八月二十日（1246 年 10 月 1 日）写的作品；三、1939 年 5 月 27 日指定，编号 290，为京都国立博物馆所珍藏的淳祐丁未六月（1247 年 7 月 4 日至 8 月 2 日）庚子墨迹；四、1955 年 2 月 2 日指定，编号 1675，展示在京都天阁美术馆，为慈照寺（银阁寺）拥有的《无准忌上堂语》（淳祐庚戌二月二十五日，即 1250 年 2 月 12 日的作品）；五、年代最早的墨宝则是 1241 年 11 月 5 日至 12 月 3 日间的作品，亦即 1937 年 5 月 25 日指定为编号 683 之重要文化财，收藏于京都国立博物馆，高 29.2 公分，宽 39.5 公分的《痴绝道冲墨迹（淳祐辛丑良月己未）》，其内容是为大慧宗皋的法语而写的跋。在日本，痴绝道冲亲笔写的这些文物备受重视，例如财团法人三溪园保胜会在横滨主办的一场横滨开港 150 周年纪念特别展，就专程向五岛美术馆借痴绝的书法作品《偈颂》参展，好让展览内容更加丰富。

《径山痴绝禅师行状》载：淳祐九年（1249）九月，道冲禅师至法华，俄染疾在心膈间，饮啖日减。自冬涉春，形体虽羸，而升堂提倡，精明如平时。淳祐十年三月六日，忽手书《龛记》，叙得法之由。自是屏医却药，果至十四日（1250 年 4 月 17 日）夜分，起坐移顷而逝。后三日荼毗，舍利五色粲然。

弟子遵遗教，奉灵骨，以庚戌（1250）五月十九日归葬金陵（今南京）之玉山庵，学徒追悼不舍，中分其半，建塔径山菖蒲田玉芝庵，实是月二十四日也。寿八十二，腊六十一。法嗣有净慈简翁、顽极行弥、月潭智圆等（参见高明道《读史杂记——谈痴绝道冲禅师》）。

道冲撰有《痴绝道冲禅师语录》二卷（收入《续藏经》），其事迹见《语录》及所附赵若琚撰《径山痴绝禅师行状》。道冲诗以辑自《语录》和他书的偈颂及诗合编为一卷，载于《全宋诗》中。淳祐辛亥端午日（1251 年 5 月 26 日），侍郎尤焴撰《痴绝禅师语录序》云："径山痴绝禅师既示寂，其徒了源以师平生提唱语一编示锡山尤焴曰：'子知吾师者，盍为叙引以传。'余晚识师，得其数语受用，因不复辞。余观近世尊宿语录，多成窠臼，惟痴绝师独较些子，盖其得处超轶，用处洒落，故平生室中不许人下语，专以此著罗龙打凤，而学者鲜能凑泊。门庭高峻，屹然宗匠之灵光。今也则亡，徒存剑迹。非其种草，孰识苦心？必有护持，流通久远矣。淳祐辛亥端午日木石序。"淳祐十二年六月朔（1252 年 7 月 8 日），赵若琚撰《径山痴绝禅师行状》，记载道冲禅师生事甚详。

道冲禅师生平载入《佛祖历代通载》卷三十一、《释氏稽古略》卷四、《大明高僧传》卷八、《佛光大辞典》、《巴蜀禅灯录》、《巴蜀文化大观》、《宋元禅宗史》（杨曾文著）、《中国禅宗史——南宗禅成立以后的政治社会史的考证》（日本驹泽大学教授阿部肇一原著，台北东大图书公司 1988 年出版）、高明道《读史杂记——谈痴绝道冲禅师》、黄启江《参访名师：南宋求法日僧与江浙佛教丛林》等文献。

【原载】《空林佛教》2011 年 2 期

元明名人

元代文学家谢端

谢端（1279—1340），字敬德，号桤斋，四川遂宁人，元代著名文学家、史学家、蜀学家，《元史》评曰："元世蜀士以文名者，曰虞集，而谢端其次云。"谢端家族因宋蒙四川战争于淳祐前后出蜀，流寓江陵，至端始居武昌。端幼承蜀学，天资颖异。在荆南时，与宋本以文学齐名，时号"谢宋"。元仁宗皇庆二年（1313），元朝开科取士。延祐五年（1318），端中进士，后累官至翰林直学士，阶太中大夫，谥"文安"。

谢端在成均、翰林日，与二宋、虞集、许有壬、苏天爵等元代文坛巨擘交往甚密。端以文字为职业，尚高古，鄙俗流，制、表、散文皆是一等。曾预修英宗、明宗、文宗、宁宗四朝实录，世称"有史才"。元文宗曾对近臣阿荣言："当今文学之士，朕惟未识谢端。"诚知端之名。端对前代政治、人物贤否，尤有独见，以不克修撰辽、金、宋三史为大憾。曾与苏天爵合撰《正统论》，刊有《谢文安集》《谢文安遗文》，均佚。

谢端虽不生长于蜀地，但蜀学世家孕育了他的人生性格和终身成就。祖父谢元赍深通玄象，擅预测，端亦通《易》。端在大都，广交蜀士，被认为是"川党"先锋，仅次虞集。他照顾乡人后进，馆于家中，论道不倦。虽存文极少，亦有思蜀之辞。其为法书名画题辞常款"蜀郡谢端""遂宁谢端"，其章则曰"青石谢端"。

在元代，由于种族歧视的政策，"南人"极难在朝廷身居高位。谢端的前半生以教育为重心，后半生出仕，以期改造政治，终以笔墨相伴。屠寄有论云："有元一代以江南后服，猜防南人，视若殷之顽民。"苏天爵叹端曰："众皆推公材识，惜其不果于从政也。"又云："士有抱负艺能而不克尽施于用者，岂独公乎!”可知端之政遇乃具有普遍性，即使有足够才能也未能用极。

学界关注谢端不多，往往是在研究史学史、科举史时偶有提及。宋褧在《祭谢栏斋文》中言谢端之一生：“其来也，滔滔江汉之波；其成也，巘巘嵩岱之山。”作为元代仅次于虞集的蜀学家不应被遗忘。本文即基于以上管见，试对谢端的生平、交游、著述和乡情作一刍考，冀为巴蜀文化和元代文学研究作出绵薄努力。

一、谢端生平

南宋祥兴二年（1279），宋亡。据《谢公神道碑铭》载：“公卒以至元六年夏五月庚午，享年六十有二。”又《祭谢栏斋文》云：“当公寿旦，闻讣襄樊。”知谢端于此年夏出生。《元史·谢端传》载，端自幼颖异，“五六岁能吟诗，十岁能作赋”。十岁，谢端就读于江陵郡学，习科举文，“援笔立就，屡出同舍生上，其师异之”。宋褧云：“惟公之生，天性卓然，正学既明，多艺且贤，聪悟非常。”谢端与宋本相识于江陵，二人同师于大儒王奎文，讲程朱性理之学。后又同授业于此，以文学耀眼于荆南，时号“谢宋”。直到皇庆二年（1313）元仁宗复科举前，谢端主要在荆南一带从事教育工作。

延祐元年（1314），谢端参加在汴州举行的河南江北行中书省乡试，中举。至元四年（1338），宋褧在汴州曾作诗纪念二十五年前在此参加河南乡试的经历，题为《予以延祐元年从先兄正献公入汴，始识彦辉吴征君。是岁，故中丞马公伯庸、今翰林学士谢公敬德、国子博士王君师鲁，乡贡河南行省，迄今二十五年。予再以按行至汴，居监察行院，去征君所居仅半里，犹以公事未毕，尚迟于请见。时马公亦薨，谢、王在馆阁，感念存殁，赋唐律一首，先遣持遗征君正之》，知当年谢端是与宋本、宋褧两兄弟一同举乡贡。因母亲去世，端未参加第二年会试。

延祐五年春，谢端四十岁，赴大都参加会试，中乙科进士。以进士授潭州路同知湘阴州事，阶承事郎（正七品），自此开始后半生为官之路。据《谢公神道碑铭》和《元史》谢端传，他历任潭州路同知湘阴州事、国子博士、太常博士、翰林修撰、同知制诰、国史院编修官、翰林待制、国子司业、翰林直学士，散阶升迁承事郎、奉训大夫、朝列大夫、中顺大夫、亚中大夫、太中大夫。

谢端在担任湘阴州同知之时，兴学、重农、保民，使湘政出现清平局面。

宋褧曾到湘阴访友，其诗《书湘阴谢使君厅壁》自注云："湘阴为湖南下州，而谢君敬德三年未尝挈家。"知其为官清正，亦可推知其在湘三年。《谢公神道碑铭》言其离湘赴京任职二十年后，湘阴的老百姓仍"颂其遗爱"，诚可谓有元一代之名吏。

至治元年（1321），谢端秩满，调京师。受丞相张珪推荐，入为国子博士，阶儒林郎（从六品）。谢端在担任太常博士期间创作的《道溪书院记》，提到了自己担任国子博士的经历："昔予备员国子博士，郡邑有以立书院文移至国子，乃上之集贤，以至仪曹。或资之以入仕，或利之以复役，以故或从或否。独是书院之设，悉无所觊，则亦庶乎知远于宠利矣。"谢端认为朝廷对书院建设的不重视，是一种短见。可知，谢端在京为官伊始就充满了批判精神，无怪乎欧阳玄认为"公材器宜居言官"，可谓知端矣。

据《南城校文联句并序》载，泰定三年（1326）秋，大都举行乡试，时任太常博士的谢端和友人翰林直学士马祖常、左司都事宋本为同考官，三人于贡院联句赋诗，该诗记叙了元代京师科考的盛况。可知，谢端最晚于泰定三年即任太常博士，阶奉训大夫（从五品）。

泰定四年夏四月甲子，有盗入太庙窃走第八室黄金主。第二日当时享，众议纷纷，或云"为位祀之"。时任太常博士的谢端进言"四时之祭皆用孟月，有故则用仲月。今盗入祏室，震惊神灵，当用仲月"。上从之。《元史》云，端因此事"坐罢去"，又云"端礼官，非典守，不当坐，亦不辨"。然《谢公神道碑铭》未载被罢事。考《元史》列传第六十九宋本传，宋本在太庙失窃后进言"在法，民间失盗，捕之违期不获犹治罪，太常失，典守及在京应捕官皆当罢去"。宋认为涉及此案的官员均应被罢，然"皆不报"。一方面太常博士为礼官，非典守职责，一方面宋本言罢"典守及在京应捕官"的意见未被采纳。可知，谢端并未被罢。再考《石渠宝笈》，天历元年（1328）正月，谢端与虞集等同观王羲之《曹娥碑》，虞集跋中称谢端为"奉训大夫太常博士"，可知端确未被罢。

据《石渠宝笈》载，天历二年正月九日，谢端与宋本、王守诚、简正理、偰玉立、林宇、赵期颐等于柯敬仲家再观王羲之《曹娥碑》。谢端在宋本为该法书的题跋中官衔为"翰林修撰"。又，谢端在此年正月所作《送张文琰序》中亦署名"翰林修撰谢端叙"。可知端在此年被任命为翰林修撰、同知制诰兼国史院编修官，仍阶奉训大夫。

至顺元年（1330）五月，《英宗皇帝实录》五十卷成，其中《事目》八卷，《制诰录》二卷。钱大昕在《元史艺文志》中云："至顺元年五月进，翰林学士吴澂、侍讲学士曹元用、马祖常、谢端。"似谢端此时为"侍讲学士"。《藏园群书经眼录》录有至顺元年本《四书集义精要》的官牒，其中有云"据待制欧阳玄，修撰谢端、李黼，应奉苏天爵等呈"，可知端此时实为翰林修撰。

据《谢公神道碑铭》，端在担任翰林修撰后"三年，就迁待制，官朝列大夫"。谢端在天历二年（1329）被任命为翰林修撰，那么迁翰林待制则在至顺三年（1332）。据《乡贡进士翰林书写杨君墓志铭》载，谢端在元统元年（1333）曾担任会试考官。

《谢公神道碑铭》载，端迁待制后"凡再任，阶中顺大夫"，此事应在元统二年。之后，端"选为国子司业，升亚中大夫"。考《加封圣号诏书碑》，此碑为至元二年（1336）十月立。碑上书有"奉训大夫国子司业臣潘迪书，亚中大夫国子司业臣谢端篆，臣茅绍之刻"，知谢端应在至元二年担任国子司业。最后，谢端"复入翰林为直学士"。考许有壬《圭塘小稿》，其中有谢端《文过集序》。根据许有壬自序言"丁丑分省，予以五月二日发京师，八日达上京。……七月十七日，奏归日定，有司次第治行"及端序云"故自始至及归，仅八九十日，又以酬机务接造请之余，出其所有已"，知端序作于至元三年八月。文中又有"端承乏翰林"之言，知谢端应于此年再入翰林院，为翰林直学士，阶太中大夫（从三品）。

《山右石刻丛编》所录《故奉训大夫兴和路等处壹拾柒站都脱脱禾孙李公孝思之碑》中有"翰林侍讲学士中奉大夫知制诰同修国史□□□□谢端篆"之文，胡聘之还在按中专论，云《元史》不载谢端为翰林侍讲学士，"可据此碑补"。此说虽有碑文作为依据，似较可信，但据以上考证，端实未任此职，胡之说亦无他证。程文在《贞白先生郑公千龄行状》中言郑千龄曾与"礼部尚书谢公敬德、吏部尚书刘公伯宣、侍郎夹谷之奇交"。按，郑千龄在至顺二年（1331）去世时，谢端方任翰林修撰，程说不知何由。

至元六年（1340）五月十八日（夏至），谢端卒于任上，年六十二。朝廷追赠国子祭酒、轻车都尉、陈留郡侯，谥"文安"。谢端仕至翰林直学士，终身以文字为职业，不克尽其才。欧阳玄、苏天爵等均为之遗恨不已。

二、谢端交游

谢端四十岁前在荆南，其挚友为宋本及其弟宋褧。谢端比宋褧大十五岁，比宋本大两岁。他们三人的友谊持续了一生。

宋本原为大都人，随父宋祯官江陵，便流寓于此。本居江陵时自号“江汉羁伧”，性乐水及渔，又号“垂纶亭主人”。其父虽仕二十余年，却素乏蓄积。本读书“不以寒暑昼夜作辍”“夜分乃寐，几废寝食”，在父逝母老的情况下，“教童子七十八人”，于江陵授业。

《谢公神道碑铭》云其“弱冠，偕故礼部尚书广阳宋公本，从王公奎文游，讲明性理之学，俱有才名。郡人以‘谢宋’称之”。端与宋本师出同门，又以文学齐名，号称“谢宋”，时为嘉话。宋褧在《祭谢桤斋文》文中回忆“始予羁丱，公始加冠，从我正献，与公周旋”，突出了当年“谢宋”二人的友谊。宋本弟褧亦以才名著，与本并称“二宋”。

谢端与“二宋”三人后皆成进士。谢端于延祐五年（1318）中进士乙科，仕致翰林直学士；宋本于至治元年（1321）参加廷试，为左榜进士第一，高中状元，后累擢礼部尚书、奎章阁学士院承旨学士、集贤直学士兼国子祭酒；宋褧于泰定元年（1324）中进士，后累官至翰林直学士。

虽宋本《至治集》不传，我们亦可通过宋褧《燕石集》等复原当年他们交往的情况。三人在中进士后，多数时间同朝为官。《谢公神道碑铭》言谢端“在朝著，以文字为职业，从容多暇。广阳宋公时已登第，历官省曹，事或有所疑，辄从公论决，悉中肯綮”。泰定三年大都乡试，谢端、宋本、马祖常为同考官，宋本发起贡院联句赋诗，酬唱之间，情谊自现。

虽然在泰定四年的太庙失窃案中，宋本参劾了太常寺，但并不指向端，且亦为其秉公议政的体现。宋本与谢端两次同观王羲之《曹娥碑》，至顺元年（1330）中秋的如舟亭燕饮，都体现了两人的交谊。两人有着共同的才识，又一同奖掖后进。贺据德为泰定四年第丙科进士，授将仕郎、翰林国史院编修官，据德在翰林时，深为宋本和谢端二人“器重”。据德的成长经历与谢宋二人较为接近，家境故寒，“自童幼孤苦，无慢情戏色”，“侍母以孝闻”，且“为学勤苦，旦不颒水，夜不解带，翻研覆精，必以己所自到者为是”，惜早逝。元统二年（1334）十一月二十五日，宋本去世，年五十四，谥“正献”。时任翰林待制的谢端为宋本撰写了墓志铭，当时的心情亦必万分悲痛。

宋褧与谢端的关系更为亲密，其在《祭谢桤斋文》中回忆：“我知公深，不苛不烦，进退以义，知命乐天。汪洋若陂，性宜佩弦。”一句“我知公深”，便足以体现二人情谊。宋褧对谢端的性格十分了解，认为他不慕荣利，堪比“陶令”。

宋褧和谢端诗词往来甚多。谢端还在湘阴地方担任小职之时，宋褧便前去看望，一句“使君厅事冷于冰，使君无家静如僧”，表达了他的关切之心。谢端嗜酒、不慕荣利如“陶令”，而宋褧在性格上却有所不同。宋褧在《寄慰翰林谢敬德学士》中言端整日“赋诗酌酒无白头”，虽不上调却无愠，“我为终夕闷不休”。宋褧在外任官时，谢端还曾去书“诉其俸薄无酒资”，宋褧笑话他：“白玉堂前一老仙，能文善饮量如川。官高犹说清贫甚，乞与田租作酒钱。”这些都足够体现二人真心往来。

宋褧在谢端去世一周年之际，作祭文以纪之。他在文中回忆“予壮公老，同立朝班，交久情密，与同悲欢。居则席接，出则辔联。评议则臆见多协，辩论则吻合不偏。”他二人不因年岁之差而有丝毫悬隔，反而“始终无间，礼义不愆。予或略其兄事之礼，公亦谬以为才俊而相怜”。宋褧又言：“宿草不哭，礼经有传。朋友大义，予岂无权。思公之切，昼夜不捐。”思友之深，诚感人肺腑！

谢端还与虞集、许有壬、苏天爵、欧阳玄、王沂、朱德润、马祖常、黄清老等是好友。

谢端和虞集同为流寓在外的蜀人，同朝为官，交往颇密。天历元年（1328）正月，谢端与宋本、宋褧、虞集、林宇同观王羲之《曹娥碑》。其中谢端、虞集、林宇均为蜀人。流寓在澧州路做教授的蜀人王元明去世后，由谢端撰墓志铭，宋本书丹，虞集负责题盖。至顺元年（1330）虞集任《经世大典》总裁时，曾上奏请谢端等协助。这些历史片段都能体现二人的亲密关系。

至元三年（1337）八月，谢端为友人许有壬《文过集》作序。《文过集》是许在至元三年五月到七月间扈跸于上京时所作诗集，凡诗一百二十首。此集还有吴全节、王沂、欧阳元、揭傒斯等序。谢端在序中自陈，身在翰林“亦尝得预庙堂大议”，特钦服许有壬“危言极论”，“虽时有从违，而天下则有阴受其赐者矣”。言其诗则曰“丽而有则，讽而不迫，不矜持而庄，不织悉而赡，盖和平之音也”。集中有许之《和谢敬德学士入关至上都杂诗十二首》，端论曰："观者虽未至滦水之阳，而其土地所生，风气所宜，皆在目中矣。"许有壬和谢端家同在江夏，谢端还表达了老归后愿从其游的想法。许有壬在《和谢敬德学士见寄韵二首》中将谢端比为陶靖节，并谓"从知宇宙多闲地，谁信襟怀胜旧时"。在《和谢敬德学士入关至上都杂诗》第十二首中，许氏还用"最怜学士神仙福，终日吟诗不造朝"来形容谢端的生活状态。此皆许对其才不得极用的感慨，二人之友情亦见。

谢端与苏天爵亦相惜。谢端曾为苏天爵滋溪书堂作铭，并祝福云"籯金青紫世所取，滋溪有源子有后，斯堂斯书可世守"。至正二年冬，苏天爵受端之子谢搢所请撰写了《元故翰林直学士赠国子祭酒谥文安谢公神道碑铭并序》，苏在文中叹息道"公湘阴之政所试者小，而人已受其惠。若见诸大用，当何如哉"。

三、谢端著述

《谢公神道碑铭》云："累朝信史、典册、制诏，当代公卿祠墓碑版，多出公手。"《元史》云："预修文宗、明宗、宁宗三朝实录，及《累朝功臣列传》，时称其有史才。"谢端参与了元代四朝实录的编修。至顺元年（1330）五月，谢端向元文宗进《英宗皇帝实录》五十卷，端之《进实录表》云英宗"四年无前之盛治，兆民至今而永怀"。钱大昕《元史艺文志》和魏源《元史新编》均认为谢端曾与修《英宗实录》。因天历二年（1329）谢端被任命为翰林修撰、同知制诰兼国史院编修官，且端在《进实录表》中云"臣等事征四系，学愧三长，焕乎文章，无能名其为大；写之琬琰，庶有补于将来"，可知谢端确参与了《英宗实录》的编撰。谢端还与修了《明宗实录》《文宗实录》和《宁宗实录》。元统元年（1333），元惠宗诏修《泰定帝实录》《明宗实录》《文宗实录》《宁宗实录》，至元六年（1340）四朝实录修成。这些实录后来成为了明初修《元史》的重要史料来源，赵翼《廿二史劄记》云："明初修史诸臣即抄撮成书，故诸列传尚多老笔而无酿词。"苏天爵还言谢端对于前代君臣得失、国家兴废、人物贤否犹为精熟，"以不克纂述三史为憾"。

有论者云谢端曾参与过《经世大典》和《国朝文类》的编纂，实则非也。至顺元年（1330）正月，奎章阁学士院领撰《经世大典》事，命虞集和中书平章政事赵世延同任总裁。《元史》载，虞集曾进言请翰林修撰谢端、应奉苏天爵等协助，"帝以尝命修辽、金、宋三史，未见成绩，《大典》令阁学士专率其属为之”，故谢端并未参与《大典》的修撰。谢端亦未参编《国朝文类》。至元二年（1336）十二月，谢端与翰林修撰王文煜、应奉黄清老、编修吕思诚、王沂、杨俊民等呈请中书省刊印《国朝文类》，呈文有云“伏睹奎章阁授经郎苏天爵，自为国子诸生，历官翰林僚属，前后搜辑，殆二十年，今已成书为七十卷”。可知《国朝文类》乃是苏天爵一人之力编纂而成。

《元史》云：“端又与赵郡苏天爵同著《正统论》，辨金、宋正统甚悉，世多传之。”谢端与苏天爵合撰之《正统论》，又称《正统论辩》，《元史艺文志》《补辽金元艺文志》《元史新编》《千顷堂书目》等均载有此书，并言该书为一卷，乃谢端所作。从谢端和苏天爵修史的成就和史识评判，应撰有此书。《辽史纪事本末》在引用书目中云谢端所撰之书为《宋辽金正统论》，那么《正统论》是否就是《宋辽金正统论》呢？王鸣盛《蛾术编》云：“其时王理祖谢端著《三史正统论》，咸欲以宋为正统，然一时诸臣之论，终以元承金，金承辽之故而疑之，仍并立为三。”顾景星《论正统论》云：“元人谢端正金辽统，元得之辽也，皆私也。谓正则皆正，谓不正则皆不正也。”两位学者所称谢端正统论的观点竟截然不同，那么他们评论的是一本书么？考王圻《续文献通考》，言杨维桢《宋辽金正统论辩》时附录了作者为“谢端”的《辩宋辽金正统》，该文认为五代应通作《南史》，辽、金应为《北史》，北宋为《宋史》，建炎以后之宋为《南宋史》。王圻还在文后特意注释了“端，遂宁人”。实则，王鸣盛和顾景星所评述的正统论当为《辩宋辽金正统》，该文即为收录在《国朝文类》中的《辩辽宋金正统》，元初学者王恽（1227—1304）在《玉堂嘉话》中早录有此文，文末有“燕山修端谨记”。知《辩宋辽金正统》一文，实则是元初学者修端所作。谢端和苏天爵确合著过《正统论》，但没有流传，修端的这篇正统论经过明代学者王圻之手后流传开来，便造成了诸家误读。目前已不知谢端和苏天爵合著的《正统论》主旨，只知道“辨金、宋正统甚悉”，推知他们的观点可能和修端为近。

苏天爵云“累朝信史、典册、制诏，当代公卿祠墓碑版，多出公手”。谢端所作《加封孔子父母制》《御史大夫相嘉硕利封谥制》（该制在四库本《元文类》中，与《国朝文类》之文同，所书对象换成了“僧格实喇”，未知其因）为有名。谢端之《贺亲祀南郊表》文辞高古雄健，被明代学者蒋一葵认为是有元一代“贺亲祀南郊表第一”。谢端所作墓志铭以《元故将仕郎澧州路教授王君墓志碣铭》为代表。端亦以书法显，著名的《加封圣号诏书碑》即由他篆额。至元二年（1336）十月，国子监将大德十一年（1307）七月十九日加封孔子为“大成至圣文宣王”的诏书，刻碑于大都先师庙，谢端所篆“加号诏书”四字古朴浑厚，原碑仍存北京孔庙。

谢端平日尤喜饮酒赋诗。宋褧在《次韵谢敬德司业冬至夜见念诗二首》中以“陶令惟耽饮，虞卿漫著书”，将他和虞集的平日生活作了比较。在《寄慰翰林谢敬德学士》中，宋褧又赞端“高文大册有清誉，赋诗酌酒无白头”，表达了欣羡之情。许有壬亦有很多与谢端的和诗，其《和谢敬德学士见寄韵二首》云：“平生疏懒是天姿，今岁春来起亦迟。好酒或如陶靖节，杜门深愧郑当时。”谢端扈跸上京时曾作诗十二首，许氏亦以十二首和之。王沂在《和谢敬德题杜宏道西岩小隐诗韵》中云：“闻君结屋近西山，知在燕南赵北间。黍熟东皋多釀酒，杖藜吾欲扣柴关。”友人们的和诗都突显了谢端是热衷于饮酒赋诗、性情豁达通明之人。惜谢端诗歌今仅存数首。至元四年（1338）四月，在友人傅若金即赴岭南任职之际，谢端与虞集、欧阳玄、揭傒斯等为之践行，端高歌“自古诗人天所放”，颇具蜀中唐风。

《元史》云“元世蜀士以文名者，曰虞集，而谢端其次云”，诚知端之文在当时中央帝国的影响力。谢端著作有《谢文安集》《谢文安遗文》，虽不传，但我们亦可通过遗篇一窥其文渊。

四、谢端乡情

谢端家族因宋蒙四川战争而流寓荆南。端虽未成长于蜀地，却受到蜀学影响，充满着浓郁的蜀人意识。谢端出生在世代为儒的家庭，祖父谢元賁为典型的蜀学者，深通阴阳玄象，时任京西湖北安抚制置使，南宋名将孟珙对他礼敬有加。居江陵数年，忽中夜叩牙门，谓孟公曰：“流星出下阶，没西方，一刻所息，占为天士亡，某实当之。”明年，孟珙死，谢元賁的预言得到应验。之后亦多次预言，多次应验。谢端幼承家学，亦通易学。

谢端在京为官，对乡人尤为照顾。杨惟肖是目前所知谢端唯一的学生。杨惟肖（1302—1341），字与似，四川遂宁青石县九节乡人。南宋末年避兵难出蜀，占籍澧阳新安（今湖南临澧新安镇）。祖父杨震卿，为南宋乡贡进士。惟肖天资颖悟，幼工属对，后补郡学弟子员，弱冠即拜蜀儒吕仁叔治《春秋》，承蜀学。泰定三年（1326），惟肖到大都，从谢端学《易》。谢端让惟肖住在自己家里，每日与之讲谈经义无倦。蜀士虽流寓，蜀学不曾断。

谢端在朝时，亦与蜀人为近。虞集是元代蜀学家第一人，为有元一代的大家。天历元年（1328）正月十日，时任太常博士的谢端和当时已为翰林直学士的虞集共观王羲之法书《曹娥碑》。一同鉴赏的还有“二宋”及蜀人侍仪舍人林宇。虞集在跋中亦以“蜀郡虞集”“遂宁谢端”“蜀郡林宇”署名。宋褧在《祭谢桤斋文》中言“尚论乡井，公蜀我燕”，他认为谢端学行为“川党”先锋，可知当时的元廷确有一批蜀人的力量。

谢端和虞集两人曾为赵世延《先氏书岩记》作跋。先氏书岩在川南道合江县（今泸州合江），传说神童先汪曾于此读书。虞集跋云：“吾蜀百千年故家旧族若先氏崖者多有之矣，安得一一表章于大臣元老之手乎？然先氏子孙所恃以不朽者，不徒在于崖者矣。”谢端在跋中表达了强烈的蜀人意识，带有浓烈的思乡之情及作为蜀人子孙的自豪感。谢端跋云：

端亦蜀人也，流离江汉间几十余年矣。某山某水不知几何所，览读书崖之记，始知先氏世有贤子孙矣！端今老矣，行于四方，欲求一亩之居而不可得。吾蜀多异人异书，何时扁舟溯江而上，从书崖岚光林影之下，求其遗书而读之。庶几补过，以希前修。汝砺其尚，不吾却也。其可感慨也夫！

谢端自称一生在外，终究是“流离”而已，诚愿“溯江而上”，求吾蜀之异人异书，以希“补过”。

天历二年（1329），谢端还为去世的蜀人澧州路教授王元明写墓铭。王元明（1262—1329），字诚夫，又字熊浚，四川广都人（今成都双流）。其父王丙发，登宋戊辰进士第，任江陵司户。王元明随父于宋末出蜀，流寓湖湘，终占籍澧州，为澧州教授。作楼曰“德符”，生平尤邃于《易》《书》。谢端在为乡人作墓铭之时，亦充满了浓郁的“归家”意识。

谢端在离世的前夕，鉴赏了欧阳询法书《化度寺邕禅师塔铭》，他在跋中即以“蜀郡谢端”自署。在人生最后一刻亦未能回到蜀中看看的谢端，心中必然有太多的遗憾。谢端作为元代仅次于虞集的蜀学家，虽然其文绝大多数未能流传于今，但不能否认他在元代的学界地位，以及他对元代学术文化和蜀学所作出的贡献。

【原载】《蜀学》第十二辑，与陈名扬合撰

明代著名诗文书画家王璲

解缙、杨慎和徐渭号称明代三大才子。永乐初，翰林院群臣应制撰《神龟赋》，比赛结果，王璲居第一名，解缙居第二名。王璲祖籍蜀中遂宁，系诗书画三绝奇才，亦是一位与解缙齐名的大才子。

一

“蜀士多才俊，文章萃东南。”宋末元初，战乱频仍，蜀中尤甚。大批蜀士，举家出逃，流寓东南，致使有元一代，巴蜀文学不显。但不少流寓东南的蜀籍士子之后裔却在文坛上闻名遐迩，成就卓著。元代遂宁谢氏家族迁徙湖北江陵，王氏家族流寓江苏长洲，后裔中出现了谢端、王立中、王璲等著名文学家、书画家，为世所知，成为元末明初诗坛艺苑之翘楚。尤其是王氏家族，系宋代遂宁世家，先祖王极，仕宋，官至吏部侍郎。王极玄孙王立中元末官江南松江府，侨居长洲，王氏成为长洲著名书画家族。元末明初王氏家族与明末清初吕氏家族（吕大器、吕潜）、清前中期张氏家族（张鹏翮、张问陶），并称遂宁历史上最杰出的三大诗书画世家。

王立中（1309—1385），元代著名书画家，字彦强，四川遂宁人。高祖王极，南宋宁宗嘉定十年（1217）吴潜榜进士，官至吏部侍郎；伯高祖王翔，南宋庆元五年（1199）进士。

立中九岁而孤，以荫授开化尉，历慈溪尉、嘉定知州，元末为松江知府，以廉静称，刻节砺行。“至正二十三年冬，西蜀王立中来守是邦。”（贝琼《清江贝先生文集》卷二十三《松江府儒学藏书记》）

王立中善书画，传世作品有绘画《山水图》、书法《兰陵王词帖》。《山水图》，绢本，水墨，纵 25.2 厘米，横 53.3 厘米，藏北京故宫博物院。此图景色清新，境界清寂淡泊，具有春日山乡写生的特点，为王立中罕见传世品。《兰陵王词帖》，元至正元年（1341）作，纸本，册页，纵 27.2 厘米，横 43.4 厘米，行书，19 行，共 208 字，北京故宫博物院藏。释文："早春承佳章，一唱三叹，虽欲效颦，未逞也。偶因登高望远，有感于怀，漫依来韵，填兰陵王一解以寄，并呈季野隐君、立礼学士同发笑粲，乃幸。吴庚弟王立中顿拜。复儒翰学久契兄：草烟碧，愁满春波未极。销凝久，无限感怀，别后高阳定谁忆。鳞鸿断信息，空望天涯异国。关情处，还念旧游，孤客飘零傍江驿。当时漫曾历。向水畔吟轩，花下行屐，论文相与陪尊席。同竹径微步，市桥闲眺，总总犹是恨晚识。早催整形色。重惜野毒白甚，欲寄离情，难访陈迹。东风不到秦楼侧，任月榭幽静，雨窗萧瑟，垂杨依旧。似梦里，暗绣陌。至正改元四月廿六日。"款钤"王氏立中""彦强"二印。钤安岐、衡永等人鉴藏印。此帖是王立中登高望远时，依"复儒翰学"来韵，填"兰陵王"一阕相赠，属文人诗词酬唱之作。"复儒翰学"指邵亨贞，邵氏亦长于填词，撰有《蛾术词选》四卷。王立中存世墨迹罕见，本帖书法取米芾结字的欹险，辅以平和质朴的笔致，自具一种散淡舒缓的意趣，与元末复古书势走向一致。《墨缘汇观》《壬寅消夏录》著录。

王立中在绘画中最为著名的是《破窗风雨图》，此图是王立中元末任松江知府时与元四家之一的王蒙为刘易（字性初，杨维祯弟子）所作的一幅画，此画作于至正二十六年（1366）。题识云："刘君性初，以'破窗风雨'自居。诸公赋诗成卷，因此作图，并题绝句于左。至正廿六年，岁在丙午暮春之初，遂宁人王立中彦强。"此画在当时吴中文人中引起了广泛的呼应，相继有三十七位文人，如陆居仁、杨维祯、王国器、张翼、李绎、钱鼎、钱惟善、张庸等，为《破窗风雨图》题诗，形成《破窗风雨卷》。它与元四家之王蒙《听雨楼图卷》均是表现元末吴中文人诗歌盛会的杰作。惜此画不存，只著录于《式古堂书画汇考》。

唐林《四川美术史》中说："像王立中这样以两幅作品入藏故宫博物院，收入《国宝绘画》《中国书法千年珍品》，并与元代大画家王蒙合作绘画的，在中国元代书画家中较少，在四川清以前的书画家中非常少，而在他的故乡四川遂宁清以前的书画家中更是绝无仅有、独一无二。"

王立中工诗词，《绝句》二首云："梅粉凝娇不肯添，晚年笼瞑压重檐。

江南可是春寒甚，十日东风不卷帘。”“春波桥头柳似烟，越王城郭在西边。我家绕屋皆春水，尽日鸳鸯随钓船。”《竹枝词》：“孤山梅花开雪中，恰似阿侬冰雪容。不学画桥南畔柳，春来容易嫁东风。”诗情甚浓，充满画意。

王立中三子，皆有文名。长子王琏，字汝器，官至翰林侍讲，从宋濂学，诗文古雅，亦善书，与弟璲齐名；次子王璲，字汝玉，官翰林检讨、直内阁，赠太子宾客，谥“文靖”，小楷、行书法晋人，皆雄秀；季子王琎，字汝嘉，亦召入翰林，洪熙中，入直文渊阁。钱谦益谓王琎“文誉亚于二兄，诗无足采”（《列朝诗集小传》乙集《王宾客璲》附《王主事琏、翰林琎》）。

二

王璲（1349—1415），明初文学家，字汝玉，以字行。青城山系蜀中名山，王璲不忘家山，故以其名号、名集，自号青城山人，撰有《青城山人集》。

王璲幼年随父侨居长洲（今江苏苏州市）。颖敏强记，有神童之称。七岁那年，随父到屋外观赏雪景。太阳一照，房屋上积雪融化，雪水从屋檐沟里往下滴，如同下雨。其父王立中即景吟出上联：“日晒雪消，檐滴无云之雨。”让儿子对下联。王璲朝四外看，只见远处有风，吹起阵阵灰尘，好似冒烟一样，便对出了下联：“风吹尘起，地生不火之烟。”

王璲九岁那年清明，塾师带了几位学生及王璲一起郊游。他们路经一处墓地，看到许多人正在焚烧纸钱，塾师随口说出上联：“冢上烧钱，灰逐微风成粉蝶。”塾师说完，回头看着王璲。王璲想起家门前的一个小塘，常在池塘中洗墨砚，心中一动，便对出下联：“池边洗砚，墨随流水化乌龙。”塾师听后十分高兴，抚掌连称妙对。

后来，王璲又从著名诗人杨维祯学，参加洪武二十三年（1390）庚午科乡试，考中举人。洪武末，以荐摄郡学教授，改应天训导。永乐初，擢翰林五经博士。历迁左春坊赞善，预修《永乐大典》。王璲为当时著名才士，其诗最为仁宗所喜，“仁庙在东宫，特深眷注，尝与群臣应制，撰《神龟赋》，汝玉居第一，解缙次之。汝玉后进，声名大噪，出诸老臣上，又与解缙、王偁辈互相矜许，遂被轻薄名”（《列朝诗集小传》乙集《王宾客璲》）。永乐七年（1409），王璲每日于文华后殿为东宫道说作诗之法。以修《礼书》紊制度，当戍边。皇太子监国宥之，改为翰林典籍，寻进左赞善。永乐十三年，坐解缙累下狱死，年六十七。洪熙元年（1425）赠太子宾客，谥“文靖”。继又追赠左春坊，遣官至其家祭奠。《墓表》云："汝玉倜傥好施，赴急拯危，唯恐不及。"事迹附见《明史·邹济传》，《四川通志》《遂宁县志》《四川美术史》《四川历代文化名人辞典》等有载。

三

王璲工书善画，小楷、行书，"皆雄秀"过人，可谓"诗书画三绝"奇才。《画史会要》载："王汝玉能书，亦能画。"

王璲现存书法作品《手毕帖并诗》，纸本，行书，纵 18.1 厘米，横 38.7 厘米，北京故宫博物院藏。《手毕帖并诗》是王璲写给白鹤山高士的书信并和诗三首，表达对友人的怀念及渴望相见。第一首见王璲诗集《青城山人集》卷四，题为《寄虞公务》；第二首为集外之作；第三首载于卷六，题为《寄友》。书法天然古淡，意态萧散平和。师法钟繇、王羲之，又具赵孟頫书法的韵味。

《手毕帖并诗》内容如下：

璲复：家僮至，辱手毕并诗，兼承录示云翁先生洎孙学和章，浩然起云霞之思。今日因山中石师旋便，仍用旧韵，赋短句奉柬，且用为晓猿夜鹤，展限一笑。林间樵人王璲上复白鹤山高士。

泛泛踪难定，皇皇思每惊。岁年知几换，书剑竟何成。多雨江村夜，微灯独馆情。此时谁共语，唯念昔同盟。

答山中见示韵二首：

春色雨中归，春芳渐复稀。常因听林鸟，却忆在岩扉。月夜诗空赋，花时约又违。几回愁不寐，孤枕远钟微。

莺歇江乡杜宇悲，故人西望久乖离。梦因春尽归常切，书为山遥寄每迟。疏雨林边寻远寺，夕阳岭下谒丛祠。匆匆已负瑶华约，别有西风桂子期。

款署"林间樵人王璲"，鉴藏印有"仪周鉴赏"、"南海伍氏南叟斋秘笈印"、"顾崧之印"、"张珩私印"等九方。

王璲诗集中，题画诗甚多，有一百五十首以上。这些题画诗以题山水、花草画为多。其许多友人，如倪云林、高彦敬、张风仪等，均善画，王璲多次为他们的画题诗，如王璲为友人王绂所绘《秋亭远岫》题诗云："不到草亭今十年，重来风景只依然。天恩倘赐悬车日，拟向溪头泊钓船。蜀人王汝玉。"王璲题画诗灵动隽永，得唐人风格，佳句络绎，如《云林画》：

“群树叶初下，千山云半收。空亭门不掩，禁得几多秋。”《题画》：“叶暗前朝雨，花飞昨夜风。空山人不见，春在绿阴中。”《寒江独钓图》：“空江不见人，飞雪纷如剪。独有垂钓翁，孤舟水云远。”《题画杂咏》：“湿翠映繁红，东园起晚风。春光何处是？都在鸟声中。”“亭亭一片云，飞坠青嶂间。未肯从龙去，长与幽人闲。”《题画》：“渡头初唱采莲歌，南浦西风涨绿波。正是晚凉新雨后，青山不似白云多。”《题赵仲穆画》：“十二琼楼紫翠重，万年琪树落秋风。南朝无限伤心事，都在残山剩水中。”《题倪云林画》：“水流花谢白云飞，沧海桑田几是非。莫问兰亭旧踪迹，当时文采古来稀。”《题沈士偁画》：“乱云重叠树高低，不见人烟只听鸡。它日挂冠寻故隐，移家合住在苕溪。”《为朱仲昂题画》：“谁家茅屋住深山，路转清溪第几湾？寄语桃花休乱落，恐随流水出人间。”《题画》：“人家隔断水西东，行尽溪桥有路通。岸树今朝全绿遍，夜来曾起落花风。”“暖雨初收雾尚昏，绿杨深坞杏花村。山中少有凡人到，满地春阴不掩门。”《溪山高士图》：“万山环绕树高低，十里烟霞路欲迷。一夜东风花乱落，莫教流出武陵溪。”《题王汝瑄扇》：“不向金门谒翠华，一琴一鹤度生涯。乱山残雪西湖晓，看遍寒梅万树花。”《题画》：“数峰相倚玉成簪，楼阁深沉酒尚酣。十日春寒帘不卷，杏花飞雨满江南。”王璲这些题画诗艺术水平甚高，画意甚浓，过目难忘。

四

王璲是永乐时期最主要的文人之一，与解缙、王偁、王达、王洪等号“东南五才子”。佚名《春坊赞善王公汝玉传》云：“汝玉为文，兼古今体制，而赋尤赡丽；诗语隽永，得唐人风格，举笔数千言，刻立就。”《四库全书总目提要》引朱彝尊《静志居诗话》云：“其诗不费冥索，斤斤唐人之调。”“吴人徐用理集永乐后诗家三百三十人，以汝玉压卷焉。”又谓：“今观其诗，音节色泽，皆力摹古格，颇近于高棅、林鸿一派，诚有拟议而不能变化之嫌。然当元之季，诗格靡丽，往往体近填词，璲能毅然以六代、三唐为模楷，亦卓然特立之士，又不得以后来王、李之流弊预绳明初人矣。”（《四库全书总目提要·青城山人集》条）王璲在当时的确是一颗耀眼之星。

王璲有《青城山人集》八卷，系正统十二年（1447）其孙王铠编辑，姻亲华靖删定。景泰元年（1450）八月，南京吏部尚书魏骥（1375—1472）撰《青城山人集原序》云："若先生者，自少负聪明特达之资，才清趣洁，宜其平日之诗之文，辄与海内作者齐驱而并驾，间有或之而先者也。若兹集，不沦虚寂，不流靡漫，洋洋乎，沨沨乎，缘情指事，驾苏李而凌元白，其慨而不激，直而不肆，殊得诗人温柔敦厚之旨，诚负为一代之名家也。"有明景泰四年华靖刻本，今存国家图书馆、北京大学图书馆；有清抄本，今存国家图书馆和常熟市文化管理委员会。

《青城山人集》卷一为五言古诗；卷二、卷三为七言古诗；卷四为五言律诗；卷五为五言长律；卷六为七言律诗；卷七为五言绝句；卷八为七言绝句。王璲现存诗五百余首，佳作甚多，如《葑村》："荒村依野葑，树色水光边。人家知远近，犬吠隔溪烟。"《山斋》："斋居在山中，长日人来少。杏坛花落多，时有东风扫。"《杂诗》："春山佳气多，白云满芳树。幽径绝尘踪，落花映深户。微雨洒林落，东风长兰步。之子招不来，沧洲日将暮。"《题画送陈孟敷》："君家门掩绿阴低，古木丛篁水郭西。我向京华望吴苑，桃花只隔武陵溪。"《瓜洲道中》："满汀芦叶孤舟雨，一树梨花小旆风。遥望故乡何处是，依稀烟树五湖东。"《题画》："西风袅袅起林阿，一夜新凉到薜萝。人在空江秋影里，青山不似白云多。"《渔村》："汀苇苍苍白露凝，一滩寒月未收罾。西风吹醒江南梦，四壁蛩声半夜灯。"《送胡郎中》："长干道上含情别，明月楼前入梦频。同是老年仍在客，如今莫说故乡人。"《送赵友同之吴江》："画船晓发凤城东，江上青山云几重？秋水连天三百里，片帆一夜到吴淞。"《寄略道权上人》："长干寺里访清游，花落花开几度秋。望断碧云人不见，夜深飞梦到扬州。"《题画》："五湖深处旧柴关，春水桃花第几湾？昨夜东风吹梦去，白云深锁万重山。"《题扇别顾伯行》："我别家乡七月秋，相逢故旧更迟留。明朝相忆知何处？遥指蓬山十二楼。"《送陈宗述之官西蜀》："我从东去子西行，万里桥边万里程。白云扬花多似雪，还应难比别离情。"《留别锡山诸友二首》："我将策马入神京，诸子乘舟远送行。芳草落花三百里，依依总是故人情。""当筵莫唱渭城歌，此去京华路不多。明日相思情更切，西风木落洞庭波。"《题画》："仙水仙山有路通，人家遥住白云中。一溪春色无人管，流出桃花片片红。"

王璲才气横溢，下笔不能自休。古体歌行气势奔放，想象丰富，逼似李白；尤工律诗绝句，清浅自然，诗中有画，亦近唐人，有韦柳摩诘之风，影响了后来的吕半隐、张船山等诗书画大师。诚如明代最长寿的大臣南京吏部尚书魏骥评价所云：驾苏李而凌元白，慨而不激，直而不肆，为一代之名家也。

【原载】《文化遂宁》2017年11期

明代遂宁席氏家族诗人

明清两代，四川遂宁涌现出了具有全国影响的五大家族：席氏、黄氏、吕氏、李氏、张氏。各姓虽别有千秋，但都能自擅胜场，功载坟典，名扬宇内，乃一时之杰。

遂宁席氏家族是一个享有盛誉的政治世家和文化世家，该家族自南宋从山西省平阳府临汾县迁居蜀中遂宁以来，开枝散叶，发展至今，宛若一株郁郁苍苍的参天古树，历六百余年而生生不息。尤其自明代宰相席书以来，奕世甲科，人才辈出，绳绳相因，文脉绵延。明代状元、大学者杨慎《玉山翔凤赋》赞扬“席氏为西蜀名家”，人文蔚起，科甲连绵，文章经济，冠于有明。

现将明代蜀中遂宁席氏家族中之诗人，逐一简介，以供研究明代诗歌、巴蜀文化、涪江文化和遂宁地方文化的专家、学者参考。

一、席复

席复（1323—1408），字无咎，号横冈，任四川潼川训导、陕西合阳训导，敕授修职郎。席复系遂宁席氏入川第二世祖，席书之天祖。遂宁席氏原籍山西省平阳府临汾县，南宋末年迁居蜀中遂宁，入川始祖为席友轸。清代席奎星撰道光《安定堂席氏族谱叙》云：“吾族肇迹山西平阳府临汾县，南宋时，友轸公始来蜀，入籍于遂宁。友轸生复。”《四川通志》载：“席复，遂宁人。尝从吴澄潜心经史，洪武十三年（1380），刘基、宋濂荐应贤良方正。授潼川学训，与诸生讲濂洛之学，以年老致仕归，号横冈先生。”席复工诗文，为席氏文学世家之发轫者。清光绪本《新修潼川府志》卷二十一《人物志一·先贤》有传。

二、席书

席书（1461—1527），字文同，号元山，席复六世孙。明代弘治三年（1490）二甲第一百二十二名进士。历官山东郯城县知县、工部都水司主事、户部山东司员外郎、河南按察司佥事、河南按察司副使、贵州提学副使、河南布政司右参政、浙江按察司按察使、山东布政司右布政使、云南布政司右布政使、福建布政司右布政使、右副都御史巡抚湖广、都察院右都御史、南京兵部右侍郎、太子太保、礼部尚书。席书因上疏支持明世宗立生父为皇考，而成为大礼议事件的核心人物。嘉靖六年（1527），任少保兼太子太保礼部尚书加武英殿大学士，成为首辅，“眷顾隆异，诸辅臣莫敢望”。席书品学端醇，才识优长；为国尽瘁，茂著勤劳；扬历中外，政誉孔昭。明代著名哲学家、军事家、政治家、文学家王守仁《祭元山席尚书文》赞扬席书：“真可谓豪杰之士，社稷之臣矣。”“其心事磊磊，则如青天白日，洞然可以信其无他。”生平事迹载《明史》卷一九七《席书传》。席书与弟席春（吏部侍郎）、席彖（户科给事中），合称“三凤”。明代在遂宁大东街曾建“三凤坊”以纪念之。

席书工诗善文，居官之余，不废著述，撰有《漕船志》《鸣冤录》《救荒策》《元山文集》《春秋论》《大礼奏议》《明伦大典》等著述行世。其《大佛寺送弟彖谪判夷陵》云：“两岸风吹芦荻花，水边杨柳鹳鸰沙。江声不尽东流意，目断南鸿送落霞。”大佛寺，即今重庆市潼南区大佛寺，位于涪江边。明正德十四年（1519），席彖贬谪为夷陵（今湖北宜昌市）判官。十五年冬，席彖赴夷陵；席书、席春送至潼南大佛寺，作此诗纪别。

三、席春

席春（1472—1536），字仁同，号虚山，席书仲弟。明正德十二年（1517）三甲第一百六十一名进士，改庶吉士，授监察御史，巡按云南。后因兄席书担任都御史，而避嫌改为翰林院检讨，与修《武宗实录》。书成后，应当升迁，内阁大学士费宏则以席春非翰林而入，拟制其与检讨刘夔一同担任按察使司佥事。席书上疏反对，称纂修书成而外派为官没有先例。明熹宗则决定留任席春，并升其为翰林院修撰，此后再升为翰林学士。嘉靖十二年（1533），席春由礼部右侍郎改为吏部右侍郎。当初朝议举荐翰林，席春欲召回杨惟聪、陈沂等人，招致尚书汪鋐反对，两人遂结仇，并屡次互相攻击。汪鋐诬陷其曾经在大礼议中依附杨廷和，不久席春被罢免落职，卒于家。《明史》卷一九七《席书传》附《席春传》。《四川通志》载："春，正德丁丑进士，授河南道监察御史，差云贵清戎，大著风裁。嘉靖初，条上中外利弊，上嘉纳，充经筵讲官。多讽谕规救，宠遇甚渥，进学士，掌院事。历吏部侍郎，著有《席太史文集》。"

席春诗文雄深，著有《虚山文集》，清嘉庆《四川通志·经籍志》著录。其《大佛寺送弟象谪判夷陵》云："寺下空江滚滚流，天边鸿雁影悠悠。一杯酒尽云山暮，风雨猿声到客舟。"《可渡桥》云："野渡无舟楫，长桥白浪横。雷声喧别浦，雨色暗山城。戍远烟霞合，江空草木鸣。重阳来日是，沽酒罢逢迎。"《发张家湾》云："秋暮危樯倚潞滨，烟霞今喜送归人。风回江静孤舟稳，雾敛天空万象新。乱聒青蝇穿紫幔，高飞白雁入苍旻。自惭衰朽疏愚甚，空负当年报主身。"《甲马营阻风》云："甲马津头风怒号，舟人无计挽行篙。两行堤柳传声远，一脉江流鼓浪高。依水鼋鼍出窟舞，投林鸟雀傍枝牢。愁看白日浮云蔽，解剑呼童换浊醪。"《登故弟象梅山书屋》（二首）云："琳雨痛看臧息处，牙签犹忆续文时。草元亭下探爻象，抱膝冈头慕吕伊。谏省日星昭直气，画图风雨重哀思。旧游半作泉中友，忍读苍崖姓字碑。""谈元养素寄真如，奋翼云霄佩锦裾。玉检细函收谏草，龙骧远奠重州闾。厓山精舍浮青霭，浣水茅堂照碧渠。天外暮云悲断雁，西风洒泪独伤予。"《哭文襄兄》云："西望流光随井参，紫荆下血泪盈襟。瑶山虚绝坤维重，碧海惊腾水浪深。礼乐谁知松柏寄，夔龙空有眷天心。苍旻忍夺明良会，不使钧韶奏古音。"《闻兄嫂张夫人讣》云："机丝荆布素无骄，巾帼遗规肃内标。入觐冠裳隆一品，不思鸾诰下三朝。榇扶相国泣丹水，神逐灵泉上紫霄。万里书邮传讣晚，魂随环佩夜空招。"《伞子山》云："牵江百丈坐春航，系缆闲登伞子冈。塔古有名题姓氏，碑残鱼字记隋唐。令狐故宅余青草，邹衲甘糖空白霜。栽酒未酹游乐兴，夕阳回首重凄凉。"意蕴深厚，笔力劲挺，情真意切，隽永无穷。

四、席象

席象（1476—1521），字材同，号梅山，席书三弟。明正德九年（1514）三甲第五十二名进士。官户科给事中。正德十四年，武宗欲幸金陵，席象劝阻，被贬为夷陵（今湖北宜昌市）判官。十五年秋，席书任湖广巡抚，席春出按云贵，相继取道还家，与席象联床故庐。是年冬，席象赴夷陵，席书、席春送至大佛寺而别，各作诗记之。世宗继位，复席象原职，而席象已卒，赠光禄寺少卿。《明史》卷一九七《席书传》附《席象传》云："象为户科给事中。黔国公沐昆劾按察使沈恩等，象与同官李长私语昆奏多诬，长即劾昆。武宗责长诬重臣，下诏狱。词连象，并系治谪外，象得夷陵判官。世宗嗣位，复故官，未上卒。予祭，赠光禄少卿。"《四川通志》载："夷陵城旧无井，象凿之，民以为便。"

席象善书工诗，遂宁玉堂山腰镌刻杨慎《玉山翔凤赋》系席象书丹，字径二寸，笔力遒劲。少读书遂宁灵泉山麓梅山书屋，后人慕其风采，仰其遗直，为绘像以祀。流风遗韵，每令骚人逸士登灵泉山流连感喟不能去。其《大佛寺留别之任夷陵》云："野寺萧萧枫叶丹，长沙迁客过江干。流云何事迷山馆，笑取瑶琴对鹤弹。"才力深厚，堪称作手。

明嘉靖《潼川志》载："龙峤，在（遂宁）长乐山上，有三仲书堂，席少傅兄弟读书所也。""西一里曰长乐山，司马池令小溪尝游其上。"明代遂宁举人余玮诗云："翠柏苍松绕碧台，符云无意傍山隈。光华莫道收藏尽，稀处依然露出来。"

五、席中

席中，席书长子，字时中，号月川，廪生，官至太常寺少卿。《遂宁县志》："席中，字丹卿。以父书荫尚宝丞，升本寺卿，转太常寺少卿。"清光绪《新修潼川府志》卷二十一《人物志一·先贤》有传。明嘉靖四十一年(1562)，席中首次纂修完成了席氏迁居遂宁以来第一部《席氏碑谱》，将入川始祖席友轸而下九世，条列七大房之源流，镌刻于三世祖席汝霖墓碑阴，使席氏入川以来七宗支派，脉络分明。其《登梅山书屋》云："季甫云亡再岁余，西风声动读书庐。半窗明月三秋寂，一派灵泉万籁虚。谏草已看垂汉史，遗经无复对华裾。危栏徙倚挥双泪，寒角江城入夜疏。"起承转合，章法谨严，苍劲有力，沉郁厚朴。

六、席和

席和，席书次子，字介仲，号石川，官至湖南省常德府知府。《遂宁县志》："席和，以父书荫官中府都事经历，外升湖南常德知府。"清光绪《新修潼川府志》卷二十一《人物志一·先贤》有传。善诗文，其《过大佛寺偶成三绝》云："秋风行舟波浪清，旌旗辉映下江城。长风忽动黄罗帐，又起离人恋土情。""崖上金仙九仞高，殿前秋水涨新涛。芙蓉花绕三株树，似与离人映锦袍。""山水烟霞一望收，秋风远送木兰舟。如今别寺沅湘去，何日重来续旧游？"诗篇语言清丽，感情真挚。

七、席上珍

席上珍（1510—?），字聘之，席书孙，席中长子。性极敏捷，博览群书。明嘉靖二十三年（1544）甲辰科进士，官户部浙江司主事。谨恪持躬，精勤殚职，特授承德郎。卒葬遂宁河沙镇场口。工诗善文，惜多散佚无存。席书与席上珍为祖孙进士，明代在遂宁大北街曾建"祖孙进士坊"以纪念之。

八、席镕

席镕，席上珍子，字冶金。为邑名士，英年蜚声于黉序，成廪生，但乡试屡荐未售，时为扼腕。其子席渤、席沛，俱于万历年间（1573—1620）中式，乡人曰："此冶金公之家学渊源有自也。"或曰："冶金公长才短驭，不得之于其身，必得之于其子也。"其《雨中侍刘明府游灵泉》云："秋日同登最上峰，夜来更听雨飘松。风含殿阁三千界，雾锁瑶函十二重。泉老定知龙作泽，林深哪问客闻钟？何时再整东山履，直踏巅头一醉浓。"抚山范水，极尽变化，很见功力。

九、席锵

席锵，席和孙，席上琮子，字鸣甫，号继山，少补博士弟子，明天启中（1621—1627）任夔府训导，以保障功，题授国子助教，敕授征仕郎。为人澹宕，老成精练，才猷干济，冠绝一时。晚年居遂宁东门外一小园，日与亲朋婆娑觞咏，吟诗作赋，其乐融融。

十、席渤

席渤，席镕长子，字景元、霖雨，明万历十九年（1591）辛卯科四川乡试举人，例授文林郎。席渤善诗文，博极群书。明万历三十六年四月，席渤同四川学政方万山、刑部官员王之杰、举人黄成章，游遂宁广德寺，各有诗作。

十一、席沛

席沛，席镕次子，字时雨，明万历二十五年（1597）丁酉科四川乡试举人，例授文林郎。品正行端，才思敏捷，问学不倦，雅好词章，时有抒怀之作，惜诗稿散佚。

十二、席腾芳

席腾芳（1607—1690），席复十世孙，字震衢，号清逸，少时闻叔高祖席书、席春、席彖及叔祖席上珍数君宦辙彪炳，心窃向往，奋志鸡窗，中崇祯十二年（1639）己卯科四川乡试经魁。清顺治初特诏录用轶才，授楚北安陆府天门县知县，历监纪同知，署龙安府知府，诰授奉政大夫。未几，致仕回籍，家居三十余载，自号知颠。年老家贫，不以萦心。其为文不拘古法，不事思索，下笔千言立就，与遂宁同乡李实（明崇祯进士，吴县知县，语言学家，榜眼李仙根之父）、王伯佐诸名士相唱酬，花朝雨夕，未曾相离。清康熙十三年（1674）重新修纂遂宁《安定堂席氏族谱》，保存了席氏家族文献，延续了席氏文脉。

遂宁的地域文化是席氏家族文学繁荣的重要原因。遂宁自唐宋以来就经济富足、文化发达，众多的书院和藏书形成了遂宁浓郁的地域文化。在这样的地域文化氛围中，遂宁产生出一些文化家族。席氏家族自明代以来在科举、文学等方面都取得了骄人成就，这些辉煌成就固然与家族成员自身努力密不可分，但与遂宁地域文化也有着密切关系。席氏家族成员与遂宁其他文化家族之间的交游，也对席氏家族的诗风、文风产生了很大影响。

【原载】《四川职业技术学院学报》2012年5期

明代礼部尚书加武英殿大学士席书世系

席氏为西蜀名家。清代学者孙海《遂宁县志序》云："遂宁为东川名邦，唐宋以前远不论矣。有明之席氏、吕氏、黄氏，国朝之李氏、张氏，皆以文章经济，焜耀宇内，为江山生色。"以明代礼部尚书加武英殿大学士席书、吏部侍郎席春、户科给事中席彖三兄弟为代表的遂宁席氏家族，人文蔚起，科甲连绵，仕途显赫，冠于有明。据《明清进士题名碑录索引》（上海古籍出版社 1979 年出版）统计：有明一代，全国席姓进士共有十三人，其中遂宁席氏就独占四人；并且，明清两朝五百余年，整个四川席姓进士只有四人，均出自遂宁席家。自明朝嘉靖至崇祯百余年间，遂宁席氏家族连续三代人中有四位进士、七位举人；三人在《明史》中有传。尤其是席书，官至光禄大夫、柱国少保兼太子太保、礼部尚书，加武英殿大学士，赠太傅，谥文襄。由此可见，遂宁席氏是有明一代盛极一时的名门望族，不仅是望于蜀中，亦是数千年来华夏大地上涌现出来的数一数二的著名家族。然而，对席书及其家族的研究，目前基本上还是一片空白，未曾予以开发。有鉴于此，特撰本文，抛砖引玉，以待来哲。

据清道光五年（1825）《安定堂席氏族谱》载：席书祖先原籍山西省平阳府临汾县（今山西省临汾市），南宋末年始来蜀，入籍四川遂宁县席家沟（今属遂宁市蓬溪县吉祥镇）。入川始祖席友轸，至席书，已历七世。其世系为：

第一世

席友轸，山西省平阳府临汾县人，南宋末年入蜀，居遂宁席家沟、蓬溪珉水坝（今大英县回马镇文武村金井坝）。以子席复贵，赠修职郎。卒葬珉水坝左山王姓宅后。席友轸为遂宁席氏入川始祖，清席奎星《安定堂席氏族谱叙》云："吾族肇迹山西平阳府临汾县，南宋时，友轸公始来蜀，入籍于遂宁。友轸生复。"

第二世

席复，席友轸子，字无咎。尝从吴澄潜心经史，洪武十三年（1380），刘基、宋濂荐应贤良方正，授潼川训导，复任合阳训导，与诸生讲濂洛之学，以年老致仕归，号横冈先生，敕授修职郎。生于元武宗至治三年（1323）癸亥八月初三日，卒于明成祖永乐六年（1408）戊子十二月三十日，葬珉水坝右山。妣张孺人，无出；继妣王孺人，生子仕霖、汝霖（即席书高祖）；继妣谯，无出，有前子王景渊随养，分给田庐，世守坟墓，碑志尚存，俱葬席复墓。清乾隆五十二年《遂宁县志》卷七《人物上》、光绪《新修潼川府志》卷二十一《人物志一・先贤》有传。明代潼川州进士李为棐撰有《横冈公传》，载道光本《席氏族谱》卷三。

第三世

席汝霖，席复子，字茂实，行二。有隐德，明进士张伦为作墓铭。生于元至正七年（1347）丁亥正月初九日，卒于明宣德三年（1428）戊申五月初三日，葬遂宁县北松陵堂，今名松坟嘴。妣姚氏，合葬席汝霖墓。生子七：席思聪、席思明、席思恭、席思敬、席思义、席思默、席思睿。按：席汝霖子七人，至第八世席中，始叙席氏入川始祖暨七房支派，自一世至九世，镌于席汝霖墓碑阴。明末兵燹后，聪、明、敬、义、默、睿六房子孙，失考者多。清道光时四修席氏族谱，唯知席思恭之后裔，故以下只载席思恭以下世系。明代遂宁进士张伦撰《茂实公墓铭》、席和撰《重立茂实公墓铭》，载道光本《席氏族谱》卷二。

第四世

席思恭，席汝霖子，号象山，行三。明嘉靖中，以曾孙席书贵，诰赠光禄大夫、柱国少保兼太子太保、礼部尚书、武英殿大学士。葬遂宁县北象山。妣赵氏，诰封一品夫人，合葬席思恭墓。生子二：席瑄、席珩。清初，龙安知府席腾芳讲述席思恭隐行云："公一日卧田庄，有小偷入室盗谷，公适寐，恐惊其人，仍稳卧。其人自惊跪谢。公曰：‘汝勿声张，恐人知觉，汝不复齿人世矣。吾素知汝贫，今有谷若干石，足自给，汝自运去，后勿复尔尔。’其人拜谢去，感悟为良民。终不道其姓字。”

第五世

席瑄，席思恭子，字蕴石，行一。笃志经史，敛迹韬光，不求闻达，人无知公者。以孙席书贵，锡命频加，光荣泉下，人谓瑄厚德之遗也。诰赠光禄大夫、柱国少保兼太子太保、礼部尚书、武英殿大学士。葬象山公墓侧。妣王氏，诰封一品夫人，合葬席瑄墓。生子二：席祖宪、席祖德。

第六世

席祖宪，席瑄子，号龙潭，行一，入《遂宁县志·高行传》，敕授文林郎，晋赠光禄大夫、柱国少保兼太子太保、礼部尚书、武英殿大学士。葬遂宁县北玉堂山。妣吴氏，诰封一品夫人，合葬席祖宪墓。民国本《遂宁县志》卷五《学行》云：“席祖宪，横岗之后。读书秉礼，不徇流俗。尤严教子，诸子皆贵显，而益恂恂谦默。长厚之德，至今称之。”生子五：席书、席诗、席记、席春、席象。其中，席书、席春、席象，俱为进士名臣，享誉遐迩，并称“三凤”，明清两代，曾在遂宁大东街建立“三凤坊”以纪念之。道光本《席氏族谱》卷三《传赞》载有席元广撰《龙潭公传》。

第七世

席书，席祖宪子，字文同，号元山，行一。明弘治三年（1490）中庚戌科三甲第一百二十二名进士，授剡城知县，升工部都水司主事，差督漕船于清江厂。十四年，改户部山西司主事，历河南司员外郎。十八年，出为河南佥事。正德四年（1509），升副使，提学贵州。六年，升河南参政，丁忧。八年（1513）起复，升浙江按察使。九年，升山东右布政使，再丁忧。十二年，补云南右布政使。十三年，升福建左布政使。十六年，升都察院右副都御史，巡抚湖广；寻升南京兵部右侍郎。嘉靖二年（1523），南直隶大饥，户部议发银赈贷。三年春，南刑部主事桂萼以书及方献夫《大礼疏录》奏上，下其疏议，特升礼部尚书。大礼始告成，寻加太子太保。五年会试知贡举。六年，加少保，入典机务。以目疾乞致仕，特加武英殿大学士，给全俸，赐第京师，仍许不时言事。大学士从来不为加官，而全俸亦百五十年所阙之典。赠太傅，谥文襄，入祀理学名臣祠，崇祀乡贤祠。席书才识敏决，文章政事，卓然可称。著有《漕船志》二卷、《鸣冤录》五卷、《救荒策》、《大礼奏议》一卷、《春秋论》一卷、《元山文选》五卷行世。生明天顺五年（1461）辛巳四月初五日巳时，卒嘉靖六年（1527）丁亥二月初十日吉时，葬蓬溪珉水坝。妣张氏，诰封一品夫人，赐葬祭，合葬席书墓；次妣李氏，以子席和贵，诰封太孺人，晋赠太恭人，葬遂宁凤台坝龙池院；侧室田氏，入《遂宁县志·贞烈传》，葬席书墓侧。生子三：席中、席恕（张出）、席和（李出）。女二：长适陕西按察司佥事蓬溪人谭闾（1484—?）；次适山西巡抚遂宁人陈讲（1487—1570）。

席书病逝后，嘉靖帝有《赠大学士席书恤典制》、王守仁撰《祭元山席尚书文》，礼部尚书霍韬、武英殿大学士方献夫、仲兄席春、女婿山西巡抚陈讲等人，均有挽诗。内阁首辅杨一清撰《光禄大夫柱国少保兼太子太保礼部尚书武英殿大学士赠太傅谥文襄席公书墓志铭》、哲学家李贽撰《太傅席文襄公》，均载道光本《席氏族谱》。《明史》卷一九七《列传》第八十五为《席书传》。明清时期，朝廷曾在遂宁城区建立“柱国坊”、“文襄祠”、“黄阁辅臣坊”、“忠孝廉节坊”、“存问坊”等，用以纪念席书。

席书宦迹显达，文学高标，不止独步蜀中，天下也盛传其名。明代大哲学家、军事家、政治家、文学家王守仁赞席书：“真可谓豪杰之士，社稷之臣。”明代著名思想家、文学家、泰州学派一代宗师李贽称席书：“公之才识，已足盖当世矣。”

道光本《席氏族谱》卷二《坟墓图》载：“诰封光禄大夫、太傅文襄公暨诰封一品夫人妣张氏，合葬珉水坝，子山午向。墓前墓祠三间，左右横房各二间，祠前谕祭文十首；伊王、蜀王、王守仁祭文各一首；共碑八座，百官、诸亲祭文，共刻八方碑二座；杨一清墓铭碑一座；刘龙墨玉碑铭一座；又前石锣、石鼓一对；翁仲二尊；卷砾三硐；石硅、石吼、石马、石象各一对；又前旌表坊一座；石狮一对。禁步：从狮前起，标直抵坟后外城外脚二百四十弓，前后横各六十四弓。”“明嘉靖勅建墓祠，世祀至明季，被贼焚毁无存。国朝嘉庆九年，族立中等与王人结案，后族共捐银三十两建祠三间。至道光元年，复改建五间，左右横房各二间，石梯、阶檐、海墁、围墙，整饰一新，约费银五百余金。外城内田土一十七亩，蓬邑注粮一钱二分，每年收租完纳，禁内大黄连树七株，竹木柴薪，公用公伐。去茔百武，左山坟墓一冢，系始祖友轸公墓。去茔百武，右山麓坟墓一冢，系二世祖横冈公墓。又右下一里许，神道坊一座，左嵌胡世宁神道碑；右嵌石川公嘉靖三十年补修碑。侧室田氏葬茔右。”

席书墓位于今遂宁市大英县回马镇文武村5社，坐北朝南，占地面积300平方米，墓冢长10米，宽6米，高2米，原来地面有建筑物席书祠堂，早年损毁，地面建筑已不存在，只剩下石碑两块，一块是明代嘉靖皇帝为席书亲撰的祭文，另一块记载了席书的生平事迹，第一块碑长2.1米，宽1米，厚0.25米；第二块碑长1.5米，宽1米，厚0.25米。

席春，字仁同，号虚山，行四。明正德十二年（1517）三甲第一百六十一名进士，诰授资政大夫，充经筵日讲官、吏部右侍郎、翰林院管院学士。生明成化八年（1472）壬辰四月二十三日，卒嘉靖十五年（1536）丙申十一月初十日，葬遂宁马象溪伞峰寺对山。著有《虚山文集》行世。妣黄氏，诰封夫人，生子席志，夭；继妣陈氏，诰封夫人；又继全氏，皆无出。嗣席书子席忱。明代礼部尚书孙承恩撰有《吏部右侍郎兼翰林院学士虚山席公春墓志铭》，载道光《席氏族谱》卷二。《明史》卷一九七有传。明清时期，曾在遂宁大东街上街建立“检讨坊”，纪念席春。

道光本《席氏族谱》卷二《坟墓图》载：“吏部侍郎虚山公暨妣黄、陈、全三夫人，合葬邑东北三十里伞峰山之对山，地名马象溪，乙山辛向。墓前谕祭碑一座；诰封一座；城门下翁仲二尊；旌表坊一座；石硅、马吼、狮象俱全；神道坊一座；梯前蒙子树一株；翁仲下皂角树一株。禁步：坟头直上高坎二十弓，坟前直抵城脚二十六弓，横上下二十八弓，城门石梯三道直下至石狮前六十八弓，横上下各十六弓。”

席彖，字材同，号梅山，行五。明正德九年（1514）三甲第五十二名进士，诰授承德郎，晋赠奉政大夫、光禄寺少卿。席彖善书，遂宁玉堂山腰镌《玉山翔凤赋》，系席彖书丹，字径二寸，笔力遒劲。席彖少读书遂宁灵泉山，后人慕其丰采，仰其遗直，为绘像以祀，谪湖北夷陵（今宜昌市）时，与伯兄席书、仲兄席春留别遂宁大佛寺（今属重庆市潼南区），一时题咏，尚留古碣，流风余韵，每令骚人逸士，登灵泉、大佛二山，流连感喟不能去，可见席彖之矩度高骞、丰裁峻烈，留贻无穷。席彖生于明成化十二年（1476）丙申二月二十五日，卒于正德十六年（1521）辛巳四月初十日，葬遂宁城北嘉福桥石马坪。妣张氏，诰封安人，晋封宜人，合葬席象墓。生子席惺。华盖殿大学士杨一清撰有《席光禄象墓表》，载道光本《席氏族谱》卷二。《明史》卷一九七有传。

道光本《席氏族谱》卷二《坟墓图》载："光禄少卿梅山公暨妣张宜人，合葬邑治北嘉福桥内，地名石马坪，坤山艮向。墓前诰封碑一座；墓铭一座；今存石牌坊，狮吼、马象今毁。禁步：中长四十弓，北横二十四弓，中横二十六弓，南横十六弓。"

第八世

席中，席书长子，字时中，号月川，遂宁廪膳生，以父席书议礼功，荫尚宝司丞，升本司卿，转太常寺少卿。嘉靖十六年（1537）二月二十日，进授中宪大夫，诰封云："尔太常寺少卿席中，尔雅持躬，恪慎居职。先业是承，因父勚而既荫以荣秩；臣职无忝，纪后勋更宜膺以殊恩。"卒葬遂宁桂花园场口外。妣杨氏，诰封恭人，合葬席中墓。生子二：席上珍、席上琦。光绪《新修潼川府志》卷二十一《人物志一·先贤》载有席中事迹。广安学正席崑泉撰有《月川公传》，载道光本《席氏族谱》卷三。

席和，席书季子，字介仲，号石川，以父席书功，荫历中府都事经历、常德府知府。嘉靖二十年（1541）冬月，诰授中宪大夫，诰封云："尔湖南常德府知府席和，操修端谨，学识宏通。仰承先绪，谨亮节以树才猷；克振家声，广德心而登治理。"卒葬遂宁西二十里万德堰文笔山。妣黄氏，诰封恭人，合葬席和墓。生子二：席上儒、席上琮。席和宦楚时，长子席上儒留楚未归，其后裔在今湖南省常德市极盛。光绪《新修潼川府志》卷二十一《人物志一·先贤》载有席和事迹。

第九世

席上珍（1510—?），席中子，字聘之。明嘉靖二十三年（1544）甲辰科三甲第七十九名进士，官户部浙江司主事。明嘉靖二十八年四月，敕授承德郎，诰封云："尔户部浙江司主事席上珍，谨恪持躬，精勤殚职；佐理地乡，克襄厚生之政；分猷民部，允娴制用之经。"卒葬遂宁河沙沟场口外右山。妣杨氏，诰封安人，合葬席上珍墓。生子席镕。席书、席上珍系祖孙进士，明清时期，曾在遂宁大北街建"祖孙进士坊"，以资纪念。

道光本《席氏族谱》卷二《坟墓图》载："户部主事聘之公暨妣杨宜人，合葬河沙沟场口外右山，子山午向。墓前石狮一对；石马一对；旌表坊一座；石柱二根。禁步：蒋姓田边直上山顶六十七弓，山顶上横四弓，山脚下左右傍田边横四十一弓。"

第十世

席镕，席上珍子，字冶金，遂宁廪膳生。卒葬遂宁新桥象山席氏祖茔侧。生子二：席渤、席沛。清初龙安知府席腾芳撰《冶金公传》（载道光本《席氏族谱》卷三）云："公讳镕，字冶金，主事聘之公之子也。为邑名士，英年蜚声黉序，旋补博士弟子。阨于遇，乡试屡荐未售，时为扼腕。后公嗣渤、沛二孝廉，俱万历中式。乡人曰：'此冶金公之家学渊源有自来也。'或曰：'冶金公长才短驭，不得之于其身，必得之于其子也。'呜呼，亦荣也。"

第十一世

席渤，席镕长子，字景元，《遂宁县志》作字霖雨，行一。明万历十九年（1591）辛卯举人，例授文林郎。葬遂宁新桥象山，生子二：席国柱、席国杰。

席沛，席镕次子，字时雨，行二。明万历二十五年（1597）丁酉举人，例授文林郎。葬遂宁新桥象山，生子二：席国褒、席国保。

清代遂宁席氏字派为："廷元儒之中，光远承先德，友跃仲民邦，安定群转树，万代吉隆昌。"遂宁席氏从南宋末年迁至蜀中，繁衍至今600余年，已发展至40代，共约8000余人。目前席氏家族主要聚居在遂宁市蓬溪县吉祥镇席家沟、回水乡席家坝，船山区观音湖管委会介福桥社区席家洲、横山镇席家堰等处。

【原载】《四川职业技术学院学报》2012年第6期

明代阁老社稷之臣席书

席书（1461—1527），字文同，号元山，明四川潼川州遂宁县吉祥乡（今遂宁市蓬溪县吉祥镇）人。明代学者、官员。明弘治三年（1490）进士。席书任地方官时安抚百姓，政绩卓著；在贵州与王阳明有一段非凡的交往，以促进阳明“心学”传播、引荐贤能为己任。任京官时抗议危言、直陈政弊。因明嘉靖初年大礼议进言而执掌礼部，参与新礼制定，名垂青史。

一、早年登科，政绩卓著

席书是在弘治二年（1489）二十八岁时参加四川乡试，考中第二名举人。弘治三年，席书二十九岁，举进士（三甲第122名），授郯城（今山东郯城县）知县。三十岁以前考上进士，这在当时是很少见的，史称“名早登乎贤科”，并不为过。明代陈讲等纂修《潼川志》载：“席书，字文同，举第二名，联登弘治三年进士；尹郯城，刚明仁恕，有两汉循吏之风，去后民立祠祀。”

席书在任郯城知县期间，兴修水利，促民垦荒；后升任工部都水司主事，在清江浦（今江苏淮安，是明清时期运河漕粮重要的储存、中转之地，又称“天下粮仓”）督办漕船。清衍庆堂本《席氏家谱》卷五“遗事二则”之《白下纪闻》提到：“公自为工部主事，治漕船，管清江志，具综理之才，兼变通之术，已著名当世。”

而后，席书历任山东司员外郎、河南按察司佥事、按察司副使、河南布政司右参政、浙江按察司按察使、山东布政司右布政使、云南布政司右布政使、福建布政司右布政使，皆有所作为，堪称一代循吏。

正德十三年（1518），席书升任福建左布政使。当时宁王朱宸濠谋反，他紧急招募士兵二万准备去讨伐，而到那里的时候，叛乱已平定。很多人都知道，在明代历史上有王阳明平定朱宸濠叛乱这一亮点，却很少有人知道席书曾支持他，并提供兵源。

嘉靖元年（1522），席书升任南京兵部右侍郎。当时长江南北面临饥荒，他奉命赈济江北，上书条陈赈济良策，使数十万灾民渡过难关。为民请命、福泽一方，不仅是他政绩的彰显，也是他济苍生的大愿。

席书为官清廉，体恤民情，仗义执言，敢于变革。临终时言道："自检入仕以来，清慎为国一念，可质鬼神。"又言："上若问遗言，惟愿亲君子，远小人，审于用舍而已。"

二、弘扬学风，引荐贤能

正德四年（1509年），席书四十九岁，任贵州提学副使。在任期间，为了改变贵州文教的落后面貌，邀请当时谪居龙场驿的驿丞王守仁到贵阳文明书院讲学，特选拔各府、州、县优秀生员来院学习，学风一时兴起。每当公务之暇，席书常去文明书院看望王阳明，两人"论学或至夜分，诸生环而观听者以百数。自是贵州人士始知有心性之学"。《阳明年谱》载："是年，先生始论知行合一。始席元山书提督学政，问朱陆同异之辨。先生不语朱陆之学，而告之以其所悟。书怀疑而去。明日复来，举知行本体证之《五经》诸子，渐有省。往复数四，豁然大悟，谓圣人之学复睹于今日，朱陆异同，各有所失，无事辩诘，求之吾性本自明也。遂与毛宪副修葺书院，身率贵阳诸生，以所事师礼事之。"

席书请王阳明在贵州讲学，一方面促进当地教育的发展和文化的进步，另一方面也促进王阳明心学的发展与传播。这样，不仅使贵州学子受到"心性之学"的熏陶，亦使王阳明的学术思想成为明代贵州学术的主流。那些承蒙王阳明教诲的学子，不少人后来成为王阳明哲学思想的中坚力量，他们对黔中文教发展及王学在全国的传播，均产生了积极影响。很多人知道王阳明龙场悟道，却不知道贵州提学副使席书曾支持他，为他提供学员。

嘉靖六年（1527），席书加武英殿大学士，入阁为辅臣，建议重用王守仁、杨一清。后来，席书重病不能视事，举荐罗钦顺代替自己。

三、直言政失，勇议大礼

弘治十六年（1503），席书四十三岁，任山东员外郎。当时云南白天天气变暗，并发生地震，朝廷命侍郎樊莹巡视实情，樊莹却上奏要罢黜当地监司以下三百余人。席书上书进言说：

灾异系朝廷，不系云南，如人元气内损，然后疮疡发四肢。朝廷元气也，云南四肢也。岂可舍致毒之源，专治四肢之末？今内府供应数倍，往年冗食官数千，投充校尉数万，斋醮寺观无停日，织造频频，赏赉逾度，皇亲夺民田，宦官增遣不已。大狱据招词不敢辩，刑官亦不敢伸。大臣贤者未起用，小臣言事谪者未复。文武官传升，名器大滥，灾异之警，偶泄云南。欲以远方外吏当之，此何理也？汉遣八使巡行天下，张纲独曰："豺狼当道，安问狐狸？"今樊莹职巡察，不能劾戚畹大臣，独考黜云南官吏，舍本而治末。乞陛下以臣所言弊政，一切厘革，他大害当祛，大政当举者，悉令所司条奏而兴革之。

他指出问题的主要原因在朝廷吏治腐败、不能选贤任能，而不在于地方，认为朝廷的决策是"舍本而治末"，希望朝廷从根本上进行改革，革除弊政。但当时他的谏言并没有得到采用。从云南昼晦地震引出当时政治腐败问题，直陈变革的必要性，一方面看出席书对时局分析的真知灼见，另一方面表现出他坚持正义、忠贞直谏的无畏精神。

正德十六年，席书升任都察院右都御史，巡抚湖广。中官李镇、张旸假借进贡和御监的名义敛财十余万，席书上书揭发。展现了席书坚持正义、忠贞直谏的精神。

席书在"大礼议"中的表现是其人生最大亮点。明武宗朱厚照于而立之年暴亡，因其绝嗣且无预立子嗣，最后由其母张太后与阁臣、太监联合推举其堂弟、藩王朱厚熜即位，是为世宗。世宗登基后，杨廷和等朝中旧臣强迫世宗改称伯父即武宗之父孝宗为父，伯母即武宗之母慈寿皇太后为母，变其生身父亲兴献王为叔父，生母为叔母。对于这一不近人情且无法律依据的主张，十四岁的世宗予以严词拒绝，并以退位来表示自己的决心。席书和一些中下级官员如张璁、桂萼等人旗帜鲜明地支持世宗的合理主张，这样便出现了"大礼议"。争论的结果是以杨廷和等旧臣的彻底失败而告终，世宗趁势清除旧臣势力，确立了与席书和张璁、桂萼等“大礼新贵”的政治互信，重建了嘉靖政坛新的人事格局，是自永乐以后明代历史上最彻底的一次君臣更迭，成功地完成了新兴势力取代旧势力的历史性转变。嘉靖前期，伴随“大礼议”而来的明代历史上一次全面的改革，席书与张璁等人协助世宗进行了一系列活动。嘉靖革新是明代历史上真正的变革活动，以更新观念、整顿吏治、替换人事为主线，扫除了百余年来的积弊，激发了明朝统治阶层的活力，遏制并扭转了国势日衰的趋势。

嘉靖三年（1524），朝中大礼议起，席书进《大礼集议》，草疏以宋英宗入继大统为例，建议尊皇父兴献王为皇考献帝，受到嘉靖帝赞许，倚为亲信重臣，授礼部尚书，加太子少保。入朝议礼可以说是席书政治生涯的亮点，也可以说是高潮。

在议礼期间，席书多次受到朝臣毁谤，然而在议礼结束后出现了不少冤案，席书急忙进言：“议礼之家，名为聚讼。两议相持，必有一是。陛下择其是者，而非者不必深较。乞宥其愆失，俾获自新。”他认为两派相争必有一方是有道理的，对于观点错误的一方不必太多追究，应该宽恕他们的过错，让他们改过自新，可以避免不必要的冤案。然而这一建议并没有得到采纳。

后来，席书谏阻迁移献帝陵墓，上陈“新政十二事”，受到皇帝褒奖。在大同发生军变时，主张讨伐叛逆。席书认为当时执政的费宏、石珤、贾咏等不堪重任，强力推荐杨一清、王守仁入阁，并说：“今诸大臣皆中材，无足与计天下事，定乱济时，非守仁不可。”但这并未被皇帝采纳，王守仁也未得到重用。

嘉靖四年，席书进言反对光禄寺丞何渊“请建世室祀献皇帝于太庙”，最终在太庙建世室的建议被废止了。嘉靖五年秋，章圣太后将谒世庙，礼官认为不合礼制，席书却上书认为这正是“天子之大孝”，被倚为亲臣。

四、学术纯正，才识优长

嘉靖六年，席书加少保兼太子太保、礼部尚书、武英殿大学士。十月，席书因病逝世，归葬家乡走马窑（今四川省遂宁市大英县回马镇文武村金井坝）。追授光禄大夫，赠太傅，谥文襄，入祀理学名臣祠，崇祀乡贤祠。撰有《漕船志》二卷、《鸣冤录》、《救荒策》、《大礼奏议》一卷、《春秋论》一卷、

《元山文选》五卷，流行于世。

嘉靖帝颁诏《赠席书制》云："故少保兼太子太保、礼部尚书、武英殿大学士席书，学术纯正，才识优长……鞠躬尽瘁，惟卿德之。"王守仁撰《祭元山席尚书文》，霍韬、方献夫、仲弟席春、女婿陈讲等人，均有挽诗。内阁首辅杨一清撰墓志铭，哲学家李贽撰《太傅席文襄公》。

明王守仁《祭席文襄文》：

呜呼，元山真可谓豪杰之士，社稷之臣矣！世方没溺于功利词章，不复知有身心之学，而公独超然远览，知求绝学于千载之上。世方党同伐异，徇俗苟容以钩声避毁，而公独卓然定见，惟是之从，盖有举世非之而不顾。世方植私好利，依违反复，以垄断相与，亦有动于不平，发奋激烈，其心事磊磊，则如青天白日，洞然可以信其无他。世方媢妒谗险，排胜己以嫉高明，而公独诚心乐善，求以伸人之才，而不知其身之为屈，求以进贤于国，而不自知怨谤之集于其身。盖所谓断断休休，人之有技，若已有之者，此大臣之盛德，自古以为难，非独近世之所未见也，可不谓之有道之士，社稷之臣已乎！呜呼！世固有有君而无臣，亦有有臣而无君者矣。以公之贤，而又遭乎主上之神圣，知公之深，而信公益笃，不啻金石之固，胶漆之投，非明良相，逢千载一时者耶？是何天意之不可测，不究其用。其行知也，方巨舰之遇顺风；而期扼腕也，忽中流而摧樯舵；其植之也，甫枝条扶疏；而其倾之也，遂根株之蹶拔。天其果无意于斯世、斯人也乎！呜呼！守仁不肖，屡屡辱公过情之荐，自度终不能有济于时，而徒以为公知人之累，每切私怀惭负。又忆往年，尝与公论学于贵州，受公之知实深，近年以来，自觉稍有所进，思得与公一面，少效其愚。以求其正，斯亦千古之一快，而今已矣！呜呼痛哉！闻公之讣，不能奔哭，千里设位，以恸割心。自今以往，进，吾不能有益于君国；退，将益吾学，期终身不负知己爱而已矣！呜呼！言有尽而意无穷也。

陈讲《哭席文襄公》云："佳城金碧画图张，御墨淋漓感帝皇。岷水派分伊洛远，横冈支接草庐长。才多自昔称三仲，学富而今随五杨。絮酒坟头滴春草，门墙恩义泪沾裳。"

《明史》卷一九七《列传》第八十五卷为《席书传》。明清时期，朝廷曾在遂宁城区建立"柱国坊"、"文襄祠"、"黄阁辅臣坊"、"忠孝廉节坊"、"存问坊”等，用以纪念席书。席书与弟席春（吏部侍郎）、席彖（户科给事中），合称“三凤”。明代在遂宁大东街曾建“三凤坊”以纪念之。

席书宦迹显达，文学高标，不仅蜀中独步，天下也盛传其名。王守仁赞云：“真可谓豪杰之士，社稷之臣。”李贽称曰：“公之才识，已足盖当世矣。”

【原载】《文化遂宁》，中国文史出版社 2017 年出版，与孙蛟龙合撰

明代遂宁黄氏家族诗人

遂宁位于四川盆地中部，涪江左潆，船山右峙，水陆交冲，沃野平畴，山川洒落，人物阜繁，历为郡、州、府、县治地，为蜀中历史文化名城，号称“剑南大镇”、“东蜀之都会”。

遂宁居蜀文化与巴文化交汇之区，传统文化底蕴极其深厚。明清时期，遂宁有席、黄、吕、李、张五大家族：席氏以明代宰相席书、侍郎席春、户科给事中席彖为代表；黄氏以明代工部尚书黄珂及其子布政使黄华、女黄峨为代表；吕氏以南明宰相吕大器及其子“诗书画三绝奇才”吕潜为代表；李氏以明末清初语言学家李实及其子户部侍郎李仙根为代表；张氏以清代名相张鹏翮及其玄孙大诗人张问陶为代表。

明代遂宁黄氏家族，世居遂宁西眉镇（今属遂宁市安居区）北六里黄安桥黄榜石，号称“诗人世家”、“官宦门第”。从黄峨曾祖黄鉴，至其侄黄若榛，共历五代、一百余年，涌现出许多杰出人物，尚书、布政使、知府、进士、举人、贡生多达十余人。不仅如此，封建社会中豪门富户、缙绅官宦，大都互相联姻攀亲，以求门当户对。黄氏家族也不例外，黄峨之夫就是明代状元、著名学者杨慎；杨慎之父为明代名相杨廷和。黄氏家族五代相传，满门生辉，风光占尽。

现将明代遂宁黄氏家族中之诗人，逐作简介，以供治明代文学史、巴蜀文化史和遂宁地方史的专家学者参考。

一、黄鉴

黄鉴，黄珂之祖父、黄峨之曾祖父，元末明初遂宁县西眉黄安桥黄榜石人。民国本《遂宁县志》卷一《古迹》载："黄榜石，在西眉镇北六里，有黄安桥，系明尚书黄简肃公故里。"处士，善诗。民国本《遂宁县志》卷二《封荫》载："黄鉴，以孙珂赠工部尚书。"

二、黄宗泗

黄宗泗，字崇鲁，一字遵鲁，号南庄，黄珂之父、黄峨之祖父，以经学擅声。明正统六年（1441）辛酉科举人，官至云南大姚知县，均徭平赋，政绩卓著。工诗善文，召集诸生指教，一时远近从游甚众，后取高科者多目为南庄弟子。卒年七十有八，著有《南庄集》，清嘉庆本《四川通志・经籍志》著录。民国本《遂宁县志》卷二《封荫》载："黄宗泗，以子珂赠工部尚书。"

明嘉靖《潼川志》载："广德，在卧龙山麓，唐克幽禅师修行处。正德间赐额曰广德，上有黄简肃公书屋。""蕨山，（遂宁）南四十里，上有黄南庄宗泗书屋。"黄宗泗《广德寺》诗云："卜筑龙崖下，埋云径不通。霏霏霑竹雨，飒飒泻松风。草细泉声滑，亭孤晦景蒙。澄心寒谷日，如在广寒宫。"《蕨山》诗云："满院松花忆旧游，摩崖苔藓又从头。云蒸石窦丹青落，烟拥山门紫翠浮。缔构百年人已去，荒凉千古记空留。我来此地无穷思，兀坐岩前晚不休。"

三、黄珂

黄珂（1449—1522），字鸣玉，黄宗泗之子。黄珂初娶张氏，岳父张睿，明宣德二年（1427）举人，官至福建盐运使；张睿为张万玄孙，与清代张船山同宗，张船山为张万十三世孙。黄珂于成化二十年（1484）中进士，授龙阳（今湖南汉寿）知县。其间，张夫人卒，遗一女及子黄峤。后来，黄珂擢御史，出按贵州、畿辅，授山西按察使。正德四年（1509）擢右佥都御史，巡抚延绥（今山西榆林县），屡立战功。六年秋，入为户部右侍郎，总督仓场。河南用兵，出理军饷。后改刑部左侍郎、兵部左侍郎。九年擢南京右都御史，寻拜工部尚书。后归家病卒，葬遂宁土桥铺（今安居区聚贤镇）鸣钟山。民国本《遂宁县志》卷二《茔墓》载："工部尚书黄简肃墓，在土桥铺。"赠太子少保，谥"简肃"。四川新都杨廷和、杨慎父子各撰有《祭黄简肃文》。祀贤良祠。《明史》有传。续娶聂氏（1472—1543），四川乐至人，其父聂新，以明经授黄梅尉，调定海，咸著仁惠。聂夫人仁慈明淑，俭勤敬慎，生子三：

黄峤、黄华、黄峰；女二：长适国子生同邑王锦；次女黄峨，适杨慎。

黄珂与明代名相杨廷和为莫逆之交。杨廷和在《祭黄简肃文》中说："公与我友，四十余年；匪我知公，公实我知；公性明达，我亦疏直；斯焉取斯，谓是同德。""公善为诗，亦复好之；不欲示人，惟以自怡。公不善饮，客至辄宴；笑歌剧谈，终日不厌。交半域中，多知公者；投公之好，岂独姻娅。帝亦念公，乃厚其终。"嘉靖二年《恤典制》云："故致仕南京工部尚书进阶荣禄大夫黄珂，性资通敏，器识宏深，名早掇乎贤科，政首成乎大邑。内台执法，外臬提刑，超擢中丞，累迁卿佐。留台地重，方升总宪之阶；邦土任隆，旋正司空之位。考其清慎之操，特达之才，法比精明，风裁严整，威行海道，功著边陲。迨夫出入两京，回翔四野，益殚劳勚，多所建明。抗权竖之谍，犯凶威而不避；杜强藩之请，持正义而独坚。……纶言涣布，秩已亚于三孤；祝号重题，名式昭于百世。"杨慎《黄母聂太夫人墓志铭》云："先君与简肃公少为道义交，慎早忝通家之子，中年辱授室焉。"

黄珂工诗文，《四川通志·经籍志》载，黄珂撰有《崴山文集》。其《东山》云："城上旌旗带雨玄，城边草树昼生烟。山光水色连千里，人语鸡声傍一川。望眼漫劳迎过雁，愁怀无奈听啼鹃。登临直上最高处，恍若身游万仞天。"明嘉靖本《潼川志》载："福胜，在（遂宁）鹤鸣洞下。"黄珂《福胜寺》云："仙人去不返，鹤鸣望还来。古洞深藏树，清江曲抱台。海霞明落日，山鸟劝挥杯。野渡平郊晚，层城鼓角催。"

四、黄峤

黄峤，字峻卿，黄珂之子、黄峨同父异母兄，选贡国子生。工诗文，妹夫杨慎《幡幡林中叶，别内兄黄峻卿》诗云："幡幡林中叶，迢迢语离别。离别不可亲，稍思隔南津。南津首北路，莽莽入烟雾。夙昔为芝兰，痌体成欢颜。只恋携手好，岂知行路难？前有一樽酒，弦歌清商曲。行子唱骊驹，主人弹别鹄。别鹄影悠悠，寄音下西洲。一言展契阔，一言申绸缪。"原注："邑郭南一里，有南津桥，黄氏有南事书屋。"黄峤卒葬遂宁县西五十里之奴崴山，杨慎作有《黄峻卿墓铭》，载光绪二十三年《新修潼川府志》卷七《舆地志七·冢墓》。

五、黄峨

黄峨（1498—1569），字秀眉，黄珂次女。明代最杰出的女诗人、散曲家，有“曲中李清照”之称。

黄峨从小聪明好学，能诗善词，精通散曲。正德十二年（1517），杨慎因对恣意淫乐、不理朝政的明武宗提出忠谏不被采纳而愤然离京，回到四川。黄峨、杨慎二人成百年之好，居家新都桂湖，时人称黄峨为“尚书女儿知府姐，宰相媳妇状元妻。”黄峨有《庭榴》一诗记录他们的幸福生活：“大荒西域种原奇，第一绯英上苑姿。不到秋深丹结实，独于夏五艳垂枝。已嫌桃李开何早，略笑芙蓉发亦迟。万点落霞明照眼，采衣金屋正相宜。”真是诗中无人人自见，诗中无景景无穷。

正德十五年，黄峨随夫返京，杨慎任经筵展书官。嘉靖三年（1524），杨慎因直谏触怒嘉靖皇帝而“中元日下狱，十七日廷杖之，二十七日复杖之，毙而复苏，谪戍云南永昌卫”。这次打击是黄峨人生中一个转折。她在秋风萧瑟中护送丈夫向云南进发，困顿颠仆，艰辛备尝，后又以泪作别，独自回四川老家照顾老少。从此夫妻分离，天各一方，难得见面。

黄峨思念丈夫，常常回忆过去诗情画意的两人世界，平添几多离愁，也留下了为人称道的佳作诗词。黄峨之作，风格与杨慎相近，多爽丽真挚而较杨纵恣。如散曲《罗江怨》：“空庭月影斜，东方亮也，金鸡惊散枕边蝶。长亭十里，阳关三叠，相思相见何年月？泪流襟边血，愁穿心上结，鸳鸯被冷雕鞍热。青山隐隐遮，行人去也，羊肠鸟道几回折？雁声不到，马蹄又怯，恼人正是寒冬节。长空孤鸟灭，平芜远树接，倚楼人冷阑干热。”

又如在明代就为艺林称道传诵不绝的黄峨《寄外》诗（其二）：“雁飞曾不到衡阳，锦字何由寄永昌？三春花柳妾薄命，六诏风烟君断肠。曰归曰归愁岁暮，其雨其雨怨朝阳。相闻空有刀环约，何日金鸡下夜郎？”此诗是黄峨寄给杨慎的，婉转表现出黄峨对丈夫思念的真挚感情，催人泪下。后来刻在杨慎戍永昌（今云南省保山市）的旧居楼下。明清以来，咸为文人推崇。毛泽东主席对《寄外》一诗亦很赞赏，将其选入《诗词若干首·唐宋明朝诗人咏四川》一书中。

黄峨不仅是才女，在政治上也颇有远见。嘉靖三十八年（1559），杨慎经历了三十多年的流放，死于永昌戍所。当时，家人、亲朋力主“礼葬”，唯黄峨坚决反对。她对大家说，杨慎以“议大礼”得罪朝廷，致使终身流放，现贬谪而终，实为万幸。恐“天威难测”，若用“礼葬”，皇帝追问，必大祸临头。后按黄峨之意，“藁葬”杨慎于新都。果然，明世宗真的派人启验，因找不到任何借口，才免了一场大祸。

隆庆三年（1569），黄峨病逝，享年72岁。黄峨著有《杨状元妻诗集》一卷、《杨夫人曲》三卷、《杨夫人乐府》四卷、《杨夫人乐府词余》五卷、《榴阁偶存》一卷、《锦字书》一卷，惜今大多散佚。

六、黄华

黄华（1502—?），字秀卿，号梓谷，黄珂之子、黄峨之弟。嘉靖十一年（1532）进士，任户部主事，转郎中。嘉靖十九年，赴任松江知府，奏上正风俗等十二事，切中时弊，时称良吏。历江西副使，升江西布政使。督饷有功，晋光禄寺卿。为人端严正直，以道学为己任。上疏告归，倡明道学，激引后进甚众。后卒于家，葬遂宁楼子沟。民国本《遂宁县志》卷二《茔墓》载：“光禄卿黄华墓，在楼子沟。”著有《梓谷文集》十二卷、《麟经解义》等。《四川通志》《潼川府志》《遂宁县志》有传。

黄华工诗，如《登灵泉山梅山书屋》云：“献纳先朝海内闻，书堂寂寞向江濆。空山尚有摩崖石，故史犹传对仗文。直节淮南知汲黯，忠臣汉殿忆朱云。可堪更拟湘累赋，一吊遗踪倚夕曛。”黄华与姐夫杨慎唱和之诗颇多。杨慎《登青城赠黄梓谷》云：“浩浩洪流带白沙，盘盘丹磴绕青霞。渔郎源水疑无路，羽士壶山别有家。玉女房头交让木，空仙洞口太平花。采真他日重期子，烟驾云装两鹤车。”《送内弟黄秀卿归遂宁》云：“素舸涛江来，白马崤关去。荻岸屡沿洄，芜皋几容与。寒日照行觞，朔风飘离绪。超远望平原，悁脰空延伫。”

七、黄若槐

黄若槐，黄珂之孙、黄峨侄子。监生。民国本《遂宁县志》卷二《封荫》载：“黄若槐，以祖珂，荫监生。”善诗文。

八、黄若榛

黄若榛，黄珂之孙、黄峨侄子。明隆庆四年（1570）庚午科举人，工诗文。明万历十六年（1588），蓬溪县重修崇因寺（在今大英县石门乡），县人请黄若榛作记。乾隆本《蓬溪县志·寺观》收录了黄若榛所撰《重修崇因寺记》一文。

明代遂宁黄氏家族，诗人辈出，这是遂宁优越的自然环境、经济环境和文化环境的产物，值得我们认真研究、探讨。

【原载】《四川职业技术学院学报》2006年1期

明代最杰出的女散曲家黄峨

明代散曲盛行，无论散曲作者人数还是作品数量，都超过了元代和清代。刘大杰《中国文学发展史》云："明代的词，寥落不振，唯散曲继承元代的余绪，犹能振作精神，颇有成就。"在众多的明代散曲家作家中，黄峨尤引人注目。她既是明代最优秀的女诗人，又是明代最杰出的女散曲家。但是，由于封建社会对妇女的偏见，其生平事迹不见诸史传，在明人的笔记杂书里亦罕有记载，研究黄峨的学者更是寥若晨星。所以，黄峨何许人？她在创作上有什么成就？便不为大众所知了。本文特将黄峨生平、著作和散曲作一初探，以期抛砖引玉，挂漏不妥之处，望高贤哂正。

一、黄峨生平

黄峨（1498—1569），字秀眉，明代四川遂宁县人。祖父黄宗泗，字遵鲁，正统六年（1441）举人，官云南大姚县知县，著有《南庄集》。父黄珂（1449—1522），字鸣玉，成化二十年（1484）进士，历任龙阳（今湖南汉寿）知县、贵州巡按、山西按察使、右佥都御史、延绥（今陕西榆林县）巡抚、户部右侍郎、刑部左侍郎、兵部左侍郎、南京右都御史、南京工部尚书等职，器识宏深，耿介正直，工诗善文，卒赠太子少保，谥"简肃"，祀贤祠，葬遂宁土桥铺（今遂宁市安居区聚贤镇）。著有《蕨山文集》，《明史》有传。母聂氏，出生名门，为湖北黄梅县县尉聂新之女，知书识礼，严于家教，既是黄峨的慈母，又是黄峨的启蒙老师。兄黄峤，字峻卿，监生；弟黄华，字秀卿，号梓谷，嘉靖十一年（1532）进士，历任户部主事、郎中、松江知府、江西布政使、光禄寺卿，卒赐祭葬，祀贤祠。著有《麟经解义》《梓谷文集》十二卷行世。

黄峨系黄珂次女，聪明伶俐，幼习诗书，受到良好的教育。工诗词，尤擅散曲，其《闺中即事》云："金钗笑刺红窗纸，引入梅花一线香。蝼蚁也怜春色早，倒拖花瓣上东墙。"情趣盎然，因此人们称誉黄峨"才艺冠女班"。

黄珂与正德、嘉靖两朝宰辅、四川新都人杨廷和（1459—1529）"为道义之交"。杨廷和云："公与我友，四十余年。匪我知公，公实知予。公性明达，我亦疏直。"（杨廷和《祭黄简肃公文》）杨廷和子杨慎（1488—1559），字用修，号升庵，正德六年（1511）状元，授翰林院修撰。正德十二年，武宗"微服出居庸关，幸宣府"，杨慎"上疏切谏"，不被采纳而称病告假，偕原配王氏（四川平武县人，曾祖王玺，系龙安府宣抚司佥事、平武报恩寺建造者；父王溥，明成化二十年进士，河北完县知县、礼部主事）回到家乡四川新都。正德十三年（1518）七月，王氏病故，年仅32岁。

黄杨两家，本有通家之谊，正德十四年冬天，黄峨与杨慎结婚，杨慎亲往遂宁迎娶。当黄峨到新都时，人们争先恐后来看这位"尚书女儿知府妹，宰相媳妇状元妻"的绰约风姿。婚后，他们居住在新都榴阁，相互砥砺切磋，共同写诗填词作曲，过着诗情画意的爱情生活。

正德十五年九月，杨慎回京复职，黄峨随行进京。不久，武宗驾崩，无子承嗣，由堂弟继位，即世宗嘉靖皇帝。嘉靖三年（1524），世宗要尊他的生父为"皇考"。此事有悖于封建礼法，因此群臣谏阻，引起一场"议大礼"的轩然大波。七月，杨慎"跪门哭谏"，触怒了嘉靖帝，将他廷杖后，谪戍云南永昌卫（治今云南保山市）。黄峨遭此巨变，痛苦万状。但她性格坚强，临事镇定。在秋风萧瑟中，黄峨护送丈夫去云南永昌。嘉靖三年十二月十五日抵江陵（今湖北江陵），到了川滇分道处，夫妻只好洒泪分手，临别前杨慎作《临江仙·江陵别内》相赠，黄峨作散曲《罗江怨·闺情》（四首）相答，字字血泪，令人肠断。是年隆冬，黄峨独自回到新都。

嘉靖五年六月，杨慎回川探父病。七月，父病愈。九月返滇，黄峨即同往滇南戍所，在滇南伴杨慎生活了近三年，作有〔越调〕《凭阑人》小令，抒发怀乡深情。黄峨成了杨慎逆境中的忠贞伴侣，创作中的翰墨知音。

嘉靖八年六月，杨廷和病卒，黄峨与杨慎返新都办丧事。十一月，办完丧事后杨慎返滇，黄峨独留新都。从此，夫妇长期分离，很少见面。黄峨作有脍炙人口的《寄外》诗和《黄莺儿》散曲抒写相思的愁苦。王世贞《艺苑卮言》云："杨用修妇亦有才情。杨久戍滇中，妇寄一律云：'雁飞曾不到衡阳，锦字何由寄永昌？三春花柳妾薄命，六诏风烟君断肠。曰归曰归愁岁暮，其雨其雨怨朝阳。相闻空有刀环约，何日金鸡下夜郎?'又《黄莺儿》一词：'积雨酿春寒，看繁花树树残。泥途满眼登临倦，云山几盘，江流几湾，天涯极目空肠断。寄书难，无情征雁，飞不到滇南。'杨又别和三词，俱不能胜。"

嘉靖三十八年六月，杨慎卒。家人主张"礼葬"，黄峨认为杨慎以"罪臣"而卒，独主"藁葬"。不久，嘉靖帝遣人至新都启验，知为藁葬，方免追究，体现了黄峨政治上的远见卓识。

隆庆三年（1569），黄峨病逝，享年72岁。为了纪念黄峨，她在遂宁故乡的梳妆台和新都的榴阁，一直成为后人凭吊之地。黄峨故居在今遂宁市西眉镇北六里之黄安桥黄榜石附近，现存遗址。前面有一青溪，溪上有梳妆台遗址，相传为黄峨梳妆的地方。今遂宁城西明月花园小区绿化带中，塑有黄峨雕像。清代曾把黄峨居住的新都榴阁辟为"黄夫人祠"，清人梁正麟撰《黄夫人祠》联云："盼不到迁客来归，白象金鸡相思万里；莫便伤才人命薄，红榴丹桂各有千秋。"1961年，杨升庵祠与桂湖被列为四川省文物保护单位，与升庵祠隔湖相望的沉霞榭，辟为"黄峨馆"，作为后人纪念黄峨的地方。馆内正中塑有黄峨像，馆中还陈列有黄峨的著作、诗意画及有关她的遗迹照片；云南保山杨慎纪念祠中，至今还全文刻有黄峨《寄外》诗。1958年3月，成都会议期间，毛泽东主席阅读了《杨状元妻诗集》和《杨升庵夫妇散曲》，并将黄峨《寄外》选入《诗词若干首·唐宋明朝诗人咏四川》一书中，由人民文学出版社出版发行。

二、黄峨著作

黄峨著述丰富，《四川总志》记载她"有文集传于世"，而她一生所写的诗、词、散曲则更多，但由于她不愿后辈看到她悲愤哀思的文字，随写随毁，多不存稿。因而留传下来的诗、词、散曲并不多，总共只有一百首左右。《列朝诗集小传》《明诗纪事》均载黄峨"博通经史，工笔札"，"闺门肃穆，用修亦严惮之。诗不多作，亦不存稿，虽子弟不得见也"。其著作主要有：

（1）《杨状元妻诗集》一卷，明隆庆四年（1570）锡山俞惠刊本，其书由昆山张文学钞稿编定而成。《剑阁芳华集》《盛明百家诗后编》《巴蜀文苑英华》《巴蜀艺文五种》《历代妇女著作考》等著录。

（2）《杨夫人曲》三卷（一名《杨升庵夫妇散曲》），近人任中敏编校，1929年商务印书馆排印本。选套数五套、重头五十二首、小令十一首。其书杂有杨慎之作，任中敏弁言云："因无佐证，亦不能武断其确非耳。"《中国丛书综录》《历代妇女著作考》《昆山胡氏书目》等著录。

（3）《杨夫人乐府》四卷，民国闽侯黄兰波、黄缘芳编校，1940年中华书局排印本。其书卷一词，卷二散曲一套，卷三北曲小令三十三首，卷四南曲小令二十四首。明代陈继儒云："（黄峨）有《满庭芳》《巫山一段云》诸词，皆为雅丽，或比之赵松雪管夫人，然管工画竹耳，诗词鄙俚不及黄远矣。"近人乃将两人之作合编为《杨升庵夫妇散曲》，《中国丛书综录》《历代妇女著作考》等著录。

（4）《杨夫人乐府词余》五卷，明万历三十六年（1608）丹阳杨禹声刻本。前有杨禹声引，后来著名文艺家徐渭加以重刻行世。徐渭序云："杨夫人才情甚富，不让易安（李清照）、淑真（朱淑真）。旨趣闲雅，风致翩翩，填词用韵，天然合律。"该书选有套数八套、重头一百三十四首、小令二十六首。其散曲备述杨慎谪戍后夫妇之间的离愁、怨恨之情，多有佳句。《明史·艺文志》《淡生堂书目》《历代妇女著作考》《巴蜀历代名媛著作考要》等著录。

（5）《榴阁偶存》一卷，《新都掌故》等著录。

（6）《锦字书》一卷，此书系信札，杨慎有诗云："易求海上琼枝树，难得闺中锦字书。"黄峨亦云："雁飞曾不到衡阳，锦字何由寄永昌。"《然脂录》《绿窗野史》《中国丛书综录》《历代妇女著作考》等著录。

三、黄峨散曲

黄峨主要成就在散曲。她的散曲数量较多，影响很大，历代评论家对她的散曲都给予了很高的评价。如明代徐渭称赞黄峨"才艺冠女班"，"夫人篇什，云蒸霞烂"。王世贞认为黄峨词曲超过了杨慎，慎"俱不能胜"。清代王士祯《陇蜀余闻》载："杨太史（慎）夫人黄，遂宁简肃公珂之女，有诗名，词曲尤擅长。"近人梁乙真《元明散曲小史》谓黄峨"正如词中之有李清照、朱淑真"，"且意境解放，突破藩篱，不为数千年礼教所囿，开吾国女子文学以前未有之局"。刘大杰说："黄峨的散曲，流畅泼辣处胜于杨慎，其中写旧时代妇女的神情心理，颇为细腻。"（《中国文学发展史》）

现代学者冯沅君说："她的作风大体与杨慎相近，爽丽真挚而较杨纵恣。"《辞海》黄峨辞条称："能诗词，散曲尤有名。"由此可知，黄峨是中国文学史上，继李清照、朱淑真之后又一位卓有成就的女诗人、散曲家。

黄峨散曲题材多样，内容也较丰富，有抒情、写景、叙事等作品。黄峨爱情专一，贤惠，持重自爱，顾全大局。她与杨慎从结婚到死别，其间只过了五年的幸福生活，从此天各一方，作为杨慎有力后援，独自操持家务四十余年。杨慎是不幸的，然而黄峨却更不幸。她 27 岁便离开丈夫，除了侍奉公婆，便是思念丈夫。所以黄峨散曲的主要内容是抒发对戍边丈夫的深深思念，表达了对丈夫牵肠挂肚的情怀。如〔南中吕〕《罗江怨》，哭述夫妻别离之苦：

空庭月影斜，东方既白，金鸡惊散枕边蝶。长亭十里，阳关三叠，相思相见何年月？泪流襟边血，愁穿心上结，鸳鸯被冷雕鞍热。

作者以娴熟的艺术技巧，通过一冷一热的互相映衬，表明了她念念不忘的是迢迢戍道上丈夫的劳顿与熬苦，读来凄婉动人。读者不仅可以从中体味到作者的"思""泪""愁""血"，同时还能隐隐地感到对当时最高统治者的"恨"！

〔南商调〕《梧叶儿》，抒写怀念丈夫深情：

雪和雨，雨和雪。雪儿雨儿无休歇。陇驿传梅隔，池塘梦花怯。窗案灯花谢，难打煞无如今夜。

这首小令充满了离别哀伤和相思愁苦，而女子特有的细腻情感与清丽的文字风格，溢于言表。

〔北双调〕《落梅风》，描写对丈夫的相思：

春寒峭，春梦多，梦儿中和他两个。醒来时，空床冷被窝，不见你，空留下我。

这首小令描写对丈夫的刻骨相思，寥寥数语，就将失落在梦醒时分的深刻感受剖呈无余，具有极大的震撼力，而用语质朴、直率，又使之具有民歌大胆明快的风格。

黄峨的散曲，大都是围绕与杨慎的夫妻生活来写的，有相见的欢乐，离别的愁苦，相思的深切，由爱而怨，由怨而嗔，一副女儿神态；倾诉衷肠，率真大胆，全无矫作之情。把它和杨慎唱和之作加以比较，显得更为执着、真诚、生动和质朴，没有杨慎那种动辄搬古典的书呆气，称她为"曲中李清照”，当之无愧。

黄峨的散曲，不仅仅限于离愁别恨，还有歌咏山川风物、描写男女爱情、讽刺浪荡公子、叙事思乡、咏物记画等作品。如〔北南吕〕《骂玉郎带过感皇恩采茶歌》，以曲记画：

〔骂玉郎〕一个摘蔷薇挽金钗落。一个拾翠羽，一个捻鲛绡，一个画屏侧畔身斜靠。一个竹影遮，一个柳色潜，一个槐阴罩。

〔感皇恩〕一个绿写芭蕉，一个红摘樱桃。一个背湖山，一个临盆沼，一个步亭皋。一个管吹凤箫，一个弦抚鸾胶。一个倚阑凭，一个登楼眺，一个隔帘瞧。

〔采茶歌〕一个愁眉雾锁，一个醉脸霞娇。一个映水匀红粉，一个偎花整翠翘。一个弄青梅攀折短墙梢，一个蹴起秋千出林杪，一个折回罗袖把做扇儿摇。

这支带过曲很难得，因为唐宋以诗记画者众多，而元明以曲记画者罕见。此曲一句一人，24 句写 24 人，别开生面。《曲谐》卷一评云：“写二十三人（按：应为 24 人），别无一字费辞，是为散文记叙体中所必不能有者，乃于韵语中备之。”24 人构成一幅情趣盎然的图画，从不同侧面表现了少女们的青春情态。

黄峨散曲艺术性很高。首先，黄峨散曲以写离情见长，风格清新活泼、爽朗跳脱，感情浓郁而细腻，女性情态毕现。如《梧叶儿》《折桂令》《驻马听》《落梅风》《黄莺儿》《罗江怨》诸曲，都写得缠绵悱恻，一波三折，催人泪下。其次，黄峨散曲在表现手法上善于摄取典型的艺术形象，善于状难写之景，抒难言之情，如《骂玉郎带过感皇恩采茶歌》。其三，黄峨散曲，或语言流畅清丽，声情并茂，修辞细美，风格婉约；或浑朴自然，有丰富的民间气息。总之，黄峨散曲内容广泛，题材丰富，艺术性很强，是我国古代妇女著作中的珍品，值得大家学习研究。

【原载】《蜀学》第九辑，巴蜀书社 2015 年出版

明代遂宁进士

遂宁市在明代共产生45名进士。其中遂宁县进士30名，分别是赵鉴、黄纪、张赞、俞纪、张伦、徐纲、黄珂、王勤、余本实、席书、王翀、黄伟、杜寀、王完、王宁、席彖、王瑄、席春、陈讲、杨名、黄华、冯绶、席上珍、徐承嗣、方叔忠、王之杰、张所养、吕大器、李实、吕潜；蓬溪县进士8名，分别是谭宗泗、张庠、谭缵、谭訚、谭维、王庭、杨作楫、谭文化；射洪县进士7名，分别是杨澄、刘贤、杨最、杨仪、刘迴、谢载、谢东山。

民国本《遂宁县志》载明代遂宁县进士28名，未收录黄伟与张所养。本文考《弘治十二年会试录》《皇明贡举考》及雍正本和嘉庆本《四川通志》，增补了黄伟与张所养为明代遂宁县进士的史料。光绪本《新修潼川府志》卷十五选举志载，正德六年进士王完、王宁为潼川州人，考《正德六年进士登科录》，知王完和王宁乃亲兄弟，两人为同科进士，且都是遂宁县人。又《类姓登科考》载“柳寅东，四川遂宁人，辛未三甲”。查《甲申传信录》和雍正本《四川通志》，知柳寅东非遂宁人，乃是梓潼县人。

乾隆本《蓬溪县志》载明代蓬溪县进士10名，其中多出熊应捷与谭振豪二人。雍正本《四川通志》卷三十四选举亦载，万历丁未科进士“熊应捷，蓬溪县人，历主事”。考《登科录》，熊应捷为荣昌县人，非蓬溪县人，中该科第二甲进士。《万历三十五年进士登科录》载：“熊应捷，贯四川叙州府隆昌县，军籍。荣昌县人。县学附学生，治《诗经》。字愚公。行二。年二十四，九月十八日生。曾祖万绪；祖梦之，寿官；父文物。母朱氏。慈侍下。兄：应占，刑部郎中；应攀。弟：应契、应繇、应益、应垂。娶苏氏，继娶喻氏。四川乡试第三十名，会试第一百二名。”

乾隆本《蓬溪县志》卷四选举表载，某年蓬溪县进士“谭振豪，廷试钦赐进士”。《新修潼川府志》卷十五选举志详载谭振豪中进士时间为崇祯十五年（1642）。查《明清进士题名碑录索引》，有崇祯十五年壬午科，该科为“赐特用出身”，谭振豪名列其中。又查《崇祯十三年赐特用出身科科年考实——兼谈明代进士题名碑的立石问题》，知该科本在崇祯十三年庚辰（1640）秋七月。《新修潼川府志》所载时间是沿袭《国朝历科题名碑录初集》之误。且“这二百六十三人特用举贡，并非进士”，故不将谭振豪列在明代蓬溪县进士之中。

乾隆本《射洪县志》载明代射洪县进士6名，本考根据《嘉靖八年进士登科录》，增补了谢载为明代射洪县进士的史料。

永乐四年丙戌科（1406）：赵鉴

《皇明进士登科考》及《皇明贡举考》载：永乐四年三月初一日丙戌科殿试，遂宁县赵鉴中第三甲进士，列三甲第一百二十五名。雍正本《四川通志》卷三十四选举载，永乐丙戌科进士“赵鉴，遂宁县人，历御史”。

景泰五年甲戌科（1454）：黄纪、张赞、俞纪

《景泰五年会试录》载：景泰五年甲戌科会试，遂宁县中贡士三人：“黄纪，四川遂宁县人，监生，《易》。”景泰五年会试第一百七十三名。“张赞，四川遂宁县学增广生，《春秋》。”景泰五年会试第二百五十名。“俞纪，四川遂宁县学增广生，《易》。”景泰五年会试第三百三十六名。

景泰五年三月十五日甲戌科殿试，遂宁县黄纪中第二甲进士，列二甲第七十二名。《景泰五年进士登科录》载：“黄纪，贯四川潼川州遂宁县，民籍。国子生，治《易经》。字宪邦。行二。年三十一，五月十五日生。曾祖荣卿，知府；祖文富，知县；父琮。嫡母吴氏，生母陈氏。具庆下。兄怀网。弟怀端、怀正、怀阓、怀杰。娶冯氏。四川乡试第八名，会试第一百七十三名。”

遂宁县张赞和俞纪中第三甲进士。张赞列三甲第一百六十七名，俞纪列三甲第二百一十五名。《景泰五年进士登科录》载：“张赞，贯四川潼川州遂宁县，民籍。县学增广生，治《春秋》。字邦翊。行四。年三十二，十月初十日生。曾祖明佐，祖泰林，父永成。母余氏。永感下。兄澍、泽、济。娶王氏。四川乡试第十四名，会试第二百五十名。”《景泰五年进士登科录》载：

“俞纪，贯四川潼川州遂宁县，民籍。县学增广生，治《易经》。字宪卿。行二。年三十二，十二月三十日生。曾祖仕聪；祖从政；父信。母徐氏。慈侍下。兄志刚，弟贯哲、贯书、贯儒。娶谭氏。四川乡试第八名，会试第三百三十六名。”

天顺四年庚辰科（1460）：张伦

《天顺四年会试录》载：天顺四年庚辰科会试，遂宁县张伦中贡士，“张伦，四川遂宁县人，监生，《春秋》”。天顺四年会试第九名。

天顺四年三月十五日庚辰科殿试，张伦中第三甲进士，列三甲第八十名。《天顺四年进士登科录》载：“张伦，贯四川潼川州遂宁县，民籍。国子生，治《春秋》。字大伦。行四。年三十八，闰十二月十七日生。曾祖伯祥，祖嗣原，父鉴。母郭氏。具庆下。兄大用、大诚、大节。娶刘氏。四川乡试第三十七名，会试第九名。”

成化五年己丑科（1469）：杨澄

成化五年三月十五日己丑科殿试，射洪县杨澄中第三甲进士，列三甲第一百一十二名。《成化五年进士登科录》载：“杨澄，贯四川潼川州射洪县，民籍。国子生，治《诗经》。字宪父。行三。年三十四，正月初七日生。曾祖清，祖景安，父绍广。嫡母鲜氏，生母赵氏，继母费氏。慈侍下。兄端、本，弟源、翀、允。娶傅氏，继娶阳氏。四川乡试第五十五名，会试第一百九十名。”

成化八年壬辰科（1472）：谭宗泗

《成化八年会试录》载：成化八年壬辰科会试，蓬溪县谭宗泗中贡士：“谭宗泗，四川蓬溪县人，监生，《春秋》。”成化八年会试第二百三十二名。

成化八年三月十五日殿试，谭宗泗中第三甲进士，列三甲第三十二名。《成化八年进士登科录》载：“谭宗泗，贯四川潼川州蓬溪县，灶籍。国子生，治《春秋》。字文渊。行五。年三十五，九月十八日生。曾祖泰；祖必成；父宣，知县。母骆氏。严侍下。兄宗仁、宗器、宗义、宗节。弟宗载。娶杜氏。四川乡试第六十一名，会试第二百三十二名。”

成化十四年戊戌科（1478）：徐纲

成化十四年三月十五日戊戌科殿试，遂宁县徐纲中第三甲进士，列三甲第六十九名。《成化十四年进士登科录》载："徐纲，贯四川潼川州遂宁县，民籍。国子生，治《礼记》。字廷宪。行三。年三十三，五月十二日生。曾祖敬，祖文贵，父原升。母王氏。慈侍下。兄虎、昶。娶王氏。四川乡试第三十一名，会试第二百七十四名。"

成化二十年甲辰科（1484）：黄珂、王勤

《成化二十年会试录》载：成化二十年甲辰科会试，遂宁县中贡士二人："黄珂，四川遂宁县人，监生，《春秋》。"成化二十年会试第三十七名。"王勤，四川遂宁县学生，《春秋》。"成化二十年会试第二百六十八名。

《皇明贡举考》载：成化二十年三月初一日殿试，遂宁县黄珂和王勤中第三甲进士，黄珂列三甲第十三名，王勤列三甲第九十名。黄珂以第三甲进士官至二品（南工部尚书），且赐谥"简肃"。万历本《四川总志》载："黄珂，遂宁人。自县令至尚书，有介直誉。宸濠奏求护卫，珂坚执不署。时人以为难。卒谥'简肃'。"

成化二十三年丁未科（1487）：余本实

《成化二十三年会试录》载：成化二十三年丁未科会试，遂宁县余本实中贡士："余本实，四川遂宁县人，监生，《春秋》。"成化二十三年会试第一百六十名。

成化二十三年三月十五日丁未科殿试，遂宁县余本实中第三甲进士，列三甲第三十二名。《成化二十三年进士登科录》载："余本实，贯四川潼川州遂宁县，民籍。国子生，治《春秋》。字诚之。行一。年三十八，四月二十五日生。曾祖友富，祖胜英，父辅。母冉氏。具庆下。娶罗氏。四川乡试第二十八名，会试第一百六十名。"

弘治三年庚戌科（1490）：席书

弘治三年三月十五日庚戌科殿试，遂宁县席书中第三甲进士，列三甲第一百二十二名。《弘治三年进士登科录》载："席书，贯四川潼川州遂宁县，

民籍。县学增广生，治《春秋》。字文同。行一。年三十，四月初五日生。曾祖思恭，祖瑄，父祖宪。母吴氏。具庆下。弟诗、记、春、彖。娶张氏。四川乡试第二名，会试第二百五十二名。”

席书后仕至礼部尚书加武英殿大学士。《皇明贡举考》载，弘治三年庚戌科惟五人官至一品，席书为其一。

弘治六年癸丑科（1493）：王翀、刘贤

弘治六年三月十五日癸丑科殿试，遂宁县王翀中第二甲进士，列二甲第八十五名。《弘治六年进士登科录》载：“王翀，贯四川潼川州遂宁县，民籍。国子生，治《礼记》。字廷凤。行一。年三十七，十二月二十日生。曾祖应贞，祖翼，父大韶。母苟氏。具庆下。弟珁、佥。娶冯氏。四川乡试第二十八名，会试第二百九十五名。”

射洪县刘贤中第三甲进士，列三甲第九十二名。《弘治六年进士登科录》载：“刘贤，贯四川潼川州射洪县，民籍。国子生，治《诗经》。字世资。行二。年三十三，十月初十日生。曾祖景鸿，祖长器，父持汉。母高氏。具庆下。兄芳，弟杰。娶杨氏。四川乡试第三十八名，会试第二百五十七名。”

弘治十二年己未科（1499）：黄伟

《弘治十二年会试录》载：弘治十二年己未科会试，遂宁县黄伟中贡士：“黄伟，四川遂宁县人，监生，《诗》。”弘治十二年会试第八十一名。《皇明贡举考》载：弘治十二年三月十五日殿试，遂宁县黄伟中第二甲进士，列二甲第三十五名。

正德三年戊辰科（1508）：杨最、杜宷

《正德三年会试录》载：正德三年戊辰科会试，射洪县杨最、遂宁县杜宷中贡士。“杨最，四川射洪县人，监生，《诗》。”正德三年会试第一百十三名。“杜宷，四川遂宁县人，监生，《春秋》。”正德三年会试第三百三十九名。

正德三年二月十五日戊辰科殿试，射洪县杨最中第二甲进士，列二甲第一百二名。《正德三年进士登科录》载：“杨最，贯四川潼川州射洪县，民籍。国子生，治《诗经》。字殿之。行二。年三十四，七月二十二日生。曾祖景

安；祖绍广，赠大理寺左寺丞；父澄，都察院左佥都御史，进阶大中大夫。嫡母傅氏，赠宜人；继母阳氏，封宜人；生母周氏。具庆下。兄：旦。弟：是，义官；量；昺；晐；昊。娶李氏。顺天府乡试第一百十八名，会试第一百十三名。”

遂宁县杜宷中第三甲进士，列第二百三十一名。《正德三年进士登科录》载：“杜宷，贯四川潼川州遂宁县民籍。国子生，治《春秋》。字仲和。行三。年三十，九月初一日生。曾祖汝舟，医学典科；祖尚父，寿官；父威，监生。母汪氏。重庆下。兄寅、宸。娶何氏。四川乡试第三十二名，会试第三百三十九名。”

正德六年辛未科（1511）：王完、王宁

《正德六年会试录》载：正德六年辛未科会试，遂宁县王完、王宁中贡士：“王宁，四川潼川州人，监生，《春秋》。”正德六年会试第三十八名。“王完，四川遂宁县人，监生，《礼记》。”正德六年会试第一百名。

正德六年三月十五日辛未科殿试，遂宁县王完和王宁两兄弟同中第三甲进士，分列三甲第一百八十七名和第二百六名。《正德六年进士登科录》载：“王完，贯四川潼川州，民籍。遂宁县人。国子生，治□□。字□□。行□。年三十一，正月初三日生。曾祖文选；祖郁文，寿官；父绍纪，七品散官。母程氏。慈侍下。兄公窒、宜、宓、宾（贡士）、实，弟宏、宷、宁、宰、宇、宸、寓。娶何氏。四川乡试第六十名，会试第一百名。”《正德六年进士登科录》载：“王宁，贯四川潼川州，民籍。遂宁县人。国子生，治《春秋》。字仲一。行一。年二十九，九月十二日生。曾祖文选，祖郁文，寿官；父绍纪，七品散官。前母方氏，母陈氏。慈侍下。兄窒、宜、宓、宾（贡士）、实、完（同科进士）、宏、宷，弟宰、宇、宸、寓。娶杨氏。四川乡试第二名，会试第三十八名。”

正德九年甲戌科（1514）：席象、张庠

《正德九年会试录》载：正德九年甲戌科会试，遂宁县席象和蓬溪县张庠中贡士：“席象，四川遂宁县人，监生，《春秋》。”正德九年会试第十三名。“张庠，四川蓬溪县学附学生，《诗》。”正德九年会试第一百七十名。

《皇明贡举考》载，正德九年三月十五日甲戌科殿试，遂宁县席象和蓬溪

县张庠同中第三甲进士，分列三甲第五十二名和第一百一十三名。万历本《四川总志》载："席彖，遂宁人，书之弟。嘉靖中任给事中，以谏谪夷陵。凿井城中，民便之。卒于官。万历改元，赠光禄少卿。"万历本《四川总志》载："张庠，蓬溪人，正德间进士。历官贵州兵备副使。都匀黠夷连年负固，庠整兵直捣其巢，执渠魁，释胁从。诸夷畏服，称'小诸葛'。"

正德十二年丁丑科（1517）：杨仪、王瑄、席春、谭缵

《正德十二年会试录》载：正德十二年丁丑科会试，遂宁县中贡士二人，蓬溪县和射洪县各中贡士一人："谭缵，四川蓬溪县人，监生，《易》。"正德十二年会试第九十名。"杨仪，四川射洪县人，监生，《诗》。"正德十二年会试第二百四十名。"王瑄，四川遂宁县人，监生，《春秋》。"正德十二年会试第二百四十二名。"席春，四川遂宁县人，监生，《春秋》。"正德十二年会试第三百二十三名。

正德十二年三月十五日丁丑科殿试，射洪县杨仪中第二甲进士，列二甲第一百七名。《正德十二年进士登科录》载："杨仪，贯四川潼川州射洪县，民籍。国子生，治《诗经》。字仲立。行二。年三十五，九月二十九日生。曾祖绍广，赠大理寺左寺丞；祖本；父浚，监生。母文氏，继母徐氏。永感下。兄休。娶王氏，继娶黄氏。四川乡试第二十六名，会试第二百四十名。"

遂宁县席春、王瑄和蓬溪县谭缵共中第三甲进士，分列三甲第一百六十一、一百八十、一百八十九名。

《正德十二年进士登科录》载："席春，贯四川潼川州遂宁县，民籍。国子生，治《春秋》。字仁同。行四。年四十二，四月二十三日生。曾祖思恭；祖瑄；父祖宪，封知县。母吴氏，封孺人。永感下。兄书，布政司右布政使；诗，义官；记。弟彖，户科给事中。娶黄氏，继娶陈氏。四川乡试第九名，会试三百二十三名。"

《正德十二年进士登科录》载："王瑄，贯四川潼川州遂宁县，民籍。国子生，治《春秋》。字子成。行一。年三十六，十月二十一日生。曾祖清宇，祖同孝，父言。母黄氏。具庆下。弟璲、瑾、琠、环、瑨、瑜、珣。娶苟氏。四川乡试第二十一名，会试第二百四十二名。"

《正德十二年进士登科录》载："谭缵，贯四川潼川州蓬溪县，民籍。国子生，治《易经》。字元孝。行十六。年三十三，十月二十三日生。曾祖必

成；祖宣，知县；父宗简。母陈氏。具庆下。兄：珪；俨；侔；冠，通判；采；魁，听选官。弟：纯、维、继。娶杜氏。四川乡试第二十九名。会试第九十名。”

正德十六年辛巳科（1521）：陈讲、谭訚、刘迥

《皇明贡举考》载：正德十一年丙子，遂宁县陈讲中四川乡试第一名，为解元。

《正德十五年会试录》载，正德十五年庚辰会试，蓬溪县、射洪县、遂宁县各中贡士一名："谭訚，四川蓬溪县人，监生，《春秋》。"正德十五年会试第三十名。"陈讲，四川遂宁县人，监生，《诗》。"正德十五年会试第九十三名。"刘迥，四川射洪县人，监生，《诗》。"正德十五年会试第三百四十七名。

正德十六年五月十五日辛巳科殿试，遂宁县陈讲、蓬溪县谭訚、射洪县刘迥同中第三甲进士，分列三甲第十六、一百五、一百一十八名。

《正德十六年登科录》载："陈讲，贯四川潼川州遂宁县，民籍。国子生，治《诗经》。字子学。行一。年三十五，正月二十九日生。曾祖本乾，祖万钟，父表。母熊氏。重庆下。弟咏、议、试、询、咨。娶席氏。四川乡试第一名，会试第九十三名。"

《正德十六年登科录》载："谭訚，贯四川潼川州蓬溪县，民籍。国子生，治《春秋》。字朝言。行四。年三十八，三月十八日生。曾祖宣，知县；祖宗泗，□□进士；父冠，府同知。前母徐氏，母詹氏，继母孔氏。具庆下。兄：本、满、诰。弟：侃、怡、偲、化、恕、谌、诏。娶席氏，继娶高氏。四川乡试第二十一名，会试第三十名。"

《正德十六年登科录》载："刘迥，贯四川潼川州射洪县，民籍。江西吉水县人。国子生，治《诗经》。字维中。行二。年三十七，九月十五日生。曾祖长器；祖持汉，寿官；父贤，癸丑进士。母杨氏。具庆下。兄价。弟异、缙、旸、遇、时、晓。娶王氏。四川乡试第三十名，会试第三百四十七名。"

嘉靖八年己丑科（1529）：杨名、谢载

《皇明贡举考》载：嘉靖七年戊子两京十三藩乡试，遂宁县杨名中四川乡试第一名，为解元。

《嘉靖八年会试录》载：嘉靖八年己丑科会试，遂宁县杨名和射洪县谢载

中贡士："杨名，四川遂宁县学生，《春秋》。"嘉靖八年会试第六十九名。"谢载，四川射洪县学生，《诗》。"嘉靖八年会试第二百五十八名。

嘉靖八年三月十五日己丑科殿试，遂宁县杨名廷对第三，高中探花。杨名为遂宁历史上唯一一名探花。嘉靖皇帝御批其《御试策》云："能守圣学以为本，此乃知要之说。"《嘉靖八年进士登科录》载："杨名，贯四川潼川州遂宁县，民籍。县学生，治《春秋》。字实卿。行一。年二十五，六月十四日生。曾祖万全，寿官；祖时景，寿官；父洪江。母杜氏。重庆下。弟台。娶刘氏。四川乡试第一名，会试第六十九名。"

射洪县谢载中第三甲进士，列三甲第八十二名。《嘉靖八年进士登科录》载："谢载，贯四川潼川州射洪县，军籍。县学生，治《诗经》。字子坤。行二。年四十七，三月初三日生。曾祖秉德，寿官；祖英；父纪。母袁氏。永感下。兄盖，弟育、惠。娶黄氏，继娶覃氏。四川乡试第六十四名，会试第二百五十八名。"

嘉靖十一年壬辰科（1532）：黄华

《嘉靖十一年会试录》载：嘉靖十一年壬辰科会试，遂宁县黄华中贡士："黄华，四川遂宁县人，监生，《春秋》。"嘉靖十一年会试第二百六十四名。

嘉靖十一年三月十五日壬辰科殿试，遂宁县黄华高中第二甲进士，列二甲第四名。天一阁创始人宁波府鄞县范钦与黄华同为该科第二甲进士。

《嘉靖十一年进士登科录》载："黄华，贯四川潼川州遂宁县，民籍。国子生，治《春秋》。字秀卿。行四。年三十一，五月二十日生。曾祖鉴，赠资政大夫、南京工部尚书；祖宗泗，知县，累赠资政大夫、南京工部尚书；父珂，资政大夫，南京工部尚书，进阶荣禄大夫，赠太子少保，谥简肃。前母张氏，赠夫人；母聂氏，封夫人。慈侍下。兄：峤、岩。弟：峰，官生；岳。娶张氏。四川乡试第六十七名，会试第二百六十四名。"

《嘉靖十一年进士同年序齿录》载：嘉靖十一年壬辰科四川共中二十二名进士。"黄华，乙酉乡试六十七名，会试二百六十四名，廷试二甲四名。字秀卿，治《春秋》。壬戌年五月二十日生。遂宁县人。观户部政，授户部主事。升员外郎、郎中，苏州府知府（致仕。隆庆改元，起光禄寺少卿）。号梓谷。曾祖鉴，赠资政大夫、南京工部尚书；祖宗泗，知县，累赠资政大夫、南京工部尚书，进阶荣禄大夫；父珂，南京工部尚书，赠太子少保，谥'简肃'.

前母张氏，母聂氏。兄：峤、岩，俱生员。弟：峰，官生；岳。”

嘉靖十七年戊戌科（1538）：谭维

嘉靖十七年三月十五日戊戌科殿试，蓬溪县谭维中第二甲进士，列二甲第五十三名。《嘉靖十七年进士登科录》载：“谭维，贯四川潼川州蓬溪县，民籍。国子生，治《易经》。字元立。行九。年四十七，五月二十五日生。曾祖必成；祖宣，知县；父宗简，封监察御史。母陈氏，封孺人。慈侍下。兄：珪、俨、价、冠（府同知）、采、魁（仓大使）、缵（按察司副使）、纯（义官）。弟：继（监生）。娶张氏。四川乡试第三十七名，会试第一百七十一名。”

据《嘉靖十一年会试录》载：谭维于嘉靖十一年壬辰（1532）参加会试。“谭维，四川蓬溪县人，监生，《易》。”嘉靖十一年会试第一百七十一名。万历本《四川总志》记载了谭维延迟参加殿试的缘由：“（谭维）举嘉靖壬辰会试，以亲老不就廷对。后六年始举进士，授户部主事。”

嘉靖二十年辛丑科（1541）：谢东山、冯绶

《嘉靖二十年会试录》载：嘉靖二十年辛丑科会试，射洪县谢东山和遂宁县冯绶中贡士：“谢东山，四川射洪县人，监生，《诗》。”嘉靖二十年会试第一百五名。“冯绶，四川遂宁县人，监生，《春秋》。”嘉靖二十年会试第一百九十二名。

嘉靖二十年三月十五日辛丑科殿试，射洪县谢东山高中第二甲进士，为二甲第六名。《嘉靖二十年进士登科录》载：“谢东山，贯四川潼川州射洪县，民籍。国子生，治《诗经》。字少安。行七。年三十六，正月初五日生。曾祖文高；祖爱；父应宗，寿官。母张氏。严侍下。兄：恩光（监生）、恩深、赐、诏、良、臣（贡士）。娶覃氏，继娶王氏。四川乡试第三名，会试第一百五名。”

遂宁县冯绶中第三甲进士，列三甲第一百一十五名。《嘉靖二十年进士登科录》载：“冯绶，贯四川潼川州遂宁县，匠籍。国子生，治《春秋》。字以著。行二。年三十七，四月二十二日生。曾祖源广，知县；祖玠；父直之。母王氏，继母陈氏。慈侍下。兄：缨。弟：绅、绣、绌、缲、绢、缜、绂、缵、缙、缤、绾、绚、繻。娶赵氏，继娶王氏。四川乡试第三十九名，会试

第一百九十二名。”

嘉靖二十三年甲辰科（1544）：席上珍

《嘉靖二十三年会试录》载：嘉靖二十三年甲辰科会试，遂宁县中贡士二人：“席上珍，四川遂宁县人，监生，《春秋》。”嘉靖二十三年会试第二百七十三名。“徐承嗣，四川遂宁县人，监生，《礼记》。”嘉靖二十三年会试第三百五名。

嘉靖二十三年三月十五日甲辰科殿试，遂宁县席上珍中第三甲进士，列三甲第七十九名。《嘉靖二十三年进士登科录》载：“席上珍，贯四川潼川州遂宁县，民籍。国子生，治《春秋》。字聘之。行一。年三十五，十一月二十三日生。曾祖祖宪，封知县，□光禄大夫、柱国少保兼太子太保，礼部尚书；祖书，光禄大夫、柱国少保兼太子太保，礼部尚书，武英殿大学士，赠太傅，谥文襄；父中，尚宝司卿。母杨氏，赠宜人；继母杨氏，封宜人。具庆下。弟上贤、上宾、上儒、上卿、上士、上寿、上第、上相、上璧、上台、上应。娶赵氏。四川乡试第十九名，会试第二百七十三名。”

嘉靖二十六年丁未科（1547）：徐承嗣

嘉靖二十六年三月十五日丁未科殿试，遂宁县徐承嗣中第三甲进士，列三甲第五十一名。《嘉靖二十六年进士登科录》载：“徐承嗣，贯四川潼川州遂宁县，民籍。国子生，治《礼记》。字克敬。行三。年四十三，六月十九日生。曾祖纲，知府；祖大邦；父忠。母何氏。永感下。兄承宗、承祖，弟承顺、承宣、承教、承学、承颜。娶郭氏。四川乡试第二十二名，会试第三百五名。”

隆庆五年辛未科（1571）：王庭

隆庆五年三月十五日辛未科殿试，蓬溪县王庭中第三甲进士，列三甲第二十名。《隆庆五年进士登科录》载：“王庭，贯四川潼川州蓬溪县，民籍。国子生，治《易经》。字以觐。行一。年三十五，八月二十一日生。曾祖志广；祖溥，贡士；父峨。嫡母何氏，生母郭氏。慈侍下。娶张氏。四川乡试第四十六名，会试第三百六十二名。”据《嘉靖四十四年会试录》载：王庭于嘉靖四十四年乙丑科（1565）会试中贡士。“王庭，四川蓬溪县人，监生，

《易》。”

万历二十三年乙未科（1595）：方叔忠

《类姓登科考》载：“方叔忠，四川遂宁人，三甲。”雍正本《四川通志》卷三十四选举载：万历乙未科进士“方叔忠，遂宁县人，历主事”。亦载于《遂宁县志》《新修潼川府志》。查《明清进士题名碑录索引》，方叔忠中第三甲进士，列三甲第一百五十五名。

万历二十六年戊戌科（1598）：王之杰

万历二十六年戊戌科殿试，潼川州仅一人中进士，即遂宁县王之杰。王之杰中第三甲进士，列三甲第一百二十四名。《万历二十六年进士履历便览》载：“王之杰：曾祖朝；祖珞；父承业，庠生。念一，《诗》，五房。癸酉二月二日生。遂宁人。州□士一名，会二百名，三甲一百二四名。礼部登授□□□。”

万历三十五年丁未科（1607）：杨作楫

万历三十五年丁未科殿试，蓬溪县杨作楫中第三甲进士，列三甲第一百八十一名。《万历三十五年进士登科录》载：“杨作楫，贯四川潼川州蓬溪县，民籍。县学生，治《易经》。字梦符。行二。年二十六，十月十三日生。曾祖春翔；祖玙，训导；父其清。母杨氏，继母崔氏。重庆下。兄作舟。弟作楷、作梁、作楹、作栻。娶赵氏。四川乡试第六十二名，会试第一百四十一名。”

天启二年壬戌科（1622）：谭文化

《类姓登科考》载：“谭文化，四川蓬溪县人，三甲。”乾隆本《蓬溪县志》卷四选举表载，天启二年蓬溪进士“谭文化，壬戌科”。亦见于《新修潼川府志》卷十五选举志。查《明清进士题名碑录索引》，谭文化中第三甲进士，列三甲第一百六十六名。

天启五年乙丑科（1625）：张所养

《类姓登科考》载：“张所养，四川潼川州人，三甲。”然雍正本《四川通志》载天启乙丑科进士“张所养，遂宁县人”，详明张所养乃遂宁县人。嘉庆本《四川通志》卷一二四亦有同证。查《明清进士题名碑录索引》，张所养中第三甲进士，列三甲第一百九十三名。

崇祯元年戊辰科（1628）：吕大器

《类姓登科考》载："吕大器，四川遂宁县人，三甲。"雍正本《四川通志》卷三十四选举载，崇祯戊辰科进士"吕大器，遂宁县人，历兵部侍郎"。雍正本《四川通志》卷九人物载："吕大器，字东川，遂宁人。崇祯戊辰进士，初授行人。"亦见于《遂宁县志》《新修潼川府志》。查《明清进士题名碑录索引》，吕大器中第三甲进士，列三甲第二百七十名。同为南明重臣的史可法与吕大器为同科进士。

崇祯十六年癸未科（1643）：李实、吕潜

雍正本《四川通志》卷三十四选举载：崇祯十六年癸未科殿试，遂宁县李实和吕潜同中进士。查《明清进士题名碑录索引》，崇祯十六年癸未科殿试，李实与吕潜同中第三甲进士，分列三甲第一百三十三、二百八十七名。

【原载】《四川职业技术学院学报》2017年1期，与陈名扬合撰

明末唯识宗高僧高原明昱

明代佛教史的系统研究，向来乏人问津。治佛教史的专家，即使对明代佛教有所关注，亦往往集中于明末四大高僧，而对其他高僧大德却鲜有研究。西蜀高原明昱，系明末高僧、唯识大家，德行高古，著述丰赡，乃晚明唯识复兴运动中的关键人物，创立了贤首宗（兼慈恩宗）高原法系，法脉传承至今。然研究其人其事者不多，似乎已被人们遗忘。圣严法师《明末的唯识学者及其思想》云："高原明昱，此人事迹不详，但从被收于《卍续藏经》的八种他所写的唯识诠释书，知道他是明末专志于研究法相及弘扬唯识的人。"有鉴于此，今特将高原明昱生平、著述和法系，作一初探，以供学界参考。

一、高原明昱之生平

明昱，号高原，明代四川潼川州蓬溪县人，自称"西蜀沙门"。俗姓赵，始祖赵彦清，高祖赵法清，弟赵文清，侄赵承祥。道光本《蓬溪县志·仙释志》载："明昱，号高原，蓬溪人。万历时国师，撰《唯识论注解》一卷，并有《诗集》行世。今县东南明峰寺，有《灯田碑》，明昱撰，邑人张绍书。"

明世宗嘉靖中期（1543 年左右），明昱出生于西蜀蓬溪。古县蓬溪，左控川东，右襟涪水；后有白塔之雄峙，前有飞阁之凌云。地杰人灵，林泉清绝。早在一千多年前，美丽幽静的蓬山溪水就成了僧侣们云集之地。南北朝时，佛教传入蓬溪。古刹明真寺即兴建于南朝。《四川通志》和《蓬溪县志·祠庙》（康熙本）均载："明真寺，治南三十里，南北朝志公禅师招提也。"志公禅师即南朝齐、梁时僧人宝志（415—514），人称"志公"。据《高僧传》卷十载：志公俗姓朱，甘肃兰州人，出家为僧，言行神异。齐武帝、梁武帝视之为“神僧”。蓬溪明真寺即是他住持过的招提（寺院）之一。旧《志》云：“蓬邑山岩灵秀，涧泽盘曲，昔人每多修炼于此，至今香林古刹，灿然犹新。”自南北朝佛教传入县境，历唐、宋、元、明、清一千余载，蓬溪境内佛刹相望，寺庙林立，有“邑中名山僧占尽”之说。据《蓬溪县志》（乾隆本）统计：县境佛寺约一百六十余座，僧侣数以千计。苍苍古寺映林峦，山路逢人半是僧。在众多僧人中，有的静侍于古佛青灯前，潜心佛学；有的穿梭于阡陌街衢中，鼓琴作画；有的满腹诗书文章学问，是披着袈裟的诗人、学者。禅堂上，师徒临机不让，棒喝交加；青峰下，名僧指天笑月，谈笑多味。

明昱生长于佛教文化根底深厚的蓬溪县，酷爱佛教，成人后萌发出尘之想，后来在父母支持下，二十六岁的明昱剃度出家，成为一名僧人。《锦江禅灯》卷二十载：“辅慈沙门高原昱，蓬溪人，廿岁犹粥粥然，似无能者。偶，友人激曰：‘终南山多异人，可往扣焉。’师至终南，寓窥基法师遗址，果值异人，授以《唯识论》，淬砺九载。”

明神宗万历十八年（1590），高原明昱至京师，结识翰林王肯堂，探讨唯识学。《锦江禅灯》卷二十载：“后抵燕都，值肯堂王公论唯识义。师曰：‘大觉湛然，识于何生？佛智历然，识向何灭？若执唯识真实有者，遮唯识也。如是则天亲不得已以有颂，护法等不得已以有论。’”

万历二十五年，高原明昱离开京城，到吴越弘法。万历二十六年，明昱至常熟。在破山寺，结识诸生钱谦益。后来，钱谦益在《重建青莲寺碑》中回忆说：“余为诸生，晤昱公于海虞之破山寺，广颡丰颐，具大人相，私心严事之。及观其诠释相宗诸典，钩贯义学，摘抉遁隐，诸方推服，咸以为今之教魁也。”

万历三十九年春，高原明昱到浙江杭州，持锡南屏。是年秋，完成《成唯识论俗诠》并刻印行世。此书是明代第一部《成唯识论》注解，价值颇大。《锦江禅灯》卷二十载：“师于万历辛亥（1611）挂搭于江宁南屏，不得已操觚诠注，务显永明宗镜。摄性相以双圆，弥勒阐宗；依一真而摹相，心空识空。则三十为缀，识灭论灭，即九大焉依。本如吴公，见以助喜，即捐金寿梓。”

万历四十三年，高原明昱大师由江浙回归故里，从南京请回一部《大藏经》，在家乡蓬溪县东南一百二十里之天池山顶建藏经阁，并重建青莲寺，将该寺由天池山下移到山顶。寺成，明昱大师请明末文坛领袖钱谦益撰写了

《重建青莲寺碑》（载《初学集》卷四十二），略云："高原法师昱公自蜀之蓬溪，不远数千里，遣其上首弟子真禅遗书谦益曰：县治东南一百二十里，曰天池之山，其下有青莲寺，唐武德中玄奘大师西逾剑阁，住锡于此。池生青莲，寺因以名。万历九年（1581），劚地得碑，知其缘起者昱也。""公生于剑外，长于兹山，皆奘师过化之地。断碑泐石，闷藏已久，而涌现于千载之后。其卒能远绍慈恩之绪，殆非偶然者。"

明昱大师曾任蓬溪县崇因寺（今大英县隆盛镇崇英村和尚湾崇音寺）住持。光绪二十三年《新修潼川府志》卷六《舆地志六·寺观·蓬溪县》载："崇因寺，在县西一百五十里。元时建，明景泰年重修，万历十六年续修。明黄若榛有《记》。"载乾隆本《蓬溪县志·寺观》，题作《重修崇因寺记》：

赤城有崇因院者，古刹也。形当蟠龙之阳，山谷拱翠，涧溪萦回，秀绝诸峰。始自元至正间，厥初，梵宇草创，加以兵燹之余，迹渐荡矣。至景泰间，有僧悟空，誓心宏拓，募诸檀越，兴废重新，完旧补缺。钟鱼之声复振，颓圮满目焕然矣。维时工未尽展，悟空告老，常叹而语众曰："凡吾所建，不过增前之一二，梵中未结缘者尚夥，惜吾不能毕事，是在后僧善继之耳！"未几空寂，派传六世，山林寥落，无复有起而鸣之者。兹住持僧性天，自披剃时有志相继，常愿丕振宗风，期承师祖之续。数十年间，苦自节励，储粮峙积，鸠工聚材，一切旃檀之家，毫无所假，悉出己资以为公费。先是平堂宝殿，日久倾颓，重修绀宫，远望巍峨。山门内塑以天王四尊，殿之旁列以龙神诸像，沿台上下左右悉用砲砌。殿前崇以高台四层，台之下等以梯道六座。凡入宝刹者，瞻其龙章凤彩，匪不夺目心豁。又虑寺之经帙散遗，捐资而请之金陵，首购《华严宝经》一部、《梁武大忏》一堂，藏之函笥，以为法轮永镇，纲目毕举，巨细兼成，其于悟空之志未就者，成就之矣。厥成劳哉！夫山之名也以仙，水之名以龙，寺之名以僧。若性天远续悟空之衣钵，不失兰若之渊源，名宗一坊，声闻诸众，非僧之劳而克继者耶？兹不识之，其何以阐扬于将来也。是为记。

崇祯二年（1629），高原明昱为蓬溪县明峰寺建碑。道光本《蓬溪县志·寺观》载："明峰寺，县东南一百七十里白云山，宋庆历年建，有崇祯二年僧明昱碑。"不久，高原明昱大师于青莲寺安详圆寂，世寿九十。《锦江禅灯》卷二十载："师回蓬溪青莲寺示寂焉，骨椂白如雪，坚石硬如钢，塔于本寺之蕊峰。世寿九十，坐六十四夏。”《潼川府志》《蓬溪县志》《锦江禅灯》《巴蜀禅灯录》《佛光大辞典》有传。

二、高原明昱之著述

高原明昱学识渊深，虽是贤首宗人，却号“辅慈沙门”，以中兴慈恩宗为己任，是晚明唯识复兴运动中的关键人物。著述甚丰，计有《成唯识论俗诠》十卷、《相宗八要解》八卷、《明昱诗集》一卷，逾三十万字，前两种已收入日本京都藏经书院编《卍新纂续藏经》中。

（一）《成唯识论俗诠》十卷

《成唯识论》是我国唯识宗立宗的主要理论依据，以《唯识三十颂》为主线，由唐代著名高僧玄奘法师糅合印度十大论师的诠释编译而成，最能体现法相唯识学派的基本思想。万历时，明昱应王肯堂之请，将讲解、诠释《成唯识论》集录而成《成唯识论俗诠》十卷，今收入日本京都藏经书院编《卍新纂续藏经》第50册。

顾起元《成唯识论俗诠序》云：

慈恩所译《大乘经论》六百五十七部，如《大般若》《楞迦》等经，其文多远畅流便，读之无钩棘喉吻者。独《成唯识论》以百卷之梵文，蕞为十卷，辞约意丰，曲折要妙，读者即钻厉岁月，研味字句，如乍入回溪复径中，第见窈窕柴池之形，猝未遽了，细心寻而蹑之，迄不能遽谙其处也。前代耆旧多所紬绎，疏抄而外，实繁有人。乃义学寖微，遗文坠典，泯而不出。尝举以质之导师，深以为憾。今何幸有高原昱公，开此线径，使人人涉羊肠之诘曲须履康庄哉！公起自潼川，挂锡吴越，清跱绝俗，灵悟鲜伦，三藏圣文诠解略遍。至其一往，破的导滞阐幽。即使迦叶复生，当亦为之破颜微笑矣。曰以宇泰先生之请，诠释此论。批郤导窾，曲畅旁通，开卷粲然，了无疑滞。天亲护法之颂论，得慈恩而梵夹始通；慈恩之译，得高原而真文逾显。岂非识海之津涉、知藏之键钤也与？或谓公之所诠，启牖圣文，得未曾有。何以云俗？余谓：真人相遇，目击道存，何烦言说。以真人听真文，声入心通矣，又何烦注解？一切文字建立分疏，总为俗间设耳！三藏十二部皆诠俗也。非诠真也，知有诠之，皆俗即了真，诠能回俗而依真，不昧俗诠矣。公顷住法华庵，谓余夙好此书，出以相示。余为之大快，因书所赞叹者，附诸末简。若唯识之意，颂论与公之诠具在者，求之有如显处视月水中择乳者，何俟为性相二宗立调人而平生互诤者哉？万历癸丑秋日江宁宝林居士顾起元和南书。

王肯堂《成唯识论俗诠序》云：

《成唯识论》是奘大师最后糅译，囊括诸论，渊涵义海，融畅奥博，无与为俦。自基师以来，有疏有钞。疏钞之外，又有《掌中枢要》《唯识镜》等诸著述，不知何缘不入藏中。宋南渡后，禅宗盛极，空谈者多，实践者少，排摈义学，轻蔑相宗，前举诸典渐以散失。然《开蒙》之作，出于元人。尔时慈恩疏钞似犹在也。余始闻唯识宗旨于紫柏大师，授以此论，命之熟究，茫无入处。求古疏钞，已不可得。后阅《开蒙》，及检宗镜华严疏钞，遇谈此论处，辄录之简端，于是渐有一隙之明。继闻巢松缘督诸师，留神此论。结侣焦山，博究大藏，将为解释，亟移书招之。二师各出其所标点之本，互相印证，余是以有正讹标义之刻。于是四方学者，始以此论为可究。而求刻本者，源源来矣。然阙疑尚多，意犹未惬。闻王太古言，相宗之精，无如高原法师者。观所缘缘论释，曾不可以句。而师释之如指诸掌，则其他可知也。时东禅无主，余遂虚席以延师。师鉴余诚，率其徒至。余因嘱以略释此论，承承首肯。不逾年而《俗诠》稿成。余因是有《证义》之作。丙午夏，余蒙恩起官南曹，师亦来开讲此论于鹫峰寺。学者千众，莫不耸听，得未曾有。己酉夏，师又开讲于瓦官寺。时闻台山师子窝澄法师曾解此论，欲往参访，余固止之。师不可，冒暑北迈。是年冬，余亦以考绩入朝。无何师亦至，寓北阙下之龙华寺。又受弥勒庵请，为诸方讲演此论，法席甚盛。而余南还矣。明年夏，既访澄师，不契而南，余亦从南宫乞假归田间，师辞余为武林游。又明年而余始病。病中闻师讲演此论于净慈之宗镜堂，余且惊且喜，时且濒死，不及与师相闻。即师有书来，不能答也。又明年夏，而师以《俗诠》新刻，来澄余序矣。病甚，不能即副师指，初秋始少间，而后盥手发函读之。嘻！师之为是也难哉。基师以来，承授有自，其为疏钞，述而不作。而师以无师智，寻影略之文，绎深微之旨，一难也。凡预讲筵，孰不蹙頞相宗，诧为绝学，而师无所因袭，缔构会释，如作家报，二难也。巢松诸师以三四人之心目，结三年期，考究此论，然余翻阅其本，止前二卷有所标录，余并缺略。而师以一人之力，不逾年而成，三难也。因丘陵者易为高，因川泽者易为卑，古疏钞已亡矣。后之学此论者，即他有所师承，可忘师缔构之劳哉。巢松之俗，一雨法师集解此论，刻已垂就。余之《证义》，亦且灾木矣。不妨为《俗诠》左辅右弼，师其许之否乎？时万历壬子秋七月朔旦金坛念西居士王肯堂力疾书。

金云鹏《成唯识论俗诠序》云：

己酉秋，予会师于清源舟中，相对终日，结世外交。已而写《般若经》一卷而别。嗣后，予既南还，师亦往五台山，参礼文殊大士。踪迹茫茫，越四裘葛矣。今年春，负笈湖上，觅静室于南屏僧舍。行至禅堂，履未及户，而遥见是师也。予固识师，师亦识予，两人相视，喜出望外。顷之，出所诠唯识论示予。是日，师登法座，宣扬妙论，贤愚赞叹，得未曾有，诚禅门之津筏而末学之指南哉！予不敏，乌知奥义？姑就今之识师者，粗陈其解，则神识在心，人人自具。盖识为现量，随心应用，如镜光普照，胡汉俱现。故曰：三界唯心，万法唯识。三藏十二部无非为此识而设，借令强识归心，摄心附识，前见非今见矣。而何前之识师者，不改于今，今见非前见矣。而何今之识师者，仍同于前。心既不增，识亦不减。识师于清源，与识师于今日无以异。以至会后复别，别后复会，识师于异日，与识师于今日亦无以异。即心是识，即识是心。心识不二，一体互融。凡有言说，皆成戏论，则虽谓师之不必诠不必讲可也，虽然此亦谓利根上乘言耳。凡夫含藏其识，终日迷于尘网中，不得善知识一发其覆，则以遍计为性，不以圆成实性为性，逗出逗没而不觉。所谓琴瑟箜篌虽有妙音，不得妙指，终不能发。故必待语言文字，以证本来。则师虽诠之讲之，而予听之，亦可也，何戏论之非实论也。云间金云鹏撰。

明昱《成唯识论俗诠叙》云：

原夫三界唯心，师心乘时应物。万法唯识，因识触妄迷真。是识是心，识海澄而心水静。即真即妄，真源寂而妄波宁。心德既均，语默行藏成化。识情有异，禅律性相分宗。随机之别，至圣善巧于名言。入道之通，此方独利于声教。是以诸佛菩萨，肇世兴缘，贵在语而不在默也。盖补处慈尊，祖于深密。说十七地经，亲授无着。而无着昆仲相承，天亲约为三十颂。颂词虽略，理贯瑜伽。故始破我法二执，次明能变三名。唯一颂半，大义了然罄矣，况三十颂耶？第缘义丰文俭，披者易于记诵，难于解释，故护法等，衍颂造论。间有成净唯识两名出，而译师讳净标成者，以相见自证和合，成立唯识故也。唯遮境有，识简心空。较言指归，审明要会，故总命名《成唯识论》焉。良由凡小妄执，圣者立宗。顾片言只字，遏竞者之横流；半偈全机，起当人之正信。至于分徽漫演，抑谬扬真。引事发明，盘根究短。延促之机，足征神颖。复明诸识随缘，有喻涛奔浪敛。法喻两陈，令人易晓。更兴五种问答，执辩风驰。成立宗因，精研相性。导引多方，终归唯识。渐亡百计，始悟玄猷。即彰五位，使知趋进。创修六度，积为资粮。次运四心，通为加行。刹那见道，分别二障顿除；历劫修因，俱生无明渐伏。断十重障，证十真如。因尽果圆，名为究竟。然颂论之作，广约随机。会理因言，岂容默也。愚昔乍寻兹义，文堕龃龉，旨更依违，展转数行，如重九译。由是竭思群经，穷研众论，支颐瞪目，振逸忘劳，更讯大方，渐通线径。岁癸卯，金沙念西居士王太史召住东禅。《书》云："《成唯识论》慨其古疏已亡，玄宗几绝。拼师数载之劳，释明梗概，务令简显，以晓后人。惟师以弘化为心，当弗吝余所请也。"因而随讲随录，漫集垂成，未及就绪。今春持锡南屏，学者偶集，更属诸大檀那，同时劝宣。及秋，乃竟其帙，即索稿梓行。第愧见无超卓，词多蹇涩，题云俗诠也者，非谓折扬皇华便乎里耳。脱以郢雪为求，则本论斯在。万历岁次辛亥仲秋二日西蜀辅慈沙门明昱书于南屏松寿堂。

此外还有双如居士游士任（明末将领，东林党人，曾任长兴知县、广西道御史；天启年间受登莱巡抚袁可立提携，为招兵御史，参与辽战）、浮渡居士吴用先（字体中，号余庵，安徽桐城人，进士，官浙江布政使，升都御史巡抚四川、工部侍郎、蓟辽总督）、寓庸居士黄汝亨（1558—1626，字贞父，钱塘人，进士，官至江西布政司参议，晚明著名小品文作家，善书）、钱塘葛寅亮（字冰鉴，钱塘人，进士，曾主持南京祠部，编著有《金陵梵刹志》）、秦舜友（字心卿，号冰玉，安徽宣城人，徙钱塘，摹右军书、右丞王维诗意，绘钱塘景，人无出其右者）等名公巨卿撰序或题跋。

《俗诠》文约义丰，理明词达，成为唯识入门之要书。后来，明昱弟子明善、慧善又对《成唯识论俗诠》进行了疏解，撰《成唯识论随注》一书，有民国八年（1919）石印本。

（二）《相宗八要解》八卷

唯识宗在中国传了三四传之后，基本湮没无闻。后于明朝有过短暂复兴，沙门雪浪从《大藏经》中录出八种唯识典籍，编为《相宗八要》，以此作为修习相宗之阶梯。随后明昱为其作注，撰成《相宗八要解》，代表了明昱对唯识学的研究成果。此书先单行，万历四十年（1612）始合刻流通。圣行《叙高原大师相宗八要解》云：

始余晤西蜀高原大师于虎林净慈寺，抵掌而谈，大畅唯识宗旨。因阅其所解《相宗八要》中《因明入正理论》一二种，余甚心契，业已为序梓行之。今《八要解》全帙刻成，复问序于余。余因忆昔白下雪浪恩公演说宗教，特从《大藏》中录八种示人，以为习相宗者之阶梯，是谓《相宗八要》。至于解义云何，盖是书原出两土之作。菩萨祖师渊源既远，翻译著述文义尤深。且若论若颂若释称说种种不同，或于作者之旨不无余蕴，或于学者之衷偶有疑端，至有文词稍碍而未圆、注疏尚略而未备者。大师有忧之，是故欲其释疑开悟，言不妨赘也；欲其明理了彻，意不妨约也。有《会释》《释记》而义无不剖，有《通关》《直疏》而辞无不畅，有《义钞》《证义》而益发其所未发，尽证其所未证。繇是令习学相宗者，一披览焉。不待颥探，而文粲然，而义跃然。此大师嘉惠后学之意，良非浅鲜。即起雪浪而示之，能不首肯乎？余又念在昔天竺国诸菩萨，往往造论通经，发挥唯识宗旨，以破邪外。而大师以一人之笔，阐扬两土之书，乌知非天亲菩萨等化身重宣此义也哉！是为序。万历壬子腊八日玉溪菩提庵圣行和南书。

《相宗八要解》含《百法明门论赘言》一卷、《唯识三十论约意》一卷、《观所缘缘论会释》一卷、《六离合释法式通关》一卷、《观所缘缘论释记》一卷、《因明入正理论直疏》一卷、《三支比量义钞》一卷、《八识规矩补注证义》一卷，有清光绪二十八年（1902）金陵刻经处刻本，共一函三册。

（三）《明昱诗集》一卷

明昱工诗文，撰《明昱诗集》一卷。光绪本《新修潼川府志》卷十六《经籍志·集部》载："《明昱诗集》，蓬溪释明昱撰。"民国本《蓬溪近志·艺文》载："《明昱诗集》，释明昱著，前志佚，今补。"

道光本《蓬溪县志·寺观》载：蓬溪县东南一百七十里白云山明峰寺，宋庆历年间（1041—1048）建，明成化元年（1465）重修，有明崇祯二年（1629）立《灯田碑》，为明昱生前所撰。

三、高原明昱之法系

贤首宗因以《华严经》为根本典籍，又名华严宗；因实际创始人法藏号贤首，称贤首宗；该宗以发挥“法界缘起”为宗旨，故又称法界宗。高原明昱为贤首宗兼慈恩宗高僧，创有高原法系。

高原法系从明末至今，已传至十八世海云继梦。海云继梦法师，1950年生于台湾宜兰县，俗姓陈，名鹤山，法名昌一，号继梦，为台湾大华严寺导师、国际华严学会会长。2008年9月21日，正式接下法脉传承衣钵，成为高原法系第十八世祖师。

现根据现代学者周叔迦《中国佛学史第一编》（1930年辅仁大学讲义）和台北大华严寺“无尽藏灯”付法会编《贤首宗付法师资记》，将高原法系胪列如下。

（一）贤首宗高原法系诸祖世系表

第一世：贤首菩萨法藏大师；第二世：华严菩萨清凉澄观大师；第三世：圭峰宗密大师；第四世：妙圆传奥；第五世：开明普朗；第六世：圆显法现；第七世：长水子璇；第八世：晋水净源；第九世：神鉴希冲；第十世：道鸣妙观；第十一世：玉峰师会；第十二世：性空悟心；第十三世：竹坡普悟；第十四世：方山圆介；第十五世：珍林慧琼；第十六世：南山真萃；第十七世：独芳兰公；第十八世：德严净行；第十九世：能仁一清；第二十世：玉峰永琮；第二十一世：石庵德；第二十二世：南中定兴；第二十三世：虎丘清公；第二十四世：汾阳清远；第二十五世：高原明昱（自此兼慈恩宗法系）。

（二）贤首兼慈恩宗高原法系世系表

第一世：高原明昱；第二世：御生明善；第三世：乐修慧善；第四世：心珠海贵；第五世：若水超善；第六世：怀一庆余；第七世：复初；第八世：失考；第九世：失考；第十世：失考；第十一世：失考；第十二世：失考；第十三世：达远；第十四世：悟玢宝山；第十五世：灵岩鹫峰；第十六世：思元慧三；第十七世：敬缘钦因；第十八世：海云继梦。

《贤首宗付法师资记》载：高原法系至清末民初，法系传到思元慧三（宛平人，俗姓霍，1901－1986）。慧三长期担任北京广善寺住持，1948年至台湾，后传法于弟子敬缘钦因（北京人，俗名阎凤麟，1928年生）。2008年9月21日，台北草堂山大华严寺举行“传贤首兼慈恩宗法脉大典”，钦因又传法于海云继梦。

高原明昱大师影响深远，在其圆寂三百年后，蓬溪县文井镇新林黑堡堰村又诞生了一位唯识高僧惟贤法师（1920—2013），曾任中国佛教协会咨议委员会主席、重庆市佛教协会会长、重庆市佛学院院长，被誉为“当代唯识泰斗、人间佛教领袖”。可见唯识宗在蜀中蓬溪源远流长。

【原载】《赤城春秋》，中国文联出版社 2013 年出版

明代遂宁吕氏家族诗人

遂宁据涪水之上游，乃东川之都会，土地肥沃，人物阜繁，风俗醇美，为全蜀之冠。正如清代学者孙海在光绪本《遂宁县志序》中云："遂宁为东川名邦，唐宋以前，远不论矣。有明之席氏、吕氏、黄氏，国朝之李氏、张氏，皆以文章经济，焜耀宇内，为江山生色。"由此可见，席氏、黄氏、吕氏、李氏、张氏，为明清两代遂宁地区涌现出来的具有全国影响的五大文化世家。

遂宁吕氏家族是一个在明代享有盛誉的政治、文化世家，该家族世居遂宁北坝（今遂宁市船山区北固）。耕读传家，诗书继世。到明朝末年，诞生了兵部尚书兼武英殿大学士吕大器、著名书画家吕潜，从而使吕氏家族走上了鼎盛时期。人文蔚起，科甲蝉联，文章经济，甲于西川。

一、吕大器

吕大器（1598—1650），字俨若，号东川，四川遂宁县（今遂宁市船山区）北坝人。晚明重臣。吕大器于崇祯元年（1628）考中进士，为官清廉，嫉恶如仇。崇祯十年，告假居家，张献忠分兵袭攻遂宁，吕大器协助县令抵抗之。崇祯十四年升任右佥都御史，巡抚甘肃。揭露总兵柴时华的不法行为，柴时华被去职，竟引乌斯藏蕃军来犯。吕大器令王世宠征讨，柴时华战败，自焚而死。崇祯十七年李自成攻陷北京，吕大器奔南京，与钱谦益等主张拥立潞王朱常淓，未果。累官至南京兵部右侍郎，因为弹劾马士英而罢官，清顺治二年（1645），明宗室唐王朱聿键召吕大器为兵部尚书兼东阁大学士。汀州失守，吕大器奔广东。后与广西巡抚瞿式耜等拥立永明王（桂王）朱由榔，即位于广东肇庆。吕大器尽督西南诸军。顺治五年（1648），以大学士督师征讨朱容藩。永历三年（1649）冬，永历帝诏晋吕大器武英殿大学士，令赴行在。永历四年春，大器行至都匀府独山州，病革，草遗疏数纸后逝世，年53岁。谥“文肃”。归葬遂宁磨溪，旋迁葬遂宁北郊嘉禾桥。遂宁城内小西街有吕大器故居。《明史》卷二七九有传。

吕大器著有《东川诗草》《次梅集》《塞上草》《东川文集》《抚甘督楚疏稿》等。他不仅是一位卓越的政治家、军事家，亦是一位著名的诗人。他的诗歌悲凉豪宕，尤以边塞诗、军旅诗称雄于世，山河沦陷之感时托于笔端，世人称其诗作“笔老情深”。王士祯评云：“诗多横槊之气，时露粗服，然秀拔坚深，终是唐人格调，不取宋元以下蹊径。”舒云逵《读吕大器诗集后》云：“鼎湖龙去渺难攀，身督诸军戎马间。一代杀机生末运，满腔忠愤写时艰。盾头墨迹寒生袖，画角声悲月满山。继世尚存家法在，清风亮节出人寰。”《剑阁芳华集》《遂宁县志》等录有吕大器诗作。

崇祯十四年（1641），吕大器任甘肃巡抚时，甘肃地区总兵柴时华勾结吐鲁番地区少数民族上层作乱，吕大器出兵平定叛乱。《雪山》云：“光摇旌旆五凉平，天外群峰玉削成。瀚海欲空青见月，焉支未染白如琼。飞鸿已度长城窟，勒马还歌出塞行。朱夏重裘犹不解，崆峒倚剑自峥嵘。”雪山，即甘肃祁连山。这是一首平叛胜利后的抒情诗，写作者平叛归来一路所见的景象。首句写他回师路上旌旗招展，光彩耀目，气概不凡。下句用夸张和比喻，形象地写出了雪山高峻和山上的积雪。颔联写行军到大沙漠、燕支山一带，描绘出了月光下沙漠的清朗、空旷与雄浑，以及在白雪笼罩下燕支山琼玉一般的美丽，亦表现了边地的荒凉与严寒。颈联以南飞的雁阵，暗喻自己的军马由西北向东南，度过长城。但仍未忘记塞外的战斗生活，因此“勒马还歌出塞行”。尾联上句点明时在夏季，仍然“重裘犹不解”，更衬托出边地气候的凉冷。下句以崆峒山象征国防力量的强大。边塞诗向以描写奇伟壮丽的塞外景色著称，此诗就极具代表性。更为值得称道的是，诗的字里行间始终流动着一种戍边报国的阳刚之气，与塞外雪山奇景互相映衬，给人以豪情四溢之感。

《昭化县》云：“不堪百战后，寥落两三家。白骨堆荒阜，青磷乱晚霞。高城行鸟雀，古庙困蒹葭。群盗中原遍，愁心未有涯。”昭化县，即今四川省广元市昭化区。此诗写明末清初数十年战乱给蜀中来带的残破景象。偌大一个昭化县，只有孤零零的两三户人家。几乎所有人都死了，他们的白骨抛露荒冈，黄昏还没到，鬼火就开始闪烁。高城上行走的应该是兵卒，现在却只有鸟雀在上面。蒹葭野草吸足了腐尸的营养疯狂地生长，把古庙紧紧围困。没有任何遮掩，一切都根据双眼所见直笔而书；尾联把作者自己的感情心态和盘托出。家国之悲、民生之苦，足以感鬼神、泣风雨；笔力遒劲，沉痛悲壮。正如李调元《蜀雅》中云："音旨俱极凄壮，逼似少陵。"

二、吕潜

吕潜（1621—1706），吕大器长子，字孔昭，号半隐、耘叟，晚号石山农、石山居士。明崇祯十六年（1643），吕潜考中进士，官行人，授太常博士。崇祯十七年，李自成攻陷北京，吕大器奔南京，以弹劾马士英去官，入广东。吕潜奉母亲寓居浙江湖州府吴兴县桑苎村，复流寓扬州府泰州海陵。不久，吕潜闻父吕大器病逝都匀，继而又遭母丧。身逢乱世，尝尽人世间琐尾之苦。因蜀道险远，逢滇黔之乱，实难归葬双亲，往来湖州扬州间达四十多年。清康熙二十四年（1685），吕潜归蜀，扶父母灵柩归葬故乡。吕潜离开蜀中之时，生女方五月；返回遂宁时，女儿已经四十六岁。吕潜见其女，写诗记事，有"牵衣惊老大，掩涕述流离"之句。自此闲居遂宁，从事稼圃，购小楼三楹，题曰"课耕楼"，徜徉山水，过着隐忍清贫的遗民生活，以诗书画娱老，时称"诗书画三绝"。卒葬遂宁枣子坪，享年八十六岁。吕潜之子吕其棣，字慎操，康熙四十一年（1702）举人，官西宁（今青海西宁市）知县。

吕潜生平事迹载《明诗综》《明名人传》《明诗纪事》《清诗纪事》《清画家史诗》《国朝画识》《国朝画征录》《明人小传》《国朝耆献类征》《诗观二集》《明遗民诗》《渔洋诗话》《感旧集》《四川通志》《扬州府志》《遂宁县志》《中国美术家人名辞典》《四川历代文化名人辞典》《四川通史》《巴蜀文学史》《巴蜀文化大典》等文献。胡传淮编选《吕潜诗选》，可供参考。

吕潜今存诗集三种，即《怀归草堂诗集》《守闲堂诗集》和《课耕楼诗集》。《怀归草堂诗集》收录吕潜从清代顺治元年（1644）至康熙十二年（1673）寓居浙江吴兴之时所撰诗作。因吕潜志在松楸，旧居署名为"怀归草堂"，故诗集亦以"怀归草堂"命名。此集共收录诗歌一百七十余首，前有清代扬州隐逸诗人陆廷抡序，吕潜之弟吕泌跋。《守闲堂诗集》是吕潜从康熙十三年到康熙二十四年之间客居江苏广陵、海陵之时所撰诗作。盖吕潜之甥、户部侍郎李仙根赠其寓所，名为"守闲堂"，诗集以此命名，收录诗作约一百六十首。《课耕楼诗集》为吕潜于康熙二十五年（1686）回遂宁之后在家乡所撰诗歌。盖吕潜故居名为“课耕楼”，故诗集以之命名。约收录诗作八十首，前有清代遂宁文人雷珽序。吕潜诗集，有康熙时吕泌刻本、清光绪十五年（1889）欧阳绍重刻本、民国二十四年（1935）成都沈氏刻本等。

吕潜一生交游颇广，足迹半人寰。从他的诗作中，可知其到过今河北、河南、山西、江苏、浙江、江西、湖北、重庆、贵州等省市。在这些地方，吕潜均撰有诗作。吕潜还与当时著名诗人、文士，如吴伟业、龚贤、费密、唐甄、孔尚任、张鹏翮、王石谷、李仙根、王新命、毛奇龄等，唱和频繁。

吕潜隐居浙江吴兴（今湖州）三十年、江苏扬州十年，在江浙一带客居达四十多年。于康熙二十四年回遂宁后，生活了二十多年。然后受其弟吕泌之邀，又到河南叶县寓居数年。吕潜目睹了明末清初改朝换代的大战乱和下层百姓之疾苦，选择了不同清代统治者合作的态度，走上了隐居的道路，成为一位可与陶潜、王维媲美的一代隐逸诗人、书画家。正如清初诗人陆廷抡《怀归草堂诗集序》所云：“语云‘诗必穷而后工’，顾世人之穷，只在一身；若先生之穷，则在于世道变迁、君父死生存殁之大。故其穷有百倍于世人者，故其诗之工，亦百倍于世人。今读《怀归》《守闲》两集，一若少陵浣花之篇、摩诘辋川之什，杂陈于前而不能辨其孰优孰劣也。”其弟吕泌《跋》云：“五十年间时序之迁流、友朋之聚散、山川之阅历，展卷追忆，了然在目。”

吕潜学识渊博，诗风淡雅，语言清新，在中国文学史上占有光辉一页。吕潜诗歌现存四百余首，内容广泛，题材多样。主要有山水田园诗、怀古述志诗、题画咏物诗、行旅抒情诗等。明清鼎革，中原板荡，沧桑巨变，激发了民族矛盾，唤起了吕潜的创作才情。他在风刀霜剑的险恶环境中栖身草野，以歌吟寄其幽隐郁结、枕戈泣血之志。他在政治上不愿向新朝低头，在艺术上亦独力不阿。亡国之痛、破家之哀、故国之思、民命之悲、英杰之吊、时命之嗟、友朋之慰、山园之憩，使其诗作具有凄楚蕴藉、血泪飘萧的悲歌色调。

吕潜隐居江南，流连山水，寄情怡性。其诗集中，山水诗约占一半。究其原因，遗民们普遍认为，故国虽亡，但故国之江山并未与之俱亡，“江山”依然“如故”。用山水诗来存故国江山之真面目，是吕潜专注从事山水诗创作的根本动因。吕潜既是诗人，又是书画大师，故其作品中，诗中有画，画中有诗，如《早过钓台》云：“九十九峰梵云间，涪江亦有富春山。来年准别先生去，归钓故居明月湾。”《题画》云：“结茅当涧口，竹径野烟迷。夜雨山中足，流来花满溪。”题《山水轴》云：“水树迷离白鹭飘，风萧萧处雨萧萧。田家酒熟村沽少，尽日无人渡板桥。”行书轴题诗云：“琴柳丝丝拂钓舟，溶溶水面一群鸥。不知谁在茆堂坐，坐看青山到白头。”当代国画大师张大千亦十分推崇吕半隐之山水题画诗，常以半隐诗意作画。如 1979 年作《风雨片帆》图，款书：“谁将折柬远招呼，长短相思无日无。挈取酒瓢诗卷去，一帆风雨过姑苏。爰翁子夜不寐，忆写吾蜀吕半隐先生诗破闷。”1981 年作《秋水闲钓图》，款书：“闲钓溪鱼鱼满串，旋沽郫酒酒盈尊。归来记得挂船处，秋水斜阳树一根。辛酉六月二十六日，吾乡吕半隐先生句意，八十三叟爰。”张大千用吕潜的诗题画，诗画合一，意境契合，令人叫绝。

吕潜身处江南，背井离乡数十年，故其诗中多亡国之痛与思乡之愁。《江望》云：“横江阁外数帆樯，立尽西风两鬓霜。只有乡心不东去，早随烟月上瞿塘。”清代学者欧阳绍在《重刊吕半隐先生诗集序》中云：“国朝渔洋山人尝采其《江望》一首入《诗话》中，并胪之《感旧集》，其为时流倾倒若此。”清卓尔堪选辑《遗民诗》、近人张其淦撰《明代千遗民诗咏》、今人钱仲联主编《清诗纪事·明遗民卷》等，皆选入《江望》一诗。现代美术大师黄宾虹跋吕潜《山水图》轴云：“王渔洋《感旧集》辑吕半隐先生《江望》一首入《诗话》，其推重如此。先生文章气节，彪炳宇宙，顾不独以诗画名，而得其寸缣零楮者，已不啻璜璧。”可见该诗是吕潜怀乡遣愁的代表作。

吕潜词作不多见，从近人叶恭绰编《全清词钞》中可窥一斑：“溪花汀树，点染成佳趣。漠漠红尘门外路，一任闲云来去。凫鹭占断清泉，鹧鸪啼破苍烟。莫问秦宫汉馆，从君散发江边。”（《清平乐·题顾临刊春江草堂图》）

清代著名文学家梁清标《扬州慢·寄酬吕半隐同年》云：“廿载游踪，今来河朔，共君咫尺天涯。有中山名酒，好醉赵城花。回首望、乡关万里，萍浮一叶，蹑屐官衙。问玄亭奇字，当传谁是侯芭。　苕溪寄迹，梦扬州、又泛仙槎。想邗上风流，海陵烟月，依旧繁华。为我蜀笺写句，图画里、犹带烟霞。看文成五岳，每怜王粲无家。”清代著名画家、扬州八怪之一高翔《题吕半隐山水》云：“桥头浅水漱芦根，云净天空月坠痕。更有一番堪画处，秋来红叶打柴门。”清代末年，蜀中学者范溶撰《论蜀诗绝句》（载《蜀秀集》卷八），评吕潜诗歌曰：“桂水漓江满目秋，瞿塘烟月几行舟。西风立尽乡心冷，自写湘累万古愁。”

历史常常会暂时无视一些真正的大家；当然，历史也会抛弃一些经不住时间考验的暂时大家。吕潜，隐者的低语，暮色中盛开的花朵。在江南、在蜀中，找不到他的一点痕迹。他像一个影子，再也没有什么给我们留下。但是，他不愧是一位真正的大家！

三、吕泌

吕泌，又名柳文，字长在，号旂山，一作旗山，吕潜三弟，康熙二年（1663）举人。寓居江南，与遗民诗人交往频仍。康熙二十六年三月，吕泌在扬州与著名诗人孔尚任、邓汉仪、黄云等参加诗人大会。康熙二十七年秋，孔尚任、宗元豫、魏礼、卓尔堪、梁佩兰、王文师等在扬州送吕泌北上。康熙二十八年至三十二年，吕泌任河南叶县知县，政绩卓著。主修康熙《叶县志》，今已整理再版。康熙三十年，任河南乡试同考官，所拔多知名之士。据《中国地方志联合目录》载：康熙《叶县志》八卷、首一卷，清吕柳文纂修，清康熙三十年刻，五十八年增修本，四册，南京图书馆、湖北图书馆、中国科学院图书馆有藏。

吕泌善诗文。清代沈德潜编选《清诗别裁集》、费密编选《剑阁芳华集》、孙桐生编选《国朝全蜀诗钞》卷四、《遂宁县志》录有其诗。同治本《叶县志》载有吕泌《昆阳怀古》《石门高凤读书处》《昆阳八景歌》等诗作。

四、吕其樽

吕其樽，字尚素，吕大器孙，吕溥（号崃山，吕潜四弟）之子。康熙五十九年（1720）举人，官湖北竹山知县。工诗善文，清代《遂宁县志》选录其诗多首。如《出南津关》云："层峰叠嶂翠参天，舟下夷陵势豁然。楚水东开沙岸阔，蜀山西望峡云连。飘蓬前路羞弹铗，酌酒狂歌任扣舷。回首北堂千里隔，乡关迢递梦魂牵。"南津关位于湖北省宜昌市西陵峡东口，与瞿塘峡的入口夔门一样，是三峡之天然门户。长江流出南津关，便摆脱了高山深谷的束缚，进入辽阔的长江中下游平原。此诗描绘出了南津关的雄壮、俊美，表达了诗人对故乡深深的思念。《过襄阳杜工部故居》云："千古诗坛独擅长，先生庐舍著襄阳。当年词赋鲸鲵掣，此日林塘草木荒。万里丹心怀帝阙，两行衰鬓客他乡。浣花潭水因人重，又见遗碑列楚疆。"诗人对杜甫的诗歌创作成就进行了高度评价，对杜甫襄阳故居的荒凉伤心愁叹。既是写杜甫，又是写自己，堪称情景交融的优秀之作。

明代遂宁吕氏家族，诗人辈出，吕大器、吕潜父子，俱入《明遗民诗》《剑阁芳华集》《巴蜀文学史》，为巴蜀文化的繁荣，作出了积极贡献，值得我们认真挖掘、研究和弘扬。

【原载】《四川职业技术学院学报》2014 年 1 期

南明宰相铁血将军吕大器

南明永历四年（1650）春，一位被尊称为“东川相国”的大将军突然病革，伏枕写下了最后的遗疏：

臣，西蜀孤生，以大行起家，与闻铨政，遭遇思庙，拔臣于监司之中。一为抚，再为督，隆天厚地，未及仰报，不幸国破。安皇袭位，臣以愚戆，几为奸邪所阱。及思文继兴，晋臣枢辅。皇上绍统，复综将阃。臣以一身，受恩四朝，分宜竭股肱之力，效忠贞之节。况臣父及母，皆以臣奉命督师时，相继殒殁。臣之要绖从戎者，亦欲竭驽钝以答圣眷耳。不意遽婴沉疾，力不从心。今大寇在门，疆守日蹙，固人臣卧薪之秋，亦至尊旰食之日。伏冀独持太阿，调和将相，雪耻除凶，刻不容缓！（《吕文肃公遗疏》）

这封遗疏是准备呈递给永历帝朱由榔的。四年前的冬天，相国与瞿式耜、丁魁楚拥立朱由榔在肇庆称帝。之后，他受帝命辗转西南，在混乱的时局中总督“诸军”。所谓“诸军”，或许就是一些乌合之众吧！非但不一致抗清，竟还互相吞并。一旦相国莅临涪州，绰号为“李鹞子”的李占春随即带着全部兵马前来归诚。朱容藩原本庶民，妄称楚世子，盘踞万县“天子城”，想在乱世中做一番皇帝梦。永历已立，又岂容西南多出一个太阳！相国坐阵长江石宝寨，令诸军合攻。容藩终以自杀结束，而相国不久后也病殁贵州都匀，西南再陷战乱之中。永历帝闻讣后大恸，辍朝三日，谥相国曰“文肃”。这位对大明江山作出了最后挽救，堪称永历朝之铁血将军的“东川相国”，便是为左良玉所嫉惮、为马士英所忌恨、为瞿式耜所敬重的四川遂宁人——吕大器。

吕大器（1598—1650），字俨若，号东川，谥“文肃”，四川潼川州遂宁县北坝（今遂宁市船山区北固乡）人，明末著名政治家、军事家、诗人。明万历二十六年（1598）出生于四川遂宁，天启四年（1624）中举，崇祯元年（1628）中进士。历任行人，吏部稽勋主事、考功主事、文选主事，陕西关南道参议，固原副使，都察院右佥都御史巡抚甘肃，兵部添注右侍郎，保定、山东、河北总督，江西、湖广、应天、安庆总督，南京兵部右侍郎兼礼部事，吏部左侍郎，兵部尚书兼东阁大学士，文渊阁大学士兼少傅。官至兵部尚书、武英殿大学士。

永历四年（1650）春，吕大器以疾薨于都匀府独山州，年五十三。子六，闻名者三：吕潜，号半隐、石山，崇祯癸未进士，甲申后不仕，以“诗书画三绝”著称于世；吕泌，号旂山，陆廷抡称其“有奇气，陈元龙、辛稼轩之流也”；吕澈，号崃山，随父行军中，事亲至孝。

吕大器一生嫉恶如仇，刚果廉洁，善谋善战，以忠诚自持。陈龙正称其“超脱格套”、堪为“当世之真冢宰、真辅弼”。徐石麒称其“慷慨自负，忠纯无二”。瞿式耜称其“东川素有才路，为人亦爽恺”，“每事决断，不肯模棱”。破山海明禅师称其“不凡器骨”。《明季北略》称其“沉毅知兵”。陆廷抡论之曰：“公为人方严敏察，有文武大略，尤嫉恶。虽大藩强宗，无所避。以此著功名，亦以此腾诽谤声。”

吕大器工诗，尤擅五言。邓汉仪论大器诗“思精而语丽”（《诗观初集》），朱彝尊赞曰“忠孝之诚溢于言表”（《静志居诗话》），李调元论其《昭化县》一诗“音旨凄壮，逼似少陵”（《蜀雅》）。工行、楷书，遗泽《登蓬莱阁诗并序》（1642，山东蓬莱）、《孟溪水月庵新亭落成序》（1647，贵州松桃）等，堪为世宝。著有《抚甘督楚疏稿》《东川文集》《东川诗集》《塞上草》《次梅集》等。

一、千官长共目，蹊下料无私：肃清铨政佳吏部

藤古何年植，葳蕤自见奇。累珠穿紫翠，老干足丰姿。
既有凌霄质，宁嫌首夏时。千官长共目，蹊下料无私。

这首诗题作《铨署古藤花》，作于吕大器担任吏部主事期间。京师之吏部古藤，在吏部右堂，明弘治六年（1493）吴宽手植。吴宽，字原博，号匏庵，明成化中会试廷试皆第一，官至礼部尚书，谥“文定”。吴宽行履高洁，不为激矫，而自守以正。大器盖以吴宽之高行为师范。

崇祯元年（1628），吕大器中进士，列三甲第二百七十名。崇祯二年，授

行人。崇祯六年，吏部郎缺，例推一蜀人补。吕大器凭借“贫而介”的性格与操守获得了这个炙手可热的职位。吕大器担任吏部主事后，首惩放南一例，黜罢“伪名伪印”者几千人。大器因廉正稽查，得罪了不少权贵，群胥麕集吏部大门。大器避谢冢宰署，且上密奏。崇祯帝得知后大怒，立置渠首于法。从此，吕大器以“贫介”之性行声震崇祯朝。

吕大器的性格或受其家族影响。大器五世祖吕诚，字自成，四川遂宁人，明景泰四年（1453）举人，任甘肃巩昌府教授。吕诚曾与同乡二人一同进京，不肯折屈权贵，所谓“岸然不屑也”。吕诚名言“吾党立身，自有本末，宁当与貂珰作缘也”，亦为大器一生之写照。

吕大器任吏部主事时，曾提出锐行“保举”之法，帝采纳之。又愤于朝廷大臣植党营私，上疏弹劾。崇祯八年（1635）底，因深为朝中党人憎恨，乞养归蜀。《明史》言大器“善避事”，非也，乃因“贫而介”，不得不避也。

二、屠龙犹有当年技，咒虎能忘此日忧：保卫遂宁第一人

春云又到旧嵩丘，蓑笠重看续胜游。般若山前僧已老，清风桥下水空流。
屠龙犹有当年技，咒虎能忘此日忧？倚杖晴峦一怅望，大江难尽古今愁。

——吕大器《明月寺》

崇祯九年（1636），吕大器身在遂宁，此时大明江山业已岌岌可危。陈龙正致书大器言“仲秋烽警纷然，都人士几无措躬之地”，“万一出吾不意，侵薄内地”，望大器及时出山，集思广益，选贤制胜。敏察时政的吕大器哪能不知家国安危？只奈身遭时忌，故有“屠龙犹有当年技，咒虎能忘此日忧”之叹。

崇祯十年，吕大器深感家国动荡，蜀中不宁，唯先自保。夏，大器找到时任遂宁知县任宾臣，商讨增强城池防御。大器的建议得到遂宁当地大族席氏、旷氏、张氏、齐氏的支持。大器倾散家财，迅速增修遂宁城。九月，竣工；十月，李自成派部下过天星取遂宁。过天星所过之地草木为墟，一到遂宁即采取围城战术。民众恐慌不已。

吕大器迅疾安定遂宁士民，歃誓守城，号召齐心抵抗。时逢遂宁旷昭自甘肃归里，带着边兵二十余名共守。清代遂宁相国张鹏翮（1649－1725）的祖先教庵先生张惠，当时也率着几个儿子一同参加了守城之战。吕大器募兵四百，缉间谍，严巡徼。一夜，大器遣勇士，奇袭敌营，使敌惊乱，终败贼。

此役后，遂宁士民愧服曰："微吕公缮斯城，吾侪骸骨当为豺狼食矣！"大器虑贼再至，再募民进行军事训练，造就了一支"劲旅"。遂宁顿成东川重镇。

一场"遂宁保卫战"，挽救了多少士民！同时，吕大器的军事才能得以充分展现。"遂宁保卫战"成为吕大器由文臣到武将的重要转折点。大器因守城有功，朝廷诏晋一级。第二年（1638），例转陕西关南道参议。

三、白骨堆荒草，青磷乱晚霞：宣威阃外彰儒效

> 不堪百战后，寥落两三家。白骨堆荒草，青磷乱晚霞。
> 高城行鸟雀，古庙困蒹葭。群盗中原遍，愁心未有涯。
>
> ——吕大器《昭化县》

吕大器担任陕西关南道参议后，首募乡勇，拿出俸金进行军事训练，"人皆竞奋"。阳平关是秦蜀咽喉，极为重要，大器遣工创筑。流民得有居所，治安得以恢复。"夙号盗薮"的关南暂得平清。演武之暇，尤重课文，大器使当地孝廉月较三艺。所谓"兵火相仍，不废弦诵"。雍正《陕西通志》有云："时兵寇比剧为患，渠帅弗能禁，大器独治。主兵者使之气慑，兵不敢哗。"

崇祯十二年（1639），大器以创筑阳平关之才升固原副使。固原军饷乏，又遇旱蝗之灾，所谓"皆脱巾思乱"。面对危局，大器诛其尤者一人，并设法购粮养军，军心得定。西安长武县发生叛乱，丁启睿（1595－1647）攻围三月未能平定，故越境檄大器前往攻取。大器采用"穴地火攻法"，敌败，长武始平。

崇祯十三年，吕大器调湖广驿传道参政。此时，吕大器又做出了"急流勇退"的决定：乞终养归蜀。帝允之。大器此次乞养的原因不得而知，然其作于此期的《昭化县》一诗，却反映了他既厌倦战争又忧国伤时的矛盾心态。"白骨堆荒草，青磷乱晚霞"，乃是亲眼所见；"群盗中原遍，愁心未有涯"，知忧国家于终始。

大器在家聊聊数月，心中并未真正放下疆场事业，只是等待时机。崇祯十四年，因陕西抚按秦交章言"边警屡告，不宜置吕某于散地"，帝令大器以都察院右佥都御史巡抚甘肃。《奉诏抚甘肃舟发嘉陵》中言："已信余年老首丘，此生不上阆中舟。那期夜发金城诏，更遣星驰玉塞游。射虎几人同李广，卢龙何计得田畴。功名潦倒惭流水，为国思宽万里愁。"

甘州总兵柴时华，西宁人，三世为将，其心横诈。柴时华因不服甘肃巡

抚刘镐牵制，纵兵喧哗，火烧官衙，实为谋逆之举。吕大器到任后，得知柴时华种种不法状，一边飞疏揭露时华，并请移驻凉州；一边单骑诣甘，以安时华。时华阳为恭谨，然中怀反侧。钦命下，时华去职。其后受部将鼓动，竟造反，欲引插酋兵、土蕃来犯，使者为逻者所获。大器趣各道镇兵，合攻时华，败之，时华吞金自焚而死。捷书抵京，崇祯制诏嘉叹。

年底，吕大器假赏犒名，毒饮马泉，杀谋犯肃州的塞外也尔迭尼、黄台吉（均蒙古部落）等部甚众。又遣总兵官马炌和督副将王世宠等讨群番为乱者，斩首七百余级，抚三十八族而还。一时，吕大器在朝中之威望甚著。徐石麒（？—1645）在《答甘肃抚台吕俨若》中称大器云："幸翁台慷慨自负，忠纯无二，出其余绪，自可犁庭扫穴，一洗吾儒之耻！然后入赞密勿，如杨石淙故事。美哉洋洋！石麒羡之。"大器以儒将定西陲，风采不减于、王，所谓"宣威阃外，儒效大彰"是也。

吕大器在担任甘肃巡抚期间，创作了大量边塞诗歌，以今存之《镇羌道上有感》《雪山》《靖边作》《渡皋兰作》《早发古浪》《双塔道上》《黑松岭》《五凉郊行》等为代表。《渡皋兰作》有云："此日神州烦擘画，且从徼外洗烟尘。"是为报国之声。

四、举杯直上层绝处，一腔心胆彻碧空：安京督江帝曰咨

蓬莱杰阁峭天宇，灏气直欲藐今古。搔首未携谢朓诗，盈眸却有坡仙语。
洪涛不将纤尘留，柱石能撑浊世流。有意蜃楼为我设，无心鸥鸟任波浮。
海上自有钓鳌客，线借虹霓钩借月。时危不乏济川才，只愁举世妒李白。
明珠一湾雪千峰，玲珑怪幻如天工。举杯直上层绝处，一腔心胆彻碧空。

——吕大器《登蓬莱阁》

崇祯十五年（1642）六月，以科臣章正宸（？—1646）言，吕大器凭定西陲之功，擢兵部右侍郎。因自西北进京路遥且艰，北路不通、山左路梗，故改经金陵，走海道入京。冬，大器北航入觐，过登州，登蓬莱阁。《登蓬莱阁诗并序》中云："壬午之冬，予北上过齐，为虏骑纵横，直逼至登。因同登人士，登陴效守，得纵观海，且陟蓬莱阁焉。阁下古洞宕壑，巨波撼之如雷……忆坡公当年来登五日，仅祷海市，若洞若石与珠湾，或倥偬未之到也。而予得览焉，快有甚于坡老已。"诗云"洪涛不将纤尘留，柱石能撑浊世流"，忠孝之词也；"举杯直上层绝处，一腔心胆彻碧空"，心怀壮阔罔极。

崇祯十六年（1643）初，大器奉诏抵京。三月，因户部尚书倪元璐（1593－1644）言，以兵部右侍郎兼右佥都御史，总督保定、山东、河北军务。崇祯帝临轩召对，大器具陈御敌以兵食为先。大器赴任后，唯以忠义激励诸将。守保定，以计败敌。又追敌于清河，大败之。再驰扼顺义牛栏山，复破之。时李自成军大规模歼灭明军，帝国急危！周延儒（1593－1643）合四总督及天下勤王兵大战于螺山（今北京怀柔北），敌奋围开，八镇之兵皆溃，惟大器一军独全。帝京安，晋秩一级。

夏，张献忠屠武昌，东南大震。崇祯帝以侍郎沈炳文言，擢大器江西、湖广、应天、安庆总督，驻九江，赐以行间赏功银币，且予禁旅数千人以往。大器到九江后，以侯恂及柴时华故，总兵左良玉疑大器图之，不亲谒，遣子孟庚代参。为解心疑，大器单骑造良玉营，就榻前执手涕谕曰："天步艰难，豫、楚陷没。将军为天下名将，受国厚恩，不思同心胆，戮力杀贼，顾听烦言，以误大事。奈宗庙社稷何?"

南昌告急，吕大器示以士民必死无去之心，民心乃定。张献忠历长沙逾大庾，攻入吉、袁两郡。吕大器遣部将谢腾云、李士元，及良玉部将吴学礼、马尽忠等，遏贼锋于樟树镇，大破之于峡江，又破之于永新。吉安、袁州同日复。南昌解严。既而，大器遣前将暨学礼等进兵湖南，复衡、永、长、岳。官兵益奋。张献忠南进无望，长驱入蜀。

然而，左良玉始终嫉惮大器，文武不和。兵私斗，焚南昌关厢。时任南兵部尚书史可法致信吕大器，言"文武幸，降意相和"。吕大器便惠左一诗，扇后书"东川老人"四字而已，曰渠得此已足矣。众皆服其心。想当初大器为消除良玉疑心，亲诣榻前握手问候，唯愿戮力同心保国耳。国家危急存亡之秋，良玉不听帝咨之臣，是非立判。

五、难将一片意，诉与上春时：怒斥马阮蜀农回

难将一片意，诉与上春时。如写朝阳怨，还擿歌扇辞。
人多苦破屋，我亦鲜宁枝。为问经时客，何繇靖乱离。

——吕大器《莺啼》

崇祯十七年（1644）正月，吕大器改任南京兵部右侍郎兼署礼部事，副兵部尚书史可法治军政、参机务。三月十九日，李自成陷京师，崇祯帝朱由检自缢煤山，殉社稷。李自成称帝，国号顺，改元永昌。四月初一日，吕大

器与史可法、高弘图、张慎言、姜曰广等誓告天地，号召天下臣民起义勤王、捐资急事。四月中，闻京师陷，烈皇崩，吕大器哭累日，且致书史可法，早择贤王。四月底，大器受钱谦益、雷演祚等影响主立潞王朱常淓。虽后来事实证明潞王且骄且淫，然当初“人望皆在潞王”（《明季南略》卷一），非惟吕大器一人主张。议未定，而马士英等拥福王至。时兼署礼、兵二部印的吕大器捧檄率百官出迓福王于龙江。

五月初二日，福王召百官升殿议事。百官议，上劝进第一笺。又议，上第二劝进笺。五月初四日，福王监国于南京。五月初六日，吕大器迁吏部左侍郎。五月十五日，福王朱由崧即帝位于南京武英殿，诏以明年为弘光元年。六月，马士英当权，排史可法，进阮大铖，举朝羹沸。十三日，吕大器上疏弹劾马士英。《谏安皇逐马士英、阮大铖疏》云：

臣窃惟人材进退之间，即国家治乱存亡之数。故李、杜斥而赵、张进，炎鼎遂危；泌、度去而牛、李兴，唐祚以覆。此固前代之已事，可为今日之鉴观。先帝在时，每惓惓于此。而卒致覆亡者，由当日庸奸权相如温、周之属，以朋党杀尽天下士大夫也！臣为部郎时，曾抗言之矣。恭惟皇上励精图治，一时百僚，皆怀师济之风，绝嚣竞之气。方冀寅恭协和，矢雪大耻。不意自马士英拥兵来朝，觊留政府，浊乱王章，人心汹汹，几成土崩鱼烂之势。又以旧辅吴甡、大冢宰郑三俊荐樽一事，殿陛之间，遂有喑呜嚄唶，藐至尊为赘旒者。《逆案》一书，先帝手定，凛若日星。而士英悍然不顾，欲径跻奄党阮大铖于枢部。不惟视吏部为刍狗，抑且视皇上为弁髦。爵禄封赏，国之大典，虽人主不得而私。士英在凤，有何政绩？倏而尚书、内阁，倏而宫保、世荫，果众所共与耶？抑士英自为之也。至其子，以童臭而为都督，妹夫以文弱而列总戎。瓜葛之越其杰，以军犯而监军，附逆之田仰，以久处而侍郎，总制逮问之杨文骢，且以抗提而授职方矣。惟名与器，随意假人，目无法纪，是可一日容于尧舜之世乎？总之，吴甡、郑三俊，臣不谓其无一事之失，而端方直亮，允为海内正人之归；马士英、阮大铖，臣不谓其无一技之长，而奸邪凶慝，终为宗社无穷之祸。伏乞皇上，加以櫱水之刑，正其滔天之罪。生民幸甚！社稷幸甚！

言绝痛而上不报，唯以“和衷体国”答之。六月十七日，吕大器因疏参马士英，备遭忌恨，引疾去。六月二十六日，吕大器辞朝奏谢，帝谕以“挑激”二字勿言。随后，大器携家至湖州吴兴，命长子吕潜、三子吕泌奉母避居于此，并对吕潜说："老父热血难洒，上负国家，惟有西迁养大父母，以尽子职。今楚蜀盗梗，暂留汝母子于此。时势艰危，山河破碎，未知相见之日，汝母即付汝，老父不复顾矣。"挥涕而别，竟为永诀！

吕大器取道湘黔归蜀。其《湘潭道中》有云"何时出暗谷，一望大江平"，知其怅惘矣。郭都贤（1599—1672）曾于崇祯十六年与大器同在江西并肩作战，此刻两人又在上湘相遇，郭诗《吕东川少宰还蜀，取道上湘，邀游望南庵》云："岂为秋风拂短弢，新朝元老下干旄。湘江白露沾衣薄，蜀道青天曳履高。""长沙泪尽将崩土，巢父途穷更买山。相望恍然如梦寐，漫余情绪向杯删。"大器离开南京后的秋九月，阮大铖、李沾劾大器拥立时迟疑观望、怀二心，欲治罪。因大器时已在归蜀路上，乃免。

当吕大器回到蜀中遂宁时，成都已为张献忠占据。时人讽劝大器择地退隐，以侍父母。大器改容谢曰："某岂不知势棘难为，亲老宜侍？顾国恩深渥，某三朝大臣，宜当与社稷共存亡，岂可豫忧其不济，遂以亲为解，拱手坐视耶？吾已泣告严慈，苟上复我用，惟以横尸之年，为投簪之日耳！"

六、细雨霏霏已浃旬，岂疑天日久沉沦：仰佐南天司马哀

细雨霏霏已浃旬，岂疑天日久沉沦。

——吕大器《临汀别黎士弘》

弘光元年（1645）正月十六日，阮大铖捏造"十八罗汉""五十三参""七十二菩萨"等名，欲兴大狱。吕大器与史可法等海内人望被列其中。五月，清军屠扬州，下江南。八日，陷南京，弘光帝被执，福王政权亡。闰六月，总兵郑芝龙、巡抚张肯堂、礼部尚书黄道周等请唐王朱聿键监国。二十七日，唐王称帝于福州，改元隆武。诏吕大器任兵部尚书兼东阁大学士。大器赴诏，谏帝不宜"用人太滥"，帝嘉纳之。然苍天不假，时事不可为，遂辞去。吕大器在临汀与黎士弘每谈时事，言与泪俱。临别，大器赠士弘诗有云："细雨霏霏已浃旬，岂疑天日久沉沦。"黎士弘赞之曰："风规举止，真大臣也！"

隆武二年（1646）八月，清军至汀州，隆武帝被执死。郑芝龙降清，其子郑成功焚儒服入海起兵。十月十四日，吕大器自柳州至端州，与瞿式耜、丁魁楚等拥立永明王朱由榔于广东肇庆就任监国。吕大器以兵部尚书兼东阁大学士掌兵部。十一月十六日，永明王于肇庆即皇帝位，改元永历，以明年

为永历元年（1647），颁诏中外。永历立，明祚又得以延续十六年。十二月，帝如梧州，吕大器请留守肇庆，后东入韶州。

永历元年三月，吕大器奉父母驻于贵州乌罗衙署附近之水月庵。是年秋，督师王应熊（1589－1647）卒于永宁之土城。既而吕大器向永历帝上疏，言“川蜀地居上游，为国根本，川蜀安则楚粤俱安，宜及时收拾”。帝晋大器文渊阁大学士兼少傅，赐尚方宝剑，承制封拜，令代王应熊，总督西南诸军。

永历二年夏，吕大器督师至涪州。李占春率所部来迎，次平西坝。平西坝位于长江江心，地势易守难攻。大器令占春明赏罚、饬队伍、汰老稚、开屯种。他将杨展、于大海、胡云凤、袁韬、武大定、谭弘、谭诣、谭文以下，皆受大器约束。自隆武二年十二月张献忠死后，四川军阀割据，互相攻战。直至吕大器归蜀督师，方得小安。

是年，朱容藩诈为玺书，称“上俞我以世子行楚王事”，号“天下兵马副元帅”。建行宫、设仪仗，置羽林、锦衣各卫军，衣服器皿拟于天子。又修万县谭氏砦，号为“天子城”。朱容藩，何许人也？据《明季南略》卷十一《朱容藩僭乱本末》称，朱容藩本楚藩通城王派下一庶人。后逃入左良玉军中假称郡王，引兵害人，为诸将所恶。后又到南京贿赂马士英，请以“镇国将军”监督楚营。永历立，为丁魁楚所荐，掌宗人府事。永历素恶容藩，本欲斩之。其以贿内监庞天寿，得保全，后由楚进川。容藩假称“三省总督、兵部右侍郎”，一路招摇撞骗。可知，朱容藩从头到尾就是一个假打，竟还妄想在西南称帝。当然，确也有不少军阀迷信他。当容藩之人举着“天下兵马副元帅”的牌子到李占春处时，大器笑曰：“天下兵马副元帅，非亲王、太子不敢称。天子在上，国何以监？此决反矣。若受其官，必坐罪。”且言：“天子无恙，容藩僭窃，当死！”李占春、于大海等不附容藩，得大器檄后，决心反之。大器谕容藩再，却遭焚书斩使，故将其造反事密疏上闻，俟上决断。

永历三年（1649）冬，永历帝诏晋吕大器武英殿大学士，令其赴行在。容藩闻后，猝陷石柱厅。因西南路阻，征讨容藩的上谕还未发出。大器当机立断，大会诸将，拊髀叹曰：“日者承简命得便宜行事，而我逡巡逾年者，以彼系宗室，欲俟上亲断故也。今容藩叛涣，吾足一动则彼势遂成。吾可跳身事外，令此中复有一天子哉！”传檄诸路军，声其罪以讨之。吕大器命李占春、于大海、胡云凤合攻容藩，大器据忠州石宝寨为策应。李占春先复石柱，再联手于大海与容藩大战于三教坝。容藩败走，入万县天子城。天子城不守，容藩复走云阳，追兵迫，拔剑自杀，余兵尽降。

容藩亡，吕大器取道乌江，南行赴永历行在。至思南，应王祥反复请求，次于遵义，养病二月。永历四年（1650）春，大器行至都匀府独山州（今贵州省黔南布依族苗族自治州独山县），病革，草遗疏数纸后病逝，年五十三。其至死都在高呼："雪耻除凶，刻不容缓!"吕大器向来俭朴，身无长物。诸将捡其行笈，无一钱。后受王祥襄助，乃葬于遵义之海龙坝（今遵义市红花岗区海龙镇）。李占春闻讣后，令三军为之缟素一月。帝闻讣后大恸，为辍朝三日。一切祭葬赠荫，皆视国故。赐谥"文肃"。

七、他年合坐三生石，始信因缘弗偶然：临济源流佛心相

万丈滩头横夜月，一腔宿雾扫晴天。他年合坐三生石，始信因缘弗偶然。

——吕大器《答破山明禅师》

吕大器还有一个世人鲜知的身份，即在五十二岁时，曾拜破山海明禅师（1597—1666）为师，破山且授记莂、付法偈与之，大器乃为破山八十七法嗣之一，禅宗临济宗第三十二世传人（《五灯全书》卷六十四）。

早在肇庆，永历初立时，吕大器身边便有莲月印正禅师（1617—1694）随行。莲月印正与大器曾同上肇庆七星岩，《复东川吕相国》有云："经地照程出外江，金瓯姓字世无双。杖头虽拨天涯路，千里同风化万邦。"可知大器敬佛之心。

永历三年（1649）二月，吕大器驻石柱，究心宗乘，久不得入，闻破山名，遣使迎之。破山拽杖而赴。大器出，破山问："你是吕居士么?"大器答："不敢。"又问："父母未生前姓甚么?"吕拟议，师便打。大器怒掩却门，大张威令。破山答偈曰："父母未生前句子，等闲棒著发无明。猛然省得非他物，十八女儿不系裙。"受到破山一番棒喝后，大器终觉悟，降阶焚香，拜为弟子。大器呈偈有云："粗言恶棒不容情，收放何须借主人。恁般磕着吾怀里，一句承当觌面亲。"师阅偈，点首颔之，遂授记莂，付法偈曰："黄檗室中三顿棒，大愚胁下便还拳。老僧撞着吕公缚，祖代冤流如是传。"吕大器终成破山法嗣，临济传人。大器《与破山明禅师书》有云："承施棒喝，却得透脱，一阵黑风黑雨，原自天朗日晴。只恐一伙盲人，不识此段因缘耳。"

东山梅溪福度禅师在示一源禅者时曾言："'父母未生前本来面目'一则话头，能使人当下明心见性，了生脱死。东川吕相国在破山棒喝后虽大疑情，

至晚省发，然亦当下明见了脱。所谓“十八女儿不系裙”，全体毕露也。吕大器征战疆场，身历四朝，兴亡感慨甚于常人。当心中苦涩一下被破山看透，岂非毕露耶？悲之所至，又有宿根，故遁法海矣。”

敏树如相禅师（1603－1672）在《答相国吕东川居士》中云：“敬羡乡尊，位居极品，家传后裔，不以声名自拘焉。”禅师言大器“夙有愿力，示现宰官，以此深信法门，知有向上一着子事”，言其“顶门具眼，脑后见腮，始知步步踏着实地，时时得见本来面目，与三世诸佛同此一道，历代圣贤具此一机”，盖言大器得破山付法后之佛心佛面也。

吕大器还曾致书铁壁慧机禅师（1603—1668）求一面教。遣使三次，因师“禁足青山”，终辞。铁壁禅师《复相国吕东川居士》云：“高高峰顶结茆庵，不学无为不学参。拄杖欲将同国柱，青山留我且痴憨。”铁壁禅师称大器为“佛心宰相”。虽未觌面，两人却“心与心相印”（大器语）。

“佛心宰相”吕大器还大力倡弘佛场。贵州思南中和山华严寺是乌江流域佛教传入最早的地方，历来香火不绝。大器过思南，为华严寺题匾曰“黔南名刹”“花梵莲云”。永历三年四月，吕大器游石柱三教寺，作《永历己丑孟夏游三教寺题》。三教寺是秦良玉家庙，大器师破山禅师曾驻锡六年，为三教寺题有“万派归宗”金字横匾，以示正宗。

八、至今人说东川老，谁向宁南吊故侯：代代追思景行止

浩劫红羊板荡秋，长空星影坠旄头。三边风雨毫端疾，半壁江山望里愁。孱主乘危偏好色，将军跋扈恨无谋。至今人说东川老，谁向宁南吊故侯。

——舒云逵《读吕文肃诗志感》

永历四年（1650）春，吕大器病逝于都匀府独山州。钱澄之（1612—1693）听闻后，感慨不已，作诗纪念：“西来吕相国，闻丧独松州。恋阙情空切，收京志未酬。天意难将测，不憗老臣留。寂寞纶扉内，先朝几白头！”钱澄之，字幼光，号田间，安徽桐城人，明末诸生，永历立，授礼部仪制司主事，永历三年授翰林院庶吉士。同为南明忠臣的钱澄之，或许更能体会大器那份仰诗思吧！

吕潜与父大器自甲申一别后再未相见。身在苕上，思念罔极，作《怀家大人》有云：“苕西秋雨竹窗疏，竟日怀亲惨不舒。红蓼岸边辞凤藻，白云岭外断鱼书。萧骚短发人应健，慷慨长戈事已虚。八月江风寒到枕，太行于此

定何如。”

清康熙十三年（1674），吕潜与弟泌、澈葬母吕太夫人于扬州之邵伯埭，并自吴兴桑苎村移家至泰州海陵。吕潜请费密为父“点木主”。费密在西南时，受大器庇护颇多，吕、费二家有生死交情。费密总结了吕大器一生之丰功，其《题吕文肃公木主》云：

地轴移三极，天威失万方。大臣嗟力竭，国史散仓皇。忆昔思陵始，重生皎日光。铨衡平似水，廉洁白如霜。持节关山外，流恩汉水傍。宣威清雁塞，奉敕肃鹓行。旧迹曾分陕，孤军复驻漳。艰难趋魏阙，沉略倚岩廊。故里巢俱覆，新亭志不忘。危言离社稷，间道出荆襄。凤啄开银篆，龙书下玉箱。群黎怜井邑，元老籍金汤。诸将思裴度，中朝赖子房。杜鹃啼有血，封豕突无防。路入蛮中小，星流壁上伤。朱幡藏部落，青草润穷荒。百长齐朝奠，千峰闭夕阳。湿云低冉冉，哀壑转茫茫。令子成归祔，还家葺享堂。烟连神女峡，旅榇谢公乡。导从非斑剑，瞻依瞑石羊。绋歌北野笛，木主重圭璋。谥法朝仪在，官阶野史芳。书成哀倍切，不禁泪沾裳。

吕潜寓居泰州期间，曾至江右，访其父总督故地，作《豫章行》，详述吕大器崇祯十六年（1643）总督江、楚、应、皖等处军务时的具体情形：

昔年入上谷，易水何萧萧。今来豫章城，草木生悲号。俱是先人秉钺地，江山景物增忧劳。忆昔寇氛动湘汉，南国飞书急羽箭。至尊临轩思颇牧，敕书亲下文华殿。先人节制在卢龙，逐北喜峰初罢战。更传新诏促南征，星装擐甲裹血汗。单骑临江溯上游，艨艟一日旌旗变。当时悍帅卧浔阳，十万高居燕雀堂。袖手邯郸魏晋鄙，拥兵关陇李怀光。公以忠义相劝激，指水挥涕登其床。中怀疑惧如坚垒，戟矛中夜声锵锵。西江又报袁吉陷，我公飞舸移南昌。虎旅三千队始集，宜春一战贼锋殛。六师乘胜卷星沙，三湘五岭开荆棘。朝驰露布上金门，夕下玺书褒称职。长安倏忽困豺狼，星辰昏黯连北极。勤王壮志苦不伸，风霜将士犹叹息。悲哉往矣四十年，此郡戈铤几变迁。龙马池上遍苔藓，日月湖头泣管弦。邸第新开五侯宅，鼊篥寒生六月天。令威树已无消息，精卫海教终古填。滕王画栋且萧瑟，吞声曾无故老传。黄昏风色动江渚，欲语无人泪如雨。

贵州省遵义市务川县有麻王洞，甚为壮观，世传吕大器永历年间督师西南时曾暂驻于此，且有两诗题刻于洞壁。历代贤人，凭吊咏怀者甚夥。务川王廷弼、申石渠、龚星桥、冉谦、龚煌、蔡世金、申文钧等士人皆有题诗。

王廷弼《题务川麻王洞》云：

半壁东南血战腥，云山何处哭忠魂。备兵故里原乌合，遁迹深林愧鸟奔。
焱运正终明社稷，黄冠长啸汉乾坤。可怜未遂回天志，夜夜乌啼月色昏。

吕大器虽无回天之术，但以不二之心为大明江山作出了最后努力，堪称“忠魂”。

吕大器工诗善书，惜其猝殁于都匀，文字少所裒集，惟诗草幸存。费密随大器行军中，手录藏之，后定为《吕文肃诗》。费密云：“人之云亡，惟此写忧寄愤之作，尚在人间……世之君子，有谢翱其人者，留为异日，续《天地间集》可也。”

清文华殿大学士兼吏部尚书遂宁张文端公鹏翮在《祭李子静文》中言：“自吾乡席文襄公之殁也，百余年而吕少司马起。吕少司马之殁也，又三十余年而公兴。”实则，作为南明兵部尚书、武英殿大学士的吕大器，上承黄珂、席书，后启李仙根、张鹏翮，乃遂宁明清史上最重要的转折性人物。

【原载】《四川客家通讯》，2016 年第 2 期，与陈名扬合撰

明末清初著名诗书画家吕潜

明末清初，四川地区经历数十年战乱，经济残破，人口锐减，斯文陵夷。当时只有遂宁吕潜与达县唐甄、新都费密三人被称为蜀中最有学问的人物，号称“清初蜀中三杰”。尤其是吕潜，以诗书画三绝著称于世。其诗，深受清初诗坛盟主王士祯推重，是著名的山水田园诗人、隐逸诗人、明遗民诗人，“与靖节先生（陶渊明）相望”；其书，宗二王、董北苑，又别开蹊径，列为“神品”；其画，善山水花草，用笔放纵，魄力雄浑，气势磅礴，“人得其尺幅，皆珍之”，亦入“逸品”。现代山水画大师黄宾虹赞扬吕潜：“先生文章气节，彪炳宇宙。”但是，目前学术界对吕潜似乎遗忘了，对他的研究，还是一个空白。吕潜给后世留下了一笔宝贵的文化遗产，他是一位不该湮没的诗人、书法家和画家。

一、吕潜生平

明代遂宁（今四川遂宁市）有“席、黄、吕、旷”四大家族：席氏以宰相席书、侍郎席春、户科给事中席象为代表；黄氏以工部尚书黄珂及其子布政使黄华、女黄峨为代表；吕氏以南明宰相吕大器及其子吕潜为代表；旷氏以巡抚旷昭为代表，均遐迩闻名。

吕潜之祖吕有闻，系遂宁乡贤，《遂宁县志·封荫》载：“以子大器封行人。”

吕潜之父吕大器（1598—1650），字俨若，号东川，明崇祯元年（1628）进士，晚明重臣，文韬武略。曾官甘肃巡抚，兵部右侍郎，促定、山东、河北总督，江西、湖广、应天、安庆总督。为官清正，嫉恶如仇，节气甚高，在民众中极有威望，与黄宗羲、史可法、钱谦益、瞿式耜、龚鼎孳等相交甚笃，是明末东林党中很有声望的人。甲申（1644）之变，福王立，迁大器为吏部左侍郎，大器乃上疏弹劾奸臣马士英、阮大铖，名震朝野。清顺治二年（1645），明宗室唐王在福州即位，召吕大器为兵部尚书兼东阁大学士。1646年，吕大器奔广东与丁魁楚等拥立永明王监国，令以原官兼掌兵部事。久之，进少傅，尽督西南诸军。鞠躬尽瘁，尽忠南明。永历四年（1650）春，病逝于贵州都匀府独山州，谥“文肃”。归葬四川遂宁磨溪，后迁葬遂宁城北嘉禾桥。吕大器不仅是卓越的政治军事家，也是一名独具特色的诗人。著有《东川诗草》《塞上草》《次梅集》《东川文集》《抚甘督楚疏稿》等。其诗悲凉豪宕，尤以边塞诗、军旅诗著称于世，山河沦陷之感时托于笔端纸墨，世人称其为“笔老情深”。清人李调元在《蜀雅》中评吕大器诗：“音旨俱极凄壮，逼似少陵。”王士祯也说他“诗多横槊之气，时露粗服，然秀拔坚深，终是唐人格调，不取宋元以下蹊径”。《明史》卷二七九有传；陈鼎《东林列传》、顾诚《南明史》亦有传；孔尚任《桃花扇》、蔡东藩《明史演义》以及《风雨南明》等小说、戏剧也有吕大器事迹。《中国历代军旅诗赏析》选有吕大器《雪山》等诗作。清人舒云逵《读吕大器诗集后》云：“鼎湖龙去渺难攀，身督诸军戎马间。一代杀机生末运，满腔忠愤写时艰。盾头墨迹寒生袖，画角声悲月满山。继世尚存家法在，清风亮节出人寰。”

吕大器子四：吕潜、吕渊、吕泌、吕溥；女婿李实（进士、语言学家）、张象翀（进士、胶州知州）。

吕潜（1621—1706），字孔昭，号半隐、耘叟，晚号石山农，生于明末天启元年。崇祯十五年（1642）中举人，十六年中三甲第二百八十七名进士，官行人，授太常博士。崇祯十七年李自成攻陷北京，吕大器奔南京，以弹劾马士英去官，入广东。吕潜奉母寓居浙江湖州府吴兴县桑苎村，复流寓扬州泰州。不久，吕潜闻父病逝都匀，继遭母丧。身逢乱世，尝尽人世间琐尾之苦。因蜀道险远，逢滇黔之乱，实难归葬，往来湖州与扬州之间达四十余年。清康熙二十四年（1685）方归蜀，扶父母灵柩归故里安葬。吕潜离蜀时，生女方五月，返里时，女已四十六岁，潜见其女，有“牵衣惊老大，掩涕述流离”之句。自此闲居家乡，从事稼圃，购小楼三楹，题曰“课耕楼”，徜徉山水，过着隐忍清贫的遗民生活，以诗书画娱老，时称“诗书画三绝”。卒葬遂宁枣子坪，享年八十有六。《国朝耆献类征》卷四六六、嘉庆《四川通志》

《遂宁县志》等有传。

吕潜子吕其椟，康熙四十一年（1702）举人，官西宁（今青海西宁市）知县。

二、吕潜诗歌

吕潜为人平和安雅，学问渊博。诗风冲淡，诗调新颖，具有高深的造诣，在我国诗歌史上，占有光辉的篇章。吕潜诗集今存《怀归草堂诗集》《守闲堂诗集》《课耕楼诗集》，有清康熙年间其弟吕泌刊本、光绪十五年（1889）欧阳绍重刊本、1935年成都沈氏刊本等。

《怀归草堂诗集》，系顺治元年（1644）至康熙十二年（1673）吕潜客居吴兴（今浙江湖州市）时所作诗歌。因其志在松楸，旧署寓曰"怀归草堂"，诗集以此为名。收诗歌一百七十余首，有扬州诗人陆廷抡序，吕泌跋。

《守闲堂诗集》，系康熙十三年至二十四年吕潜客居江苏广陵（今扬州市）、海陵（今泰州市）时所作诗歌。因其甥李仙根（遂宁人，榜眼，官至户部侍郎）赠其寓所，名曰"守闲堂"，诗集以此为名，收诗歌约一百六十首。

《课耕楼诗集》，系康熙二十五年吕潜归遂宁后在蜀中所作诗歌。因其居名"课耕楼"，诗集以此为名。约收诗歌八十首，有遂宁人雷廷序。

吕潜诗凡三集，系其弟吕泌（又名柳文，字长在，号旗山）在康熙中叶任河南叶县知县时所镌，后版藏遂宁课耕楼。道光二十年（1840），涪江涨洪水，书版被冲走。光绪二年（1876），遂宁续修《县志》时，寻求《吕潜诗集》不得，仅采录吕潜诗数十首入《遂宁县志》中。光绪十四年，有一遂宁人在成都故家见《吕潜诗集》，遂购以归，漫漶处为校补数十字，付之剞劂，以广流播。光绪十五年重刊本《吕潜诗集》，全名为《明朝太常博士吕半隐之诗集》，射洪同治十二年（1873）举人舒云逵、遂宁庠生欧阳绍，分别撰有《重刊吕半隐先生诗集序》。该诗集中，诗不分体，也不分卷，以写作先后为序。

吕潜足迹半天下，交游甚广。从其诗歌中，可知他到过今江苏苏州、泰州、扬州、南京、江阴、昆山，浙江湖州、绍兴、杭州、桐庐、富春江、钓台、淳安、安吉，河北保定、易县、饶阳、平乡、正定、大名、定州、定县，河南武涉、叶县，山西高平、长子、武乡，江西南昌，湖北武汉、宜昌、巴东，贵州遵义，四川成都、潼川（今三台县）、崇庆、邛州、眉州、洪雅、嘉定（今乐山）、果州（今南充）、蓬溪等地。这些地方，都留下了他的诗作。

吕潜还和当时诗人、名士，多有唱和，如龚贤、费密、唐甄、邓汉仪、陆繁诏、姜垓、梁以樟、张鹏翮、王石谷、丈雪通醉、李仙根、郝浴、王新命、毛奇龄、吴树臣、吴绮、王玉映、李太虚、缪沅、王西樵、唐祖命、张象翀、罗为赓、周甲征、祖嵩、姚缔虞等，酬唱甚多，传为盛事。

吕潜客居吴兴（今湖州）三十年、扬州十年，在江浙流寓四十余年。康熙二十四年（1685）回蜀后，生活了二十余年，后又到河南叶县其弟吕泌处客居了几年。目睹了明末清初大动乱和人民的疾苦，选择了不与清朝统治者合作的态度，走上了隐居之路。其诗歌作品内容丰富，艺术性强，充满了诗情画意，实乃诗中有画，画中有诗。正如清代诗人陆廷抡在《怀归草堂诗集序》中所言："语云'诗必穷而后工'，顾世人之穷，只在一身；若先生之穷，则在于世道变迁、君父死生存殁之大。故其穷有百倍于世人者，故其诗之工，亦百倍于世人。今读《怀归》《守闲》两集，一若少陵（杜甫）浣花之篇、摩诘（王维）辋川之什，杂陈于前而不能辨其孰优孰劣也。"吕潜《江望》云："横江阁外数帆樯，立尽西风两鬓霜。只有乡心不东去，早随烟月上瞿塘。"诗中浓得要流出来的思乡之情，勾起了古今许许多多游子的共鸣。清人欧阳绍在《重刊吕半隐先生诗集序》中云："国朝渔洋山人（王士祯）尝采其《江望》一首入《诗话》中，并胪之《感旧集》，其为时流倾倒若此。……工诗，兼善书画，一缣一素，得之珍逾珙璧。至今蛛丝煤尾之余，嗜古家犹饼金购之。……窃尝反复玩咏，觉性情学术之征，身世显晦之故，与夫乡关怅惘之思，时流溢于楮墨间。而格调未始不合，词华未始不赡，共诸长留天地奕祀而不刊，无疑也！而况气节之清峻，复与靖节先生（陶渊明）相望于旷代之后者乎！"其弟吕泌《跋》云："五十年间时序之迁流、友朋之聚散、山川之阅历，展卷追忆，了然在目。"清末进士范溶在《论蜀诗绝句》中评云："桂水漓江满目秋，瞿塘烟月几行舟。西风立尽乡心冷，自写湘累万古愁。"（《蜀秀集》卷八）

吕潜之诗，现存四百余首，受到了历代读者的宝爱。《明名人传》卷二十四、《明诗综》卷六十九、《明诗纪事》辛集、《中国美术家人名辞典》、《清画家诗史》、《国朝书画家笔录》、《清诗纪事》、《四川通志》、《小腆纪传》、《国朝画识》、《国朝画征录》、《明人小传》、王士祯《渔洋诗话》《感旧集》、邓汉仪《诗观二集》、卓尔堪《明遗民诗》、《扬州府志》、《四川历代文化名人辞典》、《巴蜀文化大典》、《四川通史》、《巴蜀文学史》等书籍，对吕潜及其诗书画均有介绍。胡传淮编选《吕潜诗选》，亦可供参考。

三、吕潜书画

吕潜工书擅画，享有"诗书画三绝"之誉。其书画，传世作品有：《仿王叔明山水》扇面（图录于《名人书画扇集》）、《山水图》卷（图录于《清朝书画谱》）、《林下草堂图》轴（图录于《中国绘画史图录》下册）。1925年，上海文明书局出版有《吕半隐山水册》影印本。

吕潜的书法，继承了历代书法的优良传统，他遍临魏晋唐宋名家墨迹，特别是博采王羲之、颜真卿、欧阳询、柳公权、米芾、赵孟頫诸家之长，取精用宏，博综融贯，把"二王"的俊秀流便，唐人的端重严谨，宋人的潇洒劲挺，糅为一体，形成自己的个人风格。然而，他的个人风格却深深地打上时代的烙印。纵观吕潜的书法，基本上走的是董其昌的路子。董其昌（1555—1636），明代著名书画大家。书风疏宕秀逸，对明末清初书坛影响很大。擅山水画，画格清润明秀。清初以来，特别是康熙皇帝偏爱董书成癖，对董书近乎狂热，上行下效，影响深远，致使士子执管，莫不习董，豪贵巨篇，竞相购求，因而全国蔚然成风，整个书坛几乎为董体所笼罩。所以，吕潜的书法，不能不受到当时风气的影响。另外，董书与吕潜绝意进取、退隐山林的思想感情相吻合。

吕潜书风清秀古淡，散逸苍清。晋人书尚韵，唐人书尚法，宋人书尚意。吕潜书是尚韵、尚意的。吕潜用笔娴熟，笔笔着实，不掺虚笔，以墨韵、意境、分行布白取胜，结字秀逸遒劲，布局妥当，疏朗匀称，别具特点。行距宽博，字距疏朗，字与字，行与行，互为照顾，前呼后应，文与字相映成趣，在如此灵巧的行笔布局之中，透发出清淡幽远之气。

吕潜擅长墨法，浓淡枯湿，曲尽其妙。他作书用墨，以淡墨为多。其书，往往是他自己所写诗词，是他思想感情的真实流露。吕潜传世书法作品，以行书、行草书为主，形式多样，立轴、手卷、扇面、册页，各臻其妙。吕书一般不落年款，只落名款。署"吕潜"款者，多为早期作品；署"耘叟吕潜"款者，当为晚年作品。

明末清初之际，是社会动乱、民族矛盾和阶级矛盾都极为激烈的时代，给当时的文人和书画家的心灵，带来强烈的冲击，引起他们思想上的矛盾和感情上的种种波澜和痛苦。明末清初画坛，画派繁衍，名家辈出，风格多样，异彩纷呈。人物画较少，山水、花鸟画占据统治地位，尤以山水画最为发达。甲申（1644 年）之变后，吕潜将一腔悲愤，形诸笔墨，造就了他的艺术生命，画出了大量的山水画杰作，在当时即产生了广泛的影响，享有“天下二半”之誉。“二半”，一指吕潜，一指龚贤。龚贤（1618—1699），清初著名书画家，“金陵八家”之首。一名岂贤，字半千，号野遗、柴丈人，江苏昆山人，曾寓居扬州等地，后定居金陵（南京）。善诗文，工山水，写山水氤氲万态，深得造化神韵，广采博取，大胆变革，突破藩篱，自成一家，对后世画坛影响甚大。《益州书画录》评吕潜画曰：“吕潜工诗善画，山水尤长。用笔放纵而不越矩矱。著有《怀归草堂》《守闲堂》《课耕楼》等集。”清代张庚《国朝画征录》称吕潜画作“用笔放纵而不越矩矱，神气清朗可赏”。王士祯说吕潜之作魄力雄浑，最难在空处多，而其作气势磅礴，画石则多皴而少擦，画树则多老杆而少枝叶。现代著名书画大师黄宾虹对吕潜的诗画、人品，更给予了极高的评价。黄宾虹在吕潜《山水图》轴的题跋中评曰：“王渔洋《感旧集》辑吕半隐先生《江望》一首入《诗话》，其推重如此。今观《怀归草堂诗》，凡三集，此题画七言截句不载集中，知其所遗佚者多矣。先生文章气节，彪炳宇宙，顾不独以诗画名，而得其寸缣零楮者，已不啻璜璧，毅崛先生其善藏之。”试观吕潜以下绘画作品，可知上述评论其言不谬，十分公允。

四川省博物院藏吕潜《山水图》轴，是典型的倪云林式平远山水构图。远处山石上，几棵枯树，树干劲挺，中间一小山，远处横卧一片浅山，气象荒凉萧疏，空旷无人。画面左上端，作者自题七绝一首：“水树迷离白鹭飘，风萧萧处雨萧萧。田家酒熟村沽少，尽日无人渡板桥。”左侧系黄宾虹题跋。全幅格调萧散，墨法浓润，别有一番风韵。该图既是诗，又是画，融诗书画于一体，把人们带进冷漠孤寂的境界之中，堪称吕氏杰作。

吕潜《林下草堂图》轴，系墨笔画，远处高树板桥，上方丛林门栅。墨法湿润，意境幽深。画面右侧，作者自题：“板桥低度两山根，山入斜阳秋有痕。林下草堂遥望见，陶家不曾设篱门。”当我们欣赏这幅杰作时，同样感到不可名状的诗情画意拂拂袭来。秋野、斜阳、小桥、流水、人家，是古今多少画家描绘过的题材，可是吕潜却别有新意，造境不凡。布局起伏错落，疏密得宜，别具一格。该图从风格上看，与龚贤颇相接近。但用笔比较松动，用墨比较古淡。画山石细密柔和，层层皴擦和渲染，使画面浑然一体而又层次分明，富于情趣。偶用浓墨，亦见苍润。

四川省博物院藏吕潜《层峦丛林图》轴，系墨笔山水，写层峦叠嶂，丛林山居。此画风格浑厚，极似龚贤。画家用黑白对比的手法，浑穆之中见苍秀，沉厚之中见空明，别有一番情趣。笔墨苍老，深而不腻，厚而无滞，画面意境空远，新奇动人。这幅画不求奇僻，没有表现奇峰绝壑的大山或雄伟深静的崖谷，而是富于抒情意味地描绘了简洁明丽、清秀畅爽的丛林山居景色，令人心旷神怡。画面左上角，作者题“丁卯夏过唐安，访征翁长兄，作此请教”。唐安，即今四川蓬溪县。“征翁”，即周甲徵，浙江绍兴人，康熙十九年（1680）至三十三年任蓬溪知县。吕潜《寄周蓬溪》云：“枫叶初飞去马嘶，故人相望隔清溪。时逢大吏催加赋，我亦荒村懒课犁。每忆篋琴闲自赏，曾储斗酒未能携。白云一片难持赠，百里蓬山草树迷。”

《仿云林山水》扇面，是四川省博物院所藏吕潜绘画的又一上乘之作，该画定为国家一级文物。此图系泥金纸本，仿倪瓒笔法。倪瓒，元代著名书画家，号云林子，江苏无锡人，工诗文，善书画。其画对明清文人水墨山水画有重要影响，与黄公望、吴镇、王蒙合称“元代四大家”。吕潜这幅山水画，墨笔绘平远小景。山石枯树，疏疏落落。坡石上茅屋两间，悄然无人。整个画面给人一种宁静、肃穆、淡远的气氛。山石用干笔勾皴，淡墨写就，苍劲之至。土坡皴法隽爽，极有质感。此画用笔有龚贤的特点，意境则近倪瓒的空旷，表现了遗民知识分子的生活情趣。画面右上端，作者题“戊申冬日仿云林笔，似圣育词兄”。

从上述吕潜的绘画作品中，可知吕潜的作品与龚贤的作品颇有相近之处。从吕潜的诗歌中，可看出他与龚贤过从甚密，关系甚好。《怀归草堂诗集》中，有六首专门记述了吕潜与龚贤的交往，即《过龚半千寓斋》《吴尔世招同半千、无言，泛舟真江看桃花》《访龚柴丈山中》《秋兰和柴丈》《题龚柴丈半亩园》（二首）。

综上所述，吕潜的绘画属于文人画体系。他继承了我国宋元绘画的优良传统，强调绘画的抒情性，写景与抒情相结合，情景交融，诗情画意相得益彰。吕画追求元人遗韵，讲求笔墨情趣，重在表现意境，着重抒发画家个人的思想感情。他博采历代诸家之长，形成了自己的风格，不愧为明清以来的一代书画大家。

【原载】《地方文化研究辑刊》第七辑，四川大学出版社 2014 年出版

清代名人

清代榜眼李仙根

榜眼是中国古代科举制度中名次仅次于状元即第二名的人，他们居第二名的原因是多方面的，其中不乏皇帝的好恶取舍。事实证明，很多榜眼都成了著名的文学家、思想家、学者和书法家及朝廷重臣与社会名流。遂宁李仙根就是清代二百六十七年间蜀中唯一一名榜眼，亦是遂宁一千余年历史上科名最高的人。他是清初巴蜀一杰出人物，著名外交家、书法家、文学家、史学家，被康熙皇帝赞为“办事有才”。今天，面对这位遂宁历史文化名人，不少人感到陌生，不信你到熙熙攘攘的人流中去问李仙根为何人，只怕众皆茫然无以应。李仙根是一位不该忘却的名人，是一块“沉埋的丰碑”，有待于我们去挖掘、去宣传、去解谜，使之重新矗立于世间。

一、子静气甚别，终成吾家宅相：幼承家学，素有远志

李仙根（1621—1690），原名之钦，后改为仙根，字子静，号南津。仙根先祖于明代从湖北麻城迁入遂宁，从二世祖李茂华始，李家迁住遂宁县书台山下城南学宫后（今遂宁第一中学后）。从此，李家文脉大兴。三世祖李桂元，字石泉，明嘉靖时庠生，善书法；四世祖李友松，即李仙根祖父，字鹤来，少通经义，善书法，精医术，义举很多，为人称赞；父亲李实，明末语言学家、经学家，誓不仕清。由于数代家学积淀，李仙根从小习慕经义，好古文。八岁入县学，因才华横溢，人称之为“高才生”。他练习书道，远效《兰亭序》《乐毅论》，近效赵孟頫。与众不同的是，仙根“不屑为俗学”，素有远志，为文作书，尤有天下襟怀。仙根自幼显露出来的抱负，受到外祖父南明重臣吕大器的重视。吕大器曾对他人言仙根：“子静气甚别，终成吾家

宅相。”

二、公负勃郁磅礴之气概，然以天下为己任：遂宁史上科考第一人

李仙根二十三岁时，父亲李实进士及第。李实远赴江苏担任长洲县令，有善政，威望很高，人以“长洲如镜”赞之。1645年，明清易代之际，李实去官隐居苏州上清江。同年秋天，留守遂宁家中的仙根和母亲吕氏来到李实隐居处一同生活。父子俩一同躬耕自给，互相研习学问，并在苏州锦帆泾旁开馆授课。此时仙根受父亲影响很大。数年后，清政府平定四川，仙根受父命回川省墓。

关于仙根回川一事，坊间还有一种传说：仙根在苏州的学生柴世俊梦中知自己将得状元，师得榜眼。学生将此梦告知仙根，仙根随即拆“榜眼”二字之半，合为“根”字，将原名“之钦”改为仙根，并回川应举。仙根回到遂宁时，正值四川举行入清以来第一次乡试。仙根心知父亲誓不仕清，是不会同意他为清廷效力的。可是，仙根面对的是一个亟待汉臣建设的新兴政权，倘不能给统治者输入中华正统尧舜儒家之治国理念，便不是天下人的幸运。1654年仙根参加四川乡试，中举。1661年赴京参加会试，中进士。殿试廷对第二，成为榜眼。旋授弘文院编修。从此，李仙根成为四川入清后获鼎甲的第一人，亦为有清一代四川唯一一位榜眼，遂宁历史上科名最高者。

康熙甲辰会试，李仙根任阅卷官，经过他批阅录取的士子有十一人。1666年，河北地震，仙根上疏言政事。不久，仙根升为国子监司业、秘书院侍读。张鹏翮评曰：“公负勃郁磅礴之气概，然以天下为己任。”“既而擢冠礼闱，翱翔艺苑，时邀金莲归院之荣。”

三、蜀国雄文驱弩矢，汉关明月照旌旗：清初外交名臣

1667年，清廷封臣安南国王黎维禧，进攻清廷封臣安南都统使莫元清所据高平地。莫元清战败，率族跨境逃入云南。第二年四月，黎维禧擅兵进攻莫元清事传到北京。边将请兵征讨，康熙不许，让廷臣推选“具才望、善辞令者”使安南。时任秘书院侍读的李仙根被廷举为宣谕安南正使，奉旨平息边境兵事。康熙赐仙根正一品麟蟒服，诏许便宜从事。兵部主事杨兆杰为副使。

离京赴安南之日，众大臣在宫门外为仙根饯行。只见仙根手持康熙帝所

赐“龙旗玉仗”，身穿“一品绯衣”，出现在大家的面前，众人艳羡不已。仙根与众臣赋诗饮酒，谈论安边策略。清廷大臣张玉书、申涵盼等为仙根出谋划策，仙根说只要“情以感之，义以喻之，利害以惕之”，安南君臣终会诚服接旨的。

友人龚鼎孳等纷纷为仙根远行赋诗。龚鼎孳《送李子静侍读使安南》云：“披香丹诏出龙墀，东观西清辍讲时。蜀国雄文驱弩矢，汉关明月照旌旗。儒臣久裕安边略，庙算全胜下濑师。纶阁策勋应计日，九重前席问疮痍。”

使团一行于1668年十一月到南宁。李仙根到南宁后面会了莫元清，并于十二月初前往安南。仙根到安南后，安南国王黎维禧先是不接旨。仙根引据律典，对安南君臣晓以大义，反复开谕十多次，耗时达三月。吏众见仙根威严若神，“震慑以为天人”，终按清廷三跪九叩礼接受了康熙圣谕，退还了莫元清高平地。仙根不辱使命，安南大定。他依据在安南的见闻和调查，归途纂《安南杂记》《安南使事纪要》，后成为研究越南史的重要典籍。

次年六月，仙根回到北京。备奏始末，并进所撰《安南使事纪要》四卷。康熙大喜，御弘德殿召问，慰劳良久，命内院将该书翻译留览。不久后，仙根被任命为国子监祭酒。友人严我斯在《赠李子静奉使安南歌》中赞曰：“男儿何必致身通显万里求封侯，如君赫赫垂千秋!”

四、今皇方吁俊，此辈岂终韬：清代第一批经筵讲官和起居注官

李仙根曾作诗云：“不读逸民传，焉知圣主劳。招弓虚玉帛，洗耳自蓬蒿。迹已河山邈，名犹日月高。今皇方吁俊，此辈岂终韬。”号召贤良为君服务，共建国家。

1670年，李仙根总裁康熙庚戌科武会试，得士两百名。在此前后，仙根撰《圣学颂》进呈康熙，言“古有起居注，记言记事，而礼科因请设左右史官”，祈请设起居注官。1671年初，李仙根与都察院左都御史明珠等十五位大臣受命为清代首批经筵讲官。数日后，仙根与熊赐履、严我斯、孙在丰等十位大臣受命为康熙朝日讲官。八月，仙根以日讲官兼摄起居注，与严我斯、陈廷敬等成为清代第一批起居注官。李仙根担任康熙朝经筵讲官和起居注官，成皇帝近臣。他为宣达圣教、儒化清廷作出了不可磨灭的贡献。

五、指画民生，休戚不啬：经国济民李仙根

（一）康熙湖广填川，提倡与民惠政

仙根协理翰林院时，敢于直言，曾对四川招收移民一事上谏。康熙年间，因川乱后人少地多，须从湖广等地招收移民填川。那时曾有四川湖广总督蔡毓荣“其本省现任文武各官有能如数招民开垦者，准不论俸满即升”等议。仙根听闻后谏言“目前虚名，转瞬实课，恐病民并病官矣，齐豫耿贾二抚覆车可鉴也”，坚决反对此制。部议又准关东例，招百家以知县用。仙根谏言“关东招圈田失业民，充应募数，旋以多捏报而止。今陕楚州县，胥用丁口。考最此蕲招民，彼甘弃民乎？惟勤抚孑遗，则民且不俟招而集”。他认为令民迁徙的最佳方法在于与民惠政。

（二）内传李仙根有骨气可用

当都察院副都御史职缺时，“内传李仙根有骨气可用”，因例不符，仙根未能担任。都察院副都御史职掌监察弹劾事，非秉直者不可任。此事反映出仙根在朝之名位，可知仙根秉直气节广为人知。

（三）崇实为要，不然是适滋扰也

1673年，李仙根由翰林院侍读学士升任内阁学士兼礼部侍郎。仙根为阁学时，“善持议，毗赞庙谟为多”。仙根常议国家兴化问题，提出“崇实为要，不然是适滋扰也”的主张。七月，李仙根受命为《太宗文皇帝实录》副总裁。

（四）文臣之知兵者

1674年，因吴三桂反清事，朝廷大举用兵。康熙认为李仙根是“文臣之知兵者”，派他到荆州协理大兵粮饷，兼理驿传抚民事务。同督粮者有左都御史多诺、兵部侍郎纳布。仙根在鄂日夕谋划，终使经费够用。

（五）言事率持大体，朝审覆奏，堂议参遗漏

1679年李仙根任鸿胪寺少卿。十一月，康熙特擢仙根为都察院左副都御史。仙根“言事率持大体，朝审覆奏，堂议参遗漏”。关于河督所请别项银

事，仙根反对左都御史的论议，终使康熙采纳他的意见，照数拨银。在此期间，仙根曾任明史纂修官。

（六）副宪秉直廷论，尽显中川风骨

1680年三月二十八日，李仙根与唐朝彝、李宗孔、宋德宜等因对九卿会推事持异议，遭吏部弹劾，吏部议欲降仙根五级调用。事件起源于江西按察使员缺，九卿会推举江西按察使。左通政张可前、大理寺少卿联合保举福建副使张仲举，兵部尚书宋德宜保举湖广副使杨大鲲、山东佥事叶方恒，“举出之人各怀私意”。最终在权臣的主导下，九卿会拟定让张仲举做正，叶方恒为副。等到所有议事人员签字认可奏议时，广西道御史唐朝彝说：“我闽人也，知仲举为真，其人平常，不应保举躐升。”宋德宜言：“会推大典，如此哄争，不若仍较俸开列。我所保二人，亦不必保举矣。”第二日，都察院堂官、六科给事中、各道御史联名弹劾唐朝彝、宋德宜，因时任左副都御史李仙根和吏科掌印给事中李宗孔亦不签名，一并遭到弹劾。

康熙于三月二十八日乾清宫听政时言：“以朕观之，唐朝彝似属无罪。”三十日吏部再议仙根降级事时，康熙认为言官直议当属本职，仙根等“皆无过”。吏部议方罢。此事是朝官之间权斗的典型体现。权官想独掌朝议，而如李仙根、李宗孔、宋德宜等颇为正直的官员，敢于对朝中论议提出不同意见，却受到联合打压。此事既反映了朝中群臣间斗争的残酷性，也体现了仙根敢于直言、秉公议政的“中川风骨”。

（七）反对陕粮运四川，心系民生情更切

1680年十一月初六，康熙因“天象示异”，传谕曰：“今白气见于西方，必有征验。尔等可各抒所见以奏。”召集群臣论议。工部侍郎赵璟、金鼐提及陕西民众困于转饷入蜀事，死伤甚多。时任左副都御史的李仙根论曰：“陕西地方极为紧要，今民人困苦至极，宜停止陕西运粮四川，即令买四川之米为便。计购买四川粮米，可以济二十万军之用。其果否购买足用？应特遣大臣一员前往详察。”康熙言“诸臣所奏皆善”，最终以陕西总督哈占任川陕总督来解决此问题。通过此事，可知仙根心系民生之切。

（八）为无辜者平反，全活万人

康熙二十年（1681），历时八年的三藩之乱终于平定，清廷大庆。当时无辜受三藩案株连者甚众，仙根力为平反，“全活万人”。

（九）康熙评：李仙根办事有才

1681年四月二日，康熙于乾清宫听政。吏部题补户部左右侍郎员缺，康熙言“李仙根办事有才”。因得帝信任，李仙根由左副都御史升任为户部右侍郎。同时，仙根仍担任经筵讲官。仙根任户部右侍郎时，敢于直议。按例收铜银限八月解缴国库，仙根莅任后，特意宽逾限日。他言：“关有远近，奈何以例限之。”对于滇黔之案，仙根力请分别族系，省查解释无辜。仙根还曾对四川增茶盐、引解铜经由地称验具结、潼关税务增部员等议持否定意见，“力言不可”。还曾发起廷议改折河南漕米、减临清关铜价万两、豁免灵宝捏垦粮等案，“皆获允”。

张鹏翮在《祭李子静文》中评仙根曰：“意公得柄用，当必有以道济天下，使家给人足，物阜民安。见公之立于朝，气象严严，威仪卒度；意公而得柄用，则必以方正之气，肃百僚，使贤良在位，忠谠盈廷。见公学术宏深，博闻强识；意公而得柄用，则必以帝王之学，深启沃，使礼乐明备，教化滂洽，而今皆已矣。”

六、二十年前望落霞，如今重到似还家：李仙根与苏州

李仙根父亲李实1643年任长洲县令。1645年后仙根随母赴苏州与父亲生活，在此一待就近十年。1674年后，仙根又两度在苏州生活若干年。在此期间，他留下了大量墨宝。1690年仙根病逝，亦葬于苏州。可以说，苏州是仙根除四川遂宁外的第二故乡。

仙根在苏州助力当地文教事业。据同治本《苏州府志》载，仙根曾于1683年偕郡人宋骏业一起，帮助江苏巡抚余国柱修苏州庙学。

苏州子游祠于宋庆元三年（1197）由孙应时建在学讲堂之东，以纪念孔子弟子吴国人言偃。明成化二十二年（1486），巡按御史胡汉改建于学之东市民地，立坊曰吴公祠。清代苏州人徐崧编撰的《百城烟水》中载有李仙根《谒子游祠》诗：“祠宇标名胜，薪传自古今。庭闲人语静，井渫墨香侵。文

学斯人在，弦歌雅化深。高山惟仰止，肃穆动清吟。”

仙根还关心苏州地区民生经济。据民国《吴县志》载，苏州娄关蒋氏义庄由康熙年间岁贡生蒋维城偕其弟建成，初置时田仅一百三十亩，复陆续添增至五百余亩。仙根对蒋氏兄弟建设义庄举动大为赞赏，有记，惜不传。

民国《吴县志》还载有苏州孝子管增事迹：“管增，字方至。父勋，宦殁广南。时当乱后，万里寻访。溯九江越五岭，跋履经年，备咨艰苦，负骸以归。高士徐枋为之传，太仓吴伟业、遂宁李仙根并赠以诗。”惜仙根赠诗今已不存。

仙根流连驻目于苏州风土。苏州吴山脚下有“永言斋”，斋前临石湖，斋后绕褒忠岭、楞伽诸山，旁有张中翰祖茔，内有云绵草堂、泛月楼、志喜亭。“当春秋佳日，湖光山翠宛如图画”，文人雅客莫不流连于此。李仙根有诗云：“置亭春山下，搜胜坐云根。众峰晴霁初，佳气来清轩。绿萝蔓空壁，此中雅韵存。幽庭满芳菲，枝叶何蔚繁。我庐恣回转，新见长桐孙。奇趣临坐隅，岂并流俗论。”

仙根重教隆佛，对苏州的佛教文化颇有贡献。《周庄镇志》载顺治年间，永庆庵僧衍微增置田亩改为十方禅院，仙根曾为其撰写《永庆庵饭僧田碑》。作为清初书法名家的仙根，还曾为周庄全福讲寺撰写有“水中佛国”匾额。得仙根墨宝后，全福讲寺名声大振。

1674年前后仙根与友王武携游苏州上方山。俯仰今昔，人生多变，感慨万千，仙根有诗云：“二十年前望落霞，如今重到似还家。半山红日迎人出，一径清烟傍马斜。鸦势远盘孤塔影，渔歌长应转帆挝。偶然兴会因同调，欲觅闲身愿恐奢。”

七、今自钟情忘未得，更缘宿草动悲吟：李仙根与友人们

1661年辛丑科鼎甲分别是：状元马世俊、榜眼李仙根、探花吴光，三人为至友，同科进士张玉书等亦相与为欢。某年七夕，仙根与马世俊、张玉书等同人共登北京瀛洲亭，马世俊作《七夕登瀛洲亭，喜李子静、张素存、朱克咸、徐孟枢诸年兄至》，表达登科共荣之心。诗云：“旧事记瀛洲，亭光已带秋。一蝉吟院树，双鹊问河流。客到怜同调，官闲即胜游。恩波在天上，时望碧云头。”

顺治辛丑科鼎甲中马世俊和吴光二人皆早逝。仙根曾在西湖与友人吴景

旭相晤时，谈及同科好友马世俊英年早去。世俊虽工书善诗，然遗墨甚稀，仙根深为叹惋。吴景旭念此“不觉愀然”，言“阁学不忘故人，于笔墨犹惜之”，乃赋诗两首，其一云：“三人得路两人沉，到此谁无感慨心。总是燕昭怜死骏，岂从内史访来禽。因君话惜遗牋少，令我归搜退笔深。今自钟情忘未得，更缘宿草动悲吟。”

仙根在吴光逝世后撰《太史长庚公传》以纪念其生平与思想。仙根言吴光在史馆时“慨然以天下为己任”。1664 年，吴光任祭谕安南国王正使。“炎暑就道，届冬过粤，其间逾崇山，历鬼门关，跋涉风霜瘴厉中”，路途艰难可想而知。面对安南人不知礼仪之情形，吴光言“天朝自有定制”，并谓“使臣衔命而来，此身已许国矣”，终令安南人“悚然敬惮”。仙根此段文字，也是对自己奉使安南的侧面描写。吴光至为尽孝，后奉命纂修《孝经衍义》。仙根评其为“慧心人兼有定力”，因平日善与人同，邻里听闻吴光讣告后，“莫不呼天而为之叹息也”。仙根对吴光的离去甚是唏嘘感叹。

仙根在朝中的好友还有陈廷敬、严我斯等，他们一同担任康熙朝第一批经筵讲官和起居注官，为宣扬圣教、儒化清廷共同出力。

陈廷敬曾在《答李子静少司农兼索其书法二首》中赞仙根曰：“千古风流让蜀人，西当太白望峨岷。眼高四海名无敌，狂客谁为贺季真。”既表现出对仙根书法和为官品格的认可，也流露了他们之间的深谊。

严我斯是浙江归安人，1664 年甲辰科状元，和仙根一道为康熙朝起居注官。《康熙起居注》第一册保留了他们为国存史奋斗不息的足迹。严我斯《赠李子静奉使安南歌》，详叙了仙根奉使安南的前后过程，赞叹仙根作为“书生”立功堪比王侯，诗末云：“不加一矢控一弦，重关绝域靖烽烟。谁谓书生不出户庭夸坟典，不能封侯万里致通显。呜呼！男儿何必致身通显万里求封侯，如君赫赫垂千秋。”

1709 年己丑科榜眼戴名世亦为仙根友，其文集《巢青阁集》中《同李仙根、林吉人、黄阆友过延福寺，访损嵒禅师止宿》《同李仙根、辜再扬、徐岂凡游小若岩》等诗，反映了仙根的交游情况。其《秋日寄李仙根，时以紫竹山兰见贻》云：“去年雪里送君归，期向春山醉落晖。游屐尚迟沽酒处，吟筇空倚钓鱼矶。连枝修竹含烟紫，并蒂幽兰带土肥。百里孤舟轻似叶，几时相过旧柴扉。”

李仙根受咸宁友人所请，撰写《文昌阁记》。仙根言“翼文明而阐扬圣教，变化尽神者，惟文昌之司命为最著也”，言文昌星“功用至无穷也”。仙根友人廷韬“孝友，根于天性慈和，达之躬行，于治民事神之道，悉本至诚为感格矣”。廷韬治理咸宁第二年（1665）见文昌祠久废，叹曰“咸之山川祀典，无问不秩，何独文昌有缺享焉，诚守土者之责也”。1670年春，在地方乡绅的支持下，咸宁文昌阁落成。仙根回忆之前奉使安南，经过咸宁，与廷韬交谈的情景，谓“侯固卓异中之表表者也”。仙根赞曰：“阁成而侯之功成矣，侯之功成而侯之明德与天地自然之文字俱一成而不易矣。”此文体现了仙根与友人廷韬的交情，为仙根散文之代表。

《四川通志》中有仙根为友人高霖公《庐山纪游》所撰跋文。仙根论曰“昔览庐山志，王弇州有纪无诗，钟退谷有诗无纪”，高霖公“诗宗唐音，铿訇俊逸，妙笔一时，纪崇正学，怀大雅，有侃然自任之心”，且其“凡神奇仙佛之说，皆屏而不录”。仙根称其为“儒学之正宗”。

仙根在《王璲暨元配熊氏墓志铭》中追记了友人王璲的生平事迹。其赞王璲云：“宇内谈经济风雅者，莫不推蜀北子荆先生云。”三藩之乱后，“蜀道阻绝，余官京师，望故乡如异国”。仙根以“异国”一词表现其对家乡忧切之心。文末言王璲一生“惜中道坎壈龃龉，卒不得竟用，以展其所学”。

仙根舅父吕潜与仙根亦亲亦友。两人学问相长，共通书道。吕潜为仙根编辑的《高惕庵语录》作序，言“读惕庵语录而不胜斯道盛衰之感也”。从濂洛之学到王阳明，至今“遂成绝响”。吕潜感慨道“其名至于名废，而世遂不知讲学为何事，辄相与非而笑之，人心之不醇，风俗之不古”，是由于学不倡的缘故。四川梁山高惕庵“毅然以讲学为己任”，“日与二三门人讲习其中，远近向风骎骎，有昔贤之遗轨焉”，仙根与吕潜都深受其教导。他又言“吾蜀固多君子，伊川客涪而易学愈进”，勉励蜀人从善向学。吕潜还有《题李子静学士安南使事纪略》诗，赞叹仙根奉使安南之壮行：“史臣归国重旗常，尺简成功十万强。象马域中谈俎豆，女牛槎上挟风霜。乞诗绝徼环椎髻，奉朔天南认绣裳。始信书生戡定力，歌钟何用出明光。”

张鹏翮在《户部右侍郎李公家传》中云：“余与李公同州籍，公虽留殡吴而尝从公于朝。”1670年进士及第，曾与仙根同朝为官。同为遂宁人的李仙根和张鹏翮，同为相才，同为经国济民而努力，为乡人争光。张鹏翮《祭李子静文》云：“自吾乡席文襄公之殁也，百余年而吕少司马起。吕少司马之殁也，又三十余年而公兴。”张鹏翮言仙根“钟岷峨之秀，秉箕尾之精”，“负勃郁磅礴之气概，然以天下为己任”。“以天下为己任”为自席书以来数百年之遂宁精神的内核。

八、夫佛法，上等事以智慧：李仙根与佛教

李仙根出身于“观音文化之乡”遂宁，从小为佛教文化所熏陶。每当他处江湖之远时，则致力于重教隆佛。仙根重教隆佛的思想，集中体现在其为宁波天童寺所撰的《敕赐天童弘法禅寺重兴碑记》中。

宁波天童寺是江南名刹，为佛教“五山十刹”之一，号称“东南佛国”。《敕赐天童弘法禅寺重兴碑记》又名《重兴寺记》《李侍郎书天童弘法禅寺重兴碑记》，为1686年夏，仙根受川僧天童寺住持山晓皙之请而作。

1686年冬，山晓皙禅师去世，仙根作《山晓皙禅师塔铭》以纪之。仙根在序中言：“夫一切兴替皆有数，而佛法不至中湮者则亦时赖有人耳。”赞山晓皙禅师继承密云悟禅师振迹名蓝之高举，继续光明，开承昌裕，使宁波天童寺终成“梵海之砥柱”。

李仙根受大理鸡足山僧慧辉之请，作有《鸡足山藏经记》，见于《鸡足山寺志》，署名“李仙根蜀遂”。该文又名《迦叶殿藏经记》，见于康熙《大理府志》卷二十九，署名“侍郎李仙根遂宁”。

李仙根《鸡足山藏经记》与《敕赐天童弘法禅寺重兴碑记》《山晓皙禅师塔铭》等文均体现了其重教隆佛的思想特征。

【原载】《蜀学》第十辑，与陈名扬合撰

清代解元杨兆龙

杨兆龙为清初蓬溪县赤城镇葫芦坝（今竹林桥村）人，康熙时解元，蜀中文章巨子，诗名惊动公卿，其名荣列《四川通志》《四川历代文化名人辞典》；其事迹至今仍在蓬溪城乡民间、田夫野老口中泛传。

一、少年勤学

葫芦坝位于今蓬溪县城万和大酒店附近，蓬溪河环绕其间，三面临水，风光旖旎，杨兆龙的童年就是在这里度过的。

清光绪十年（1884）刻本《杨氏族谱》载：杨氏祖籍山西太原，系汉代杨震之后，于明代后期入川。入川始祖为杨璐，明嘉靖时人，历任福建福清知县、四川德阳知县，卸任后定居蜀中蓬溪，卒葬蓬溪县城文昌宫后书案山南麓，其墓建国后被毁。杨璐系兆龙之高祖；曾祖杨应弟；祖杨居益；父杨模。兆龙弟兄三人：长兆元，贡生；仲兆衣；季兆龙。

少时，兆龙聪颖伶俐，七岁受业于乡贤硕儒蒲拱辰门下。蒲拱辰（1610—1684），清代蓬溪县南蒲家坝（今宝梵镇大儒沟）人，顺治十四年（1657）举人。幼家贫，研读经史不废。登第后，自甘淡泊，不乐仕进，以教授生徒为业。执教善诱，从学者众，杨兆龙（解元）、王许（亚魁）、梁再灏（解元）等名士皆出其门下。蓬溪本荒僻之地，战乱后，经济萧条，“学宫长满茂草”，文教无人过问，清初振兴文教者，实自拱辰始，至今士林称之。清光绪三十四年（1908）刻本《蓬溪奚氏宗谱》载：“蓬溪东乡以科甲世其家者，人咸以奚氏、蒲氏并称。蒲氏以拱辰开其端，奚氏则以公倡其首。旧志比拱辰为蓬溪之文翁。”《四川通志》《四川历代文化名人辞典》有传。

杨兆龙由于有名师指点，加上自己刻苦用功、博闻强记，学业大进。经史子集均有涉猎，诗词歌赋均极擅长。后来，杨兆龙参加小试（俗称考秀才），通过县试（蓬溪知县主持）、州试（潼川知州主持）、院试（四川学政主持）三个阶段的严格考核，成绩均名列前茅，最后被录取为秀才（当年蓬溪全县仅录取八名），进入县学学习。

二、乡试夺魁

明清时代，秀才要进入仕途，途径有二：其一为乡试中式，其二为五贡（恩、拔、副、岁、优）。否则，终身为秀才，无出学之时。

杨兆龙考取秀才后，于康熙壬子年（1672）赴成都参加四川乡试。考场设在四川贡院（今成都市人民南路四川科技馆周围），时间在农历八月，由四川总督监临考场、办理一切。朝廷简选任命的主考官为德高望重的户部郎中、文坛泰斗王士祯。参加乡试的秀才来自四川省各府、厅、州、县。

乡试共考三场，每隔三天一场，每场考一天。第一场《四书》题，八股文三篇，五言八韵试帖诗一首。第二场《五经》题，八股文各经一篇，共五篇。第三场经、史、时务策（即时事政治）共五题，每题限三百字以上。考生入场须搜身，不准夹带。完卷后，试卷交收卷官，收卷官将所收之卷加盖弥封印，转送誊录官，誊录官命人用红笔誊录完毕，送对读官，对读官逐一对读一次，确认无伪无误后，交房官阅批，房官取录后，呈荐于正副主考官分别弃取。

康熙十一年（1672）四川乡试，考生盈万。试题为：1.“老者安之”三句；2.“此天地之”一句；3.“文王视民”二节。考后，共录取举人四十二名，考中率仅为千分之四，真是凤毛麟角。第一名叫解元，由正主考取中。第二名叫亚元，由副主考取中。第三名至第十八名，叫房元，由十六位房官取中。旧时也有将第一名以下举人统称为“亚元”者。杨兆龙学识渊博，诗文俱佳，被主考官王士祯取中为解元。压倒群芳，来之不易。杨兆龙的同学王许也考中了亚魁（第六名举人）。此科乡试，解元、亚魁都出自蓬溪，都是蒲拱辰的学生，震惊了四川，为蓬溪县增了光。乡试放榜次日，官府邀请杨兆龙、王许等新科举人参加鹿鸣宴，歌《鹿鸣》诗，作魁星舞。并给杨兆龙家赠“解元匾”，以示荣耀。最后，由四川乡试主考官王士祯将杨兆龙等四十二名举人的姓名及试卷奏报康熙皇帝御览。王士祯《渔洋山人自撰年谱》记载："康熙十一年壬子，三十九岁，在户部。""六月，奉命典四川乡试，得杨兆龙等四十二人。是役得诗三百五十篇有奇，为《蜀道集》。"

杨兆龙中解元，对蓬溪士子热衷科举，以求仕进，也是一大刺激和鼓励。蒋超（江苏金坛人，清顺治时探花、翰林院修撰。1672 年到蓬溪，曾为潘之彪修《蓬溪县志》作序）说："蓬之人文，必有炳鳞蔚起！"当时，年方五岁的蓬溪县儿童梁再灏，看见杨兆龙中了解元，也说："丈夫也，吾当步其后尘！"十八年后，二十三岁的梁再灏，果然考中了解元！

三、著述诗文

杨兆龙乡试夺魁后，回到故乡。次年（1673）赴北京，参加农历二月由礼部举行的"会试"。蓬溪有两名举人上京赶考，即解元杨兆龙、亚魁王许，他俩离别故乡时，蓬溪知县潘之彪（江苏丹阳人，进士）在县衙设宴，为他们饯行。席间，潘之彪作诗《送杨解元王亚元会试》：

却是蓬莱第一流，秋风送子挽行驺。已看九万腾羊角，还借添修起凤楼。

风雨几年羞马帐，间关万里羡吴钩。长安自古繁华地，定有新诗付莫愁。

杨兆龙、王许到京参加礼部会试，惜均未中。后来，杨兆龙出任涪州（今重庆市涪陵区）学正，任职期间，"德器深沉，毁誉无所动"。终因正直被贬，回蓬溪闲居，以诗酒自娱。

杨兆龙以文章知名于世，著有《杨兆龙诗集》。清代大诗人、主宰文坛数十年的王士祯对门生杨兆龙的诗歌很赞赏。在清初蜀中诗坛杨兆龙是有一定影响的。

康熙二十年（1681），蓬溪知县周甲征，鼎新学宫，修复明伦堂、启圣祠、先贤祠、名宦祠、文昌宫，使学宫"庙貌维新，焕然改观"。杨兆龙为此撰写了《蓬溪县学宫记》。文中，杨兆龙追述了蓬溪学宫的历史沿革，记载了明代翰林黄辉、吏科给事中杨文举、山东巡抚张鉴、河南巡抚杨作楫等大臣给蓬溪学宫题词撰文的史事，为研究四川教育史、蓬溪教育志提供了十分宝贵的资料。1993 年出版的《四川教育史稿》，多次引用了杨兆龙《蓬溪县学宫记》。

康熙二十四年（1685）农历八月十四日，杨兆龙在书斋"明月山房"撰写了《蓬溪县志序》，记载了蓬溪知县周甲征增订康熙十一年潘之彪纂修《蓬溪县志》的经过，为研究四川方志史、蓬溪县志沿革提供了珍贵的史料。

四、身后传说

今天，蓬溪县城葫芦坝一带，还流传着许多杨解元的传说。民间不少人把杨解元误称为“杨状元”，这是因旧时称呼别人时有一种拔高的习俗所致。杨兆龙墓在梅苏桥（今赤城镇城南新区），墓碑上镌刻有“杨解元”三字。但由于搞建设，其墓已毁。传说，葫芦坝颈上还有一座“杨状元墓”，为杨兆龙疑冢。据说杨兆龙著有不少劝世诗文，人称《杨状元四足歌》《杨状元读书格言》，至今一些蓬溪耆老尚能背诵。1995年12月7日，《遂宁日报》上还发表了《杨状元的传说》。这些都是杨兆龙抬高了的称呼，仅为民间传说，不是信史。

葫芦坝遂蓬大道旁，有一石朝门，内有戏楼、厢房等，为杨解元府第遗址；石朝门前面的大田，昔为杨解元跑马之地；石朝门背后的花园湾，昔为解元府的后花园。经过三百多年的历史变迁，杨解元府已夷为平地，不过“石朝门”“花园湾”等地名，还沿用至今。

【原载】《蓬溪文史资料》第二十四辑

清代遂宁张氏家族诗人

清代遂宁张氏，号称“诗人世家”。从张鹏翮至张船山，张氏世代诗学传家，渊源有自。张氏家族诗人主要有：

一、张鹏翮

张鹏翮（1649—1725），字运青，号宽宇，康熙九年（1670）进士，官至文华殿大学士兼吏部尚书，是清代杰出的政治家、外交家、水利专家，也是一位独具特色的诗人、书法家。传世著作十余种，有《冰雪堂稿》《如意堂稿》《奉使俄罗斯日记》《治河全书》《兖州府志》《遂宁县志》等。其中《治河全书》二十四卷、《信阳子卓录》八卷，收入《续修四库全书》；《奉使俄罗斯日记》是中国人旅欧的最早日记，1983 年中华书局出版，后收入《历代日记丛钞》；《诸葛忠武侯年表》收入《汉晋名人年谱》，由北京图书馆出版社出版；《治下河水论》收入民国本《扬州丛刻》；《河防志略》收入《清经世文编》卷一〇三，1992 年中华书局出版；《治河全书》主要介绍明清时期有关河套方面的内容，是研究黄河史、运河史的主要资料，对今人治理黄淮，仍有重要启示和参考价值，2007 年天津古籍出版社出版。

张鹏翮系清代贤相、名臣，康熙帝赞之：“天下廉吏，无出其右。”张鹏翮是与狄仁杰、姚崇、包拯、况钟、于谦、海瑞、于成龙齐名的中国古代著名的八位清官。

现存最重要的作品集为《张文端公全集》，系光绪八年（1882）刊本，由张知铨（张鹏翮之弟张鹏翼六世孙）依照张鹏翮手稿刊出。内有诗二卷，共六百余首。胡传淮主编《张文端公全集注》，2017 年四川大学出版社出版。李调元《蜀雅》称："文端论诗，以性情为主。"孙桐生《国朝全蜀诗钞》卷五载："文端平生居官，以清节重，扬历中外，早著循声。""诗亦纯实简质，自是正声。"梁章巨《楹联丛话》卷四云："眉州三苏祠中，楹联林立，殊少佳构，惟大门有张鹏翮一联曰：'一门父子三词客；千古文章四大家。'最为大雅。"沈德潜《清诗别裁集》、孙桐生《国朝全蜀诗钞》、李调元《蜀雅》、徐世昌《晚晴簃诗汇》、胡传淮《张鹏翮研究》《蓬溪诗存》以及清代、民国《遂宁县志》录有其诗。《四库全书》和《续修四库全书》收录其著作多种。钱仲联主编《中国文学家大辞典》(清代卷) 载有其生平成就。

二、张懋龄

张懋龄 (1675—1725)，字与九、希龄，张鹏翮次子，张懋诚弟。娶山东衍圣公孔毓圻女为妻，卒葬曲阜县之南官府马鞍山，后世迁居曲阜。张船山辞去莱州知府后，曾由兖州绕道曲阜，探望其后裔。孙桐生《国朝全蜀诗钞》卷六录有其诗二首。《蜀雅》《历代蜀词全辑 (续编)》录有其诗词。

三、张勤望

张勤望 (1694—1757)，字孚嘉，号莲洲，为张鹏翮之孙、张懋诚之子，官至山东登州府知府、署登莱青海防兵备道。撰有《晓梦窗文钞》，工诗，民国本《遂宁县志》录有其诗多首。如《雨霁携小儿女摘园蔬》云："初晴风细玩云霞，瘦马冲泥散晚衙。报国有心虚岁月，谋生无术惜年华。儿童争摘篱边豆，蛱蝶双飞雨后花。万里孤踪贫病客，深惭零落不成家。"颇有田园风味，堪称作手。

四、张勤淑

张勤淑，字友勤，张懋恭之女。张懋恭系张鹏翮三弟张鹏举之子。张勤淑适江南吴县 (今苏州吴县市) 举人吴冲，随夫宦江南，居家江苏宿迁县，与名媛、诗人倪瑞璇相唱和。著有《翠荇斋吟草》，《历代妇女著作考》《撷芳集》《香艳丛书》《历代妇女著作考》《巴蜀历代名媛著作考要》著录。《国朝闺秀诗柳絮集》著录时将作者误作"张淑贞"。

五、张顾鉴

张顾鉴（1721—1797），字镜千，号冰亭，系张鹏翮之曾孙、张船山之父，善诗，曹学诗（清代诗人）将张顾鉴比之为白居易和陆游，与著名诗人袁枚、史震林、许瑗为少年诗友。袁枚《覆洪稚存学使》云："尤奇者，阁下所极赞之张船山，乃枚之世交也。丙辰（1736）召试，枚寓居吾乡赵横山（即赵大鲸，进士，官至左副都御史）阁学家，有美少年张顾鉴者，联床交好。张小我三岁（按：张顾鉴实小袁枚五岁），遂与阁学儿子书山，作三人车笠之盟。未几，书山亦登词馆，此后音尘隔绝，刚六十年，岂知张即船山父也。倘非阁下言及，则天南地北，通问何年？因之张太守亦有书来，枚又有诗寄去，俱抄呈阁下，读之当必心开。"（《小仓山房尺牍》卷九）《随园诗话补遗》卷六云："余访京中诗人于洪稚存，洪首荐四川张船山太史，为遂宁相国之后，寄《二生歌》见示，余已爱而录之矣。追忆乾隆丙辰（1736），荐鸿博入都，在赵横山阁学处，见美少年张君名顾鉴者，彼此订杵臼之交，疑与船山有瓜葛，寄信问之，不料即其尊人也。垂六十年，忽通芳讯，知故人官至太守，尚无恙，且有子不凡，为之狂喜。"

清代学者王培荀《听雨楼随笔》载："张耐舫（顾鉴），船山之父也，与黎雅守备温江王宁甫善。耐舫官山东馆陶令，历汉阳同知，升云南知府。性脱略，挥金不惜。人所有取而用之不计；己所有人用之亦不计也。归装，囊无一钱，冬日至无御寒衣。惟课二子诵读，人问无产业何以为生？指亥白、船山曰：'此吾产业也'。善书，求者踵门。及病废，悉命船山代笔。宁甫时时周之，家藏耐舫赠诗一纸，亦船山代书。子女皆教以诗，孙女出嫁后过其戚家，仆挟一箧，宁甫之孙侃（即清代四川诗人王侃）与客共坐，令开视，云笺满中，皆姊妹姑嫂临嫁时赠诗也。一门风雅如此！"

张顾鉴著有《近花窗诗稿》《耐舫近稿》《撷芳集》等。《四川历代文化名人辞典》《遂宁县志》有传。

六、张问安

张问安（1757—1815），字悦祖、季门，号亥白，系张鹏翮玄孙、张顾鉴长子、张船山兄。与弟船山同致力于诗，诗才超逸，有"二难"之目，著有《亥白诗草》八卷，存诗八百余首。胡传淮选注《张问安诗选》，可供参考。

张问安一生六次应乡试，七次应会试，足迹半寰宇，到过岭南、苏杭、荆楚、齐鲁、中州、三秦、燕赵等地，遍览名山胜水，格律益进。晚年主讲蜀中华阳、温江书院，诱掖后进，多所成就。时人及后世对其评价颇高。清诗人、画家王学浩《亥白诗草》叙云："但觉其语淡而味腴，节短而韵长，盖将于韦孟之外，另辟一径，以与唐人争席也。"傅亦舟（光绪年间遂宁知县）序云："亥白诗钞古藻纷披，遗音孤戛，沉郁顿挫，卓有本源。"其季弟张问莱云："余伯兄亥白、仲兄船山皆以诗名于世。"李星根《张亥白先生传》云："遂宁相国以经济显名于仁皇帝之朝，迄先生五世矣，而独昌其诗，兄弟竞爽，旗鼓相当，虽天才雄放，文采风流，照应四国，若稍稍逊乃弟一筹。至于抚山范水，刻画杜陵，唐突康乐，真力弥满，万象在旁，殆有过之，无不及焉。"《归田老人诗话》云："张问安，字亥白，船山兄也。诗魄沉挚，如《剑门关》诗，少陵以后无敢作者。"

孙桐生《国朝全蜀诗钞》、张应昌《清诗铎》、徐世昌《晚晴簃诗汇》、钱仲联《清诗纪事》、胡传淮《蓬溪诗存》录有其诗，《清史稿》卷四八四《文苑》二张问陶附传、《清史列传》卷七二《文苑传》三张问陶附传、《四川通志》嘉庆本、《益州书画录》、《巴蜀艺文五种》、《清诗鉴赏词典》、《四川历代文化名人辞典》、《巴蜀文化大典》、胡传淮选注《张问安诗选》等有张问安传记，钱仲联主编《中国文学家大辞典》（清代卷）收有张问安辞条。

七、陈慧殊

陈慧殊（1755—1783），字缃箬，浙江海宁人，江西南安府同知陈亿第三女。生于乾隆二十年（1755）十一月二十三日，龆龄明慧能文章，父母视为掌上明珠，故有"慧殊"之名。乾隆三十九年（1774），在汉阳与张问安结婚，夫妇鸿案相庄，花晨月夕，每多唱酬，事舅姑以孝，相夫子以德。安淡泊，乐吟咏，小郎及小姑咸受业于她。慧殊清羸多病，又以哭母故，遂致病。病中慨然送夫赴试礼闱，人称其贤。乾隆四十八年九月十五日夜，病逝汉阳，年仅二十九岁。十月，问安从都门归，不胜悲感，作《悼亡诗二十首》。

陈慧殊之诗，构思巧，用语工，意境新，画意浓。清人王廷璋（号奉斋）称赞陈慧殊为从来闺秀第一，曰："惜不为男，此翰苑才也。"故问安《悼亡》中有"一时胜事湘南北，博得人呼女翰林。"著有《香远斋诗词》各一卷、序三篇、《倚楼集》一卷、《寄愁集》一卷，后两集皆为思念问安之作；与问安倡和，有《画阁联吟集》《花间倡和集》，另外还著有《墨香小品》等，均为手稿，藏于家，未刊行，惜多散佚。嘉庆二十一年（1816），张问莱刊行《亥白诗草》时，将《香远斋稿》附刻于卷一之末，共选录陈慧殊诗三十七首。嘉庆时朱云焕辑《浣花濯锦后编》收录陈慧殊诗一百零四首。

袁行云《清人诗集叙录》卷四十七介绍《亥白诗草》时，将陈慧殊诗《丁酉初度》、《书西青散记后》（四首）误作张问安诗；近人徐世昌《晚晴簃诗汇》卷一八六录有陈慧殊诗二首，误将其名写作“慧珠”。

其生平事迹见清代学者秦朝釪《陈缃箬小传》（《遂宁县志》卷五）、张问安《陈孺人墓志》（民国《遂宁张氏族谱》卷二）、嘉庆本《四川通志》卷一七〇《列女》才艺。孙桐生《国朝全蜀诗钞》卷六十二、徐世昌《晚晴簃诗汇》卷一八六、胡传淮《陈慧殊诗选》及《蓬溪诗存》录有其诗。《听雨楼随笔》《国朝闺秀正始集》《杭州府志》《两浙輶轩录》《四川历代文化名人辞典》《巴蜀历代名媛著作考要》著录。

八、张问端

张问端（1752—?），张鹏翮玄孙女，张顾霖（张顾鉴弟）之女，张船山堂姐，字淑征，适甘肃循化同知无锡人丁阆洲（号藕仙），著有《淑征诗草》，船山为之序。张问端诗作不多，拈花微笑，神韵均在不言中，如《和次女丁采芝阅〈红楼梦〉偶作》云：“奇才有意惜风流，真假分明笔自由。色界原空终有尽，情魔不住本无愁。良缘仍恨钗分股，妙谛应教石点头。梦短梦长浑是梦，几人如此读红楼?”

九、张问陶

张问陶（1764—1814），字仲冶，号船山，张鹏翮玄孙。乾隆五十三年（1788）举人，五十五年进士。五十八年，任翰林院检讨；嘉庆五年（1800），任顺天乡试同考官；十年，任江南道监察御史，巡视南城；十四年，擢吏部郎中；十五年，出任山东莱州知府；十七年，称病辞官；嘉庆十九年三月初四，病逝于苏州，归葬蜀中故里今蓬溪县金桥镇两河口。《清史稿》《辞海》《清史》有传，其生平事迹可参见胡传淮著《张问陶年谱》（巴蜀书社 2000 年第一版、2005 年修订再版）。船山系断案高手，人称“东方福尔摩斯”，今有二月河边（张军）《大清神断张问陶》《清代断案名家张问陶断案集》等小说泛传各地。

张船山一生致力于诗书画创作，天才踔厉，价重鸡林，是乾嘉诗坛射雕手，亦是巴蜀地区元明清三代最有成就、最有影响、最有名气的大诗人。著有《船山诗草》及《补遗》，共二十六卷，存诗三千五百余首。是清代乾嘉诗坛大家，不单是清代蜀中诗冠，也是清代第一流的诗人和著名诗学理论家，为性灵派后期的主将和代表人物。

十、林　颀

林颀，字韵徵，号佩环，清代女诗人，张船山继室，著有《林恭人集》。

林颀祖籍顺天大兴（今北京市大兴区），江苏人。其父林儁，字西清，号西厓，生于清雍正十一年（1733），廪膳生，习《诗经》。乾隆二十五年（1760）举人。二十六年拣发入川，历署四川安县、威远、乐山、温江、荣县等处捕头。乾隆三十一年授四川内江知县。乾隆三十四年至三十五年，调任成都知县，兼署华阳知县。乾隆三十八年至四十年任重庆府知府、分巡川南永宁兵备道。四十一年二月，清军收复大小金川，特调四川通省盐茶分巡成（都）绵（阳）兼管水利道，驻省会成都。乾隆五十八年至六十年，任四川按察使，嘉庆二年（1797）擢四川布政使（从二品）。嘉庆五年，以劳疾乞归。《锦里新编》、嘉庆本《四川通志》卷一一五《职官志》、胡传淮《芝溪集》载有其政绩。

林颀生长于蜀，幼承父训，勤学工诗，为蜀中才女。乾隆五十二年（1787）九月，船山与林颀在成都盐茶道官署中结婚。婚后夫妻恩爱，船山多次赞美妻子云："一编尽有诗情味，夫婿才华恐不如。""我有画眉妻，天与生花笔。临稿广寒宫，一枝写馨逸。""学书且喜从吾好，觅句犹堪与妇谋。""袖中已遂襄阳癖，林下尤逢谢女才。"从这些诗句中，可以看出林颀是一位多才多艺、美貌善良的女子，工诗、书、画，有道蕴之才和大家风范。

《清画家诗史》癸上、《国朝书画家笔录》卷二、《清代闺阁诗人征略》、《晚晴簃诗汇》卷一八六、《国朝全蜀诗钞》、《国朝蜀诗略》、《潼川府志》、《遂宁县志》、《巴蜀历代名媛著作考要》、《四川历代文化名人辞典》、《蓬溪诗存》载有其事迹或录有其诗。鲜述文著有《清到梅花瘦到诗——张问陶、林韵徵外传》（《巴蜀诗人外传》，1988年重庆出版社出版）。

十一、张问彤

张问彤（1768—1832），字受之，一字锡功，号饮杜，张鹏翮弟张鹏翼玄孙、张顾琏子，与亥白、船山为从兄弟。生于乾隆三十三年（1768）五月十三日，卒于道光十二年（1832）六月初一日，娶柯氏、王氏，子五人，女二人，卒葬遂宁象山（今遂宁市船山区新桥镇四村）。

张问彤少负隽才，乾隆五十四年（1789）拔贡；五十七年四川乡试解元；嘉庆元年（1796）荐孝廉方正，补什邡教谕，日以讲学为事。晚授山西和顺县知县。

张问安、张问陶、张问彤合称“遂宁三张”。《巴蜀文化大典》“遂宁三张”条载：“清代遂宁诗人张问安、张问陶兄弟与从弟张问彤三人的合称。三人中以张问陶成就为最，问安次之，问彤又次之。”《遂宁县志》载有清人李星根（四川中江县人）所作《受之先生传》，谓问彤与船山、亥白时有唱酬，“然独以少陵为主，故自名其集曰《饮杜》。其精到处，虽起子美九京，亦无以易。而不专一长，又好为古文词，兼冥心理学。”“生平不多作，作亦不多存。”孙桐生《国朝全蜀诗钞》卷三十三载：“受之少负隽才，举乡试第一，士论推重。七上春官不第，以荐孝廉方正，得官广文，未展其才，人颇惜之。佳句如‘春静人来少，庭闲鸟下双’，‘地寒晴养麦，天暖雨肥鱼’，‘偶因沽酒知鱼价，恰为锄花破藓斑’，‘梦里还家兵世界，病中愁日闰支干’，‘心肝不死忧家国，诗句无灵愧弟兄’，俱新雅。”其《秋怀》诗中，有一首怀船山云：“闲官秋气味，十载奉京师。狂得时人骂，诗从外国知。车螯肥入市，霜菊傲当篱。嗜酒无钱甚，惟应句益奇。”

张问彤著作现存有《饮杜诗集》和《饮杜文集》两种。《饮杜文集》为清道光五年（1825）刊刻本，谭言蔼（四川安岳人，翰林，官至御史）作序，称问彤“为文胎息两汉，出入唐宋元明诸大家，兼取众长，莫名一体。”遂宁市图书馆有藏。《饮杜诗集》分上下两卷，收诗二百余首，有清道光四年（1824）蓬莱镇（今四川大英县治）刊刻本，诗集有王检（四川泸州人，进士，官至山东按察使）叙，称问彤诗“谨严”、“醇雅，不愧古作者”，“饮杜与船山，固旗鼓相当，未易轩轾云”。可见时人对其诗评价之高。四川大学图书馆有藏。

张问彤事迹主要见李星根《受之先生传》、孙桐生《国朝全蜀诗钞》卷三

十三、胡传淮《芝溪集》、《四川历代文化名人辞典》及《巴蜀文化大典》“遂宁三张”条。

十二、张问莱

张问莱（1775—1838），字承祖，又字寿门、蓬樵，号旗山，张鹏翮之玄孙，船山季弟。乾隆五十六年（1791）秋，张问莱与四川才女杨继端完婚，子一人：知训。张问莱官浙江候补主簿，署嵊县典史、鄞县典史、吉安县县丞、太平县县丞、余杭县县丞，加捐五品衔，在浙江为官十五年，廉洁有声，后乞养归蜀，卒后夫妇均葬两河口祖茔。

张问莱工诗善楹联，与著名学者梁同书系忘年之交。嘉庆十七年（1812），梁同书九十岁，夫人汪氏九十一岁，高龄夫妇，齐眉健在，大开寿宴，张问莱特撰联贺梁同书夫妇九十双寿，联曰：“人近百年犹赤子，天留二老看玄孙。”此联最早载于清代梁绍壬《两般秋雨庵随笔》卷三，梁章巨在《楹联丛话》卷九中，评此联云：“时人称其工切。”联中字字扣题，平中见奇，不事雕饰，明白自如，以“玄”（黑色）对“赤”（红色），更觉工整，故《名联鉴赏词典》也录入此联。

张问莱与著名诗人吴锡麒、石韫玉等时相唱和，吴锡麒《有正味斋诗集》中有赠张问莱诗。其在《古雪诗钞》序中说：“余在都下，与张船山侍御为莫逆交……读其诗如龙跳虎卧，令人色然而骇。……后交其弟旗山，旗山来官于浙，余亦乞养还里，因得常常见之。既读其诗，并读其古雪夫人所为诗，然后知闺门之中，风化所始，要必出之至性至情者为足贵。”

清代诗人张青选（广东顺德举人，官至湖北按察使）撰有《旗山小传》，载《遂宁张氏族谱》卷二。

十三、杨古雪

杨古雪（1773—1817），清代女诗人、画家，名继端，字明霞，自号古雪女史、西川女史。四川广元县长东路高城堡（今旺苍县普济镇）人，后迁南江县长池坝（今长赤乡）。生于乾隆三十八年（1773）六月，出身书香门第。其父杨玺（1735—1806），字辑五，号瑞图、瑞亭，系乾隆二十五年举人，大挑二等，曾任纳溪县教谕、潼川府（治今四川三台县）教授、江苏省安东县（今涟水）知县、六合县知县，升太仓知州、苏州府水利同知、署松江府知府，爱士恤民，嘉庆《四川通志》有传。母何氏，亦知书。古雪幼时随父就读于纳溪学署，天资聪颖。四岁识字，十岁知声律，习诗作文。师夸有“咏絮”之才，遂赐号“古雪”，本谢道韫咏雪意。十九妙龄与才子张问莱结为伉俪。夫妻恩爱，生活惬意，古雪与亥白、船山兄嫂姊妹常有诗词唱酬。嘉庆三年（1798），古雪偕夫送母、弟（杨继昂，字廷贤，号冠山，拔贡，著有《冠山诗集》）赴江苏六合县家大人官舍。途中每临胜地，即吟诗抒怀。嘉庆五年春，随夫到浙江赴任后，赋诗填词不止。其诗词清婉，情感丰富。

古雪钻研诗词，兼工书画，并喜刺绣，尤长花卉仕女及山水，《益州书画录续编》云：“能诗兼工书画，有《烟雨楼》画幅传世，极飘缈之至，题跋亦隽雅。”

嘉庆十四年春，古雪将其作品刊印成《古雪诗钞》一卷、《古雪词钞》一卷，书前有诗人吴锡麒、学者梁同书、状元石韫玉、名士徐步云所作序言，书后有王慧云女史所作跋语。

嘉庆二十二年四月，古雪病逝，享年四十五岁。其侄杨世焘（杨廷贤与女诗人高浣花之子，号聋山）将浙本《古雪诗钞》《古雪词钞》和《古雪诗词续钞》三书汇总编成《古雪集》三卷，在旺苍县高城堡九曲坡（今普济镇九江村）故里刊印。《古雪集》收录杨氏嘉庆二年至嘉庆二十年（1797—1815）间之诗词作品，计诗四百四十八首、词三十二阕，在此前后者，惜已散佚。

古雪词，风格婉丽，写景佳美，含蕴无尽。清代丁绍仪《听秋声馆词话》卷十八《清闺秀词》称古雪词《伤情怨》“尤隽峭者”。况周颐《玉楼述雅·杨古雪词》云：“西川杨古雪诗余一卷。《蝶恋花·春阴》《买陂塘·西泠送春》，两词佳境，渐能融婉丽入清疏。《买陂塘》处韵十三字，余尤喜之。”

古雪生平事迹见《全清词钞》《清代闺阁诗人征略》《保宁府志》《遂宁县志》《益州书画录续编》《四川历代文化名人辞典》等书；钱仲联主编《中国文学家大辞典》（清代卷）、胡传淮《芝溪集》《蓬溪诗存》等书有传。

十四、张瑶缃

张瑶缃，字怀芸，张船山堂妹，工诗，常与林颀、杨古雪唱和。名士徐步云《补祝旗山兄亲家贤偶古雪嫂夫人四十初度》诗注载有其事迹。

张瑶缃《和古雪弟姒留别作》（二首）云：“知君决计理归舟，别后思君独倚楼。官阁谈心如姊妹，圣湖聚首几春秋？江南雁影飞凉月，峡里猿声送急流。诗补兰陔同洁膳，故园世泽本长留。”“骊驹高唱动扁舟，促膝何时共一楼。兄弟只今同薄宦，别离况复感深秋。高堂颐养加餐重，异地年光逐水流。更有神仙携伴侣，怎教欲去不可留？”

生平事迹载《国朝全蜀诗钞》卷六十一、民国本《遂宁县志》卷五、《巴蜀历代名媛著作考要》。

十五、张　筠

张筠（1768—1787），张顾鉴次女，船山四妹，张鹏翮玄孙女，生于乾隆三十三年，喜诗能文。船山为其堂姐张问端《淑徵诗草》所作序言中，称四妹张筠善诗，其《江上对月》诗中有“窈窕云扶月上迟”之句，深受船山赞许。船山多次在诗中怀念四妹张筠云：“闺中玉映张元妹，林下风清道韫诗。”“咏絮乍惊微雪夜，结荷永废大雷书。”说明张筠有谢道韫、鲍令晖之才。胡传淮《芝溪集》载有其事迹。

张筠与汉军高扬曾结婚。婚后，张筠在夫家受欺侮和虐待，乾隆五十二年病死于京师，年仅二十岁。船山在乾隆五十三、五十五年两次写诗哀悼她。

清代遂宁张氏家族，有诗文流传至今者，多达五十余人，是名副其实的“诗人世家”，人称“一家男女尽能诗”。名扬巴蜀，领一代风骚，为古今中外诗坛所罕见。

【原载】《西华大学学报》2007年1期

张鹏翮世系

据《遂宁张氏族谱》（民国十三年刻本）记载：张鹏翮、张问陶的祖先原籍湖北省麻城县孝感乡，明代洪武二年（1369），迁入四川遂宁县黑柏沟。入川始祖张万，至张鹏翮，已历九世。其世系为：

第一世

张万，原籍湖广省麻城县孝感乡白獭河（今麻城市龙池桥办事处白塔河社区）之绿柳村，明洪武二年（1369）迁蜀，卜居遂宁县黑柏沟，卒葬黑柏沟大樟树湾。

黑柏沟位于遂宁东部，距遂宁城十余公里，明代、清代和民国时期均为遂宁县所辖。1954 年，黑柏沟始划归蓬溪县管辖。黑柏沟全长十余公里，分上下两沟。上沟大樟树湾和下沟两河口，均为张氏祖居地。两河口有张氏祖茔；大樟树湾有始祖祠。大樟树湾与两河口相距七公里，前者今属蓬溪县任隆镇黑柏沟村五社大樟树湾；后者今属蓬溪县金桥镇翰林村两河口。两河口张氏祠堂现为金桥镇翰林村村委会驻地。清初名臣张鹏翮《大樟祖居》诗云："柏沟樟树荫茅庐，始祖由来卜此居。三派辛勤躬稼穑，百年清白事诗书。宅心忠厚贻谋在，传世醇良积庆余。佑启后人培福德，莫忘高大耀门闾。"自注云："始祖万公明初自楚迁蜀，兄弟三：一居铜梁，至大司马肖甫公（张佳胤）显；一居安岳，至侍御留孺公（张任学）显；一居遂邑，自景泰时姚安太守（张赞）至崇祯壬午，孝廉科第联绵。"（《张文端公全集》卷五）张问陶《船山诗草》卷七载有乾隆五十七年（1792）春回故乡所作的《樟树湾祠堂月夜同寿门（张问莱）弟作》一诗，诗中有句云："疏篱明夜火，老树立村名。"

关于遂宁张氏源流，除张鹏翮三派说外，另有一说，最早载于清代《池上草堂笔记》。清钱泳《履园丛话·报应》卷十六和近人王德昭《清代科举制度研究》亦有载。一日，张百龄对客人说："我本汉军张姓，先世系江西人。自元以来，积德累世，人无知者。某公精堪舆，尝卜一地，葬其先人。葬毕叹曰：'吾子孙如不坠先业，后必出三公。'……葬后生子五人，分居五处：其一处湖广，后生江陵相国居正，谥文忠；其一处四川，入本朝，生遂宁相国鹏翮，谥文端；其一居江南，生京江相国玉书，谥文贞；其一居安徽，生桐城两相国，英谥文端，子廷玉谥文和；其一居长白山，入汉军，即吾先代也。"张百龄于嘉庆十八年以两江总督协办大学士，谥文勉。合计一支，五房而出六宰相（张居正、张鹏翮、张玉书、张英、张廷玉、张百龄），风光占尽，有清一代，鲜与伦比。

张万卒后，葬大樟树湾观音寨山中麓，其墓今存，人称"始祖墓"。墓碑素面小碑，纵2米，横0.8米，厚0.3米，碑面文字大多剥蚀，今仅存"始祖张公讳万之墓"等字。清康熙末年，张鹏翮在京师曾多次向家人写信云："闻黑柏沟世产，被楚人侵占。十里周围之田地，虽难以尽复，然祖茔之山前后及大湾，祖基两河口交汇处，二地田土关系风水，断不可轻失。""黑柏沟有始祖墓，尚未有祠，须令懋德（张鹏翮侄子）兼看，以防楚人侵占。"清初大批移民入川，形成"湖广填四川"的第二次高潮，张鹏翮时任户部尚书，老家田产祖茔被湖广来的移民侵占，无计可施。可见其廉洁正直，不恃势压人。后来清还，张鹏翮作有《黑柏沟祖茔被楚民侵占，蒙制军清还，读罢檄语，感而泣下》一诗，有句云："日暮秋风生万壑，几回衫袖掩啼痕。"

第二世

张永成，张万长子，貤封承德郎、南京礼部仪制清吏司主事，娶余氏。由遂宁黑柏沟迁居土桥铺，卒葬土桥铺之鹰嘴山（今遂宁市安居区聚贤镇大柏林村三社张家湾狮子山）。其墓碑今存，坐北朝南，高约2米，宽约1米，厚0.2米。系其玄孙张愿、张宪、张璁及六世孙应信、应高、应勋、应葵、应志所立，后毁。清道光十一年（1831）孟夏月十五日，十二世孙问达、问常、问品、问时，十三世孙知蕴等重立。

第三世

张赞，永成子，字邦翊，号靖翁，生于明永乐十三年（1415）十一月十四日。景泰四年（1453）举人，五年三甲第一百六十七名进士。历官礼部主事、员外郎、郎中。天顺八年（1464）出任云南姚安府知府，惠政卓著，吏民称歌。《云南通志》《姚安县志》《明清进士题名碑录》有载。娶王氏，子二：福暌、昌暌；女一。因土桥铺原名福昌里，故其二子名为福暌、昌暌，以纪其出生地也。张赞卒于弘治二年（1489）三月，葬土桥铺凤凰窝（今遂宁市安居区聚贤镇大柏林村三社），崇祀名宦祠、乡贤祠。《遂宁县志》有传。张赞墓今存，坐北朝南，高约2米，宽约1米，厚0.2米。碑文为“赐进士第礼部员外郎授参政大夫张公讳赞老府君暨王夫人之墓”，系张赞十一世孙问静、问程，十二世孙知简、知雄，十三世孙遇巷、遇铨等人，于清咸丰元年（1851）岁次辛亥冬十二月十三日重立。

按：《景泰五年进士登科录》载：“张赞，贯四川潼川州遂宁县，民籍。县学增广生，治《春秋》。字邦翊。行四。年三十二，十月初十日生。曾祖明佐，祖泰林，父永成。母余氏。永感下。兄澍、泽、济。娶王氏。四川乡试第十四名，会试第二百五十名。”与《遂宁张氏族谱》记载有异，存此备考。

第四世

张福暌，张赞子，隐居不仕。墓葬不详，待考。

第五世

张尚威，福暌子，处士，为张鹏翮之高祖。卒葬黑柏沟，其墓今存。墓碑纵2.9米，横4.6米，厚0.6米。墓碑主文为“明处士高祖考张尚威之墓”。清代张邦伸撰《锦里新编》卷二载：“文端公（张鹏翮）高祖葬遂宁黑柏沟，山势雄峻，落穴端平，惟元神水直出，不能百步转澜，形家以为贵而不富。张氏自文端公后，科甲连绵四五世；至船山（张问陶），官阶俱至府道以上……累世皆以清节著，家无余资，彼形家风水之说，诚非无因也。”

第六世

张惠，尚威长子，字教庵，隐居不仕，积善好施。生于明嘉靖十五年

（1536）二月初二，配孟氏，子五人。卒于崇祯五年（1632）十二月十八日，享年 97 岁，学者私谥“三多先生”，葬两河口祖茔。清康熙时状元韩菼撰有《教庵公传》，载民国《遂宁县志》卷五和《遂宁张氏族谱》卷二。其墓今存，位于蓬溪县金桥镇翰林村两河口纱帽山中麓，墓碑纵 2.8 米，横 0.95 米，厚 0.4 米，碑文完好。

第七世

张应礼，张惠次子，字和斋。生于明万历六年（1578）三月十六日，娶周氏，子九人。官怀远将军都司佥书。卒于崇祯十一年十一月十二日，与张惠合葬于两河口，其墓今存。

第八世

张烺，张应礼第四子，字冲寰，号松龄。生于明天启七年（1627）五月二十三日，卒于康熙五十四年（1715）八月初二，享年八十九岁。配景氏，侧室季氏。子六人：鹏翮、鹏翼、鹏举、鹏飞、鹏翥、鹏搏，女二人。景太夫人为张鹏翮生母，生于明天启四年，卒于清康熙十九年，初葬遂宁玉堂山，后迁葬两河口祖茔。清武英殿大学士、礼部尚书熊赐履撰《景太恭人墓志铭》，其墓今存。

康熙帝曾书“鲐背神清”“养志松龄”二匾额赐张烺。康熙五十二年三月，逢康熙六旬万寿，张烺穿巫峡，渡黄河，经数千里到京城为康熙祝寿，天颜大喜，颁赐珍膳及召见，复赐老人宴。张烺与宋荦、徐潮、王鸿绪、许汝霖、徐元正等名臣坐前列，传为美谈。四月，诏问张献忠入川始末。法式善《陶庐杂录》卷一载：康熙五十二年四月，上问尚书张鹏翮曰：“明末张献忠兵到四川，杀戮甚惨，四川人曾有记其事之书籍否？”张鹏翮奏：“无有记其事者。”上曰：“……尔父今年八十有七，以张献忠入川时计，约已十七八岁，必有确然见闻之处，尔问明缮折进呈。”后来由张烺口述，张鹏翮缮疏上闻。

张烺著有《烬余录》《松龄老人笔记》等书。《烬余录》自录其生平，起于天启七年，止于康熙五十四年，记载了明末清初八十余年见闻，对张献忠据蜀记载尤详，对研究明末清初四川历史和张献忠起义均有很大价值。《烬余录》中载：“吾族自麻城迁蜀家于遂宁之黑柏沟，有明三百年，族姓蕃盛，乃散居于邑西缤溪、土桥、治口、凤台等处，计十三房，凡万有余人。”“劫运后，逃散死亡，靡有孑遗，独余从万死一生中，得延余生。”“遂宁为水陆要冲，贼众往来，非宁区。”明末张氏一家，“三世一宅，僮仆百余人”。顺治二年（1645）十月，遂宁城中居民在战乱中被大量屠杀：“城中居人，无一存者。贼又掳其丁壮千余人，带至西洲坝，尽杀之。余诸兄及族姓之在城者，悉遭其厄。”“余乃悉窖藏其米谷等物，奉母入深山中。”“蜀民至是殆尽矣。”在清代官方史书中，大多认为这场浩劫是因为“张献忠剿四川”造成的。张烺实事求是地认为是由战乱、瘟疫和天灾交织而造成的。《烬余录》载：“又有瘟疫之祲，猛虎之灾。”“今统十分而计之：其死于献贼之屠戮者三；死于姚黄之掳掠者二；因乱而自相残杀者又二；饥而死者又二；其一则死于病也。”《烬余录》有一万余字，载《遂宁张氏族谱》卷四，有民国十三年刻本。

张烺卒后，葬于遂宁县三汇场庆元山（今属重庆市潼南区小渡镇月山村所辖），其墓今存。清保和殿大学士、礼部尚书陈诜和康熙时状元王敬铭分别撰有《光禄公传》，载民国本《遂宁县志》和《遂宁张氏族谱》。

第九世

张鹏翮，字运青，号宽宇，张烺长子，船山高祖。生于顺治六年（1649）十一月十七日，卒于雍正三年（1725）二月十九日，配唐氏，子二：懋诚、懋龄，女三。

顺治五年五月二十日，张烺一家迁居顺庆（今南充市顺庆区），第二年十一月张鹏翮出生。顺治八年迁居西充县槐树场大堰沟；十二年，迁居杜家；十三年，迁居盐亭县廖家沟；十五年，迁居西充石板场老鹳村。直到顺治十八年，始归遂宁，居县东河沙乡之赤崖沟。张鹏翮撰有《第一山精舍读书记》，记其少时在赤崖山读书情况；并作有《赤崖旧宅》诗。康熙七年（1668）迁遂宁广济坝，居张烺岳父景运亨宅。

康熙八年，张鹏翮考中举人。九年考中三甲第一百二十二名进士，选翰林院庶吉士。历官苏州知府、兖州知府；康熙二十八年三月至三十五年正月任浙江巡抚；后任江南学政、刑部尚书；康熙三十七年任两江总督；康熙三十九年三月至四十七年十月任河道总督；康熙四十八年二月至五十二年十月任户部尚书；康熙五十二年十月至六十年任吏部尚书；雍正元年二月至三年二月任文华殿大学士兼吏部尚书，太子太保、太子太傅，卒谥“文端”，廷推天下第一清官。康熙二十七年出使俄罗斯，为中俄签订《尼布楚条约》作出了重大贡献。张鹏翮为雍正初期领导集团的核心人物。扬历中外，集文学家、诗人、水利专家、外交家于一身。为清代267年中，蜀人做官地位最显赫、名声最响亮的人物。蔡美彪等著《中国通史》（第九册）对张鹏翮治理黄河的功绩作了高度评价。

张鹏翮从政五十余年，名满天下。康熙三十九年康熙帝谕大学士曰："鹏翮往陕西，朕留心访察，一介不取，天下廉吏，无出其右。"一年之内，康熙帝称赞张鹏翮为好官、清官不下十次之多；御赐张鹏翮之诗、联、匾、书画等，多达十余件。卒后，雍正帝亲自为他撰写祭文、墓碑，称他："矢志端方，持身廉洁。""志行修洁，风度端凝。""流芳竹帛，卓然一代之完人；树范岩廊，允矣千秋之茂典。"评价之高，无出其右。清代著名文学家彭端淑《张文端公传》云："公自弱冠入仕，及为相凡五十余年，名满天下，主上不疑，同官不忌，考诸史册，往往难之。"清代著名学者赵慎畛《榆巢杂识》卷下《天下第一清官》载："遂宁张文端公鹏翮官巡抚，有清望，圣祖褒之为天下第一清官，至今家堂犹悬此额。累叶外任，皆守清白家风。官开化太守者名顾鉴，船山先生翁也。闻船山少时，御冬曾无絮袍云。"

张鹏翮著有《冰雪堂稿》《如意堂稿》《治河全书》《奉使俄罗斯行程纪略》《兖州府志》《遂宁县志》等十余部著作。光绪八年刊刻《张文端公全集》，凡七卷，内有诗二卷，诗风纯实简正，自是正声。生平事迹见《清史稿》卷二七九本传、《清史列传》卷十一本传、彭端淑《张文端公传》、陆耀《治河名臣小传》、李元度《国朝先正事略》、《中国文学家大辞典》等；清遂宁张知铨（张鹏翼六世孙）编《张文端公年谱》。《清诗别裁集》《国朝全蜀诗钞》《蜀雅》《清诗汇》、胡传淮《张文端公全集注》《张鹏翮诗选》《张鹏翮研究》录有其诗。

张鹏翮卒后，归葬遂宁中安里庆元山。唐太夫人卒葬山东曲阜县之南官府马鞍山。民国元年（1912），由蓬溪县划出东乡十一个场镇，遂宁县划出上安、中安、下安三里，建立东安县（因位于潼川府之南，后更名为潼南县，今潼南区）。张烺、张鹏翮父子墓所在地庆元山划归潼南县所辖。庆元山今属重庆市潼南区小渡镇月山村，张氏父子墓仍存。张鹏翮墓在庆元山金簪子坡下的第三台土上，坐北朝南。坟墓比普通坟冢略大，墓前立有一通墓碑，碑高144.5厘米，宽67厘米，厚14.5厘米。墓碑有三行文字：左行"雍正四年二月吉旦"，中行又分两小行：

皇清 文华殿大学□□ （以下文字漫漶）
书少保文端□□

右行“孝男礼科□□□”（以下文字漫漶）。碑文是张鹏翮生前、逝后的授职和谥封，与《遂宁县志》《遂宁张氏族谱》相符合。

张烺墓在庆元山金簪子坡下第四台土上。张鹏翮《庆元山》诗中所云“他日归来第四台，独寻春色几徘徊”即指此。其墓坐北朝南，坟冢略小，墓前有一与张鹏翮墓碑相仿的碑石，但碑面已严重剥落，只有中央“户部”二字尚依稀可辨。张烺生前曾“诰封光禄大夫、户部尚书加三级”。

在庆元山下祠堂湾，原建有张公祠，坐北朝南，是一进两层的两个四合大院，建筑精美，有客厅和守墓人的住所，现大部分房屋已拆除。

康熙十四年（1675），张鹏翮召对懋勤殿，命坐赐茶，问父母无恙否，荣遇殊甚。遂宁张氏家族遂仿周公得禾、孔子受鲤之意，以“懋勤顾问，知遇崇隆；清正仁厚，进德立功”十六字为字派名子孙。

第十世

张懋诚，字孟一，号存庵，张鹏翮长子，船山曾祖。生于康熙六年（1667）十月二十日，卒于乾隆二年（1737）十一月十八日，娶罗氏（四川阆中人，青州知府罗大美之女）、朱氏。子五：勤望、勤宠、勤保、勤河、勤复，女九。康熙二十六年举人。历官安徽怀宁知县、奉天辽阳知州、通政使司通政使，署工部右侍郎，诰授通奉大夫，著有《通政诗集》一卷。性忠直，有气节，卒葬遂宁楼山（今遂宁市船山区永兴镇）。《遂宁县志》载有《通奉公传》，其子张勤望撰有《通奉公行述》《罗太夫人行述》（民国《遂宁张氏族谱》卷四）。

第十一世

张勤望，字孚嘉，号莲洲，船山祖父。生于康熙三十三年（1694）五月二十九日，卒于乾隆二十二年（1757）四月十四日，配岳氏（四川南江县人，进士岳度女）、杨氏。子八：顾鉴、顾霖、顾京、顾墀、顾銮、顾瀛、顾普、顾振，女二。荫生，历官宁国府知府、山东登州府知府，署登莱青海防兵备道，诰授中宪大夫。时人称誉曰：“不愧天下清官张相国之孙，二十年尘案，片言决矣。”所至卓有循声，无愧贤良。《遂宁县志》有传。善诗，民国《遂宁县志》载其诗六首。卒葬两河口，其墓今存，为张勤望与妻岳氏、杨氏三人合冢墓，位于金桥镇翰林村东 300 米人头山。墓碑纵 3.1 米，横 1.5 米，厚 0.5 米。素碑无饰雕。

第十二世

张顾鉴，字镜千，号冰亭，船山之父。生于康熙六十年（1721）四月十四日，时张鹏翮任吏部尚书，喜初得曾孙，取“张曲江千秋金鉴”之义，以命是名。卒于嘉庆元年（1796）十二月十二日。娶李氏、周氏（山东即墨人）。子三：问安、问陶、问莱；女二，长女适浙江归安监生潘本侃，次女张筠适骧黄旗汉军袭骑都尉高扬曾。三子二女之生母均为周氏。乾隆六年（1741）张顾鉴中顺天乡试副榜，历官河南安阳知县、山东馆陶知县、湖北均州知州、荆门州知州、汉阳府同知、云南开化府知府，诰授朝议大夫。卒后与李氏、周氏均葬两河口祖茔。张顾鉴善诗，与著名诗人袁枚为少年诗友，著有《近花窗诗稿》《耐舫近稿》《撷芳集》等诗集。《四川历代文化名人辞典》《遂宁县志》有传。

第十三世

张问安，字悦祖、季门，号亥白，张顾鉴长子，船山之兄。生于乾隆二十一年十二月十四日（1756 年 2 月 2 日），卒于嘉庆二十年正月初五（1815 年 2 月 13 日）。娶陈慧殊（1755—1783，浙江海宁人，江西南安府同知陈亿女，著有《香远斋稿》）、王氏、文氏、吴氏，著有《亥白诗草》八卷，存诗八百四十余首，夫妻均葬两河口。亥白为清代诗人、书法家，诗才超逸，与船山号称二雄。其生平事迹可参见拙著《张问安诗选》《张问安研究》和拙文《清代诗人张问安行年简谱》（《川北教育学院学报》2000 年第 4 期）。

张问陶，字乐祖、柳门，号船山，张顾鉴次子。生于乾隆二十九年五月二十七日（1764 年 6 月 26 日），卒于嘉庆十九年三月初四（1814 年 4 月 23 日）。娶周氏（涪陵人，左都御史周兴岱女）、林颀（江苏人，四川布政使林俊女，著有《林恭人集》）。张问陶著有《船山诗草》二十卷、《补遗》六卷。其诗书画，遍传宇内，是清代第一流的大诗人、大书画家。卒后寄殡苏州光福镇玄墓山，后归葬故乡两河口祖茔，其墓位于今蓬溪县金桥镇翰林村唐家湾月亮坪，2014 年夏修复。周氏、林颀亦葬两河口。其生平事迹可参见拙著《张问陶年谱》（巴蜀书社2000年初版、2005年修订再版)。

张问莱，字承祖、寿门，号旗山，张顾鉴季子，船山之弟。生于乾隆四十年(1775)正月十八日，卒于道光十八年(1838)七月初八。娶杨继端(1773—1817)，子知训。卒后，与杨继端均葬两河口。张问莱为蜀中才子，与著名书法家梁同书为忘年交。其妻杨继端，四川旺苍县人，松江府知府杨玺女，字明霞，号古雪，清代女诗人、画家，著有《古雪集》，今存诗四百四十八首，词三十二阕。《巴蜀文化大典》赞扬张氏“丈夫兄弟三人皆才子，妻子妯娌三人均诗人，当时文坛传为佳话。”

从明初入川始祖张万，至清乾嘉时张问陶，共计十三世，即：张万→张永成→张赞→张福暌→张尚威→张惠→张应礼→张烺→张鹏翮→张懋诚→张勤望→张顾鉴→张问陶(兄问安、弟问莱)。

张问安、张问陶无子，族人认为：“船山为一代名人，固不可无后；而亥白系六房大宗，尤不可阙如，因饬族议，以读书明理者嗣之。”遂众议以张知训(张问莱子)承嗣问安，继大宗兼祧本支；以张知防(张问伸子、张勤望曾孙)承嗣船山，故船山嗣子为张知防。

目前张氏后裔散居遂宁市城区小东街御书楼、仁里镇乘龙院、船山区北固乡玉堂寺、新桥镇象山和蓬溪县任隆镇黑柏沟村、金桥镇翰林村两河口等地，已发展到第二十一世“厚”字辈了，总人口有二千余。

遂宁张氏家族是一支兴盛时间长达两百年左右，在政治上和文学上都有重要影响的大家望族。从清初张鹏翮入仕，到清中叶张船山中进士，张氏中进士者三人，中举人者九人，成贡生者十八人，为官者达数十人，既有文官，亦有武将。一人入《中国通史》，二人入《辞海》，三人入《清史稿》列传，四人入《中国文学家大辞典》。清代遂宁人入乡贤祠者八人，而张氏一族就占了七人。张鹏翮是清代蜀人中官位最显赫、名声最响亮的人物。张船山为清代蜀中诗冠，也是当时第一流的大诗人和书画家。其诗，天才踔厉，价重鸡林。其书画，蜀中从清代后期起民间就有“家无船山画，不算书香门”“家无船山字，枉为读书人”之说。船山诗书画三绝，博大精深，风行宇内，“四海骚人，靡不倾仰”(梁绍壬《两般秋雨庵随笔》卷八)。因此，无论从政治上或从艺术上，都有必要对清代遂宁张氏家族进行全面深入的清理和研究。

【原载】《张鹏翮研究》，2011年中国文联出版社出版

张问陶在清诗史上的地位

张问陶（1764—1814），字仲冶，号船山，祖籍四川遂宁县黑柏沟（今遂宁市蓬溪县金桥镇黑柏沟两河口翰林村）。其高祖张鹏翮（1649—1725），清代康熙、雍正朝名臣，官至文华殿大学士兼吏部尚书，《清史稿》有传；曾祖张懋诚（1667—1737），官至通政使、署工部右侍郎；祖张勤望（1694—1757），官至山东登州知府、署登莱青海防兵备道；父张顾鉴（1721—1797），官至云南开化知府；兄张问安（1757—1815），号亥白，清代诗人，著有《亥白诗草》；妻林颀，字韵徵，号佩环，清代四川布政使林儁之女，著有《林恭人集》。

张问陶于清乾隆二十九年五月二十七日（1764 年 6 月 26 日）生于山东省馆陶县（今山东省聊城市冠县北馆陶镇）。乾隆五十五年（1790）进士，改翰林院庶吉士。散馆，授检讨。嘉庆十年（1805），官江南道监察御史。嘉庆十五年，出任山东省莱州知府。嘉庆十七年，辞官。嘉庆十九年三月初四（1814 年 4 月 23 日），病逝于苏州，享年五十一岁。后归葬故里四川遂宁两河口（今蓬溪县金桥镇翰林村两河口）祖茔。其生平可参见胡传淮《张问陶年谱》。

张问陶著有《船山诗草》二十卷，清嘉庆二十年刊行；《船山诗草补遗》六卷，清道光二十九年（1849）刊行，两书共收诗三千余首。1986 年，中华书局将《船山诗草》（包括《补遗》）列入“中国古典文学基本丛书”出版，2000 年重印。这是目前最完备、最通行的张问陶诗集。2010 年，巴蜀书社出版了成镜深、胡传淮等人注释之《船山诗草全注》，一百五十余万字，这是至今最完整的船山诗集注本。

一、从古今学者对张问陶的评论看张问陶在清诗史上的地位

清代著名诗人袁枚（1716—1797）在《答张船山太史书》中云："诗人洪稚存太史，旷代逸才，目无余子，而屡次来信颂执事之才为长安第一。""以执事倚天拔地之才，肯如此抝谦，亦是八十衰翁生平第一知己。"《答张船山太史寄怀即仿其体》云："忽然洪太史，夸我得奇士。西川张船山，槃槃大才子。"

袁枚系乾隆时期诗坛盟主、性灵派主将，暮年因洪亮吉的推荐，才与船山神交，并云："吾年近八十，可以死，所以不死者，以足下所云张君诗犹未见耳！"袁枚视船山为"生平第一知己"，可见船山之才，非同一般。

著名学者王昶（1724—1806）《长夏怀人绝句·张问陶》云："匡庐游罢更东还，如雪麻衣泪点斑。此去东华坛坫上，何人诗笔配船山？"著名学者朱为弼《蕉声馆文集》卷五《族侄仁荣桂轩小稿序》云："居春明十有余年，见都人士之为诗者，惟服膺张船山、鲍双湖两先生，其诗皆以古谊抒写性灵者也。"足见船山诗盛传于世，名在人口，表明船山在乾嘉诗坛有崇高地位。

清代著名学者吴锡麒（1746－1818）《哭张船山》诗云："诗留壁上待招魂，文章此后歇波澜。""如此惊才仅中寿，问天何苦更生才？""余在都下，与张船山侍御为莫逆交。读其诗，如龙跳虎卧，令人色然而骇。……船山雄于诗者也。"《寄张船山》云："大集为必传之作，魁奇排奡，横绝古今。"说明船山诗雄直刚健，大气豪放。

清代著名学者洪亮吉（1746－1809）云："张检讨诗如骐骥就道，顾视不凡。"《题张同年问陶诗卷》云："我狂可百樽，君捷亦千首。谪仙和仲并庶几，若说今人已无偶。"李白号称"谪仙"；苏轼，字和仲。洪亮吉认为，船山可以和李白、苏轼并美，乾嘉诗坛无人能及，故船山在当时"有青莲再世之目"，"以为太白、少陵复出也"。清诗人查有新《张船山太史》云："偶然玩世东方朔，再世狂吟李谪仙。"《船山先生五十》云："岷峨秀气绝人寰，又见坡翁出世间。"《哭张船山太史》云："文章雄绝冠西川，万丈灵光万古传。"船山亦每以东坡自况，云："古今得失常相左，前有东坡后有我。"清人刘大观（1753—1834）《题张船山〈滦阳纪行〉诗后》云："剑外何人接大苏？遂宁胸次走骊珠。笔如泉涌神先到，语不雷同趣自殊。"清末蜀人江椿《遂宁道中怀张东莱》云："才子兼循良，百年也无两。我欲祠髯苏，惟公得配享。"可见，

人们向来是将张问陶与苏轼相提并论的。张船山在诗书画三方面的成就，远超蜀中清代李调元、明代杨升庵，直追宋代苏东坡，故后世将苏轼、张问陶并称为“苏张”。

清代著名蒙古族汉文诗人、诗歌理论家法式善（1753—1813）在《拜东坡生辰，船山画公像》诗中赞船山“峨眉秀色钟吾友，诗画当今无对手”。在《乐游诗·张船山检讨》中称船山：“太白仙去东坡死，大笔淋漓属吾子，玉堂人物哪有此？”诗人李鼎元（1751—1814）云：“船山阮籍流，天才自雄放。脱略同辈中，别具清狂状。”著名书法家伊秉绶（1754—1815）《张莱州船山》赞船山：“峨眉山上仙，谪为宰相系。彩笔星斗芒，宝剑春坊字。”诗人杨芳灿（1754—1815）《积雨柬张船山检讨》云：“君昨示我诗，旷代惊奇才。猛炬出犀焰，寒星迸骊胎。我如获至宝，摩挲日千回。”著名诗人吴鼒（1755—1821）《有问船山诗论定何如者叠前韵答之》：“森森玉树竟摧残，句里精华不可刊。当日知己千载有，此才直恐再生难。盛名只益无年憾，生气终如现在看。独惜集成知己逝，仓山心事不曾完!”又云：“诗名太大鬼都嗔，老杜韩公有替人。”诗人、书法家王芑孙（1755—1818）赞船山云：“同年张检讨，诗才世莫敌。毅然洗万古，破空出奇特。海内孙与洪，睹子尚辟易。”又云：“自古奇才必生蜀，船山在今麟一角。”《酬张亥白问安》云：“渊云自古非一姓，今者蜀士称二张。世无欧梅有轼辙，处姊未嫁诚何伤。乃弟才情最奇崛，君绝无奇转淡谧。”著名诗人宋湘（1756—1826）《见张船山归田诗卷因次其韵》云：“记说当年掣海鲸，看君挥手上层城。世无李杜千秋业，人有江河万古情。”《送张船山前辈出守莱州即次留别元韵》云：“等身著作几曾贫？蜗角功名泰岱尘。当日改官先已错，而今何铁铸诗人?”从中可以概见船山时望之高、成就之大。

清代状元、著名学者石韫玉（1756—1837）《船山以诗见遗，奉答四绝》赞船山：“遂宁太史以诗鸣，小草何曾换旧名。”“醉中骑马长安市，错被人呼李谪仙。”“冰雪聪明铁石心，诗名远播到鸡林。太平黼黻将谁属？司马高文冠古今。”《灯下读同年张检讨〈船山诗集〉后》云：“一番开卷一番新，活色生香十指春”；“早知青史归迁手，愿聚黄金铸岛身。”《题张船山画〈钟馗送子图〉》云：“莱州太守神仙姿，作诗上与青莲期。出其余技托绘事，神妙至与造化师。”《悼船山同年三首》云：“灵运生天竟我先，空传诗卷五千篇。”“才似张衡信绝伦，即论为政亦超尘。”说明船山天才踔厉，价重鸡林。

清代诗人朱文治（1760－1845）《书船山纪年诗后》云：“满纸飞腾墨彩新，谁知作者性情真？寻常字亦饶生气，忠孝诗难索解人。一代风骚多寄托，十分沉实见精神。随园毕竟耽游戏，不及东川老史臣。”朱氏认为船山诗歌抒发真性情，表现忠孝，多有寄托，还表现时事，语言清新自然，生气涌出，精神飞扬，风格沉郁，没有以游戏为诗的毛病，超过随园（即袁枚）。

清代诗人吴树萱《题张船山问陶诗稿》云：“一官愁煞苦吟身，下笔真能泣鬼神。岂假安排成间架，翻从刻划肖天真。山灵笑我来非分，诗史如君替有人。死矣铅山（蒋心余前辈）简斋老，后来端合喻樵薪。”赞美船山诗能“泣鬼神”，堪称“诗史”，可与袁枚、蒋士铨并驾齐驱。著名诗人鲍文逵（1765—1828）《呈张船山先生》云：“太守人传是谪仙，东来文采动星躔。一泓海水遥波绿，九点齐州落笔烟。”著名诗人何道生（1766—1806）《题张船山检讨问陶诗卷》云：“船山之诗无不有，笔大如船胆如斗。腕底千篇万篇走，笙磬钟镛一齐吼。……想当下笔风雨快，毫端倒注三峡泉。前追元亮（陶潜）后青莲（李白），乖崖（张咏）和仲（苏轼）时相先。……顷刻满纸腾云烟，孰唐孰宋孰汉魏，非鬼非佛非神仙。开口要令鬼神哭，落笔便与风霆缠。才人奇横有如此，人不至此疑自天。……我读君诗侵五更，一灯微哦悄无声。忽逢佳处叫奇绝，不觉屋瓦都震惊！”可见船山诗气势磅礴，感人肺腑。

清代著名诗人吴嵩梁（1766—1834）《香苏山馆全集·诗话》卷二云：“（张船山）七律尤妙，述怀叙事，沉透能到十分，吐属生新，音节悲壮。忽如猛将斫阵，忽如高士参禅，忽如舞女簪花，忽如仙人吹笛，别有一番悟境。五律亦多名句可采。”著名学者许宗彦（1768—1818）《题张太守船山问陶诗草》云：“光芒煜爚腾户庭，灵风肃肃几上生。一编突兀船山草，使我夜半心魂惊。……诵到船山佳绝处，廿年惆怅空闻名。一代诗才指可屈，黎黄孙洪皆杰出。笔底寻常回万牛，眼中往往无前哲。如君真足与之敌，丈夫磊落写胸臆。”诗人史善长（1768—1830）《题张船山诗草》有云：“一空唐宋格，畅达古今情。”“狂舞天为笑，悲歌剑欲鸣。妙莲花供奉，低首拜先生。”著名诗人陈用光（1768—1771）《赠张船山太史问陶》云：“分得眉山八斗才，鼎立三家俱跛扈。”“我见决知是公作，世无袁蒋谁纵横？”《喜晤张船山前辈》云：“画为写意高人笔，诗是登坛大将才！”诗人陈文述（1771—1843）赞船山：“早年观中朝，才笔凌王侯。”《挽船山太守》云：“十年京洛问骚坛，第一才人压建安。自有诗名齐李杜，即论文望亦苏韩。”诗人王衍梅（1776—1830）《书船山集二十韵》云：“微官淹岁月，大集照乾坤。”《次韵谷人先生哭船山侍御三首重书船山集》云：“长忆词源万斛宽，漫劳屈宋作衙官。名场断送狂生易，诗境消除霸气难。”“断肠渡江吴祭酒，萧骚白发哭惊才。”著名诗人姚椿（1777—1853）云：“翰林（船山）之诗，奇险捷出，不主故常，其极主于能道人意中事而止。”著名诗人杨铸（1778—1847）《虎邱访张丈船山留饮青山楼》云：“四海竟传奇句早，一楼如待谪仙来。特生此笔留诗史，已遂名山惜吏才。”《横波舫同渊如船山两丈作》云：“酒阵才停笔阵来，青山红树亦低回。可知今夕非荒宴，都是乾坤有数才。”可想其才之横绝一时。

清诗人乐钧称船山为“诗仙”，云：“诗仙师造物（船山有小印曰“师造物”），为写《闲居图》。”又在《东窗杂诗和芙初》中云：“近代诗歌推船山，醉吟不减李青莲。”清代诗仙张船山，可与唐代诗仙李太白并美。清诗人王祖昌《题张船山太史宝鸡县题壁诗后》云：“忍读新诗泪满缨，当朝史诗属先生。”“从今国史添清议，工部千秋有替人。”可知船山与杜少陵齐称，是真正继承了老杜传统的伟大诗人。

船山才名遍海内外，其诗不仅在国内广泛流传，“四海骚人，靡不倾仰”，在国外传播亦广，高丽、琉球争购其诗：“朝鲜使人求其诗，至比之鸡林纸价。”乾隆六十年（1795）正月十八日，朝鲜著名思想家、卓越诗人和书画家朴齐家（1750－1805）在罗聘（扬州八怪之一）寓所见到船山诗一卷，爱不释手，并投诗船山云：“曾闻世有文昌在，更道人间草圣传。珍重鸡林高纸价，新诗愿购若干篇。”诗中将船山类比为文昌，可见评价之高。船山和诗云：“性灵偶向诗中写，名字宁防海外传。从此不防焚剩草，郁陵岛上有遗篇。”朝鲜诗人、书法家尹仁泰还为船山“怀人书屋”题匾，船山赠诗云：“写以朝鲜使，天涯若比邻。”二人归国时，携去船山诗集。从此，朝鲜半岛上有了中国性灵诗作。嘉庆六年（1801）四月，朝鲜著名诗人、史学家柳得恭（1748—1807）出使来京师，渴望拜访船山、求取船山诗并为船山画扇题词。故船山从弟张问彤（1768—1832）在《秋怀船山》诗中云：“狂得时人骂，诗从外国知。”清人陈一沺《题张船山〈南台寺饮酒图〉》云：“遂宁公子张文昌，文笔画手皆佳妙。”清诗人宋之睿《跋张船山先生宝鸡题壁十八首诗后》云：“眼底早轻程不识，毫端直接李青莲。生逢盛代诗无祸，价重鸡林句远传。”清人张复旦《船山字》云：“外夷曾费千金求，而今片纸若麟凤。”清诗人张吉安《题船山庶常〈出山小草〉，即以留别》云："姓字几曾通狗监，文章早已播鸡林。眼中落落轻余子，海外何妨足赏音。"自注云："近稿为朝鲜使臣购去。"可见，在乾嘉时期船山诗、书，已流播海外了。

清代蜀中学者刘沅（1767—1855）《闻张船山下世》云："西蜀江山险，诗中有霸才。""坡老僭黄后，疏豪合似君。别开诗世界，笑傲酒乾坤。家恋江南好，才空冀北群。夕阳斜倚杖，愁说为招魂。"诗中肯定船山是清代蜀中诗坛盟主、四川诗人中的一面旗帜，是"诗国霸才"。正如船山七言联云："诗国霸才今日定，酒家醉墨几人传?"这不正是船山的真实写照吗?

清诗人张维屏（1780－1859）云："船山诗生气涌出，生趣飞来。……至近体则极空灵，亦极沉郁，能刻入，亦能清超。大含名理，细阐物情，或论古激昂，或言情婉曲。或声大如钟镛，或味爽如菘韭，几欲于从前诸名家外，又辟一境。"说明船山的诗歌与乾嘉时期的格调派、肌理派迥然不同，与性灵派亦大不相同，是一位独立的大家。

清代著名诗词家顾翰（1783—1860）《船山诗草补遗序》云："见其跋涉关河，崎岖戎马，欲歌欲泣，情见乎辞，以为太白、少陵复出也。""其诗空灵缥缈，感慨跌荡，脱尽古人窠臼，自成一家，如万斛泉源，随地涌出，洵乎天才亮特，非学力所能到也。""先生之诗，不主故常，空诸依傍，句句出人之意外，语语入人之意中，心灵笔妙，为人所难及。"说明船山诗歌，是惊世骇俗的大作，极具感染力和冲击力；船山深受杜甫、李白影响，是天才型诗人。同时表明船山"空诸依傍"，袁、蒋、赵外，"自成一家"。袁、蒋、赵、张，允为"乾嘉诗坛四大家"矣。

清代著名诗人、工部尚书张祥河（1785—1862）《题张船山太守诗后》云："惊人奇句落灯前，日下曾经识老船。诗派一朝还近宋，名流再世定登仙。呕心酒畔真无敌，插脚尘中亦偶然。天为蜀江重生色，千秋几幅浣花笺。"两江总督李宗羲（1818—1884）《船山先生像赞》云："峨眉毓秀，笃生英贤。有湖海气，结诗酒缘。至情至性，亦佛亦仙。披图一笑，如见生前。"可见船山既是诗仙也是酒神，其诗生气逼人，卓然大家，诚乾嘉诗坛之泰斗。

清人李元度（1821—1887）《张船山先生事略》云："幼有异禀，工诗，有'青莲再世'之目。……其诗生气涌出，沉郁空灵，于从前诸名家外，又辟一境。其《宝鸡题壁》十八首，指陈军事，得老杜《诸将》之遗，传诵殆遍。……国朝二百年来，蜀中诗人以船山为最。"表明船山真正继承了杜诗的精髓，其诗问世以来就有巨大而深远的影响。

清代学者孙桐生（1824—1908）云："先生天姿英敏超悟，读书有夙慧，十岁能诗。弱冠后壮游南北，通览天下奇山水，才益豪，笔益肆。""所为诗，专主性灵，独出新意，如神龙变化，不可端倪。近体超妙清新，雅近义山。古体奔放奇横，颇近太白。卓然为本朝一大名家，不止冠冕西蜀也。"突出了船山的天才，说明船山诗歌重独创、出新意，感时伤世，悲壮沉郁，越义山而近太白、子美。

清代山西诗人张晋《读船山太史诗集题后》云："手携飞帜上骚坛，诗笔文心两屈盘。才并长卿工赋易，人如平子遣愁难。"清书画收藏鉴赏家葛金烺（1837—1890）《题张船山诗集后》云："酒酣忽吐惊人句，飞向峨眉化白云。仗剑纵横余万里，珠光闪烁仅三分。性灵笔妙元无敌，仙佛才兼迥出群。落落孙洪亦豪宕，当时敛手共推君。"在船山面前，著名学者诗人孙星衍、洪亮吉亦甘拜下风。

清末蜀人傅世洵（四川双流人）在《论蜀诗绝句》中论船山云："弱冠闻君已出群，中年阅历老弥真。旁人漫哂无余味，三百年来见此人。"清末诗人林思进（1873—1953）论船山云："性灵空淡未容攀，后代讥评漫等闲。试问蜀中文苑里，百年谁复嗣船山？"傅诗强调蜀中文苑自明代杨升庵以来、张船山之前三百多年，没有出现过张船山这样杰出的诗人；林诗则强调在张船山之后一百余年，蜀中未能出现可以继承媲美张船山的诗人。这一前一后的比较，说明了船山在蜀中诗坛的盟主地位，即为清代蜀中诗冠。清诗人、四川布政使杨揆（1760—1804）在嘉庆《四川通志》中云："蜀中作者自杨慎以后，惟问陶能继之。"清山东人王培荀《听雨楼随笔》云："张船山诗有逸气，破除诗中门户之见，一意孤行，目空一世，蜀中诗豪也。"近人戴纶喆《四川儒林文苑传》谓船山云："固李太白、苏东坡、虞伯生、杨升庵之后一人也，诚蜀中一大家矣。"徐世昌《晚晴簃诗汇·诗话》云："船山弱冠工诗，空灵沉郁，独辟奇境，有清二百余年，蜀中诗人无出其右者。"列入《清史稿·文苑传》者，蜀中只有张船山一人。可见，称船山为"清代蜀中诗人之冠"是名副其实的。

当代国学大师钱锺书在《谈艺录》中云："袁、蒋、赵三家齐称，蒋与袁、赵议论风格大不相类，未许如刘士章之贴宅开门也，宜以张船山代之。"袁枚、蒋士铨、赵翼号称乾隆三大家，但蒋士铨成就不及袁、赵，风格也不同，故钱锺书先生主张以张船山代替蒋士铨，重组一个三大家。当代清诗研究专家钱仲联先生也“力主将乾隆三大家中之蒋士铨换为张问陶”。著名古代文学研究家刘扬忠先生云：“张船山不单是西蜀诗人之冠，而且是清代中期全国诗人之冠。”著名学者王英志先生在《性灵派研究》一书中，将袁枚、赵翼、张问陶列为乾嘉诗坛“性灵派”三大家，并云：“纵观整个乾嘉时期性灵派众多诗人，可与袁、赵鼎足而立为性灵派三大家者，唯有张氏。”张问陶在清代乃至整个古代诗歌史上的地位如何，不难想见。

也有学者认为张问陶不属于性灵派，将船山这样一位“于从前诸名家外又辟一境”的卓然独立的大家，强行塞入性灵派，是当代学者的主观武断和粗心失察。古代诗论研究家郑家治先生在其专著《明清巴蜀诗学研究》（巴蜀书社 2008 年出版）第六编《“独立乾嘉一诗豪”——张问陶诗学研究》中，考察了张问陶与袁枚的交往诗文，否定张氏是性灵派信徒之说；论定张问陶主要受杜甫影响，堪称杜甫千古知音。并云：“张问陶在性灵派风行一时之际，却不为时风所左右，对性灵派的诗学观点既继承又反驳，当是清代以创作著称而又独立思考的诗论家。同时，他还是古代第一个写诗赞美义军领袖（指白莲教起义军首领王聪儿）的诗人，也是自白居易以后在创作与理论上真正继承杜甫诗学的大家，还是第一个具有一定民主思想的诗人。”“张问陶是巴蜀元明清三代最有成就的大诗人。”“将张氏这位‘又辟一境’卓然独立的大家塞进性灵派的队伍里……其失察及主观之处却是明显的。”著名学者阎嘉在该书《序》中说：“这些论据充分，论证严密，可称独得之见。”巴蜀文化研究专家彭静中先生在《我对〈船山诗草序〉的认识》一文中说：“沈其光《瓶粟斋诗话》云：‘遂宁张船山，诗学太白、东坡而不袭其貌，袁、蒋、赵三家外，能拔戟自成一队，洵为豪杰之士。’沈氏从船山在‘袁、蒋、赵三家外，能拔戟自成一队，洵为豪杰之士’云者，实较当代之以船山换蒋士铨之见，要高出万倍。”张问陶因跳出了性灵派狭窄的圈子，注重诗歌的社会现实性，对性灵说进行了匡正和补偏，故其创作实绩也在袁蒋赵三家之上。龙洲剑客《烟波谁识旧船山》云：“张船山在中国文学史上的地位应当是不输于思想史上的王船山。就诗论诗，张问陶是绝对不输于‘三家’的。我们可以把张问陶归为十八世纪清诗解放潮流中的一员，甚至也可归为与‘性灵’派接近的一员，但要将其完全划入‘性灵’派之内，则又抹杀了其独特的‘风骨’。张问陶在诗界中就像金庸武侠小说里独立于正统门派之外时隐时现的绝顶高手，别人只能偶尔识得其踪迹。”

有清一代，诗人众多，翘楚者少。有人说，整个清代最杰出的诗人是张船山、黄景仁、龚自珍三家。著名作家燕垒生在《燕垒说诗》中云：“清诗人中，余最爱张船山、黄仲则、龚定庵三家。此三家七律，尤为翘楚。”当代学者张永义在《感伤时代的人生幻灭——读张问陶〈船山诗草〉》一文中说：“当袁枚、沈德潜和翁方纲等人都忙着开宗立派，为各自的学说争执不休的时候，恰恰是黄仲则与张问陶（字仲冶，号船山）代表了清朝中叶最高诗歌水准。正如同一时代的德语文学有歌德与海涅，如果18世纪封闭的国内文坛，失去了‘二仲’（仲则、仲冶）的痛饮高歌，那么，我们的阅读一定会显得枯燥无味。”

二、从通行文学史及清诗选本看张问陶在清诗史上的地位

中国历史悠久，诗人辈出，多如繁星。因受规模和条件限制，能写入文学史的诗人，是极少的。以清代诗人为例，正处在筹备阶段的《全清诗》，“初步测算作者总数约为十万家，成书则当在一千册以上。”近人徐世昌辑《晚晴簃诗汇》，收清代诗人6100余家，得诗27000余首。而能进入《中国文学史》的清代诗人只占《晚晴簃诗汇》诗人总数的千分之三四。中国社科院编三卷本《中国文学史》论及的清诗人仅16人；游国恩等主编的《中国文学史》论及的清诗人仅19人：刘大杰《中国文学发展史》论及清诗人也只有28人。如此之少的清代诗人入《中国文学史》，而张问陶即为其中之一，足见张问陶在清诗史上的重要地位了。

在各种通行清诗选本中，船山诗占有突出地位。光绪五年（1879）刊印的《国朝全蜀诗钞》（孙桐生辑选），规模宏大，体制精严，是清代蜀诗选本中集大成者。该书共64卷，计选诗人362人，存诗5900余首，其中张问陶诗入选最多，独占6卷，入选诗作近600首，已是《船山诗草》的五分之一，占《国朝全蜀诗钞》的十分之一，“犹以未获尽登为憾”。可见船山在孙桐生的心目中是大头，就全清诗人而论，蜀诗人中能跻身第一流的，也只有张氏一人而已。李朝正先生云：“乾嘉年间的性灵派在华夏拥有诗人之众，是过往的许多诗派无法比拟的，而巴蜀诗人恰恰是通过张问陶的作用，直接或间接地带领一批诗人，影响着一批诗人。因而，活跃在诗坛，齐集在张问陶周围的蜀中诗人都崇尚性灵……形成了众星拱月，群星灿烂之势，迎来了清代巴

蜀诗歌中最为壮观的黄金时代。”

近人徐世昌辑《晚晴簃诗汇》，计200卷，是清诗选本中影响大、声望高者。该书入选张问陶诗37首，为蜀中诗人入选最多者。其他蜀中诗人，如李调元入选4首、彭端淑1首、费密8首、张问安11首、卓秉恬1首、刘沅1首、张鹏翮2首、刘光第7首……在乾嘉时期全国性诗人中，张问陶入选量仅次于袁枚（41首），而高于其他乾嘉著名诗人。可见，船山在乾嘉诗坛地位之显赫，实为乾嘉诗坛之冠冕矣。

当代著名清诗选本，也给予张问陶崇高地位。如钱仲联《清诗三百首》（1985年岳麓书社出版），选张问陶诗3首，仅次于袁枚（5首），而高于赵翼（2首）、蒋士铨（未选）、洪亮吉（1首）、吴锡麒（2首）等人。陈祥耀《清诗精华》（1992年人民文学出版社出版），选张船山诗8首，比乾嘉其他诗人都多。李梦生《律诗三百首》（2001年上海古籍出版社出版），选张问陶律诗3首，高于袁枚（2首）、赵翼（2首）、龚自珍（2首），该书选清诗人3首及以上者仅10人，船山即其一，可见张问陶是清代律诗写得最好的十大诗人之一，《中国大百科全书》称张问陶“七言律绝，佳句络绎”。

近年出版的清代诗歌史及文学大辞典，如朱则杰《清诗史》、严迪昌《清诗史》、霍有明《清代诗歌发展史》、刘世南《清诗流派史》、钱仲联主编《清诗纪事》《中国文学家大辞典》（清代卷）等，都给了张问陶充分的肯定。

杨世明在《巴蜀文学史》中，以《性灵派大家张问陶》为题，评述张问陶诗作及贡献，并云：“乾嘉时期是清代巴蜀文学最繁荣的时期……这一阶段最辉煌的一页，是产生了大诗人张问陶。”又说：“从汉代以来，巴蜀产生了司马相如、扬雄、陈子昂、李白、苏洵、苏轼、苏辙、虞集、杨慎、张问陶这十大文学家，他们都是中国文学史上的名人。迄今为止，几乎任何中国文学史，都要对上述十人的文学成就作出介绍。”明人何宇度《益部谈资》云：“蜀之文人才士，每出皆表仪一代，领袖百家。”船山即为表仪一代、领袖百家的诗霸。黄瑞云《论乾嘉诗坛》云：“乾嘉时代诗人众多，沈厉袁赵、蒋姚黄张，可称乾嘉八俊。”张船山即为“乾嘉八俊”之一。

张问陶是诗、书、画三绝奇才，当时就“名震海内，群相敛手”。浙江嘉兴诗人金孝继，告其所亲，愿化作妾妇，为船山执箕帚；江苏无锡诗人马灿甚至云：“我愿来生作君妇，只愁清不到梅花。”船山诗作，对后世影响深远。船山门人姚元之、崔旭、梅成栋、汪全德、龚守正，世称“张门五子”，受船山影响很深；钱仪吉、查又山、翟云升等人，均受张的奖励、提携与影响；龚自珍、林则徐、陶澍、苏曼殊等诗人，亦受其影响；船山曾为诗人王友亮、朱文治、王配兰、王斯年、陈庭学、侯坤、马学乾、李寅熙（著名作家巴金的伯祖父）、蔡逸等之诗集作序，他们亦深受其影响。清末云南白族著名诗人赵藩（1851—1927）酷爱船山诗，曾用朱笔逐首圈点《船山诗草》。晚清诗人易顺鼎（1858—1920），“自谓为张船山后身”。

近代诗人黄遵宪、南社诗人柳亚子亦深受船山影响，柳亚子《罗星洲题壁》诗云：“猛忆船山诗句好，白莲都为美人开。”陈衍《石遗室诗话》卷一云：“道咸以来，何子贞绍基、祁春圃寯藻、魏默深源、曾涤生国藩、欧阳涧东辂、郑子尹珍、莫子偲友芝诸老，始喜言宋诗。……都下亦变其宗尚张船山、黄仲则之风。”可见船山之诗，风行一时，整整影响了一个时代的诗风。

蜀人赵熙、廖平、郭沫若、张大千、李劼人、谢无量、巴金、艾芜、沙汀、何其芳、张澜等，对船山诗亦推重备至。国学大师钱锺书在年轻时，受船山影响很大；当代著名诗人舒婷在《影响了我的两百首诗词》一书中，说船山《论诗十二绝句》深深地影响了她。

船山诗早在清代乾嘉时期，就传遍了日本、朝鲜、韩国等国，并产生了巨大影响，朝鲜士人因传抄船山诗以致出现了“朝鲜纸贵”的局面。日本也多次刊印《船山诗草》，不少刊本流传至今。据李灵年、杨忠主编《清人别集总目》（2001年安徽教育出版社出版）载：《船山诗抄》一卷，日本江户广濑建轩写本，日本国会图书馆藏；《船山诗抄》写本，韩国延世大学藏；《张船山诗草初集》三卷、《二集》六卷：日本嘉永元年京都山城屋佐兵卫等刻本，南京图书馆、辽宁省图书馆藏；日本嘉永三年京都山城屋佐兵卫等刻本，辽宁省图书馆藏；《船山诗草》三卷、《二集》六卷，日本上野圭庵筱崎长平点嘉永元皇都山田茂助刻本，日本国会图书馆藏。另外，日本内阁文库藏有嘉庆元年至三年刻本《船山诗草》三卷、《二集》六卷；日本国会图书馆还藏有清嘉庆二十年石韫玉刻本《船山诗草》二十卷、同治十三年绾秀阁续刻本《船山诗草》；韩国成均馆大学藏有民国十四年扫叶山房石印本《船山诗草》。

明治初年，日本诗坛领袖森春涛将张船山、陈碧城、郭频伽三位诗人的绝句选编而成《清三家绝句》一书，在日本出版。小野湖山在《序》中称张船山为“近世巨匠”，选船山绝句165首。1878年日本茉莉诗店刊刻，船山诗风靡日本。

张问陶诗论也自成体系，其论诗名句“天籁自鸣天趣足，好诗不过近人情”“想到空灵笔有神，每从游戏得天真”等，堪称诗中宏论。“每从游戏得天真”一句，比荷兰约翰·赫伊津哈在《游戏人》一书中论述的“诗游戏论”早了一百多年。后来，王国维受张问陶影响，在《文学小言》中写道：“文学者，游戏之事业也。”并进而说：“文学者，此其所以为天才游戏之事业，而不能以他道劝者也。”从中亦可以领略张问陶诗论先知先觉的价值。

清代嘉业堂抄本《清国史·文苑传》卷五十三《张问陶传》云：“问陶幼有异禀，读书过目成诵。所为诗古文辞，奇杰廉劲，同时名辈皆敛手下之。而于诗尤工，尝作《宝鸡题壁》十八首，指陈军事，得老杜诸将之遗，一时传诵焉。……论者谓国朝二百年来，蜀中诗人以问陶为最。”

综上所述，张问陶为乾嘉诗坛射雕手，在清诗史上占据极其重要的地位。他独张一帜，别开境界，提出了“关心在时务，下笔唯天真”的创作纲领；建立了自己完整的诗学理论体系；其诗歌自成面目，大雅不群，戛戛独造，绝去依傍，是真正具有独特面貌的清诗。他不单是清代蜀中诗冠，也是清代乾嘉诗坛独立的大家、泰斗，是清代第一流的大诗人和著名诗学理论家。

【原载】《聊城大学学报》2006 年 4 期

洗百年奇冤　还高鹗清白

——高鹗非“汉军高氏”铁证之发现

清乾隆五十五年庚戌（1790）十二月，张问陶出京师齐化门祭扫四妹张筠墓，归作《冬日将谋乞假出齐化门哭四妹筠墓》四首。前二首诗云：

似闻垂死尚吞声，二十年人了一生。拜墓无儿天厄汝，辞家久客鬼怜兄。再来早慰庭帷望，一痛难抒骨肉情。寄语孤魂休夜哭，登车从我共西征。

窈窕云扶月上迟，伤心重检旧乌丝。闺中玉映张元妹，林下风清道韫诗。死恋家山难瞑目，生逢罗刹早低眉。他年东观藏书阁，身后谁修未竟辞。

在这四首诗诗题下，张问陶特意加了一个小注：“妹适汉军高氏，丁未卒于京师。”张问陶当年决然不会想到这条小注在百年之后竟为人歪曲和利用，制造了一起指“高氏”即高鹗的冤案，至今方得洗刷。

一、震钧的“偶闻”指“高氏”即高鹗

最早说高鹗是张问陶妹夫的人是清人震钧（1857—1920），这话说于张筠死后一百二十年。震钧是一位拥有多部著作的晚清文学家，主要有《国朝书人辑略》《渤海图志》《两汉三国学案》《涉江先生诗文钞》《天咫偶闻》等。兼通书画，博学多闻，又系满洲人，清末任过知县和陕西道员。他的《天咫偶闻》于光绪丁未年（1907）刊行，书中称：“张船山有妹嫁汉军高兰野鹗，以抑郁而卒，见船山诗集。……兰野能诗，而船山集中绝少唱和，可知其妹饮恨而终也。”（“野”，应作“墅”）这番话似乎言之凿凿，其实乃是“偶闻”。

其后，一个叫巴噜特恩华的蒙古人，清末著录高鹗《三合吏治辑要》，收入《八旗艺文编目·史部政治》中，内有“鹗字兰墅，隶内务府镶黄旗，乾

隆乙卯进士，由内阁侍读考选江南道御史，刑科给事中，张船山妹夫。”

1921年，胡适《〈红楼梦〉考证》论证高鹗补《红楼梦》后四十回，所举三点证据，其一即是“张船山的诗注”。接着便有俞平伯在1922年写的关于研究《红楼梦》的考证文章，也是如此说。自此以后，高鹗的地位不断被红学家拔高，从当张问陶“妹夫”到“补《红楼梦》后四十回”，后来又嫌“补”字不够味，干脆将“补”字篡改为“续”。

震钧的“偶闻”尽管被某些红学权威奉为圭臬，不断制造出“抨击”高鹗的种种“罗刹”罪名，但仍有不少研究者提出质疑，力辩其非。早在五六十年代，朱南铣先生在《〈红楼梦〉后四十回作者问题札记》“震钧”一节中详加考证。朱文云：

震钧称高鹗“亦有诗才”“能诗”，苟就《月小山房遗稿》而言，而其诗殊劣，难当斯评，未免阿谀。又称张问陶妹嫁高鹗，抑郁而卒，其证为“见船山诗集”，且集中与高鹗“绝少唱和”。此实开后世谬种之先河。

又云：

从正面判断，《船山诗草》……从未说过妹嫁高鹗，震钧所云根本不能成立。更从反面判断，此“汉军高氏”决非高鹗，理由至少有四：一、如果高鹗是张问陶妹婿，虐待张筠，以致于死，则张问陶断断不会再以“艳情”归美高鹗。二、张问陶诗对张筠受屈而死，非常痛心，讵能事过十年，前嫌尽释，闱中相遇，居然大为捧场，既是“艳情人自说红楼”，又是“侠气君能空紫塞”？三、张赠高诗“逶迟把臂如今雨”，显指两人是十三年前乡试同年，但不甚往来，故此番相逢，如同新交，恐难移用到亲妹婿的身上。……另从侧面判断，镶黄旗汉军高氏实为大族，裔繁人众。……张筠嫁给高某，自无实指其人的必要。所需明确的是《船山诗草》丝毫没有说是高鹗，震钧完全捕风捉影，穿凿附会。

朱先生“遗稿”发表后又有秋光《张问陶与〈红楼梦〉》、汪稚青《高鹗娶张筠质疑》、徐恭时《续梦贾假与甄真——程伟元、高鹗与〈红楼梦〉新语》、胡文彬《千秋功罪谁与评说》诸文，对震钧“偶闻”提出质疑，并断言张问陶诗注中之“汉军高氏”非高鹗，呼吁红学研究者应“还历史一个公道，还程高一个清白”。然而，“假作真时真亦假”，某些学人为了批判、打倒《红楼梦》后四十回而置诸事实不理，不惜让高鹗当一回“替罪羊”。

二、高鹗非“汉军高氏”之铁证

我们对高鹗是张问陶的妹夫表示怀疑最初是从阅读《船山诗草》开始的。《船山诗草》二十卷、补遗六卷，收诗三千首左右，与高鹗的诗只有一题。说到“同年”，高鹗与张问陶只是顺天乡试同榜举人，而张问陶的进士科同年有九十余人，《船山诗草》中与同年赠诗共四十七首，如《赠同年朱沧湄刑部》《赠同年石琢堂》《留别都下诸同年》《题朱少仙同年诗题后》《寄怀孝丰令李许斋同年》等。再则，细读《船山诗草》会发现，张问陶对自己的亲戚关系，大凡在诗题中都带上了称谓及关系，可信手拈来，《怀亥白兄》《得舍弟寿门书》《呈外舅林西厓先生》《喜李半亭舅氏自滇南来汉上》《留别内子》《晤内兄林朴园》《外姑杜恭人将赴广东》《怀郑健堂表兄》《月夜与从弟寿之卧读》等。如果高鹗是张问陶的妹夫，那么张问陶就不会用“同年”，而是要用“妹夫”“妹弟”“妹倩”一类的称谓了。更何况从乾隆戊申年（1788）起，到嘉庆庚午年（1810）止，共计二十余年，张问陶与高鹗同在京师任职，工作性质和职能大体相近，除在闱中赠那首诗和短暂的工作接触，别无交往，如是郎舅关系，根据张问陶的性格，有如此疏淡的么？实在不可能。张问陶给同年洪亮吉、友人吴锡麒的赠诗均多达四十首以上。高鹗与张问陶只是同年关系，而不是姻亲，更不可能是张的妹夫。

近年来，我们在搜集张问陶家世资料，研究其生平贡献及编写《张问陶年谱》过程中，先后发现了张问安、张问陶、张问莱兄弟三人于清嘉庆二年（1797）合写的《朝议公行述》、光绪九年（1882）刻本《遂宁张氏家乘》及民国十三年（1924）刻本《遂宁张氏族谱》等重要史料。经过仔细研究发现，张问陶之四妹张筠所嫁之“汉军高氏”原来是汉军高扬曾，而非高鹗。

铁证一：《朝议公行述》末段有云：

府君卒于嘉庆丙辰岁（1796）十二月十二日，距生于康熙六十年辛丑岁（1721）四月十四日，享寿七十六岁。诰授奉直大夫，例授朝议大夫。配李恭人，诰封宜人，例封恭人。不孝等生母周太孺人，嘉庆元年覃恩敕封太孺人。子三人：长不孝问安，乾隆戊申科举人，娶陈氏，江西南安府同知讳亿女；继娶王氏，太学生名梅女。次不孝问陶，戊申科顺天乡试举人、庚戌恩科进士、翰林院检讨。娶周氏，礼部右侍郎名兴岱女；继娶林氏，四川布政使名俊女。次不孝问莱，娶杨氏，江南安东县知县、苏州府同知名玺女。女二：

长适湖州太学生潘本侃，江西南安府同知讳汝诚子；次适汉军高扬曾，四川石柱厅同知讳瑛子。孙女三，一字三台李志遥。不孝等苦块余生，语无伦次，伏冀当代仁人君子，俯垂怜恤，锡以传诔，用光幽壤。不孝等世世子孙，感且不朽。不孝问安、问陶、问莱谨述。

张问陶之父张顾鉴，嘉庆元年（1796）卒。曾任云南开化府知府，按清职官志及封赠制规定：知府官阶从四品，封赠“朝议大夫”。《行述》中说：“次适汉军高扬曾，四川石柱厅同知讳瑛子。”“次”即张筠，“瑛”即高扬曾之父高瑛，字东冈，汉军镶黄旗贡生，乾隆四十年（1775）任四川蓬溪县县丞，历任四川昭化县知县（1776—1778）、四川雅州知府（1779—1781）、四川石柱厅同知（1782—1784）。

铁证二：张崇阶《遂宁张氏族谱》卷一历述世系时，张顾鉴为十二世，张问陶三兄弟为十三世。张顾鉴有两个妻子，即李氏、周氏。张问陶、张筠乃周氏所生。在子女题名上又有“女二人：长适浙江归安监生潘本侃，次适镶黄旗汉军袭骑都尉高扬曾”。显然，张问安兄弟三人合撰行述时间最早，收入《遂宁张氏族谱》中，再加上《族谱》卷一世系所载，足资征信，洵为不诬。所以，张筠的丈夫是汉军高扬曾，而非高鹗。

三、张问陶家世史料发现的意义与启示

《朝议公行述》《遂宁张氏族谱》及《遂宁张氏家乘》的发现，首先对张问陶家世生平的研究有重大意义。《张问陶年谱》之所以能够完成正是得益于这些重要史料的发现。我们相信这些新发现的史料必将对张问陶的思想、诗文艺术的研究有所贡献和推动。其次，由于张问陶家世史料的发现，澄清了红学研究史上的一大疑案。张筠所嫁的“汉军高氏”是高扬曾而非高鹗，应还高鹗一个清白。

在清代历史上，高鹗本是个“小人物”。但由于他曾协助（“遂襄其役”）程伟元整理、刊印过120回本《红楼梦》，而受到《红楼梦》研究者的重视。特别是那些对《红楼梦》后40回大加笞挞的权威学者，屡屡以“偶闻”为据，用咒骂式的语言，攻击高鹗“短视”“轻佻”“下流”“好色”，甚至连他中举人、进士都成了罪状，到了欲加之罪何患无辞的地步。难道被称为考证“大家”的权威连“高氏”与“高鹗”是否相同也考证不清吗？恐怕不会，倘若如此说未免贬低了他们的“学问”。张问陶家世生平史料的发现，就红学研

究而言不仅洗刷了百年奇冤，还了高鹗一个清白，更重要的是告诉人们：不论什么人治学问都要老老实实，有一说一，有二说二。在学风上最好别那么霸气十足，自以为可以一言九鼎，容不得一点不同声音，真理并非只掌握在权威手中。

【原载】《红楼梦学刊》2001年第三辑，与李朝正合撰

张问陶与刘大观交游考

清代乾嘉诗坛，人物阜繁，如群星耀空。诗人交游之频，亦极一时之盛。在众多诗人中，有一对诗人的交游及其诗作，尤其引人瞩目。这对诗人，就是活跃在乾嘉诗坛上颇负盛名的张问陶和刘大观。从乾隆五十九年（1794）张问陶与刘大观相识，至嘉庆十九年（1814）张问陶病逝，在长达二十年的交往中，他们诗酒唱和，志趣相投，胆肝相照，互见性情，友谊纯真。其交游诗作记录了乾嘉诗坛"诗人相重"的一段佳话。

一、知音求不易，来往莫辞频

张问陶（1764—1814），字仲冶，号船山，四川遂宁人。乾隆五十五年（1790）进士，历官翰林院检讨、江南道监察御史、吏部郎中。嘉庆十五年（1810）出任山东莱州知府；十七年，称病辞官；十九年三月初四日，病逝于苏州。著有《船山诗草》及《补遗》，共二十六卷，存诗三千五百余首，创作有书画作品数千幅。《清史稿》有传。

刘大观（1753—1834），字正孚，号松岚，山东临清州邱县（今属河北）人。乾隆四十二年（1777）拔贡，历官广西永福县知县、天保县知县、奉天开原县知县、宁远州知州、山西河东道盐运使，署山西布政使，后掌教覃怀书院。著有《玉磬山房诗文集》十七卷，存诗约一千四百首。钱仲联主编《中国文学家大辞典》（清代卷）有传。

张、刘俱为一代才子。张问陶自幼聪慧，生负异禀，读书过目成诵，所为诗古文辞，奇杰廉劲，一时名辈皆敛手下之。天才踔厉，文采风流，被称为"有清二百余年来，蜀中诗人无出其右者"。后人把他与袁枚、赵翼一起并称为乾嘉时期性灵派三大家。

刘大观长张问陶十一岁，工诗能文善书。辛亥（1791）端阳后二日，已丁忧离职的刘大观，袖诗往见袁枚，相与宴饮论诗甚欢。袁枚赞其诗："思清笔老，风格在韦、柳之间。"洪亮吉《北江诗话》则云其诗："如极边春色，仍带荒寒。"符葆森《国朝正始集》引《山左诗汇钞》云："松岚先生诗，于峻峭之中，露雄直之气，虽服膺李氏少鹤（李宪乔），而实能自开生面，独树一帜。"由此可知，刘大观亦是清代乾嘉道时期一位举足轻重的诗人。

乾隆五十九年（1794）十月十四日，三十一岁的张问陶和四十二岁的刘大观在京师相识、相知。张问陶《十月十四日，刘松岚明府大观过访，谈诗竟日，赋此订交》云：

有客忽相访，飘然如故人。旧时同记忆，淡语见丰神。

文字前缘厚，琴书古意真。知音求不易，来往莫辞频。

诗中赞叹刘大观丰神雅淡、多才多艺，两人一见如故，并视为知音，希望今后"来往莫辞频"。为什么张问陶对刘大观一见如故，"飘然如故人"呢？我认为主要有两方面原因：

一是刘大观是由张问陶的四川老乡李坦介绍相识的，故显得格外亲切。张问陶《赠李平山坦太守，兼呈松岚明府》云：

两世论交旧，忘年亦兄弟。乡心巴峡远，宦味越江清。

文有推袁意，诗惭说项情。因君得刘十，尤足慰嘤鸣。

李坦（1751—1814），字平山，清代四川长寿县（今属重庆市）人，历官浙江富阳、乌程知县，台州、宁波、杭州、山东青州、河南陈州、开封知府，浙江杭嘉湖兵备道，署浙江按察使。李坦系刘大观堂妹夫。民国《邱县刘氏族谱》卷三载：大观从父曰焜，"生女三：长适四川举人、邱县知县李公汝堂长男、浙江杭嘉湖道坦，次与姐同适李公坦。"张船山与李平山，关系密切："两世论交旧，忘年亦兄弟。"平山长船山十三岁，既是忘年旧交，亦是异姓兄弟。刘大观是李坦的内兄，当然，船山对刘大观就格外重视和亲近了。故云："因君得刘十，尤足慰嘤鸣。"刘大观在弟兄中排行第十，自称"十兄""拙十"，人称"刘十"。

二是张问陶出生于山东馆陶县，刘大观是山东人，二人可视为"同乡"，所以二人虽是初次相见，却"飘然如故人"。乾隆二十九年（1764）五月二十七日，张船山出生于山东馆陶县署，其父张顾鉴时任馆陶县知县兼署冠县事，因其地有陶山，故取名“问陶”，以示不忘出生地也。船山常常怀念山东，在《出守莱州九月二十日出都留别旧雨》中云：“一门四世宦山东，曾为趋庭念祖风。生小齐人惯齐语，此方原在梦魂中。”自注：“予家五世宦游，惟先曾祖（张懋诚）未官山东，先高祖（张鹏翮）守兖州，先祖（张勤望）守登州，先大夫（张顾鉴）为馆陶县令。”

船山在《咏怀旧游·山东》中云：“虮虱生来亦帝臣，陶山常恐是前身。曾游庄岳通齐语，共拟乖崖是鲁人。风景至今犹可念，模糊入梦苦难真。几时重作东平客，马颊河干访旧邻。”自注：“予生于山东馆陶。”其生母周氏，亦系山东即墨人。船山幼年时是在山东度过的，六岁时才离开山东到湖北。所以，船山“遇山东居官者，每称同乡”。（王培荀《听雨楼随笔》卷四）

因为张问陶与刘大观有许许多多的“前缘”，故船山云“文字前缘厚”，所以虽为新雨，却“飘然如故人”，并且成为莫逆之交。袁洁《蠡庄诗话》云：“文人遇合，自有因缘，不可强也。”人世间还有什么比得知己更美妙的事呢？所以船山希望刘大观“来往莫辞频”。

二、何止穷途恩一饭，分明高义动千秋

张氏世代为官，而又世代清贫。船山高祖张鹏翮（1649—1725），为康雍朝名臣，官至文华殿大学士兼吏部尚书，时称“贤相”，康熙帝赞之：“天下廉吏，无出其右。”船山为官，继承“家风贫尚守”“家风五世耐清贫”的传统美德，一生清贫廉洁，虽身为京官，却俸微家贫，穷得无力购置皮衣。北京冬天气候寒冷，船山每值风雪外出，竟无皮衣御寒，所以船山不得不借用其兄张问安的皮衣以御风寒。船山《乙卯九月乍寒无衣，每出辄衣亥白兄裘裳，口占志慨》云：“清贫无计谢尘劳，风紧霜严首重搔。莫叹白羊裘太薄，他乡兄弟幸同袍。”此诗作于乾隆六十年（1795）九月。第二年，即嘉庆元年（1796）夏，刘大观了解此情况后，赠送船山一件裘裳。船山《中伏谢刘松岚赠裘裳》云：

轻裘当暑赠，交岂为炎凉？官达犹寒士，情真见热肠。

素心惭缟带，赤日凛风霜。一醉和琴典，后人笑酒狂。

暑天赠裘，愈见知己相得，情深义重，其友情犹如赤日般炽热！

后来，刘大观在担任奉天宁远州（今辽宁省兴城市）知州时，鉴于张船山在京师生计艰难，曾于嘉庆三年七月，寄书船山，推荐船山到宁远书院讲

学，每岁可得束脩五百金；另外还可撰修《锦州府志》，一举两得。但船山穷得连路费亦无法筹措。所以刘大观在给船山的信中说："如盘费无措，不妨向人借贷，一下车即寄还也。盘桓数月，腊月回京，明正与夫人同来，亦免两地牵挂。为足下计，无如此策之上者，幸决计早来，以践斯约。书去之日，即偻指盼行旌矣。"后来，船山因事未去宁远，作诗以谢大观。小序云："时予以他事羁身，不能出关。感故人之德，作诗志之，即寄松岚代柬。"诗云：

不善谋生友代谋，深情传语太绸缪。听来老妪心皆感，算到资装计已周。

何止穷途恩一饭？分明高义动千秋！羁栖忍负书中约，几日搔头望锦州。

诗中充满对刘大观深深的谢意，认为大观之恩，超过了秦末汉初馈赠韩信饮食的漂母，其高情厚义，可以感天动地，千古永存！大观的友情，是人性中最美好、最高洁的东西，有如夜明珠一样，在暗夜里熠熠生辉，它温暖了船山那颗饱经创伤的心灵。

三、莫怅两京相望远，雄关不隔故人情

"乐莫乐兮新相知，悲莫悲兮生别离。"离别是黯然销魂的，何况是乍得的知己？"有别必怨，有怨必盈"，对于诗人来说，很自然地发抒胸臆、诗为心声了。

船山与大观相识后，大观于乾隆六十年（1795）五月离开京师，任奉天开原县知县。嘉庆元年（1796）三月，任宁远州知州。二人离多聚少，但尺素频传，写下了许多怀友忆旧的感人诗篇。从《船山诗草》和《玉磬山房诗集》统计：船山赠答刘大观的诗有 13 题 17 首；刘大观赠答船山的诗有 5 题 14 首，旗鼓相当。

乾隆六十年初冬，船山得刘大观书，寄诗云：

圣朝根本地，为政得诗人。丰镐民犹昔，睢麟化已淳。

泉流皇涧远，花照县楼新。好检循良传，踌躇万古身。

诗中阐明刘大观所在地奉天开原县一带，是清朝的发祥之地，民风淳朴，期望刘大观为政惠民，作一循吏，流芳万古。

嘉庆元年三月，刘大观因政绩卓著，升任奉天宁远州知州。船山作《送刘松岚之任奉天》云：

人高官定好，嘘气亦清灵。小妇司吟卷，奇山入讼庭。

边云霜后紫，辽海雪中清。应有朝鲜使，抄诗满驿亭。

松岚赴任，船山赠言，认为刘大观人品高尚，一定是个好官。希望刘大观珍惜机遇，莫负时望。王昶《湖海诗传·蒲褐山房诗话》云：“松岚始仕辽阳，仁声懋著。”可见，刘大观没有辜负挚友的期许，清正廉能，颇有政绩。

吴嵩梁《香苏山馆诗话》云：“刘松岚纳姬周氏于吴中，甚丽，命出拜，予赠以字曰‘湘花’，为赋诗，属潘榕皋农部画兰，以代小照，湘花手绣予《石溪看桃花诗》以报，以楼供之。王梦楼（文治）作《绣诗楼歌》，予次韵答之。”故船山赠诗中有云“小妇司吟卷”，盖指大观之姬周湘花也。

法式善《梧门诗话》卷十六云：“湘花女史周氏，苏州人，姿性明丽，归山左诗人刘松岚为篷室，兰雪（吴嵩梁）赠以湘花。湘花因绣兰雪夫妇《石溪看桃花诗》相报，江南题咏甚众。金纤纤女士题六诗。”金纤纤，即金逸（1770—1794），字纤纤，江苏苏州才女，诸生陈基妻，博学善诗，袁枚称其为“吴门闺秀诗人之祭酒”，法式善称其诗“哀艳凄响，落纸成秋”。著有《瘦吟楼诗草》四卷。金逸曾题刘大观妾周湘花绣《石溪看花诗卷》（诗载《袁枚全集·随园女弟子诗选》）。刘大观珍藏有金逸诗帖。船山观后，作《题刘松岚所藏纤纤士女金逸〈瘦吟楼诗帖〉》云：

清灵才子笔，何意女郎诗？想象书难竟，缠绵病不支。
楼空栖燕处，春尽落花时。香冷云笺腻，姗姗韵可知。

金逸红颜薄命，年仅二十四岁就过早地病故了，船山赞其才华，哀其不幸。忆往日，热血已冷；看今朝，楼空无人。

乾隆六十年（1795）七月十八日，张船山与洪亮吉、伊秉绶、吴云、戴敦元、法式善、马履泰等集赵怀玉寓斋，为桂馥、刘大观饯行。船山有诗云：

积雨全渟曲港西，连连车过水声齐。故人将去真如梦，小句拈来恰有题。
点缀华筵惟笔墨，销磨顽铁是轮蹄。九衢官盖同游戏，莫笑淳于爱滑稽。

七月中旬，多日暴雨，但挡不住对诗友的思念。船山冒雨前往赵怀玉宅，为桂馥、刘大观两位挚友饯行。故人将去，真如梦中。船山淡于荣利，对官场不感兴趣，认为“九衢官盖同游戏”！淳于，即淳于髡，战国时人，多次讽谏齐威王，要齐居安思危，革新朝政；几次出使，不辱国格，不负君命。《史记》卷一二六说他“齐之赘婿也，长不满七尺，滑稽多辩，数使诸侯，未尝屈辱”，并将之列为《滑稽列传》之首。故船山云“莫笑淳于爱滑稽”，切望桂馥、刘大观做淳于髡那样对国有功的官员。

嘉庆元年（1796）冬天，船山作《岁暮杂感》四首，有句云：“思乡有梦惊烽火，报国无文愧俸钱。”“两年兵火照三湘，将帅连营守夜郎。”“故人寂寞多新鬼，古戍荒寒半夕阳。马革总疑非上策，重臣何用死沙场。”“回首高堂天万里，不堪风雪问三巴。”清雍正年间，鄂尔泰任云贵总督，为了加强对苗、彝人民的剥削，实行“改土归流”。乾隆五十九年（1794）正月，终于爆发了湘、黔、川苗民起义。清廷派福康安、和琳、毕沅等率兵进剿，清军屡吃败仗。至嘉庆元年，苗民仍坚持斗争，同时川陕楚豫又爆发了规模更大的白莲教起义，弄得清廷焦头烂额。是时，船山之母仍在四川，家事、国事，使船山忧心如焚，故云“思乡有梦惊烽火”。同时认为清廷对苗民用兵“非上策”，质问朝廷“重臣何用死沙场”。船山将《岁暮杂感》四首寄给刘大观；大观作《答船山〈岁暮之作〉》，共四首：

其一

寄得鱼笺附以诗，萧疏情性独余知。居官味取荣枯外，见客眉舒醒醉时。
牙笏上朝犹苦重，绣舆迎母却忧迟。撑肠几万牢骚事，吐作琼琚玉佩词。

诗中表明船山对官场很厌恶（牙笏上朝犹苦重）、对母亲很担忧，国家不幸诗家幸，满腹牢骚，最后化作一首首绝妙好诗（吐作琼琚玉佩词）。“萧疏情性独余知”，一个“独”字，表明大观是船山唯一知音。对于船山“萧疏”的性情，刘大观在《莫青友少司空诗序》中，有生动的记载：“又越数年，予诣都下，（莫青友）先生宴客于紫藤书屋。来赴约者，法祭酒时帆、张太史船山、杨户曹蓉裳、满洲布衣瑛梦禅及予，为五人也。时帆、蓉裳性恬静，言寡而意深；船山疏放，或终日不言，言必排今抗古，耸闻举座。……数君子无一热人，率不合于时宜。”这些人，“羞向热官称命薄，喜随寒士以诗鸣”，故云他们无一热衷官场。可见，大观对船山的性情是知根知底的。

其二

扬风扢雅为余事，谁识贾生胸有书？秦岭蛮烟犹突兀，剑南毒草未芟除。
雄心欲藉长戈荷，怒发空劳慧妇梳。一语慰君君记取，洗兵即在暮春初。

此诗赞扬船山有如西汉之贾谊，有理想，有作为；诗文书画乃其余事。船山有拯斯民、济天下之抱负，其政治思想和政治实践，在当时是卓越可称的。因怀才不遇，投闲置散，种种不平，聊借诗书画以宣泄一二。故刘大观说船山：“扬风扢雅为余事，谁识贾生胸有书？”清政府没有重用船山，这是国家的不幸，亦是船山的不幸！船山忧国忧民，有云：“莽莽巴渠又列营，滔滔汉沔正征兵。一官我更归何日？搔首西南欲请缨。”故刘大观诗中有“雄心欲藉长戈荷”之赞。“慧妇”，指船山之妻林颀。“秦岭蛮烟”、“剑南毒草”，指川陕、川湘白莲教起义和苗民起义。

其三

酌量冷暖因人品，装点糊涂借酒杯。蓑笠无缘身欲老，风云有路志难灰。

墙根笔帽堆成冢，巷口车声响似雷。大雪连朝门紧闭，催诗符至偶然开。

此诗写船山借酒浇愁，耽于书画，但雄心仍在：“风云有路志难灰。”船山书法，令人宝爱，不是因为他“写遍人间十万笺，挥毫新到九重天”，刘大观钦佩他“墙头退笔如山积，曾写朱门一刺无?”这是难能可贵的船山书格和船山精神。所以刘大观赞船山“墙根笔帽堆成冢”。船山洁身自好，不愿随波逐流、与世俯仰，不走“朝扣富儿门，暮随肥马尘”的道路，而是甘心过着“小隐隐于山，大隐隐于市”的生活。出污泥而不染，常常“大雪连朝门紧闭，催诗符至偶然开”。

其四

黑夜长街哭二云，妓楼茶馆尽听闻。如何引出伤心泪？只以能为绝世文。

衣到看花随处典，金非谀墓有人分。风情如此真潇洒，我买湖丝欲绣君。

诗中“二云”，即邵晋涵（1743—1796），字二云，号南江，浙江余姚人，乾隆三十六年（1771）进士，官侍讲学士、文渊阁直阁事、日讲起居注官。工诗能词，著述颇富。嘉庆元年（1796）六月十五日去世，船山作《哭邵二云学士》，有云：“从此难收世上名，我生犹及见先生。三年文酒陪欢宴，一代儒林望老成。倒履不矜前辈礼，怜才真得古人情。双藤簃下谈经处，风雨长留笑语声。”二云病逝，老成顿谢，船山写下了哀伤悱恻的绝世诗文来怀念二云，引出了人们的“伤心泪”，长街痛哭。“风情如此真潇洒，我买湖丝欲绣君!”元好问《论诗绝句》有云：“论诗若准平吴例，合著黄金铸子昂。”开有唐一代诗风的著名诗人陈子昂，是张船山的同乡。刘大观认为，人们能用黄金铸子昂，那我就买最好的湖丝来绣船山吧，可见大观对船山的推崇之情。

嘉庆五年岁暮，船山有诗寄时任奉天宁远州知州刘大观。《寄松岚》云：

东华修史愧虚名，辽海题诗想政声。莫怅两京相望远，雄关不隔故人情!

是年，船山任翰林院检讨，掌管编修国史，俗称“太史”，虽地位清高，实为冷官，故船山云“东华修史愧虚名”。同时赞扬刘大观做知州有“政声”，并抒发对大观的思念之情：京师与宁远，虽然路途遥远，中间还有山海关阻隔，但“雄关”阻隔不断我俩之间的友情!

嘉庆十四年（1809），刘大观时任河东道盐运使，船山有诗《题林朴园内兄芬〈河东游草〉，兼寄刘松岚鹾使》。林芬，四川布政使林俊之子，著有《河东游草》；其妹林颀，船山之妻。诗中赞扬刘大观“高吟响在空”“使君定相谑，天下几英雄”，表明刘大观是乾嘉诗坛上配称“英雄”的人物。

嘉庆十五年暮春，刘大观以言事去职，“将收拾残书，归故山矣”。在挚友身处困境之际，船山作诗安慰、鼓励。《送松岚归山东》云：

抛却河东獬豸冠，团团草帽出长安。腾身岱顶题诗去，从此成仙也不难。

船山劝慰大观抛去河东盐运使的官帽，离开京师回山东故乡，登上泰山，一览众山小，尽情地享受自由自在的神仙生活！

嘉庆十七年正月，船山辞去山东莱州知府。三月，挈家眷离开莱州，由运河南下，寓居苏州山塘街斟酌桥附近。久羁禁苑的白鹭，终于飞到了青山绿水间。船山寓居苏州期间（1812 年 4 月—1814 年 3 月），刘大观时时挂念船山，有《寄张船山》四首，记录了船山在苏州的生活状况。

其一

寄我犹存日下诗，秋来难遣暮云思。非关铩羽生惆怅，每到看花念别离。

组解黄堂身退勇，歌闻白苎橹摇迟。一帆风送梅多处，时索幽香到剑池。

此诗抒发了对船山的思念之情，描写了船山辞官寓居苏州山塘之状况。“日下”，即京师。秋天来了，大观内心充满惆怅，“非关病酒，不是悲秋”，是看到了船山在京城寄给自己的诗。而今，船山早已“组解黄堂”，愤然辞官，“绝口不谈官里事，头衔重整旧诗狂”，触发了刘大观的离愁别绪。船山至吴中，寓居虎丘附近山塘街斟酌桥畔，寓所右倚甫里（唐代天随子陆龟蒙）祠，左距白公（唐朝白居易）祠甚近，故自颜其居曰“乐天天随邻屋”。著名诗人孙原湘曾怀船山云：“安得九原齐唤起，一樽重剪陆祠灯。”陆祠，即陆龟蒙甫里祠。孙原湘常偕诗友彭兆荪来此与船山宴饮。船山一生爱梅，作有《梅花》诗八首，向称名作，和者如云。“剑池”，位于苏州虎丘，相传吴王阖闾葬其下。虎丘有千人石、生公讲台等遗迹。船山寓所半塘，距虎丘不远，富有浓郁的水乡风味，是最具江南水文化性格的一处胜地，称为“姑苏第一名街”，故云：“上有天堂，下有苏杭；杭州有西湖，苏州有山塘。”在船山寓所，凭窗而望，可观虎丘满目苍翠，山塘绿水蜿蜒。故船山常偕诗友赵翼、石韫玉、张吉安、杨子坚、孙星衍、潘奕隽、孙原湘、陈文述、彭兆荪、陶澍、乐均、张澍等游虎丘，谈诗作画。著名诗人陶澍作有《张船山太史游吴时，曾与杨子坚谈诗生公石上，子坚历久不忘，因绘为图》一诗。著名诗人张澍《游虎丘遇家船山问陶前辈晚归寓舍共酌》云："生公石上坐移时，大笑鱼惊跃剑池。路畔行人休见怪，莱州太守自吟诗。"可见船山对虎丘之热爱。故大观说船山"时索幽香到剑池"。

其二

元墓已寻香里雪，大劳犹梦雨中山。襟怀自昔高于众，猿鹤从今爱尔闲。
塔院危崖摩屼屼，僧寮短榻听潺潺。珠回性水澄清后，即是蓬门亦畏还。

诗中描绘了船山在苏州的归隐生活：时而在塔院危崖赏无限风光，时而在僧寮短榻听潺潺流水，过着猿猴、仙鹤一样悠闲自在的生活；同时还赞扬了船山高尚的情怀，认为船山"襟怀自昔高于众"。尾联说明船山辞官后，内心清静，已与大自然融为一体，即使进"蓬门"亦感畏惧，更不要说进"衙门"了。元墓，即玄墓山，位于苏州西南三十公里太湖之滨光福镇南，相传山上有东晋刺史郁泰玄墓，故名。清代因讳康熙帝玄烨之名，改写为"元墓山"或"袁墓山"。该山与邓尉山相连，梅花最盛，花时香雪数十里，是苏州极有名的地方。船山爱吴门山水甚，诗友乐均云："船山寓居苏州最久，雪中别余曰：'得一觐老母，即埋骨于此，亦无憾矣。'"果如其言，船山去世后，曾寄殡玄墓山，有梅花做伴，不知能稍慰诗魂否?

其三

形非铁石不禁磨，林下幽栖倦鸟多。潘范收书贻子弟，吴孙买宅入烟萝。
千秋史醉三蕉叶，半日棋销一斧柯。君试灵岩峰顶望，野王城北有渔蓑。

此诗记录了船山在苏州隐居时，有许多诗友，他们像倦鸟一样，隐于吴中山水间。与船山过从甚密的"倦鸟"有"吴孙潘范"，即吴锡麒（谷人）、孙星衍（渊如）、潘奕隽（榕皋）、范来宗（芝岩），他们都是有名的诗人、学者，志同道合，隐于苏州。嘉庆十七年（1812）立秋日，船山在虎丘山塘寓楼为其弟子王斯年《秋塍书屋诗集》所撰《序》中云："惟余如倦鸟知还。"蒋宝龄《墨林今话》卷八云："张船山太守问陶，以诗酒自娱，爱吴门山水之胜，侨寓白堤（即山塘街）。时阳湖孙渊如观察亦居虎阜，望衡对宇，称吴中两寓公。"船山《渊如前辈招集孙子祠》诗中有云："笑我凭栏聊射鸭，与君赌酒又谈兵。流水半篙山一角，向来原不羡公卿。"船山与孙星衍"赌酒又谈兵"，可见二人豪情犹昔。

其四

殊乡栖泊草庐新，手种筼筜渐吐筠。瘦马著鞍无健仆，荒厨检麦有恭人。
质衣犹买河阳画，扫地非嫌庾亮尘。一事想来真有憾，两家都少石麒麟。

此诗记录了船山寓居苏州时的清贫生活：栖泊异乡，居住草庐，马是瘦的，厨是荒的，仆是病的，儿子是没有的，衣服也常常典出，可见船山寓居生活之困顿。船山辞官到苏州后，靠卖字画和亲友接济以度流年。即如船山所云："山塘卖字别秋蛇"，"衣食从今倚砚田"。而"手种筼筜渐吐筠"一句，表明船山精神不倒，依然爱竹、种竹。《世说新语》载王子猷爱竹，曰："何可一日无此君?"苏东坡亦云："可使食无肉，不可居无竹。"青青翠竹，挺拔清高，生命力顽强，这不正是船山这样高明的隐士的象征吗?

刘大观《寄张船山》诗，记录了船山晚年的生活状况，表达了对船山的真挚友谊。半世的追求，半世的劳碌，半世的挣扎，而今，都化为过眼云烟。不变的，只有那真实的情谊。

四、剑外何人接大苏，遂宁胸次走骊珠

张问陶、刘大观之间，还有不少互题诗歌、诗集之作，赞扬对方的卓越诗才和诗歌成就。

嘉庆十四年（1809）七月，船山改官吏部验封司郎中。当时嘉庆帝正在热河行宫避暑，六部也临时迁往滦阳办公。船山作有《滦阳纪行》诗，其中包括《己巳七月予选吏部验封司郎中，朱沧湄补户郎、戴金溪补刑部，同赴滦阳途中作》《南天门北眺》《常山峪道中》《古北口》《出古北口》《由喀剌河屯宿两间房夜同沧湄金溪作》《八月四日归次穆家峪与沧湄金溪饮酒作》诸诗，拟神状貌，无不逼真。同时，船山还看到了当时大乱初平、疮痍未复的危机。"寒云能庆色，边柳不秋声"，对朝廷还在做太平盛世的美梦，进行了讽刺。刘大观《题张船山〈滦阳纪行〉诗后》云：

剑外何人接大苏？遂宁胸次走骊珠。笔如泉涌神先到，语不雷同趣自殊。
名士改官仍磊落，奇峰出塞转萦纡。一鞭秋色吟疆索，何待倪黄作画图?

诗中高度评价了船山的诗歌成就和在诗歌史上的地位。认为四川历代诗人中，只有船山能够承接眉山苏轼（大苏）。其诗笔如泉涌，语不雷同，描写景物，栩栩如生。有船山诗在，就不需要倪瓒、黄公望等著名山水画家作画图了！张船山在清诗史上有崇高的地位。吴锡麒《寄张船山》云："大集为必

传之作，魁奇排奡，横绝古今。”吴嵩梁《香苏山馆全集·诗话》卷二赞张船山：“七律尤妙，述怀叙事，沉透能到十分，吐属生新，音节悲壮，忽如猛将斫阵，忽如高士参禅，忽如舞女簪花，忽如仙人吹笛，别有一种悟境。”法式善赞船山：“峨眉秀色钟吾友，诗画当今无对手。”石韫玉赞船山：“醉中骑马长安市，错被人呼李谪仙”；“冰雪聪明铁石心，诗名远播到鸡林。”王芑孙云：“同年张检讨，诗才世没敌。”葛金烺赞船山云：“落落孙洪亦豪宕，当时敛手共推君。”洪亮吉赠船山云：“谪仙（李白）和仲（苏轼）并庶几，若说今人已无偶。”刘沅《闻张船山下世》云：“坡老儋黄后，疏豪合似君。”江椿《遂宁道中怀张东莱》云：“才子兼循良，百年也无两。我欲祠髯苏，惟公得配享。”船山亦云：“古今得失常相左，前有东坡后有我。”可见，刘大观将张船山与苏东坡并举，是有依据的，道出了船山的历史实际，故后人将苏轼、张问陶合称“苏张”。

嘉庆十九年（1814）三月初四，船山病逝于苏州，诗坛齐悲。诗人袁洁哭云：“人间留大笔，海内失仙才！”第二年，苏州状元石韫玉编成《船山诗草》，“料理一编亲告奠，百年心事此时完。”《船山诗草》付梓后，一时为之纸贵。八年之后，即道光二年（1822），刘大观作《书船山诗集后》四首，以怀船山。

其一

秋夜灯窗有好诗，梦回还复起吟之。编年欲试功深浅，感事为书境险夷。
大率穷愁磨傲骨，频缘跋涉构精思。一麾支郡无多久，天不怜才更可疑！

诗人秋灯夜读船山诗，甚至“梦回还复起吟之”，表明大观对船山诗的喜爱和船山诗十分感人。王培荀《乡园忆旧录》卷二云：“松岚爱张船山诗，每摘句录以赠人。”船山之诗，既鸣了国家之不幸，也鸣了他个人的艰难际遇。正如清诗人顾翰在《船山诗草补遗序》中云：“见其跋涉关河，崎岖戎马，饮歌饮泣，情见乎辞，以为太白、少陵复出也。”然而，船山只做了一年多的莱州知府，就辞官病逝了，真是“天不怜才”！故吴锡麒《哭张船山》云：“如此惊才仅中寿，问天何苦更生才？”

其二

生自遂宁宰相家，梦中毛颖夜开花。厄桐留尾调宫徵，绣虎临风弄爪牙。
栖泊武昌衣有泪，回翔文苑出无车。穷通尽是攒忧地，秀句中含怨与嗟。

船山高祖张鹏翮，人称“贤相”，故云船山“生自遂宁宰相家”。厄桐留尾，系蔡邕典故，见《后汉书》。蔡邕闻爨桐而知为良材，收之成琴，果有美音，其尾犹焦。绣虎，指曹植。诗中说船山天才横溢，梦笔生花，有蔡邕、曹植一样的诗才。船山一生忧衣虑食、饥寒交迫。从六岁到二十一岁，船山在湖北度过了十五年贫愁苦难的生活，有时穷得“恒数日不举火”，汉阳邻居卖饼的李叟，常以饼相赠。船山后来回忆这段生活说：“八口饥寒，至今无恙，叟与有功焉。”并有诗云：“曾赊饼饵当饔飧，何止淮阴一饭恩？此时扪心犹有泪，当时乞食竟无门。”中进士、官翰林后，船山俸禄微薄，生计依然困窘。其骡死后，出门无车，他的恩师范摄生赠之以白骡。故刘大观云：“栖泊武昌衣有泪，回翔文苑出无车。”社会的黑暗，生活的艰辛，伤穷叹困、啼饥号寒，就成为这一时期船山诗作的主调，故刘大观云船山“秀句中含怨与嗟”，信然。

其三

驿壁挥毫月影沉，悲伤心是少陵心。督师无勇兵先溃，縻饷多年贼未擒。
栈道寒潭凝怨血，关门杀气酿秋阴。归途时下苍生泪，故遣牢骚托苦吟。

此诗高度评价了船山《宿宝鸡题壁》诗。嘉庆二年（1797）秋天，船山奔父丧回四川遂宁。次年正月十七日起程返京，出栈道时写有《戊午二月九日出栈，宿宝鸡县题壁十八首》，成为盛传天下的名作。组诗对白莲教起义军充满赞扬和同情，对广大人民所受疾苦深表忧念，对清朝将帅与官吏腐败无能进行痛斥与鞭挞；指责清军屠杀人民，驱良为盗，掠夺百姓财富，谎报战绩，邀功请赏。如“杀人敢恕民非盗，报国真愁将不儒”，“豺虎纵横随地有”，“大贾随营缘我富，连村无寇是谁焚”，“荒寒驿路匆匆过，焦土连云万骨枯”，“生灵涂炭已三年”，“贼有先声如唳鹤，官无奇策任亡羊”，揭露得多么深刻！组诗矛头直刺封疆大吏，惊天地、泣鬼神，足以压倒同时代人的有关诗作。船山的摩天巨刃，挑开了清代危时衰世的帷幕，可与杜甫“三吏”“三别”媲美。朱文治云：“一代风骚多寄托，十分沉实见精神。随园毕竟耽游戏，不及东川老史臣。”郭则沄《十朝诗乘》云：“船山《宝鸡题壁诗》，颇讽刺时帅，责备深严，不留余浉，可谓南董之笔。”李元度《国朝先正事略》卷四十四《张船山先生事略》云：“幼有异禀，工诗，有‘青莲再世’之目。其诗生气涌出，沉郁空灵，于从前诸名家外，又辟一境。其《宝鸡题壁十八首》，指陈军事，得老杜《诸将》之遗，传诵殆遍。……国朝二百年来，蜀中诗人以船山为最。”所以刘大观赞叹船山诗“悲伤心是少陵心”，“归途时下苍生泪，故遣牢骚托苦吟”。

其四

人缘困苦炼聪明，别有乖崖古性情。龌龊何堪垂秀目？昂藏始许出奇兵。
一腔芒刺生前酒，万斛珠玑死后名。埋骨无儿归未得，招魂惟有杜鹃声。

“乖崖”，即宋人张咏（946—1015），山东鄄城人，号乖崖，太平兴国五年（980）进士，出知益州，恩威并用，蜀民畏而爱之。宋真宗谓其“得卿在蜀，朕无西顾之忧”。仁宗时官至宰相，有《乖崖先生集》传世。这里借指船山。船山在《咏怀旧游·山东》中有“曾游庄岳通齐语，共拟乖崖是鲁人”之句。刘大观认为张船山有张乖崖一样的才干和性情。船山生前嗜酒（一腔芒刺生前酒），死后亦诗名永垂（万斛珠玑死后名）。正如清人刘沅《闻张船山下世》云：“别开诗世界，笑傲酒乾坤。”孙原湘赠船山亦云：“纵横诗世界，游戏酒神仙。”徐大镛赞船山云：“足迹几穷天下路，眼光不泥古人书。诗坛酒垒坚无敌，一气如云自卷舒。”可见船山流连诗酒，有太白之风。

刘大观对船山诗推崇备至；船山对大观诗亦赞许有加，还常常把大观诗悬挂在自己的书斋里，时时观赏。著名诗人陈用光云：“余初于船山壁间，见松岚五字诗，以松岚为诗人也。”（《太乙舟文集》卷七《送刘松岚为河东道序》）由此可知，陈用光是在船山家里经船山介绍并读了大观诗后，才知道刘大观是个诗人。

王昶《湖海诗传·蒲褐山房诗话》赞刘大观：“其诗萧闭刻峭，卓然自立于尘埃之表。”法式善《梧门诗话》云：“刘松岚大观，诗工五言。”翁方纲评大观诗云：“天机清妙，寄托深远。”吴云评大观诗：“清雄磅礴，不主故常。”李斗《扬州画舫录》卷六云：“刘大观，字（正孚，号）松岚，山东邱县拔贡生，工诗善书。”章玉森跋大观诗集云：“斥邱刘松岚先生，以诗雄海内，上自王侯钜卿，下逮缁流羽客、闺阁名媛，罔不耳其名而齿其秀句。”从这些评论中，可以看出刘大观是乾嘉道时期一位成就卓著的诗人、书法家。

船山在寄赠刘大观的诗中，时有赞赏之句。如船山在《寄答刘松岚，时年五十八，始得子，并闻来春又有征兰之喜》一诗中赞许大观：“中条山架笔，好句破空来。”在《送刘松岚之任奉天》一诗中云：“应有朝鲜使，抄诗满驿亭。”表明嘉庆年间，刘大观之诗，因船山的推荐，已受到朝鲜使臣的喜爱，并传播到朝鲜了。因为，在船山的诗友中，就有韩国著名诗人朴齐家、书法家尹仁泰等人。乾隆六十年（1795）正月，朴齐家投诗船山云：“曾闻世有文昌在，更道人将草圣传。珍重鸡林高纸价，新诗愿购若干篇。”船山为记其事，作诗云：“性灵偶向诗中写，名字宁防海外传。从此不妨焚剩草，郁陵岛上有遗篇。”尹仁泰还为船山书斋“怀人书屋”题写匾额，船山有诗云：“写以朝鲜使，天涯若比邻。”二人归国时，携有船山诗集，从此朝鲜半岛上有了中国的性灵诗作。通过船山之延誉，朝鲜诗人亦爱上了大观诗，因而才出现了“应有朝鲜使，抄诗满驿亭”之场景。直到道光四年（1824），刘大观还作感旧诗怀念《高丽诗人朴齐家》云：“琉球浅薄安南野，至竟朝鲜压外夷。熟读周南应有兴，未经秦火岂无诗？收来鸭绿江头月，铸作红螺县里词。闻得翰林捐馆舍，难通书信倍生疑。”

总之，船山处事，没有文人相轻之陋习。对人谦逊诚恳，热情真挚，不虚伪狡诈，不勾心斗角，不忌贤妒能。正如其门生崔旭《念堂诗话》卷三云：“船山夫子，或目为才子，为狂士。乃有识之才子、狂士也。忠孝之节、兄弟之情、朋友之谊，见诸篇什，有目共睹。于朝贵无献媚贡谀之言，于同列无含讥带讪之语。下至能诗之奴、卖饼之叟、久侍之老仆、工书之小吏，无不一往情深，其识量为何如?”船山赡于才、深于情，与他交往的友人，均能患难相助，亲密无间。当他冬日无衣御寒时，挚友刘大观赠之以皮裳；当他外出无车时，恩师范摄生赠之以白骡；当他死后无钱举丧时，查有圻（小山）、王大煊（香田）、鲍树堂等人积极出资，料理后事，使之魂归故里，埋碧于蜀中遂宁张氏祖茔；同科状元石韫玉更是热情编刻《船山诗草》，使之流播天下。由于船山有诚挚的美德，所以也得到友人热情诚挚的报答。

船山松岚，京师相识，结为知音；宁远寄书，交情日密；诗酒唱和，切磋书画。共同的感时愤世之情，相同的忧国忧民之心，同样的醉心诗书之趣，使他们的友谊历久弥深，穿越生死，佳话长存。

【原载】《四川职业技术学院学报》2009 年第 2 期

清代女诗人杨古雪

杨古雪（1773—1817），清代乾嘉时期女诗人。名继端，字明霞，号古雪，世称“古雪女史”“西川女史”，四川省广元县长东路高城堡（今广元市旺苍县普济镇九江村）人，后迁居南江县长池坝（今长赤镇）。据旺苍县普济镇《杨氏族谱》载：杨氏先祖于元末明初“湖广填四川”时迁入四川，世代繁衍，成为当地望族。其远祖为东汉弘农太尉杨震，先祖为宋代著名诗人杨万里，入川始祖为杨通。第二世杨鉴；第三、四、五世，无考；第六世杨训；第七世杨文玉；第八世杨友俭；第九世杨显明；第十世杨魁龙；第十一世杨彦彬，即古雪祖父。

古雪父亲杨玺（1735－1806），字辑五，号瑞图，晚号瑞亭，广元县高城堡人。杨玺父亲杨颜彬务农，生有三子，杨玺最幼。杨玺少年时就读于本地白云寺，十八岁时考中秀才，不久补校官弟子。二十六岁中乾隆庚辰（1760）科举人，大挑二等。乾隆三十七年（1772），选授四川纳溪县教谕。乾隆五十三年，升任四川潼川府（治今三台）教授。乾隆五十八年，改授江苏安东（今江苏涟水县）知县。安东地势低下，处于淮河下游，常遭水患，杨玺于上游开河引水，百姓深受其利。后署江苏省六合县知县，又调署泰州（今江苏泰安市），使泰州政通人和。当调甘泉（今江苏江都）时，泰州父老于道路上跪留，于是留任一年。后经吏部引荐，升任苏州督粮同知。嘉庆八年（1803）六月，调太仓（今江苏太仓市）任知州。同年十月，升为苏州府水利同知，后任松江府（今属上海）知府。嘉庆十一年，淮扬水患，奉命查勘桃园、东台灾情，因中暑和劳累卒于任所。嘉庆《四川通志》有传。杨玺有妻赵氏、何氏。古雪母何氏，知书。

古雪兄妹五人，古雪居四。长兄杨继旦，次兄杨继曙，均早殇。三兄杨继晓系国子监生，被入川的白莲教斩杀。继晓墓在今南江县长池坝元山寨侧。五弟杨继昂，字廷贤，号冠山，拔贡，著有《冠山诗集》；其妻高浣花，女诗人，著有《倦绣吟》《鹃血余草》《周易述解》《诗史评札》《杜韩诗选注》等。续妻蒋小溪亦为诗人。杨继昂儿子杨世焘（女诗人高浣花子，号聋山，妻何庆媛），在旺苍九曲坡为杨古雪刊印《古雪集》。杨世焘有子杨诗杜。

古雪生于清乾隆三十八年（1773）六月十一日，将诞生之夕，“何太恭人梦大士（观音菩萨）绷玉孩置怀中，觉而宜人生”。（何庆媛《诰封宜人张母杨太宜人传》）古雪天资聪颖，幼年随父居于纳溪学署；四岁父教其识字，即琅琅上口；六岁授内则女诫，能通大意；七岁随三兄继晓诵读四书五经唐诗等；十岁知诗词韵律，性喜吟哦，习作诗文，词意出众，师夸有“咏絮”之才，本谢道韫咏雪意，遂赐号“古雪”。十五岁，其父调潼川府教授，将其兄妹送回老家，聘名师教授。她志奋芸窗，博览经史，闺中才女，渐已闻名。

乾隆五十六年，古雪十九妙龄，与遂宁张问莱结婚。婚后五年，夫妇恩爱，闺中唱和，各抒雅怀。张氏本蜀中世家，亥白、船山兄嫂姊妹诗才横溢，古雪常有诗词唱和。

嘉庆元年（1796）春，张问莱以第一名入泮。二月，川楚白莲教起义，战争烽火，遍及川北。十二月十二日，张父顾鉴病逝，享年七十六岁。“镜千太守之卒也，左右无人，凡侍疾治丧，宜人皆躬任之。既殓，旂山始归自成都，又五日亥白自京师归。明年船山在都闻讣奔丧。人咸谓宜人以妇而尽子职，仿古孝妇奚让焉。”（何庆媛《诰封宜人张母杨太宜人传》）

嘉庆二年，古雪夫妻居遂宁丁父忧。十一月，安葬张顾鉴于蓬溪两河口祖茔。腊月初四，湖北教军王聪儿、高均德、姚之富、张汉朝等率军由陕南经大黑潭（今旺苍县大德乡）、水磨（今旺苍县水磨乡）、德山（今旺苍县大两乡）、木门（今旺苍县木门镇）等地同时向高城、通坪集结，准备经旺苍坝向川西发展，在高城与通坪之间的九曲坡遭到何献瑞、杨继晓等所率乡团四百余人阻击，激战半日，乡团伤亡过半，杨继晓被擒获斩首。古雪母亲何太恭人藏匿于今旺苍县普济镇寺沟里深山中。杨古雪闻家兄死难，于是派人经三昼夜将母亲和五弟杨继昂接至遂宁。

嘉庆三年九月，因古雪之父杨玺时任六合县知县，古雪与张问莱送母、弟去江苏省六合县官舍。在赴江南途中，每临胜地，古雪都要吟诗抒怀。舟过白帝城，作有《白帝城怀古》二首：

吞吴灭魏两无成，戎马匆匆了一生。白帝城边遗恨在，至今犹有杜鹃声。

庙貌倾颓事渺茫，白云天然绕瞿塘。满腔忠义今犹在，剩水残山对夕阳。

舟进三峡，两岸奇峰千仞，惊涛拍岸，卷起千堆雪，作有《进峡》诗：

川曲疑无路，危峰迥入云。船从山底出，水自谷边分。

树影临流见，猿声隔岸闻。行行将百里，回首夕阳曛。

船到江西九江浔阳渡口，古雪偕夫携母、弟去游览了“古琵琶亭”，怀念江州司马白乐天，题《琵琶亭》诗：

独倚阑干看菊时，琵琶亭上画中诗。当年司马销魂句，留与行人醉一卮。

嘉庆三年（1798）冬，抵江苏省六合县。骨肉团聚，悲喜交加，古雪作《抵官署》诗：

客程淹日月，万里此归宁。水郭朝停舫，琴堂夜聚星。

椿萱长并茂，花萼有余馨。回首乡关路，迢迢梦乍醒。

古雪到六合两度春秋，生活安定，承欢膝下，钻研诗文。嘉庆五年，张问莱出任浙江杭州主簿。古雪拜别父母，随夫赴任。从六合至杭州，途经胜地，都吟诗纪事。

舟经镇江，作《金山》诗：

塔影临流势若倾，片帆飞过一舟轻。禅房钟鼓和潮散，古殿琉璃映水明。

四面波摇山独稳，两番风刮我犹惊。客途怕遇销魂处，满目云山动远情。

由江南运河抵杭州，纵情山水，畅游西湖。湖上诸山，多有题咏。瞻拜栖霞山下岳飞墓，感慨作诗云：

宋室南渡日，二帝方北驰。鄂王秉大义，沥血誓王师。

精忠字湮背，智勇振华夷。大敌克朱仙，莫敢当义旗。

指日两京复，天下皆知之。无如奸相桧，苦将和议持。

遂教三字狱，德载成冤词。君子与小人，原无两立时。

如何亡国仇，偏安竟无疑。空自坏长城，宗社委如遗。

一抔湖上坟，碧血万古垂。坟前铁铸者，愧彼向南枝。

诗中对岳飞抗金、收复失地的爱国主义精神作了高度评价，对宋高宗、秦桧等残害忠良给予无情抨击。《岳氏宗谱》及《清通志》均收录此诗。

古雪幼习礼仪，敬仰其夫高祖、清初名臣张鹏翮。张鹏翮曾任浙江巡抚六年，江南人民怀念他，在西湖“六一”泉遗爱堂西侧设有张鹏翮像。身为玄孙的古雪夫妇，遵礼晋谒，作《拜先文端公遗像，像在西湖》诗云：

乔木今无恙，甘棠在此乡。衣冠仍像设，俎豆亦蒸尝。

殿阁头街古，湖山手泽长。愧非萍藻荐，瞻拜尚彷徨。

此外，古雪还作有诗《柳浪闻莺图》、填有词《满江红·过林和靖先生墓，次香岩词韵》《买陂塘·西泠送春》等。

自夫上任后，古雪“佐理学政，罔不秩然”，常以“洁己奉公”相规勉。张问莱历任之地，皆有循声。古雪寄迹江浙十余年，以琴书做伴，笔砚为友，往来吴山越水间，饱览苏杭名胜，凡有所感，皆形于诗。《荷花》诗云：

翠盖迎风影半斜，一支才放水之涯。生来不着尘根染，自是人间君子花。

张问莱署嵊县（今浙江嵊州市）县尉时，古雪勉励夫婿要如梅花一样清白，作有《嵊县尉署对梅花作呈夫子》诗：

年来生计太匆匆，薄宦今番到浙东。一树寒香无俗韵，两家清白有门风。

相期载鹤来天外，共爱看山入剡中。书报平安亲尚健，望云心事与君同。

古雪工诗词，亦善书画、刺绣。在杭州篆《寿字三星图》，尺幅值金二镒。尤善花卉仕女及山水，《益州书画录续编》谓古雪：“能诗兼工书画，有《烟雨楼》画幅传世，极飘渺之至，题跋亦隽雅。”清代名画家王学浩将杨古雪比作恽南田。张船山有《题古雪斋七夕云书心字图》诗云：“蛛丝乞巧事陈陈，天上飞来一字新。输与月娥亲看见，无心云印有心人。”

嘉庆九年（1804）秋，亥白奉母辞别船山，由京师沿京杭大运河南下杭州，古雪至苏州迎接，自上次分别，至今已达八年。古雪作《闻太夫人自京师南下，赴苏迎谒，途中即事》云：

省亲不惮行千里，远别于今已八年。水驿亭前新雁候，山阴道上早秋天。

望云缥缈行将近，计日团圞喜欲颠。岂独吴门成小聚，介眉天笑庆初筵。

在苏州，与太夫人小聚后，十月，随侍抵浙江杭州。古雪作《喜太夫人至吴门，随侍抵浙，途中率呈》诗三首云：

忆别萱帷日，星霜阅八年。何期重聚首，复此侍长筵。扶伏人犹健，加餐昼不眠。惊心来往地，合十谢苍天。

洊岁依京国，音书问起居。今朝随杖履，喜惧复何如？水驿连官舫，江城奉板舆。君家兄弟好，花萼更相于（伯氏亥白侍太夫人南来）。

计日指杭州，西泠选胜游。湖山堪献寿，梅鹤亦添筹。骨肉聚千里，欢声盈一舟。慈颜长有喜，彩舞复何求？

到杭州后，张问莱、古雪夫妇陪侍太夫人及兄亥白，遍游杭州名胜，揽胜西湖诸景，亥白作有《冬日湖上作》等诗。

嘉庆十年（1805）春，亥白奉母由杭州返蜀，古雪作《太夫人将返里门恭呈》诗云：

留亲不住意何如？为道潼川问讯疏。乱后山邱宜祭扫，荒余陇亩要耕锄。此行儿妇难随伴，若到家园好寄书。天竺有灵还忏佛，愿增眉寿护安舆。

古雪之父杨玺，以卓荐升苏州府督粮水利同知，署松江府知府。因勘灾触暑，嘉庆十一年九月初八，以勤死职，年七十有二，囊空如洗，士民咸悼恤之。著名学者吴锡麒撰《苏州府同知杨公墓志铭》（道光《保宁府志》卷五十九《艺文》）。古雪闻讣往视含殓，亲理其丧，俾弟扶榇归蜀，作长诗志哀云：

我家本广元，夙世有隐德。笃生先君子，弱冠举乡国。教授古文翁，学校著声绩。纳溪与潼川，至今犹啧啧。简擢任民社，县小荒而瘠。安东连水界，上与淮黄逼。岁在丙辰秋，辛苦拯饥溺。全活逾万人，大吏为心恻。调赴六合宰，循声遍江北。当时州父老，爱戴同君奭。攀留逾一年，此事今罕识。上游既重贤，邻封亦望泽。卓荐超两阶，分符过千石。各州及大郡，所至人感激。儿夫宦浙东，音书常不隔。间岁儿归宁，欢欣动颜色。如何天不吊，转眼罹灾厄。忆昨弥留时，执手语历历。顾念小弱弟，嘱咐儿怜惜。感此伤我心，有泪不敢滴。哀哉永别离，黄泉无羽翼。归亲八千里，江路淹潮汐。慈亲舍我去，弱弟辞我侧。我生良不辰，先德俱终泊。援笔写哀词，灵兮鉴此臆。

嘉庆十四年春，古雪将其所作诗词在浙江刊行，即《古雪诗钞》一卷。有清代诗人吴锡麒、梁同书、状元石韫玉、诗人徐步云（字蒸远，号礼华）所作序言，黄慧云女史所作跋语。

吴锡麒《序》云："余在都下，与张船山侍御为莫逆交。读其诗如龙跳虎卧，令人色然而骇。而船山特好奖其闺中人，每出己作，必钤船山夫妇同用印以诧余，然余实未见其诗也。后交其弟旗山，旗山来官于浙，余亦乞养还里，因得常常见之。既读其诗，并读其古雪夫人所为诗，然后知闺门之中，风化所始要必出之至性至情者为足贵，若夫人者其殆深于三百篇之旨者乎？……其激昂慷慨者非寻常闺阁所能言者，故其音哀以思也。……今集中所载《述德诗》《逼仄行》《陟屺吟》诸作，痛深思挚，实可与《载驰》一章相发明，见之者皆为泣下。夫人诗，谓之香山婉约，老杜精强，人亦奚疑。……君家船山，雄于诗者也。倘寄以质之，当必以余言为然。”

梁同书在《序》中特赞古雪“咏菊词工，簪花写古”“白帝城边，续少陵之咏古；浔阳渡口，感太傅之左迁。”“载咏既多，选言愈雅。一编锦字之词，几载璇闺之事。……绘因风之柳絮，咒面腼之桃花。不关天性之深，难致风人之恭。……洵备撷芳于林下，雅能挺秀于女宗。”

状元石韫玉《序》云：“《古雪诗草》者，旗山张君德配古雪杨夫人之所作也。……仆与旗山廿载通门，一朝倾盖，每因彦先之赠妇，而知德耀之宜家。授我一编，为君三复。今夫诗也者，持志为宗，必本教厚温柔以立训；缘情为体，当合欢娱愁苦以同工。执此而求，知言有几。且王文宪三世有集，未著名媛；李易安，一代清才，终逢怨耦。由来文苑，殆罕全人。维夫人德言并微，福慧双臻，享碧落之仙才，积红余之清课。湘东之完三品，纪忠孝者居先；河北之纸百翻，会古今为一体。……庶几香奁名集，益蜚金屋之声；般镜成图，重补玉台之咏云尔。”

江苏兴化诗人、书法家徐步云（1734—1824）《序》云：“予曩于乙丑岁（1805）始获读古雪夫人诗，尝为序而梓之矣。今年春来游武林，将纵观湖山之胜，旂山七兄不忘旧雨，为之授馆，因得复睹古雪近诗百余首，其言深，其旨远，温兮似春，凄兮似秋，令人读之，可以歌，可以泣，异哉感人至深一至此乎。自古骚人之作，未有不缘情而出者也。非其中有大不得已与不容已之故，则无谓之呻吟究与浮夸者等耳。古雪至性过人，缠绵于骨肉之间，婉转于色笑之次，其聚也喜，其散也悲，情动于中，而发于言，此真有不得已与不容已者，宜其感人至深而非浮夸者所可同日而语也。若夫平时流连光景之什，闲情赠答之篇，出风入雅，优柔和平，则四海之气备矣，视乙丑以前诗所得不既多乎哉。抑予闻旂山言古雪幼有夙慧，天性孝友，为人慷慨多大节，居常俭约，萧然一寒素，及事关重大虽挥千金撤簪珥不顾。又尝谓妇人不宜尚声气，故所至自亲姻以外，未尝一通音问，至其料事明而虑患远，则又老成所不及者。夫人以诗传，诗以人传，予曩者第见古雪之诗，而未悉其为人，今闻梗概若此，俨然古列女之风，《诗》所称女有士行者，微古雪其谁与归？顾予老且钝，所言曾不足为古雪重，旂山遍交海内名宿，当更以是编质之，或即以予言为嚆矢焉可也。嘉庆戊辰（1808）三月礼华老人徐步云书，时年七十有六。”

《古雪诗草》刊行后，知其名者益多，应酬频繁，蜚声江浙。

嘉庆十五年（1810）七月，船山出任山东莱州知府，古雪作《和仲兄船山太守出任山东莱州知府》诗四首云：

一麾迢递出齐东，问俗犹传露冕风。见说群仙遥抗手，三神山在海当中。

清白何嫌作吏贫，棠阴重踏马踪尘。文章太守渊源久，家世朝中第一人。

官忙不及海鸥闲，捧檄今朝慰母颜。万里峨岷休怅望，蓬莱山是旧家山。

相随翟茀荷恩光，五马前头画省郎。到日郡斋观海市，烟云笔底最苍茫。

嘉庆十七年春，船山辞去山东莱州知府，寓居江苏苏州虎丘。古雪作《韵徵三嫂自山东随仲氏引疾南来，已至吴中，却寄》云："吹花搦管廿年初，判袂天涯翰墨疏。同作萍踪随宦辙，欣闻骑省赋闲居。""思归未必因鲈脍，将母行看奉板舆。越水吴山分咫尺，羁怀渺渺更愁予。"还填有词《绮寮怨·寄怀仲嫂韵徵》。

嘉庆十八年六月，古雪四十初度，亲友祝贺，喜气盈门，吟成长诗一首，有句云："韶光四十景初融，来往吴山越水中。夫婿十年成薄宦，家声五世继清风。……寥寥案牍情多暇，草草篇章咏未工。纵笔闲窗翻水墨，焚香小阁理丝桐。……杨柳阴浓湖内外，菱荷香遍浙西东。细听燕语歌三叠，初上峨眉月一弓。从此梅花宜献颂，不妨采麟更匆匆。"

清代诗人涂日燿《张七旗山古雪夫人四十初度》云："古雪吟诗淡于雪，古雪作字古如铁。一枝妙笔降仙才，秀出闺房两清绝。去年示我乞巧图，图成心字白云舒。支机石化绮千卷，梧桐露结香一炉。笑问张郎得几许，徬徨舌卷面欲朱。自谓夫人具礼法，清芬彤管将凤雏。四十年来作佳耦，交相问字如师徒。时逢且月上澣吉，夫人设帨良辰初。花时浙舫并蒂载，天边蜀客双星俱。我识张君本勋旧，更兼古雪诗名久。展笺还以诗为寿。"（《一樽酒轩诗钞》卷六）

嘉庆十九年八月，古雪接家书知母病，夫妇自杭州返蜀归省，归途七千余里，虽归心甚切，但每临胜地，仍赋诗纪事。

经陕西华阴、咸阳、宝鸡入栈，历紫柏山张良庙、沔县诸葛武侯墓祠，均有诗赞颂，如赞诸葛亮云："武侯出师地，庙貌今犹存。尽瘁三分局，病死五丈原。馨香见遗爱，风雨护忠魂。欲访琴书迹，传闻孰与论。"

十月二十九日，古雪夫妇抵四川省南江县长池故里，拜见分别八年的老母。其母患眼疾失明，闻女儿归来，喜极而双目复明。古雪以诗纪事云：“长途七千里，归思急如箭。近部询亲故，知母正悬盼。入门急登堂，搴帏视颜面。……问讯知儿归，喜极翻泪溅。欲诉别后况，不知何语善。……我病儿复明，今已视无眩。……回首语僮仆，鸡黍具欢宴。……安得长相倚，佐饺加餐饭！”

古雪承欢月余，与母朝夕相依。并为先父扫墓，看望叔伯弟兄，均有诗纪之。早年，古雪有一义婢赵红梅，侍古雪多年。嘉庆二年（1797）死难，埋骨茶地沟荒郊。古雪从杭州归宁，夜梦红梅为她沐浴、洗脚，亲如往昔。古雪深感义重情深，死犹相依，次日踏寻亡婢墓地，为之祭扫，并雇人垒墓立碣，亲撰墓志。题墓联云：“人生有死君偏惨，异地招魂我更悲。”题额云：“想象芳踪。”又题诗云：“红梅侠骨早流芳，九曲坡前即北邙。只恐年久埋荒草，为留小碣立斜阳。”

十二月，古雪夫妇由南江故里赴成都，拜望母亲太夫人及亥白兄，时张问安奉母居蓉城。亥白与张问莱相见，百感交集，作诗云：“握手乍相见，离愁今暂忘。”“喜君神奕奕，而我发苍苍。”“却从聚首思分手，风雨茫茫又十年。”从嘉庆十年亥白奉母由杭州返蜀，与古雪夫妇离别，至今刚好十年。

嘉庆二十年正月初五，亥白病逝。二月二十二日，古雪夫妇料理完亥白丧事后，由蓉返浙。经三峡出宜昌，千里迢迢，多有题咏。四月十二日抵浙江杭州高士坊寓宅。有诗纪云：“去时霜叶飞，今来芳草碧。闻说西子湖，绿阴翠欲滴。风物正清和，容我泛舟鹢。”

古雪夫妇返浙江后，因船山、亥白二兄相继逝世；良师亲友，与世长辞；高堂老母，皆风烛残年。逢场作戏，兴尽当还。夫妇商定，告养归蜀，古雪《月夜书怀呈夫子》云：“明月照人人不见，樽中有酒休相劝。月圆人散意无穷，天上人间同眷恋。默默情怀四十余，春秋寒暑几多变。可怜骨肉尽凋残，白发高堂谁视膳。万里归来去路遥，十年重见慈姑面。家传清白受恩深，子孙未忍轻贫贱。故乡三载苦饥荒，弱弟单寒困里閈。门户萧条日似年，光阴迅速愁如线。嗟予恨不作男儿，别弟离京随远宦。主簿官闲少俸钱，夏屋风清余债券。更怜儿女未长成，八口嗷嗷常在念。竭力栽培立志行，大易明言须积善。墓道浮生事渺茫，寸肠我已愁千转。含毫万绪欲书难，肯负月明光一片。今宵再拜问嫦娥，占卜何殊资众筹。两家欢聚筵前期，定省百年酬素愿。”

古雪离杭前夕，将嘉庆十四年（1809）至二十年间诗词稿，整理刊行，即《古雪诗续钞》《古雪词余》各一卷。《续钞》前有徐步云所作序言，书后有张问莱跋；《诗余》有徐步云跋。

嘉庆二十一年秋，古雪夫妇返蜀归遂宁老家。古雪有《和夫子乞养归蜀留别之作》云：“十五年间况味清，闲中岁月一楸枰。唱酬敢诩神仙眷，佐理虚惭父母名。嵊邑栽花留药经，鸳湖载酒忆莺声。峨眉西望频回首，将母兴歌此日情。”“白首同归问几人？鹿车共挽性情真。葛洪早作移家计，梅福原无俗吏尘。松菊满庭知有约，琴书盈担漫言贫。西湖最是难分别，忍负慈帏老病身。”“往返吴中不计年，关情闺阁怅云烟，香分莲浦迎归棹，秋入苏台咽暮蝉。樽酒论心花底伴，芝兰绕膝女中仙。他时握手知何日？锦鲤还思别后缘。”

嘉庆二十二年四月二十七日，杨古雪不幸逝世，享年四十五岁。

古雪逝世后，其侄杨世焘将浙江刊本《古雪诗钞》《续钞》《诗余》汇编成《古雪集》三卷，收录杨古雪嘉庆二年至嘉庆二十年间之诗词作品，计诗四百四十八首，词三十二阕。此书刊印于旺苍县九曲坡，书成后赠送亲友存阅。该书在今四川旺苍、广元、南江、遂宁、蓬溪、阆中和江苏六合、浙江杭州等地杨氏亲友、杨氏后人处有存本。

古雪词，风格婉丽，写景佳美，含蕴无尽。清代丁绍仪《听秋声馆词话》卷十八《清闺秀词》称古雪词《伤情怨》“尤隽峭者”。况周颐《玉栖述雅・杨古雪词》云：“西川杨古雪《诗余》一卷。《蝶恋花・春阴》《买陂塘・西泠送春》，两词佳境，渐能融婉丽入清疏。《买陂塘》处韵十三字，余尤喜之。”

据《遂宁张氏族谱》记载，杨古雪去世后，葬于遂宁两河口张氏祖茔，两河口已于1954年划归蓬溪县金桥镇翰林村管辖。据有关人士实地勘察，古雪墓位于今蓬溪县金桥镇翰林村两河口唐家湾月亮坪第四台土内，其墓在张船山墓右上方约30米草树丛中，张问莱之墓也在船山墓右上方约60米山垭下。惜1959年被当地农民梁崇信、廖受知挖毁，今墓址明显可见。后来，据廖受知交待说：“我在1959年约三月间参加挖坟时，在第四台土草木中挖出了一大拱棺，棺木漆得很好，黑色，未进水。尸骨完整，头骨较小，脸部稍长，未注意头发，衣服黄色较多，有红、白色的，衣质还较好，钩不烂。后连尸骨丢于右侧大土里，多久未烂。约两个月后，用火烧了，还闻得到尸臭。从棺木里捡到些金圈子、耳环、簪子、珠子，这座坟的碑也未见到，可能是1958年在修公猪圈时挖走了。”杨古雪之墓虽被毁，但她的诗、画将永存，永远活在人民心间！

【原载】《内江师范学院学报》2009年9期

清代诗人奚大壮

奚大壮（1774—1827），字安止，号固莽，一号雨谷，清代蓬溪县人。出生于世代书香之家。据光绪三十四年（1908）刻本《蓬溪奚氏宗谱》（奚湘焘编纂）载：奚氏原籍贵州遵义，先祖奚仕陵，居贵州遵义通平里万享庄，子三：长汉广，字为政；次汉清，字九河；季汉文，字方左，遵义廪生，迁蜀后始考取岁贡，候选教谕。奚汉清赋性豪侠，与世多龃龉。清初避难来蜀，偶经潼川府蓬溪县，见县境人烟萧索，会邑令徐缵功下令召集流氓开垦，给为永业，奚汉清即自首认粮，旋回遵义议迁。奚汉文秉性诚笃，坚守先人坟墓，不肯轻去乡里。奚汉清以计迫之始行。凡旧有之田庐器物皆举而弃之，捧奉先人木主十余座，徙居潼川府蓬溪县茸山乡七甲姬家坝（今重庆市潼南区桂林镇街道办事处花厅村）。奚氏迁居蓬溪是康熙三十三年（1694），当时蓬溪飞鸿遍野，绝无弦颂之声，唯奚汉文素裕于学，深沉经史，作文尤有古大家之风。弟兄三人同居，子侄辈十余人，孙辈四十余人，济济一堂，无有外傅可就，唯随奚汉文读书。赖两兄经理疆界，纲纪家政，奚汉文得以尽心教授。邻境子弟之英者，亦多负笈来游。人皆称涪左之文教，唯自奚汉文开其先云。所尤异者，清初定鼎，邑中学额旧只八名，奚氏子孙两派列胶庠者十四人，几足两榜。清朝二百余年，蓬溪登进士者五人，其一为奚大壮。奚家中举人者四：奚继徽、奚大蕴、奚世卿、奚玉麟；考中秀才者数十人。奚氏之盛，至斯已极。蓬溪东乡以科甲世其家者，人咸以奚氏、蒲氏并称。蒲氏以拱辰开其端，奚氏以汉文倡其首。旧志比拱辰为蓬溪之文翁，奚汉文可与之媲美。

奚大壮为长房溪汉广（1650—1729）之玄孙；曾祖奚人念（1673—

1734)；祖奚文棂（1714—1783)；其父奚继徽（1744—1821)，字慎典，号嘉猷，自号琴轩，清乾隆三十五年（1770）举人，曾任河北曲周知县，为官十余年，除积弊，轻徭役，明决善断，惠民为先，著有《琴轩诗草》《鹤鸣草堂文集》行世。卒葬成都华阳东关外中和场双堰子。子三：大观、大醇、大壮。女四，长适安岳县举人周国颐。

奚大壮生于乾隆甲午年（1774）正月十三日亥时。从小受到严格的家训和良好教育，嘉庆三年（1798）参加四川乡试，考中举人，钦取咸安宫教习。十年，参加会试、殿试，考中进士，与学者何绍基之父何凌汉、学者李兆洛、诗人姚元之、孙原湘、名宦聂铣敏、穆彰阿等为同榜进士。

在京师期间，奚大壮与朝鲜王朝历史学家柳得恭相识相交往。柳得恭（1748-1807)，字惠风、惠甫，号冷斋、古芸堂，朝鲜18世纪中叶至19世纪初叶的历史学家兼文学家，著有《滦阳录》《燕台再游录》等。清朝乾隆嘉庆年间，柳得恭两度作为朝鲜李氏王朝使团随员来过中国。一次是乾隆五十五年，柳得恭作为使团检书官跟随使团赴热河行宫为乾隆皇帝贺八旬万寿。一次是在嘉庆六年，柳得恭以副使随员的身份入京，写下了《燕台再游录》。书中收录所遇人物五十八人，许多当年相知的旧友，或老或散，柳得恭不甚感慨。所遇人物即有蓬溪人奚大壮、蒲文甲。柳得恭在《燕台再游录》中向外国介绍了诗人奚大壮等，他说："蒲文甲，字笔犀，号中庵，四川潼川人。奚大壮，字安趾，号果斋，与蒲同乡，俱以举人同寓松雪庵，庵在玉河馆之左。"

嘉庆十一年，奚大壮官湖北应城县知县，赴鄂履任。第二年，湖北大旱，尤其是应城、通城、石首等县旱灾特别严重，饥民食草根、树皮殆尽。奚大壮全力赈灾，所活无算。十五年，应城、钟祥、汉口、汉阳等县又大饥，流民塞道，迁徙他乡。奚大壮向上级亲奏，请缓征赋税。上悯百姓苦，准于减免。十九年，应城、罗田、枣阳、郧县等地再次大旱，奚大壮倡议官绅出钱，胥吏出俸，全力赈救，使得应城流民安养，各图生计，民情稳定。奚大壮还编保甲以加强地方管理，为民办事，出俸修城池、建仓储，兴学育才，增葺学宫，他自己却过着寒酸的生活。百姓及上级对他的政声、善举，交口称赞。

嘉庆十四年，因奚大壮年富力强，官声赫赫，被派去云南办理运铜之事。云南铜矿丰富，甲于各省，江浙、江西、湖北、陕西等省所需铜矿，均派官吏到云南采运。由于路途辛苦、艰难，因此，官吏将办铜视为畏途。奚大壮毅然担当起了去云南办铜的任务。他曾写诗记述办铜的艰辛："依旧青山践旧盟，滇云来往一身轻。经年枕藉铜为命，万里风涛水寄生。枵腹侏儒无宿饱，回头楚客有余惊。"当他离开应城去云南之际，应城父老、儿童为他送行，祝他一路顺风、平安早归。第二年圆满完成任务回到应城时，"从前父老攀留处，又见儿童竹马迎"。由此可见奚大壮与百姓的深情厚谊。

嘉庆二十年，应城县天主教徒聚众闹事，被知县奚大壮拿获，因而名震湖广，受到嘉庆帝垂询接见。据《清实录》载，嘉庆帝称誉云："应城知县奚大壮，平时官声尚好。"

奚大壮为官十余年，宽猛相济，折狱平允，勤政惠民，政绩卓著。充嘉庆丁卯（1807）、戊辰（1808）、庚午（1810）、戊寅（1818）四科湖北乡试同考官，赏戴花翎。嘉庆二十二年擢升兴国州知州。履任之后，奚大壮洗刷吏治，清理案牍，明敏练达，案无积滞，百姓誉之为"神明知州"。

十五年的官场生活，奚大壮看清了清朝官吏们的虚伪与腐败。嘉道时期，清朝国势江河日下，山雨欲来风满楼。奚大壮对宦途产生了厌恶心理："宦味十年同嚼蜡，人情万变抵翻澜。"于是决计辞官归隐。道光元年（1821）春，得其父家书，言身染重病。奚大壮向湖北总督阮元提出辞呈，请求归养。奚大壮回蜀中时，囊无余钱，行李萧然，人皆叹仰。

归故乡蓬溪数月，其父病逝。待安葬完毕，因四川学政聂铣敏（奚大壮同年进士）看重大壮的威名与卓行，聘请奚大壮掌教成都墨池书院。奚大壮严为月课，因材施教，为蜀中造就了一大批人才。正如清代孙桐生所云：奚大壮"为蜀中名进士，宰应城卓有政声。以拿获天主教匪，晋擢刺史。四校乡闱，所拔多知名士。乞养归田，淡于仕进。值聂蓉峰太史督学来蜀，聘主墨池讲席，亦多所造就云"。（《国朝全蜀诗钞》卷三十三）

奚大壮是清代有影响的蜀中诗人。一生讴歌山川风景，时事感悟，以抒情怀。如《云阳晚泊》云：

一身飘忽上夔巫，两岸云山入画图。怪石悬流如虎踞，小船争泊似凫趋。晚钟远自岩阿出，村酒还从野店沽。邂逅人犹识名姓，迂疏真觉负头颅。

描绘了三峡的壮美、雄奇。

《见滩上覆舟》云：

奔涛一瞬箭离弦，曲折篙从石罅穿。滩上覆舟明在眼，有人犹自造新船。

突出了三峡之险，富有哲理。

《悯荒》云：

民气荒年苦，哀鸿又苦饥。呼庚难果腹，卓午尚停炊。

我负求刍愿，人空望岁思。监门无郑侠，孰与绘流离？

反映了湖北大旱，难民流离失所的情况，呼呈统治者减轻人民负担，关心民生病苦。

《将入滇境》云：

问程已说近南中，眼底云山障远空。最是旅情难遣处，杜鹃声里杜鹃红。

《洞庭》云：

一帆悬不定，万顷接茫然。元气涵虚洞，洪荒辟橐键。

波轩摇白日，水阔界青天。转觉君山小，疑看九点烟。

《清溪洞》云：

清磬多情导我前，溪声缭绕小桥边。山腰寺隐疑无路，洞口云深别有天。

海上楼台仙仗近，空中星斗佛光圆。他年了却风尘债，来与弥陀结净缘。

表现了诗人对官场的厌倦。

《偶成》云：

家训传来子细看，肯将五斗误儒冠。难甘典染同流俗，那解逢迎媚长官。

宦味十年同嚼蜡，人情万变抵翻澜。纵教墨绶须臾换，争及莱衣岁月宽。

表现了诗人不愿为五斗米而折腰，不屑对上司谄媚逢迎，对从政十分厌倦，决心辞官归里养亲，把旧时代知识分子为官的处境心态都真实地表现了出来。

道光七年（1827），奚大壮病逝，享年五十四岁。子三：世觉、世觐、世敷。葬于彭县花街子场后，购李姓地。撰有《雨谷诗集》二卷、《雨谷文集》二卷、《应城县志》十二卷、《办铜管见》、《富川偶存》一卷、《宰蒲偶存》一卷、《纪行草》一卷、《制义续集》二卷、《试贴存稿》二卷、《雨谷时文》一卷。光绪三十四年（1908）刻本《蓬溪奚氏宗谱》内收录有奚大壮和其有关之诗文，计有《环溪书院并义学记》《重修常乐寺记》《心湖李公治蓬御冠纪略》《御制墨刻因循疲玩论由》《城隍庙祷雨文》《告城隍文》《连理树赞》《升任兴国州关防告示》《升任兴国州观风告示》《湖北兴国州重修大士阁记》《送诸生文》《重修应城县志序》《劝赈引》《劝捐引》《五节亭记》《应城烈女黎占姑传》《万金亭记》《筑渔子港溃口记》《重筑渔子港后记》《遵义省墓记》《续刊应城县志序》《胡枫园时文序》《白友井祈雨诗》《邓贞女诗》《李贞女诗》

《汤池》《赴滇留别》《丙子元日纪》《赋得我泽如春》《晓发武昌》《洞庭》《谒伏波将军祠》《喜怒哀乐之未发谓之中》《辰州江中野望》《辰沅江中》《石虬岭》《诚之者，择善而固执之者也》《将入滇境》《清溪洞》《关岭武侯古松》《其养民也惠，其使民也义》等。

奚氏后裔，代有达人。奚汉广、溪汉清、溪汉文三房入川，长房贵，二房寿，三房富。奚大壮系长房后裔。三房后裔奚玉麟，光绪五年（1879）解元；大壮侄女婿孙桐生是蜀中红学家；奚玉麟子奚育仁官河南保甲、农工两总局督办，孙奚致和（1885—1955），清末监生。民国时，任四川南充商会会长。1946 年加入民盟。1949 年后，任川北人民行政公署工商厅厅长。1952 年，任四川省人民政府委员。1955 年当选四川省政协委员。奚致和之大女婿为我国著名美学家、北京大学朱光潜教授。

【原载】《芝溪集》，胡传淮著，2003 年出版

清末蜀中客家诗人兼学者钟瑞廷

蜀北蓬溪，历史悠久，民风淳厚，人文蔚起，代有明贤。清代二百余年，邑中王氏、蒲氏、奚氏、钟氏崛起，书香绵远，贡举辈出，声名远播，此四家号称清代蓬溪四大家族。钟氏系广东迁蜀之客家人，清初来川，卜居蓬溪县西乡石板滩场（今大英县象山镇）之龙溪，世代书香，人才辈出。百余年间，涌现出举人 1 人，贡生 4 人，入清及民国《蓬溪县志·人物志》者 4 人，入清光绪本《新修潼川府志·人物志》者 2 人；著述近 30 部、70 余卷。影响深远，名噪蜀中，时人谚云："石板滩的钟，敲不得。"此亦足证清末蓬溪钟氏造诣之深、势力之大。

在清末蓬溪钟氏家族中，钟瑞廷尤足称道，他是清末蜀中著名客家学者兼诗人，也是刘沅槐轩学派的代表人物之一。但因其偏处蜀中，足迹未出三峡、剑门，故其生事、著述，湮没不彰，鲜为人知。其《龙溪诗草》二卷，流传极罕，《清人别集总目》亦失收。

一、原籍广东省，清初迁蓬溪

明末清初，四川历经兵祸，天灾瘟疫迭起，人户大量逃亡，"民无遗类，地尽抛荒"。清政府为了恢复四川经济，征收赋税，于顺治十三年（1656），正式提出"招流垦荒"。康熙年间又鼓励外省居民入蜀，并采取了一系列优抚措施，有力地吸引了湖南、湖北、广东、广西、福建、陕西等省大批移民举家入川垦业，掀起了"湖广填四川"的高潮。清道光《蓬溪县志·武功》载："顺治元年冬十二月，进忠等至蓬溪，杀掠甚众。""顺治三年，蓬溪居民始定，蓬溪民归城者，仅数十户。"乾隆本《蓬溪县志·贡赋志》云："明季蓬邑户口数十万，自罹兵燹后，逃亡殆尽。我朝定鼎以来，陆续招徕开垦。”道光本《蓬溪县志·户口》云：“自明季兵燹之余，土著稀少，类皆吴、楚、闽、广、滇、黔诸省人占籍讨垦，移隶于此。”至康熙四十八年（1709），“蓬溪县安插新民曹石友等三百五十余户”。

清初，在众多的蓬溪移民中，有一支来自广东省嘉应州长乐县的客家人，落业于蓬溪县西与三台县、射洪县交界之石板滩场（今大英县象山镇）龙溪河畔，世代繁衍生息，经过百余年的发展，成为清代后期蓬溪望族。

客家是一个具有显著特征的汉族分支族群，也是汉族在世界上分布范围广阔、影响深远的民系之一。从西晋永嘉之乱开始，中原汉族居民大举南迁，抵达粤赣闽三地交界处，与当地土著居民杂处，互通婚姻，经过千年演化，最终形成相对稳定的客家民系。广东客家人主要分布在广东的东部和中部，以嘉应州（今梅州市）、惠州、潮州等地最为集中，是客家人的大本营。清光绪《嘉应州志》载，“嘉应州及所属兴宁、长乐（今五华）、平远、镇平四县”，系纯客家县。蓬溪河西（涪江河以西）石板滩龙溪钟氏，来源于广东省嘉应州长乐县这一纯客家县，是正宗的客家人。

蓬溪河西钟氏，原籍广东省嘉应州长乐县塘湖村回龙寨（今广东省梅州市五华县龙村镇塘湖村回龙寨），清乾隆七年（1742）迁四川省潼川府蓬溪县河西，入川始祖为钟扶任。同治七年（1868）仲春上浣，钟瑞廷《纂修蓬溪河西钟氏支谱叙》云：“吾宗族谱，自汉唐以来，始修于洛，继修于江右，后复修于闽与粤，相传不下百余代。至曾祖扶任公由粤来川，以道远，谱牒繁重，不便携持，手录一册，以志不忘。”民国本《蓬溪河西钟氏族谱·凡例》载：“吾宗系出粤东嘉应州长乐县地名塘湖村回龙寨民籍，自国朝乾隆七年壬戌扶任公始携子二人，由长乐迁川北潼川府蓬溪县河西家焉。”

钟瑞廷《龙溪诗草》卷下，有诗题为《余原籍广东，频年西洋入寇，王师屡出未克，感而有作》。此诗作于道光二十二年（1842），正值第一次鸦片战争时期。1841 年 2 月，英军攻陷虎门；5 月，英军占领泥城、四方炮台，炮击广州。1842 年 6 月，攻陷吴淞；7 月，陷镇江；8 月，犯南京。钟瑞廷深感忧虑，故作此诗，有云：“回首瀛东路八千，海云红处起狼烟。挑来巨寇应谁咎？让出重城也自怜。将帅闻风甘避贼，楼船填海欲遮天。至今未报王师捷，惆怅乡关泪涌泉。”“故乡蹂躏已三年，放眼重围望纸鸢。战具贼偏工造作，屯兵我竟任牵延。血腥海水悲鲂鲔，魂断家山哭杜鹃。犹幸熙宁（长乐县古名）无警报，先茔几处尚依然。”鸦片战争结束，瑞廷又作《西洋贼退志感》，有云：“最好故乡今乐土，海波澄处望雷琼。”诗中充满了强烈的爱国爱乡之情，“惆怅乡关泪涌泉”，“魂断家山哭杜鹃”，“犹幸熙宁无警报，先茔几处尚依然”，“最好故乡今乐土”等句，充满了对故乡广东长乐县的思念。虽然迁蜀已有百余年了，但在钟氏的心目中，长乐县是“家山”、有“先茔”，那里才是他真正的“乡关”！充分体现了客家人的爱国爱乡与敬宗睦族的传统精神。

二、少负神童誉，晚岁登贤书

钟瑞廷生出于清嘉庆十年（1805）正月十二日，字薇垣，一字维圜，号妙凝子、梅花瘦人。曾祖钟扶任（1694—1768）；祖钟贤贵（1730—1800），蓬溪乡贤；父钟祥麟（1779—1846），字玉书，号桎庵，性和粹，以孝友著闻，潜心理学，淡于名利，绝迹城市者三十余年，时或策杖游郊外，有饥寒者，辄周之以为常。事载光绪《新修潼川府志·人物志》和《蓬溪县志·耆旧》。

瑞廷少读书，日诵千言，有神童之誉。道光四年（1824）考中秀才；五年成为廪生。试辄高等，有声庠序。但累考举人，皆落第。咸丰元年（1851），考取岁贡；二年改授恩贡，作诗《余年四十有五应岁贡旋改恩贡作此自嘲》云：“四十五年叨一贡，旧初蓝缕剩余青。漫夸选士名堪羡，差幸文宗考已停。三字头衔惊又改，半生心血苦无灵。君恩辜负更番锡，白蜡明经愧读经。”

道光二十九年，作《己酉下第独归》诗云：“百战依然困战场，凄凉独自捡行装。龙因失水难嘘气，雁为惊弓不整行。科第岂真关命数？功名毕竟误文章。只身客路愁无语，惆怅溪西旧草堂。”

咸丰五年，瑞廷第十四次参加乡试，作《余与泽山李君同试省垣，今皆十四次矣，乙卯闱中重晤，夜坐谈心，抚今追昔，相对欷嘘，几于欲泣，拈二律不自知其辞之悲也》云：“矮屋谈心烛泪红，重逢又是棘围中。相看马齿将衰日，尚苦鸿毛未遇风。下第诗多愁欲废，登科录好望都空。临场已作沉舟计，知否能成一战功？”“豪侠如君命亦悭，无才似我更谁怜？驰驱不下三千路，辛苦同经十四年。鹦著屡膺虚入彀，鹏搏弗止或摩天。云程倘更罡风阻，定效图南去学仙。”

瑞廷经过多次乡试，均未中试，精神差点就要崩溃了。咸丰九年（1859）秋，在好友戴诠的敦促下，瑞廷第十六次参加己未恩科秋榜乡试。苦心人，天不负，瑞廷终于中式第三十八名举人。作诗《己未重阳后得秋榜喜信口占》云："文战曾经十六年，半生蹭蹬感华颠。泥金喜报三更至，蓬壁欢声五子联。久视浮名如水淡，自惭薄德受天怜。头衔两字真难领，廉未能兼孝未全!"

瑞廷考中举人，已是五十五岁之人了。对这迟到的功名，深感遗憾，故在《示侄永猷》诗中，叹曰："吾家小阮挺英姿，敏妙真如叔不痴。文章仅许争人胜，科第休教似我迟。"

咸丰年间，蓝大顺起义军在川中一带攻城略地，蓬溪许多地方，如蓬莱镇、河边场、红江、高坪、天福等地均被起义军占领过。由于时局动荡不安，瑞廷曰："是非可仕事矣!"于是决意仕进，退居乡里，隐于龙溪，乐天知命，不事王侯，一盏秋灯苦著书。因此，蜀中少了一个俗吏，多了一位学者兼诗人。

三、龙溪诗草茂，文章蔚国华

瑞廷善诗，是清代客家诗人，著有《龙溪诗草》二卷，存诗近三百首。清代蓬溪知县宋家蒸（江西奉新进士）在《钟瑞廷墓志铭》中云："先生少喜为文，中岁喜治诗。"清代三台县岁贡冯大中《梅花瘦人传》云："其诗清和隽婉，亦如其人，于古作者雅近微之（元稹）、香山（白居易）一类。"清代蓬溪县蓬西盐厘局厘员帅继先（江西奉新举人，曾任知县）《龙溪诗草序》云："读之，语皆从性情中流出，和平浑厚，一如其人，绝无六朝浮艳之习，所谓不求工而自工者。"光绪本《蓬溪续志·钟瑞廷传》云："其诗系心当世，不沾沾于吟风弄月。"评价颇高。

瑞廷为清代后期性灵派诗人，主张诗中有我、抒写真情和性灵。清代蓬溪拔贡王镛（字竹孙，官江苏华亭、常熟知县）为《龙溪诗草》题词云："龙溪风骨继苏黄，俯首骚坛炷瓣香。君国关怀唐李杜，山林仰望晋嵇康。谈玄直作天人想，说易能将性灵详。道德文章兼福寿，知公才命不相仿。""回环雒颂惬吟怀，会向冰壶濯魂来。池草偶随春梦发，笔花全仗性灵开。淡情我爱清于菊，秀骨人称瘦似梅。幸与佳郎同谱曲，草玄偷得诵千回。"王镛诗中阐明瑞廷诗"笔花全仗性灵开"，帅继先《龙溪诗草序》亦云："语皆从性情中流出。”表明瑞廷独抒性灵，是一位独具特色的性灵诗家。瑞廷在其诗中，亦多次提及诗要有性灵，诗中要有我。如《闲居书怀》云：“谈兵客到增豪气，趁韵诗多减性真。”《书窗小饮》云：“功名毕竟为身累，花月真堪养性灵。”《改诗》云：“琴妨失律重翻曲，花为删繁屡折技。尽有少年真实语，几回欲去意迟迟。”《自编诗集成后偶题》云：“花从闲处放，草记梦中春。展向风檐读，呼之若有人。”说明诗人写诗追求“性灵”，要有“真实语”，要诗中有我：“呼之若有人。”这些主张符合诗歌创作规律，至今仍值得人们借鉴。

瑞廷诗中具有强烈的爱国情怀和忧国忧民思想。帅继先《龙溪诗草序》云：“其忧乐天下之心，时溢简外，直与少陵同一胸次，非如他作者徒矜风格已也。”清代蓬溪举人李维均（字瑾山，广东知县）为《龙溪诗草》题词云：“长吉闲游皆得句，少陵每饭不忘君。”瑞廷在其《八十自寿》诗中亦云：“明伦语切看原淡，忧国诗多听有声。”“伐薪覆瓿知难定，但写胸次不计名。”《春日闲居》诗云：“心无一物惟忧国，腹有千秋尚读书。”《自怜》云：“酒因病肺难狂饮，诗为忧民不讳愁。”这些诗句表明瑞廷真正继承了杜甫、白居易等诗人的现实主义精神，忧民悼世，忠君爱国，即境抒怀，率鸣胸臆，和平浑厚，绝无六朝浮艳之习，不求工而自工。

钟瑞廷之诗，内容较为丰富，主要有田园山水诗、题赠怀人诗、言志抒怀诗、悼亡感事诗、咏史怀古诗等，风格多样，具有较高的艺术水平。

（一）山水田园诗

钟瑞廷长期隐居田间，恬淡闲静，不慕名利，写了大量田园山水诗，绘声绘影，拟神状貌，或寓情于景，或情景交融，形象鲜明，空灵缥缈。如：

《秋郊晚步》：“路逢石磴每回环，秋在疏林暮霭间。枫叶萧萧听不断，满林红雨落空山。”《秋郊晚眺》：“四望萧森拟画传，趁闲独立嫩寒天。白云僧寺秋风外，红树人家夕照边。菊恋戏花舒冷艳，鸟随落叶下寒烟。苍茫依旧寻来路，满耳虫声送客还。”《三台道中》：“吹面怯寒风，行行日正东。人家红树里，客路乱山中。水曲弯弓似，峰高卓笔同。肩舆乘处稳，觅句付诗筒。”《龙溪晚泊》：“芦花掩映钓渔矶，浪静风恬暮色微。柔橹一声残照里，船从摩诘画中归。”《舟次涪江》：“两岸花如雪，舟行夜泊堤。灯光摇水乱，月影压帆低。滩怒人声小，江空客梦迷。深宵吟兴发，惊起野禽啼。”《雨中种树》：“泥封树路认依稀，稳步移来又觉非。细雨一蓑云一笠，溪南种树荷锄归。”《雨中遣兴》：“秋入雨凄凄，秋心为雨迷。泉声穿屋破，云影压天低。木叶风三径，芦花涨一溪。诗成无个事，窗外午鸡啼。”《幽居》：“地僻人稀到，幽居恰称情。一庭摇竹影，四面走滩声。屋小堪容膝，山多即当城。栖鸦飞不定，林外闹新晴。”《江头独步》：“闲情无着偶寻诗，信步江头任所之。破碎烟峦云补缀，倚斜石岸水撑持。人行别路知桥断，鸥怯危滩下濑迟。贪看前村好风景，归来已是夕阳时。”《山馆独坐》：“山馆清秋夕，孤灯客未眠。虫声风外断，雁唳月中圆。霜重天如水，宵长夜似年。苦吟时寂寂，落叶响阶前。”《溪西晚眺》：“隔溪云树影重重，古寺深藏树里峰。输与山僧闲自在，夕阳楼上一声钟。”《龙溪杂咏》：“两岸芦花映碧泉，轻风斜扑一溪烟。渔翁钓罢归来晚，错认江村暮雪天。”“薄暮溪桥雨乍停，粼粼石齿漱波青。晚来水涨滩声急，一夜潺湲梦里听”。《晚眺》：“薄雾濛濛满眼遮，长林遥望日西斜。鹭鸶乱向枯松立，错认寒梅一树花。”《溪北闲行》：“溪北闲行当出游，无名山水尽勾留。千花倒竖峰头塔，一叶横飞渡口舟。偶与邻翁谈岁事，爱听牧子唱村讴。兴来忘却归途远，日落遥山月上钩。”《暮春遣兴》：“雨过寒消鸟唤时，空斋独坐肘频搘。乱图太极参羲易，聊写长歌续楚辞。旧读书多堪下酒，新栽柳活渐垂丝。杨花点点穿帘入，迎得春风满砚池。”《晓行》：“饭牛人出门，清雾下如雨。濛濛不见人，人在烟中语。”

瑞廷这些田园山水诗，在其整个诗歌中，占的比重很大。或写景抒情，或托物言志，或摹态状物，均具有较高的艺术技巧，对家乡一山一水，洋溢着浓浓的热爱之情。

（二）题赠怀人诗

在《龙溪诗草》中，题赠怀人诗不少，内容丰富多彩，或抒情、或叙事、或议论、或状物，时而沉吟低唱，时而慷慨激昂。在题赠诗中，涉及近六十位蜀中文化人物，尤以蓬溪文士较多。瑞廷温和仁厚，冯大中《梅花瘦人传》云：“人有与谈者，虽贩夫、牧竖、方技、流外、臧获、贱人，皆不之拒，终日娓娓，务尽其意。然听其言，率皆随事指陈；其理则又如布帛、菽粟，可衣可食，而未尝有高远难行之论。于是远近有识之士，率从之游。”与瑞廷交往者，有清代蓬溪知县、县丞、教谕、进士、举人、贡生、秀才、布衣、僧人、道士等等，钟氏给他们题赠了不少诗歌，无不寄寓着诗人真挚的感情。如：

《燮堂李茂才昂祈书所作册页，迟久未寄，书来敦促，草二绝代柬》云："锦匣长装纸色寒，鸿裁宜当佛经看。几回榻就迟相寄，写到刚刚恰好难。""贻书苦说换群鹅，曾未携笼奈若何？我有只鸡窗外语，留君共膳可来么？"李昂，号燮堂，蓬溪县学生，居隆盛场（今大英县隆盛镇），淡泊寡营，笃志于学，家不丰而好施。工书，左书尤良，远近珍之，兼善剑舞。晚岁乐静，而书、剑益工。光绪《新修潼川府志》云："李昂，庠生，敦品励学，工书，善舞剑，卒年八十二。"瑞廷诗中表达了对李昂的深情厚谊。

《枕上怀庞西垣茂才际超、王补之布衣衮、胥春生孝廉仁禧》诗，怀蓬溪诗人庞际超云："抱来身世百年忧，回首天涯忆旧游。士尽能文偏薄命，人因识字转多愁。空眈佳句悲罗隐，共拟功名似马周。笑我吟魂腰脚健，夜深飞梦赤城头。""往事城西驻锦车，鹿门过访为烹茶。风流顿尽悲才子，礼法森严称故家（西垣兄芝溪孝廉没于京）。山送奇青排两闼，窗腾虚白拥重纱。泥鸿爪迹今应在，一首残诗记转差。""羡君风调似髯苏，绝好清狂绝代无。跳出一篇谁敢捉？飞来五字我曾输。名场屡败兵犹拥，壮岁潜消气尚粗。难得佳儿扶大义，为安寡嫂续遗孤。"怀蓬溪布衣诗人王衮云："布衣从古爱清贫，风味萧然别有神。兴到共夸诗句好，狂来只觉性情真。故交入坐皆名士，小婢迎宾亦美人。最好友生长作伴，梅花一个画前身。（甘采和太史过访，曾赠补之梅花一轴，题句云："画个梅花作友生。"）""孤军一队势难张，毁誉无端任簸扬。傲骨太高贫是福，奇书乱拥夜腾光。知心暗落怜才泪，救世闲抄续命方（补之精医）。料得匏庵多志异，可能远寄壮诗囊（所著有《匏庵志异》）。"怀蓬溪诗友胥仁禧云："万里征车上北燕，榜花到处姓名传。雄关踏遍奇诗出，死友能归大义全（庞芝溪没于京，曾护其丧旋里）。裘敝谁真怜季子，才长翻更厄齐贤。风流毕竟消难得，归种池头并蒂莲（近纳庞姬，故戏及之）。""环溪院里仰经师，山长头衔署恰宜。潦草时文愁点缀，零星家计费支持。难谐未俗聊中酒，最好良朋赌和诗。同病有人君念否？三旬膝下尚无儿。""一曲停云唱未终，满腔离绪已填胸。交无防淡原如水，气不能驯共比龙。各有长才怀远志，苦难胜会聚游踪。深宵抚枕浑无寐，月照僧楼又晓钟。"

庞际超（1807—1861），字希垣、希元，蓬溪赤城镇水磨嘴人，清咸丰二年（1852）恩贡，喜为诗，著有《绿秀山房诗草》。其兄庞际连（1805—1833），号芝溪，道光十一年（1831）举人，十三年卒于京师，年仅二十九岁。王衮，字补之，清代蓬溪布衣诗人，誉为蓬溪“诗人之杰”。终身贫困，常绝食，不食嗟来之食，性高洁，著有《匏庵志异》二卷、《抱牍山房诗集》二卷。胥仁禧，号春生，清代蓬溪县赤城镇人，道光八年（1828）举人，官九姓土司训导、巴县教谕。诗中表达了瑞廷对诗友们深深的思念。

《赠内》：“黄昏人静绣帘垂，卸罢残妆小语时。旧读《离骚》多忘却，灯前携女课唐诗。”描绘了诗人美好的爱情生活。正如云南孙国瑞（号辑堂）为《龙溪诗草》题词云：“画眉笔好擅风流，金屋佳人解唱酬。读罢郎诗兼课女，此中清福几生修?”

《庚子（1840）闱中赠同号孙心如，名恕，绵州拔贡》云：“羡君年少最能文，才子风华迥不群。拔萃允堪称选士，临场都合让将军（少时有小将军之目）。新腔度月吹羌管（善度曲，携笛入闱，每夜静辄弄之），奇句惊天写栈云（为余诵北上栈道诗十首，甚佳）。料得桂枝攀第一，天香独折更谁分?”孙恕，字心如，绵州（今四川绵阳市）人。少颖异，为时辈惊赏。道光二十六年（1846）优贡，咸丰二年（1852）举人，分发陕西知县。佐左宗棠戎幕，以功署陕西潼商道员。书法欧赵，得者辄珍藏之。著有《心如诗草》。

《题画》云：“也学桃源去避秦，烟村漠漠古乡邻。看来名利非闲享，只有锄头不误人。”“十万烟峦一纸舒，乱云堆里隐茅庐。此中便与红尘隔，只许高人卧读书。”“山气裹云樵径荒，樵夫采樵来去忙。虎声送客出林薄，古木西风号斜阳。”诗中充满诗情画意，令人陶醉。

《题章山甫〈补竹山房诗集〉》云：“仙吏仙心骨亦仙，宦游历遍古西川。书成法本三千纸，盟主骚坛七十年。小住蓬莱称大隐（署西斋颜题蓬莱吏隐山庄），远从苕水仰高贤。巴人下里难投曲，原向琴台一执鞭。”“一卷瑶华读恨迟，雅弹古调是吾师。琴书寄与陶元亮，君国关怀杜拾遗。清福修来梅共逸（性嗜梅花，遍植署圃，公余辄吟咏其下），虚心补到竹尤宜。云笺直欲抄千卷，传遍天涯共赏奇。”《山甫次韵寄酬仍叠前韵奏答》：“飞来凫舄老诗仙，碑版留题遍蜀川。官到蓬莱无俗韵，名齐李杜更长年。文章士沐先生惠，德政人称众母贤。试问弦歌声里听，讼庭久已息蒲鞭。”“登龙翻悔太迟迟，捧读琼章幸得师。我久蒹葭歌独寐，君偏葑菲采无遗。敢言山水音能识，只觉诗文性最宜。拟待秋闱鏖战后，跻堂更问字中奇。”《暇日重读〈补竹山房诗集〉题四绝句并呈赞侯》云：“回环雒诵倍精神，玉缀珠联妙浑成。拟与阆仙同共奉，黄金一例铸先生。”“吴兴清远蜀山奇，并入胸中助巧思。廿四品皆生气盎，灵光幻出性情诗。”“曾向蓬莱访洞天，游仙梦里挟飞仙。怪来语带烟霞气，不堕诗家下品禅。”“经营意匠本心师，百炼吟成绝妙词。山水调高人寡和，知音毕竟待钟期。”

章藩（1785—?），字山甫，浙江归安（今湖州市）岁贡，清道光廿五年（1845）九月至咸丰九年（1859）七月任蓬溪县县丞，咸丰八年十二月以本县县丞代办知县事，未几卸任。喜作育人材，常集诸生论文，多所裁正。能诗，善草书，所至多题咏，著有《补竹山房诗集》四卷，著名学者李宗传序，存诗六百余首，其中蓬溪存诗百余首。章藩与钟瑞廷交深，章藩《题薇垣诗卷》云：“龙溪诗学本家传，造语翻新振采鲜。吟馆清闲真福泽，乐园酬唱小神仙。才堪论世高谈古，思到通灵妙解禅。万里相逢成雅契，可知文字有因缘。”“古音弹出少真知，吟到蓬山识子期。灵气荡胸珠错落，化机触手锦纷披。两人作合交成淡，一字推敲句益奇。记取明经同谱曲，羡君犹是壮年时。”咸丰七年秋，章藩《补竹山房诗集》刻于蓬溪县蓬莱镇，钟瑞廷题诗云：“仙吏仙心骨亦仙，宦游历遍古西川。书成法本三千纸，盟主骚坛七十年。小住蓬莱称大隐，远从苕水仰高贤。巴人下里难投曲，愿向琴台一执鞭。”“一卷瑶华读恨迟，雅弹古调是吾师。琴书寄兴陶元亮，君国关怀杜拾遗。清福修来梅并逸，虚心补到竹尤宜。云笺直欲抄千本，传遍天涯共赏奇。”

《寄胡炳奎孝廉（名文奎，射洪人）》云：“只疑相识是前生，一见欢然订旧盟。爱我真堪谈性理，如君始不负科名。读书悟彻心原妙，悯世愁多佛有情。惆怅通泉云树隔，怕听出谷早莺鸣。”胡炳奎，名文奎、文魁，四川射洪县人，清道光举人，官至刑部主事，曾执教于射洪金华书院。

《怀杨立夫卓然》云：“子云今杰士，风骨更谁同？人比羲皇古，诗争李杜雄。家贫能玩世，才大欲从戎。拟访城西宅，霜花满太空。”杨卓然，字立夫，清代蓬溪诗人，咸丰八年岁贡，工诗文，曾为《龙溪诗草》题词，载光绪本《蓬溪县志·诗存》。

《斗山书院谒李箫楼孝廉特寿，蒙以五律见赠，依韵奉酬》云：“幸获瞻山斗，承颜惬素襟。及门欢识面，走笔许谈心（先生患耳聋，客至辄以笔谈）。妙论如霏玉，奇诗抵炼金。春风思久坐，敢冀契苔岑。”李嵩霖，原名特寿，字梦莲，号箫楼，清代四川中江县人。幼倜傥不羁，博极群书，才思过人，为文挥笔立就。嘉庆二十一年（1816）举人，后官眉州学正。工为诗，有太白遗风，才名藉甚，著有《三十树梅花书屋诗集》。瑞廷对其充满钦仰之情。

（三）言志抒怀诗

钟瑞廷青少年时代即有一腔壮志，满腹才华，但科考之路崎岖，时局动荡不安，常有不得志之感。因此他写下了许多言志抒怀诗篇，独具特色，形式多样。如：

《书生叹》云："男儿志四方，气代乾坤吐。""我欲学班超，投笔应召募。既读万卷书，当行万里路。绝域立功名，玉关生可度。不然挟策游，上书同贾傅。痛诋大臣非，敢犯天王怒。幸得问苍生，奇才尽施布。安肯俗儒安？自比穿书蠹。"诗中表现了瑞廷志向远大、积极进取的精神。

《书怀》云："既来人世孰无情？展转踌躇到五更。难报亲恩疏定有，偶观天道悟生成。身家系累惟妻子，性命相关只弟兄。数事思量眠不得，凄凄风雨又鸡鸣。"表现出诗人深夜难眠、惆怅满怀的无奈之情。

《重阳值雨》云："白雁低飞唳不休，疏风冷雨逼衾裯。诗因佳节翻题憾，人到中年易感秋。菊圃荒寒谁送酒？枫林摇落独凭楼。门前幸乏催租客，坐抚焦桐破积愁。"人到中年易感秋，道出了人生真谛。

《闲居写怀》云："半生身世太缠绵，真妄谁分欲问天。薄有时名忧折福，偶因多病学参禅。文章未必传千古，人寿终难过百年。看破虚空成粉碎，本来面目见生前。"写出了内心的感叹。

《春日书窗寄怀》："草色盈阶嫩绿新，轩窗齐敞艳阳晨。闲中得句翻多妙，悟后观书觉倍真。随遇纵堪消岁月，虚名终恐负君亲。年华五十重研易，肯听浮生过累身?"晚岁研《易》，不负此生。

《闲居独坐》："俗累删除尽，身闲意转安。花稀思补种，书好爱重看。脱口成诗易，扪心寡过难。虚窗时独坐，风扬竹枝寒。"《醉中》："捣破愁城酒自倾，醉中豪放兴纵横。书空作怪天应骇，拔剑狂歌鬼亦惊。不朽文章终泛设，无功人世总虚生。壮怀我欲超班学，一掷毛锥万里行。"人到老年，壮志犹存，欲学班超，作万里之行。

《春日闲居》云："身世浮云任卷舒，醉里作赋拟闲居。心无一物唯忧国，腹有千秋尚读书。习礼已延师课子，寻诗且学客骑驴。举来偶放天边眼，大块文章画不如。"心无一物唯忧国，可钦可敬！

《书怀》云："只是闲居惭独乐，无缘投笔佐王师。"《夜坐》云："骨健不妨梅共瘦，心闲恰与月同清。"表现了诗人怀才不遇之情。《闲居遣兴》云："笔为圈诗秃，书缘下酒看。"《春日闲居》云："酒下奇书心共醉，诗吟佳句手频叉。"《秋日书怀》云："诗经屡改成偏少，书爱多看记恰难。"可见诗人以诗酒自娱的闲适生活。

《感怀》云："才子何曾皆傲物，名流未必定多贫。谁言著作非吾分？只为聪明误此身。远志渐看成小草，投书无地叹沉沦。""甲乙丹铅数十春，风前愁看苦吟身。半生有泪酬知己，一事无成愧古人！名果虚传难不朽，性原独淡更谁亲？眉间豪气消除尽，拟向桃源去问津。"嗟叹怀才不遇，虽满腹经纶，却无法施展！孤忠报国难，可见晚清的黑暗。

《醉后书怀》："醉后无端斫地歌，半生岁月等闲过。诗摹李杜神难似，药饱参苓独亦多。豪气填胸愁看见，虚名满耳悔登科。腐儒毕竟成何用？拟效刘琨夜枕戈。"百无一用是书生，因而作者"悔登科"，愿效刘琨闻鸡起舞，为国效力，赶跑西洋侵略者。

《自怜》："酒因病肺难狂饮，诗为忧民不讳愁。"《书窗小饮》："功名毕竟为身累，花月真堪养性灵。"《雨中无事偶成》："坐参禅味心如醉，卧听书声梦亦清。"《再寄李泽山仍用前韵》："看破浮生梦亦清，悠悠世上尽虚名。"《睡起偶成》："书为眼花抄偶误，诗因人静咏偏工。"《晚凉独坐》："晚凉独坐浑无事，闲看蜘蛛结网丝。"表现了诗人追求闲适、乐天知命、视富如浮云的思想感情。

（四）悼亡感事诗

钟瑞廷的悼亡感事诗，亦因人事不同，而有不同的风格。其悼亡诗有对李夫人、杨惠林师、孙辑堂诗友、黄荫千总、雷孝子、龙溪女子、秦贞女、陈烈女等的怀念。如：

《悼亡内子氏李，归余甫十月，归宁病殁，即葬其家宅左》云："昙花一现影难留，镜破鸾飞感不休。屈指姻缘刚十月，伤心离别更三秋。寻来短梦心如醉，想到芳龄骨亦愁（时年十八）。魂魄相随归去好，漫依青冢恋妆楼。"《春暮途经庙山湾感旧，先内子殁葬处》云："飞花如雨浇荒茔，惆怅风前泪欲倾。薄葬未迁应谅我，孤眠不醒最怜卿。难忘永诀留哀语，欲续前缘订再生。回首那堪行渐远，伤心愁听杜鹃声。"《悼亡》云："闺中人去渺难寻，奉倩神伤泪满襟。援例喜邀丹凤诏，狂歌愁废白头吟。生原有后勤尤苦，病竟无名恨转深。从此曾参甘独寝，九原应量故人心。”缠绵哀恸，不减元稹悼亡之作。

《哭杨惠林师大成，邑孝廉》云：“文星出度陨南天，多士同声哭郑虔。匏系一官长耐冷，经传五子并称贤。英奇共乐居门下，衣钵遥传到日边（公门下曹联桂庚辰榜眼）。遥看楼峰云惨淡，回头不忍忆当年。”“受恩深处报恩难，木坏山颓泪不干。回首廿年先事郑，伤心八载未瞻韩。亏公雅望心源接，爱我曾同骨肉看。筑室何时亲树楷，小溪惆怅暮云端。”曹联桂，字子固，号馨山，新建人。道光十五年（1835）榜眼，授翰林院编修，历任江苏淮安知府、湖南衡州府知府。

《挽孙辑堂》云：“乌衣子弟不妨贫，宦海沉沦阅苦辛。骨肉飘零甘俸母，身家流寓强依人。诗堪入画穷难送，囊不留钱病转真。抛却妻孥空撒手，忍教堂上泣衰亲。”“蓬山回首廿年前，文字盟心证夙缘。药灶有时曾共爨，诗床何日更同眠？欲编遗稿传滇海，空剩微名隶蜀川。剪纸招魂愁独立，临风不忍听啼鹃。”孙辑堂，名国瑞，云南人，曾为《龙溪诗草》题词。

钟瑞廷的这些悼亡感事诗，虽然风格不同，但都哀婉欲绝，催人泪下。

（五）咏史怀古诗

钟瑞廷诗中，对秦始皇、刘邦、张良、虞姬、范增、弥衡、淮南王、李白、岳飞等历史名人，均有咏叹及评论，颇具新意。如：

《闲中韵古》云：“游说纷纷绝学亡，谁将道统续微茫？苍生误尽皆而辈，漫把坑儒罪始皇。”“杯羹尚欲烹而翁，千古无情汉沛公。一个子房先识破，彭韩都是可怜虫。”“英雄骏马亦寻常，惆怅乌江恨渺茫。不及虞姬完节死，美人千古姓名香。”“弑帝诛降佐项王，范增策略太荒唐！不知仁义终何益，只解鸿门杀汉王。”“治安策好足千秋，毕竟苏张是一流。孔孟栖皇当乱世，几曾痛哭对诸侯。”“解得遗碑绝妙词，夜间鸡肋更先知。可怜一死无关系，不及祢衡击鼓时。”“亡诗强补苦沉吟，束皙留名直到今。只恐笙吹歌入曲，宫商凌乱不成音。”“设教河汾拟圣师，文中未必及宣尼。一篇论语无人读，不及隋宫侍女诗。”“才人廿载作君王，万国衣冠拜晓妆。颇怪太平无一事，笑她中晚半颓唐。”“狂到青莲自古无，殿前醉草黑蛮书。乌靴敢叱将军脱，唐代诗人恐不如。”

《题李青莲集后》云："偶骑白凤下长空，活虎生龙气象雄。万古声名诗卷内，一生事业酒杯中。敢轻力士真能傲，早识汾阳已算忠。绝好眉山曾继起，更谁风骨与君同？"

《题淮南王传后》云："鸡犬荒唐亦上天，淮南毕竟可人怜。枕中鸿宝难消劫，鬼尚无头漫说仙。""丹诀流传未是真，黄金误尽衮衣人。那堪何异乔章辈，又为军王尚此身。"

《题岳武穆传后》云："云雷绕膝任心呼，战阵无方妙不拘。堪笑古今名将辈，苦将兵法学孙吴。"

《题岳武穆庙》云："痛绝盆香遍两河，将写泣涕罢干戈。兵能制胜偏宜少，将可成功可议和。父了头颅犹在好，奸雄铁石竟难磨。精忠庙食垂千古，过客何须洒泪多？"

钟瑞廷长期居于蜀中，对蜀地古迹题写较多。如对成都、金堂县、三台县、乐至县、射洪县、蓬溪县等地名胜，咏怀不少。如《偕同人游薛涛井》云："枇杷花放锦城西，挈伴闲游酒共携。古井惯邀名士赏，粗诗漫为美人题。江涵楼影琉璃净，竹压墙阴翡翠迷。十二红栏都倚遍，空园日落草萋萋。"《夏日偕天池书院同学池上纳凉，观荷花作》《登成都城楼晚眺》《三皇峡遇雨马上作》《登砚台山，访寇莱公读书洞，山在乐至县城东南隅》《夏日集小天竺纳凉》《成都寓中午日即事》《游双凤山白鹤寺》《蓬莱镇道中，望魁字山，有怀章山甫》《登文明阁》《重登象山，游富乐寺作，山在三台县南百四十里》等诗，将川中山光水色写得如诗如画，气象万千，表明诗人对故乡古迹名胜热爱之殷。

四、易著千秋业，人为一代师

钟瑞廷不喜仕途奔竞，一生研究学问，系清末易学家。

瑞廷兴趣广，读书博。冯大中《梅花瘦人传》云："于书则六经、子史、浮屠、庄老及兵家韬钤之属，靡不窥究，而尤精于《易》。其治图象、卦爻，贯穿穴注，凡天人性命之奥，类皆轩豁呈露，其要皆约乎中庸之旨，范乎民生日用之常，一破当世谶纬、占验、神奇诡诞之说。"宋家蒸《钟瑞廷墓志铭》云："先生壮岁即志在圣贤，酷爱子舆氏存心养性之学，而未悉其用功之要。遍阅诸先儒语录，亦难一贯。后闻止唐刘子悉其传，遂执贽往事，尽所学。至是，益殚精焉。其论学以心性为纲，伦常为目，静存动察，克治扩充为功，诚恒为要，力践有得，笔之于书。于《易》，尤邃一时，学者宗之。”

钟氏之师为蜀中大儒刘沅。刘沅（1768—1855），字止唐，四川双流人。幼承庭训，博览群书。乾隆五十七年（1792）举人，道光六年（1826）选授湖北天门知县，改国子监典籍，寻乞假归，卜居成都淳化街，筑槐轩隐居，奉母讲学。瑞廷拜刘沅为师，其《槐轩书屋呈刘止唐诗》云：“儒宗继起迈前贤，手订成书百万篇。住世神仙将九十，及门弟子已三千。恒言直令朱程服（师著有《五经恒解》），道脉真从孔孟传。更喜盈阶森桂树，一枝亲见榜高悬（师长君梓桥，壬子举人）。”“请业曾依绛帐前，不才真个受恩偏。后堂雅乐携同听，大学遗书许代传（师著《大学古本质言》，余刊印进行）。一字亲承知太极，半身虚过悔当年。也期入室方无愧，美富窥来苦未全。”

刘沅从事教育活动达七十余年，“著弟子籍者前后数千人；成进士中举人者百余人；明经三百余人；贤名播于乡里者，指不胜曲”。著有《槐轩全书》，逾二百卷，形成了一个以刘沅槐轩之学为宗的“槐轩学派”。该派代表人物有刘咸炘、刘咸荥、刘咸焌、钟瑞廷、颜楷、刘芬等。

刘氏自曾祖开始，四世研《经》，三世习《易》，其家学以先天易学为特色。瑞廷尽其所学，得刘氏易学真传，遂成刘门高足。清代射洪举人胡文魁《挽钟瑞廷》诗云：“殄瘁忧时事，渊源有瓣香。双流流不断（先生尝学于双流刘沅），何处待慈航?”

钟瑞廷著有《易学探源》二卷、《易象显微》八卷。《易学探源自序》云：“《易》本河图洛书而作，图书实《易》之渊源也。历代先儒，不解图书，或疑之而不信，或拟之而妄言。其于圣人画卦之由，设卦之意，渺不知其何自。余玩《易》有年，因拟《河图洛书解》与《洛书金火易位论》，以明《易》为性命之书，纂辑《易学探源》一册。首列河图洛书，次羲文卦图、孔子太极图，并附止唐师《性命图》于后。博采诸家之说，而探其源。其有前人图说未尽善者，即旧解节取之；前人图说未见及者，参己意增补之。寒冬无事，闭门辑录，匝月而成，偶涉疑团，间与儿辈商榷。此外别无他山之助，瑕疵在所不免，识者谅之。”《易学探源》有同治十一年（1872）刊本和光绪二十二年（1896）红雪山房刻本，今存南京大学图书馆、四川省图书馆。钟氏精于《易》，对经传图均有研究，尤其是对易图，有自己独到的见解。在《读易玩河图洛书作》诗中云：“读尽群经不读易，数典忘祖终无益。读易不玩图与书，徒寻枝叶功亦虚。”

《易学探源》一书完成后，钟瑞廷又撰《易象显微》一书。他在《自序》中云："昔伏羲则图书而画八卦，八卦互相摩荡，自成六十四卦，此《易》之体也。文王系彖，周公衍爻，按卦画立象，此《易》之用也。自晋王弼壤象谈理，象义失传。明万历间，吾蜀来瞿塘求溪注《易》，因孔圣错综中爻之说，始将卦象悟出，令人知文周当日，近取远取，并无一字虚设。顾讲《易》诸家，推衍其义，或略而未详，或泛而不切，余心歉然。爰不惜衰朽，勉为讲章。每遇一象，务将前后、反顺、正喻、夹写，尽情发挥，不惮笔墨之烦，以显其义，集成名曰《易象显微》，仍取旧作《易学探源》弁首。命儿辈藏之。此不过一家之私言耳。若云问世，则吾岂敢！"

《蜀中正学编》云："钟瑞廷，蓬溪举人。其学以心性为纲，伦常为目，静存动察，克治扩弃为功，诚恒为要。尤嗜《易》。壮时观洛书，金火易位，遍索诸家，鲜有道及者。著论以发其奥，尝谓图、书乃《易》之渊源，前圣寓性命之理于象数，象不可废，亦不可执；数不可无，亦不可拘。要以理为断，后儒拘执象数，虽穷工极巧，揆以性命之理，多不相符。圣人作《易》也，将以顺性命之理，诸儒盖未深思其妙耳！其纯粹如此。"

《易学探源》《易象显微》两书，奠定了钟氏为清末蜀中易学研究家的地位。胡文魁《挽钟瑞廷》云："易著千秋业，人为一代师。"洵为不刊之论。

五、化风敷四院，教雨及三巴

客家人有崇文重教、耕读传家之传统。清嘉庆进士徐旭增（曾任户部主事、广东惠州平湖书院院长）在《平湖杂记》中云："客人以耕读为本，家虽贫亦必令其子弟读书，鲜有不能识字、不知稼穑者。""客人之风俗俭勤朴厚，故其人崇礼让，重廉耻，习劳耐苦，质而有文。"重教、从教是清末蓬溪钟氏家族耕读传家的主要特点。清代蓬溪钟氏，贡举辈出，从教者众。钟瑞廷终生传道授业，循循善诱，诲人不倦，充分体现了客家人崇文重教的传统。

钟瑞廷一生从教五十余年，历任蓬溪县蓬莱书院、蓬山书院、象山书院、经义书院讲席，弟子上千人。其弟子有来自重庆、乐山者，故胡文魁《挽钟瑞廷》诗云："父子为师友，文章蔚国华。化风敷四院，教雨及三巴。"四院，即蓬莱、蓬山、象山、经义四书院。蓬莱书院，位于蓬溪县城东门外丰泽庙之左，明万历三年（1575）蓬溪知县李建中（著名医学家李时珍之子）创建；蓬山书院，位于蓬溪县蓬莱镇（今大英县治），嘉庆二十年（1815）蓬溪知县吕肇堂建；象山书院，位于蓬溪县石板滩（今大英县象山镇），咸丰元年（1851）钟瑞廷等人建；经义书院，位于蓬溪县河边场（今大英县河边镇）西南二里许之河上沟，光绪七年（1881）建。钟瑞廷在这四个书院执教数十年，并撰有《象山书院记》《经义书院记》等文。钟氏在《经义书院记》中制订《学规》六则，曰："敦重伦常；存养心性；变化气质；谨饬言行；勤修职业；扩充材识。"要求"诸生平日读书明理，务将六者之理，时时讲求；六者之事，一一体认，庶不愧读书种子。否或视为老生常谈，玩而忽之，纵文艺淹通，幸获科第，其不流为名教之罪人者几希。"可见，钟氏重视学生品德的培养教育，要求学生端品立行，方能成为国家之有用人才。

钟瑞廷活到老，教到老。到八十高龄时，在其临终前四个月，还撰有《象山书院碑记》，谆谆教导学生要"以陆子象山为法，尊德性而向道学，主静以端其本，慎动以审其几，严君子小人义利之辨，深思而力行之，造就既本躬行，心得以发为文章"，"不知力行，以求至于道，虽日读圣贤之书，其所学有与圣贤背而驰者"。一片苦口婆心，跃然纸上。

钟瑞廷在《八十自寿》诗中云："生逢磨蝎似东坡（生年乙丑），毁不能无誉转多。马帐春风人载酒（历掌蓬莱、蓬山、象山、经义各书院），蟾宫秋月士登科。眼青每为看书损，头白依然被墨磨。自笑伏生强项甚，传经直到鬓婆娑。"这是他一生从教的真实写照，可叹可佩！

钟瑞廷年近八旬，体弱多病，遂辞去教职，归处龙溪河畔。龙溪有田数十亩，委僮仆耕禾其中；又辟地为园，约半亩，莳花种木，名曰"亦乐园"，书斋名"红雪山房"。园名之由来，盖出自清代嘉庆时广东客家诗人徐旭增描写客家风俗的《兴隆竹枝词》中"经书家训两书堂，亦乐斋前古柏香"之名句，表明瑞廷时刻不忘自己是客家后裔，爱乡思乡之情，表露无遗。

亦乐园建成后，瑞廷出则屣履看山、支筇观稼；入则负手园中，吟哦自适。《自题亦乐园》云："名园新傍短墙开，检点风光日百回。八九枝花看似画，两三间屋小于台。阶前任长无名草，石上亲栽称意苔。分付奚奴须记取，此中休任俗人来。"《重修亦乐园口占》云："人间到处总尘缘，旧苑新营别洞天。从此春风长管领，百花香里乐余年。"《友人刘壁田、杨嵩山、李玉圃、王雪涧闻余新筑亦乐园，各以花赠，喜极口占》云："壁田兰草嵩山桂，玉圃茶花雪涧梅。惭愧故人偏爱我，名花分送小园来。"

钟瑞廷重视子女的培养，作有《示侄永猷》《示侄永绅》《儿辈甫学诗，日为改正》等诗，教育子侄。子侄们也不负其望，学有所成，著述亦丰。

长子钟永绍（1839—1903），字子介，光绪二十六年（1900）恩贡，著有《柳溪诗草》二卷、《骈语千字文》一卷、《帝王歌谱》十二卷、《忍让俗歌》一卷、《琴谱》一卷；还参与了光绪《潼川府志》《蓬溪续志》的采访工作。二子钟永述，早卒。三子钟永定（1842—1929），字子安、止庵，同治十二年（1873）拔贡，官广安州学正，历主中江、三台、蓬溪诸书院，学养深纯，著有《龙溪诗草后集》二卷、《知自反斋文集》二卷、《鸿雪琐存诗草》、《骈文》一卷、《续骈语千字文》一卷、《孝经音注》一卷、《钟氏家礼》一卷、《钟氏续谱》十一卷、《砭俗韵言》一卷、《百孝诗图注题词》二卷、《百忠诗图注》一卷、《养正试贴》二卷；辑有《古今名论续篇》一卷、《养正诗选》四卷、《养正文选》四卷、《宗鉴录》一卷；主笔民国本《蓬溪河西钟氏族谱》十卷；另外，还参与了光绪本《潼川府志》《蓬溪续志》的采访和编辑工作，年八十八卒于家。民国本《蓬溪近志·行谊·钟永定传》云："论者谓为近数十年名德巨儒，非仅乡邑善士云。"四子钟永显（1848—?），字子良，詹事府供事，著有《骈语千字文注释》《续千字文注释》；辑有《曾文正家言挈粹》二卷、《二曲愧庵合集纂要》一卷、《西沤内外集便览》一卷、《怡情悦性篇》一卷、《逍遥快乐吟》一卷；同时协修了民国本《蓬溪河西钟氏族谱》十卷。五子钟永祚（1850—1903），字子承，监生，性敏，习琴，善书画，工金石，精堪舆奇遁医理。侄子钟永猷（1821—1885），字赞臣，亦作湛澄，光绪二年（1876）岁贡，著有《鹤鸣书屋诗草》二卷。

钟氏家族书香传家，著述甚多，这些著作是研究巴蜀文化和客家文化的珍贵资料。

六、不上长安去，瞿塘后一人

钟瑞廷一生没有离开过蜀中，"不上长安去"，隐居蜀北，潜心著述。鉴于钟瑞廷的贡献，清廷于同治六年（1867）授钟瑞廷中书科中书职衔加二级，诰封二代。光绪十年（1884）正月，撰《八十自寿》诗十首，回顾自己一生，云："清笑梅花瘦懒凋（自号梅花瘦人），孤山和靖任逍遥。丹田气足春常暖，绿鬓霜凝冻不消。身阅五朝逢盛世，筵先三日预元宵（诞日正月十二）。银花火树屠苏酒，柬客先为引领谣。""记列胶庠六十年（甲申游泮，逾年食饩），泮林花艳洞房先（时尚未娶）。春风卅载青云阻，秋叶一枝丹桂鲜（历试十六科，始由恩贡登己未恩榜）。鞭著燕台驱骏足，烽迷蜀道梗狼烟。凤池例补乌斯缺，紫诰重看锡九天（丁卯以中书科职衔加二级，诰封两代）。”“卅年得子悔嫌迟，又见桐孙十四枝。贡树春多欣入选，泮林香好喜谙诗（长子永绍，廪生，著有《柳堂诗草》《骈语千字文》；三子永定，癸酉拔贡，有《鸿雪琐存诗草》《续千字文》；四永显，詹事府供事，有《千字文注释》）。琴弦晚弄风侵座，画册朝临日浴池（五永祚，监生，习琴，嗜书画、金石）。更有琅函千万卷，传家宁讳读书痴。”“嗜古弥殷述古情，圣贤学问总平平。学人语切看原澹，忧国诗多听有声（著有《学人要语》《龙溪诗草》）。未寡过时聊注易（著有《易学探源》《周易象义显微》），无封侯相也谈兵（辑有《兵法阵法纂要》，著刊《守寨方略备览》）。伐薪覆瓿知难定？但写胸怀不计名。”“也爱金丹也爱禅，三生石上证前缘（绘有《石上观生图》及诗）。五千道德心同印（辑有《道德经纂要》及著刊《保命延生录》），三百阴符手自编（有《黄帝阴符经注疏》）。打破虚空聊佞佛，划出烦恼或成仙。他年抱一完真去，无欲知归第几天？”“不解贪求转好施，钱囊随分强支持。青衿屡议崇乡校（两次倡捐，募置象山书院学田；又捐脩金，培补蓬山书院、文昌宫，添考月课，移修文峰阁），丹牒常思笃本枝（《族谱》散佚，独力纂修，三年始成）。绵上千金怜鲋涸（辛酉左绵贼退，民困，曾捐千金，并募三千有奇，亲往赈济），邑中万斛悯鸿饥（甲子大旱，斗米二千余金，独力请县主发公局羡银三千两，并捐募倡兴平粜）。小康何敢言推解？但有赢余未忍私。”“无弦琴久笑渊明（内子已于丁卯下世），曲里孤鸾梦益清。访旧无存空说鬼，连床有约喜留兄（胞兄笏山，年八十四）。一生未识金银气，半世虚怀忧乐情。富贵倘来真弊屣，忍将实行易浮名（拯绵之役，太守文公、学正范公上其事，骆文忠以四品衔加奖，力辞不受）。”“九曲龙溪木万章，蓬莱深处读书堂（世居小蓬莱之龙溪）。宅围溪澳二分竹，家树成都八百桑。开半亩园花作圃（园名亦乐），凿三弓地水为乡。羲之誓墓不归去（曾营生圹于先茔侧），犹向遥天恋夕阳。”“自笑清癯比鹤如，加餐转胜少年初。晞阳尚有重生发（顶发向久落尽，昨岁重生），娱老犹看夹注书。万事不关容我懒，一家安分觉春徐。耄荒偏喜闻山水，侧耳牙琴索和予。”

光绪十年（1884）十月初二日，钟瑞廷卒，享年八十岁，葬四川省三台县深福湾。临终前几日，撰《甲申冬，余年八十矣，去日苦多，来日苦少，意恐临终昏愦，无以示后，预拟永诀诗二章，余儿辈藏之，意亦昔贤所谓人老思传之意云尔》诗云："人间游戏几经年，今日辞尘意洒然。一点灵光还造化，半生虚誉付云烟。全抛躯壳留真气，久悟禅玄证夙缘。此去自知归路近，琼楼深处谒群仙。""临行一纸付诸郎，遗训寥寥语数行。学圣事先尊德性，成人道只在伦常。身家善保生无愧，仁恕兼行后自昌。更有藏书千万卷，孙曾珍重继书香。"

传说钟瑞廷下葬时，小鸟万余，悲鸣不已。时年十六岁的蓬溪才子曾世礼（优贡）后撰《过龙溪追怀钟先生薇垣》云："大道丧已久，风尘日汞洞。永怀龙溪人，欲引尼山鞚。白首歌鹿鸣，青云厌鸟众。归卧亦乐园，瘦醒梅花梦。著书张吾军，高桐见孤凤。春风腕下生，一解洪河冻。我生先生里，目见坏梁栋。归骨青山日，园鸟悲鸣送（余年十六，随冯文之师临先生丧，见小鸟万余，悲鸣上下）。至今念耆旧，名想当时重。乡党去斯人，临风有余痛！"

钟瑞廷著述甚丰，著有《龙溪诗草》二卷、《易学探源》二卷、《易象显微》十卷、《学人要语》一卷、《保命延生录》一卷、《守寨方略备览》一卷，俱已刊布行世；又著《兵法阵法纂要》二篇、《道德经辑要》一卷、《阴符经注疏》一卷；主修同治七年（1868）本《蓬溪河西钟氏族谱》，多达十余种二十余卷。生平事迹载入《蜀中正学编》、光绪《新修潼川府志》卷二十二《人物志》二《后贤》、光绪《蓬溪续志·耆旧》；蓬溪知县宋家蒸撰《钟瑞廷墓志铭》，三台县岁贡冯大中撰《梅花瘦人传》。

光绪《蓬溪续志》赞钟瑞廷为"学人之宗"，"不愧纯儒，非徒一乡之善士而已"。《钟瑞廷墓志铭》云："远近尊其望，率称先生不以名。盖比之石守道、尹师鲁两君子云。"人们将钟瑞廷与宋代著名理学家石介（守道）、尹洙（师鲁）相并比，可知其德望之尊隆。清代射洪县举人胡文魁《挽钟瑞廷》云："易著千秋业，人为一代师"；"不上长安去（乡举后，以世乱，不复北上），瞿塘后一人"；"他年垂志乘，不愧是名家。"清咸丰进士、翰林院编修敖册贤（四川荣昌县人）《瑞廷公七秩寿文》云："吾蜀道学之传，继南轩、鹤山而起者，舍先生子其谁与归?"（民国《蓬溪河西钟氏族谱》卷二），可见钟氏是四川宋代著名理学家张栻、魏了翁之后的杰出代表。

钟瑞廷在清末蜀中学术史上占有一定地位。胡文魁称钟瑞廷是"瞿塘后一人"，认为钟瑞廷是明代著名理学家来瞿塘（来知德）之后的第一人。来知德（1526—1604），字矣鲜，号瞿塘，明代梁山县（今重庆市梁平县）人，乡试中举后，杜门谢客，穷研经史。隆庆四年（1570）起，主要精力用于研究《周易》。万历二十七年（1599），完成《易经集注》十六卷。万历三十年，特授翰林院侍读。卒后赐“崛起真儒”，以褒其贤。著述多达数十万言，而以《周易集注》用功尤深，《明史》有传。来瞿塘是继孔子后，用象数结合义理注释《易经》取得巨大成就的第一人，故称“来夫子”。钟瑞廷是“瞿塘后一人”，可见评价之高。钟瑞廷与来知德二人有许多相似之处：都生活于动荡的末世（一居明末，一居清末）；都考中过举人；都不出仕；都隐居乡里；都精研理学，潜心著述；都嗜《易》研《易》，并有研究论著传世。故称钟瑞廷为“瞿塘后一人”，是实至名归、实事求是的评价与定位。

【原载】《客家研究辑刊》2011年第2期

清末民初客家学者钟永定

“时人莫小池中水，浅处无妨有卧龙。”清代蜀北蓬溪县西乡象山（今四川省大英县象山镇）龙溪畔，有一客家钟氏，世代书香，人才辈出，钟瑞廷及其子钟永定，尤足称杰。他们隐居田园，乐天知命，不事王侯，一盏秋灯苦著书。影响深远，名扬蜀中，对吾蜀文化、客家文化贡献颇大。

一、生平事略

民国《蓬溪河西钟氏族谱》载：钟氏原籍粤东嘉应州长乐县塘湖村回龙寨（今广东省梅州市五华县龙村镇塘湖村回龙寨），于清乾隆七年（1742）迁蜀，卜居蓬溪县西乡龙溪畔，繁衍生息，成为当地望族。

钟永定（1842—1929），字子安，亦作止安，生于清道光二十二年（1842）十二月二十五日。祖钟祥麟（1779—1846），字玉书，号柽庵，性和粹，以孝友著闻，潜心理学，淡于名利，绝迹城市者三十余年，时或策杖游郊外，有饥寒者，辄周济之，以为常。事载光绪《新修潼川府志·人物志》和《蓬溪县志·耆旧》。父钟瑞廷（1805—1884），字薇垣，号梅花瘦人，清咸丰九年（1859）举人，例授中书科中书。因时局动荡，不求仕进，著书自娱。曾主讲蓬莱、蓬山、象山、经义等书院。著有《龙溪诗草》等。

钟永定幼承家学，外朴内慧，沉静寡言，苦读诗书。膝边田畔，皆执书深思，吟诵不辍。同治五年（1866），考入蓬溪县学，成生员；十一年补廪生；十二年考取拔贡；十三年春，入京师，参加朝考不第。光绪元年（1875），入国子监，深造六载。朝夕磨炼，学益精进。为吴文雨祭酒所赏拔，屡置第一。乡试时多次被房师推荐，但均以额满落第，识者惋惜。时李鸿裔任江苏按察使，以乡谊招其致署中，掌书记兼教两孙读。

李鸿裔（1831—1885），四川中江县人，字眉生，号香岩，又号苏邻。咸丰元年（1851）举人，官至江苏按察使。李眉生系曾国藩门生，曾国藩总督两江时，李眉生游其幕中，眉生年少倜傥，不矜细行，曾国藩甚爱之，其密室，唯眉生出入无忌。眉生精书法，工诗文，系藏书家兼诗人，著有《苏邻遗诗》。永定肆力观摩，暇则闲游，访姑苏名山胜水，以发吟兴。与眉生唱和往来，著有《鸿雪琐存诗草》。

任李鸿裔幕僚不久，永定慨然叹曰："亲老矣！古人不以三公易一日养，况龌龊为人辕下驹耶?"遂辞去幕僚之职，回到蜀中。声名藉甚，四方争相迎聘。历主天禄、文盛、经义、象山、环溪、蓬山各讲席，从者如云。罗享奎、程鸿佑两观察，皆先后敦聘以教其子。永定精心育才，学生中不少人考中举人、进士。

周学铭（1859-1911），字味西，安徽建德人，清末重臣周馥次子。光绪十八年（1892）与其兄周学海中同榜进士，选翰林院庶吉士，散馆改蓬溪县知县，后改江西候补道，署江西按察使。光绪三十年因其父任两江总督，循例回避，改湖南候补道。宣统二年（1910）受父命潜心修纂《建德县志》。光绪中，周学铭任蓬溪知县，知津捐积弊，思剔除之。闻钟永定之名，三次写信恳请出山助其一臂之力。后来，永定至蓬溪县津捐局时，周已调任江津。永定在局三年，县政利弊之有关于民者，必极力兴除，不避忌讳。有黑社会恶势力放言要暗害他时，永定说："我为众人谋，不为一身计也，怕什么?"努力兴利除弊，阖邑称便。

光绪二十五年，蓬溪知县周学铭之父周馥，出任四川布政使，过蓬溪县时，特遣人问候钟永定。周馥至成都莅任，永定以解津捐到省，一见即委署广安州学正。

广安士习骄悍，永定谆谆教诲，诸生感戴，请永定为广安紫金精舍监督。紫金精舍，位于今四川广安老县城北面紫金山上玉皇观，1899 年，广安蒲殿俊、胡骏等新开紫金精舍，专门请来南充张澜、西充罗纶、蓬溪钟永定、成都吕翼文、中江彭光弼等担任教师。这些优秀青年知识分子，有着对所处时代现状的强烈不满与反叛，在严酷的封建统治下，希望能在压抑的社会氛围中撕开一条口子，让人们呼吸到新鲜的空气，广安士风为之丕变。后来，在紫金精舍校址上开办了广安州立师范、广安州立中学。1918 年，14 岁的邓小平考入广安中学第十班就读，1919年9月，他告别广安中学，告别家乡，顺渠江而下，乘舟赴重庆就读留法勤工俭学预备学校，迈开了他寻求革命真理、探索救国救民道路的步伐，开始了他波澜壮阔的革命生涯。

永定生性俭朴，严于律己。义所当为，则不吝惜。其父钟瑞廷著书甚多，刊印费数百金，皆由永定一手经理。钟永定客处京师时，同年刘昭晋病卒潼川会馆，医药棺殓，用费很多，永定约同人共贷以周其事。初，刘有乡亲蔡云舫，赴福建省任县丞无路费，乞借于刘，刘无以应，私向钟永定借五十金。蔡去多年无消息，寄信也不回复；刘病危，因无钱还钟永定而感到惭愧，永定安慰刘说："此银蔡用，非君用也。君有不讳，我自向蔡索取，绝不忍累及您的寡妇孤儿。"不久，有同乡往蔡任所，钟永定取刘借条并写信寄之，说："此数实君用，吾已许刘君矣，君能偿则偿，不能，可取借条焚之，以明吾之不负死友而已。"蔡大感惭愧，力将本银归还。蓬莱镇至石板滩场（今象山镇）近四十里，路极狭小，每淫雨，泥泞没膝，行旅苦之。数议募修，皆畏难不果。蓬溪县丞端秀，屡敕团保修治，终无人肯任其事。永定奋然捐募，得数百金，不期月而成，县人认为此乃百年来未有之善举。

永定晚年，隐居故里。年晋七旬时，仍精神矍铄，步履康强，犹能于灯下书小楷，读夹注书，如四十许人。蓬溪清末举人纪大经《永显生传》云："今先生（永显）年近七旬，吾师（永定）则又过之，皆精神矍铄，步履康胜，居相去不尽一里。晨夕往来，一味之甘，必剖而尝之；一割之微，必呼而共之。宅去市二三里，每当春秋佳日，风雨新晴，傀儡当场，枌榆赛社，前鸿后雁，联序市厘，与二三亲故聚笑觅欢，茶话甫阑，酒尊间作子侄数四捧觞进膳，弟劝兄酬，必尽欢而后已。及织乌西坠，啼鸟催归，乃出阛阓，践石梁，复渡板桥，傍小溪，沿源而上，涉石涧，相与话近水遥山，缓缓归去。如是以为常见者，咸以为天伦乐事，虽温公之于伯康、椿津之于延庆，不过是也。"（民国《蓬溪河西钟氏族谱》卷二）民国十八年（1929），钟永定卒于家，享年八十八岁。

钟永定配漆氏（1842—1894），漆世禄女；继配陈氏（1855—1914），陈玉琼女。子四：文珏、文喆、文林、文甡，漆出；女五。

二、著述诗文

"清风两袖辞官去，免得他人话短长。"六十岁以后，钟永定杜门著述。

他博观而约取，厚积而薄发，一盏秋灯苦著书。一生著述多达十余种、三十余卷，辑有《古今名论续篇》一卷、《养正诗选》四卷，著有《养正试帖》二卷、《百孝诗图注题词》二卷，俱刊布行世；《龙溪诗草后集》二卷、《知自反斋文集》二卷、《龙溪骈文》一卷、《续骈语千字文》一卷，并辑《养正文选》四卷、《宗鉴录》一卷，未刊行；编著有《百忠诗图注》一卷、《孝经音注》一卷、《钟氏家礼》一卷、《钟氏续谱》十一卷、《砭俗韵语》一卷。另外，还参与了《潼川府志》（光绪二十三年版）、《蓬溪续志》（光绪二十四年版）的采访和编辑工作。钟永定是清末蓬溪县著述最丰的学者。

钟永定善诗，撰《龙溪诗草后集》二卷。清末三台县岁贡冯大中（号剑平）撰《龙溪诗草后集题词》四首，其一："巴蜀流风蔚词赋，峨岷山水郁清嘉。小坡晚出斜川集，博望高乘倚汉槎。越海珊瑚珍贡树，孤山冰雪孕梅花。龙溪居士传衣钵，著述成书又满家。"其二："大雅王风感并深，谁从正始索遗音？品题自握钟嵘笔，识曲真弹俞伯琴。鸿雪江山新过眼，燕云岁月旧惊心。翛然一集风尘外，跌宕牢愁思不禁。"其三："苏陆平交李杜师，寥寥身世几相知？曾经蜀道三千里，远寄吴门百韵诗。巫峡竹枝咽流水，屈沱香草荐灵祠。蟂矶题庙尤奇绝，回首湘江月上时。"其四："旅燕宾鸿次第过，南船北马影婆娑。芙蓉镜冷秋光老，桃李花浓春思多。感寓诗篇工幕府，忧时涕泪满山河。年来我亦同幽愤，俯仰乾坤日醉歌。"（民国《蓬溪河西钟氏族谱》卷二《题词》）题词中将永定比为"小坡"（苏轼之子苏过），其诗有"正始遗音"，可见时人对其诗评价颇高。

钟永定之诗，按其内容，主要有山水田园诗、赠答唱和诗、怀古抒情诗三类。

其一，山水田园诗

钟永定撰有《钟氏祠堂八景》组诗，即：《望川晴雪（祠后祖山，名望川，高插云汉。夏秋之间，积雨初晴，望西川一带，雪山灿然在目，故名）》云："绝顶支筇望，西川落眼前。三秋新雨后，五更晚晴天。白艳蓬婆雪，寒霏葱岭烟。银山排列处，最好夕阳边。"《客水夕阳（祠前二里石板滩，古客镇溪也，源名郪水，至此又名客水）》云："渺渺客溪水，茫茫向夕流。绿杨盘马路，红树买鱼舟。山色暝益好，市声行渐收。辋川如可绘，唤取小沧州。"《象山书韵（金象山，在客镇后。咸丰初，先君约同人创修书院，因名象山。先君与定，尝主讲焉）》云："隔岸传精舍，书声远溢清。象山高突兀，萤案夜分明。灯火三更梦，皋皮再世情。青衿谁嗣响，风雨感鸡鸣。”《龟宕滩声（祠右隔溪有石如龟，大三四亩，高数尺，四面皆田，人呼为乌龟宕脊。草极茂，微风吹动，栩栩欲活。溪水至侧，有石梁横亘，每当山雨，晓来过溪，风夜起，声闻数里，人呼为响滩子云）》云：“神龟跧伏处，滩急不容刀。河洛传书久，鱼龙入夜号。桃花三月涨，枫荻九秋涛。欲避人间世，何如曳尾高。”《书楼水调（祠前遗书楼，修贮先君所著刊书籍镂板，高约丈余。溪上有筒车二，吸水灌田，高三四丈，恰与楼平。每夜静，车声盈耳，如竹如丝，听之令人乐而忘倦，真一部好水调头也）》云：“车挈一溪水，楼藏万卷书。飞轮声漱玉，支枕浪喧渠。吟咏三更后，宫商百转余。月明风定夜，最乐上头居。”《易洞泉音（祠后有洞，先伯笏山公凿以避兵者也。高洞广约数丈，先君著《易》，尝坐卧其中，故名著易洞。洞门下有井，岩泉滴入，铿然若磬，名曰磬泉，泉味清冽，煮茗尤佳）》云：“先公著书地，泉滴磬铿然。周孔千秋思，文章百代传。洞环君子竹，人问孝廉船。徒读终何用，春归泣杜鹃。”《龙桥春涨（桥水从祠右西来，一线溪从祠左北至，会于祠前，合流里许，郪水从西南来，会于客镇溪，顺流入涪水）》云：“贞女祠边路（祠祀贞女杨玉贞，白莲之乱，殉节于桥下，事载《三台县志》），龙吟走白沙。小桥迷树影，春涨泛桃花。夹镜双流合，回波九曲斜。武陵曾有约，拟买钓鱼槎。”《猫鼻晴岚（猫鼻梁，在祠前，隔岸山，极秀拔，高立云表。昔先祖玉书公，道出其巅，见今祠地，叹曰：“山回水曲，田野土块，葱葱郁郁，真好家居也。”归语及之，先君遂谪于，先伯出重值购之，鸠工筑室，奉先祖以居，没即窀穸于是，故先君亦乐附焉，定此地为先人魂魄依恋之所。恐其易失，故谪于五弟子承，除作祠堂，以奉祀焉）》云：“隔溪山更好，猫鼻护柴门。春风一鼓荡，晴翠两絪缊。奕世新图画，先人旧履痕。祈将书万本，长护长儿孙。”（民国《蓬溪河西钟氏族谱》卷二《诗》）

组诗对龙溪钟氏祠堂之历史、规模、风貌、景观、环境等作了生动传神、栩栩如生的描绘，表现了诗人对家乡、对家族、对先祖深深热爱之情。

其二，赠答唱和诗

《书家信后，夜坐有感，再呈子介大兄》：“怕听哥哥唤鹧鸪，几多情绪叹模糊。七旬父老三年别，四岁儿孙一面无。蜀北人归愁滟滪，江南春尽长菰蒲。书成无雁摊书坐，寂寞残灯伴影孤（时幕游江苏）。”子介，即钟永绍（1838—1903），岁贡，永定大哥，著有《柳溪诗草》二卷。

《赴泸州幕》："橐笔适他州，家人纷进酌。病妻勉下床，含情苦不乐。儿辈半痴鲁，临歧再四嘱。信心崇节俭，努力事耕读。儒素慎所安，家声免中落。我体健无虑，尔母瘦如削。言行趣所欢，饮食恣所欲。余行百可缓，此事难再忽。幼子甫七龄，春深将入学。知我有远行，百钱绕腰索。未忍麾之去，开囊任取捉。牵衣问归期，因人哪敢约？依依儒慕情，抚境愧在昨。出门搔首叹，东风满寥廓。"

《夜坐有怀五弟子承因寄》："别来才几日，惘惘似三秋。以我为孤客，因君悔远游。山川寒夜梦，身世杞人忧。独坐空堂里，残灯照影愁。""可否离床席，相思倍黯然。病余须自爱，老至更谁怜？雁叫三更雨，虫吟四壁烟。不堪惆怅处，俱是近衰年。"子承，即钟永祚（1850—1903），国学生，永定五弟，善书画，工金石。

由于远离故乡，诗中充满思乡之情，凄凉之状，读后令人鼻酸。

其三，怀古抒情诗

《读变雅堂》："胜国遗民百世师，悲歌慷慨话虞姬。（茶村以气节自持，一日群公宴集，多有明显宦，演虞姬殉楚，公作诗云："年少当场秋思深，座中楚客最知音。八千子弟封侯去，惟有虞姬不负心"。）千秋弓鼎怀孤愤，一代文章启盛时。乞食诗多陶靖节，登山歌罢墨胎夷。茶村遗集梅村句，若个馨香恐未知。"杜濬（1611—1687），清初诗人，字于皇，号茶村，又号西止，晚号半翁。黄冈（今属湖北）人，明崇祯时太学生，明亡后，不出仕，避乱流转于南京、扬州，居南京达四十年，刻意为诗，诗多寓兴亡之感，著有《变雅堂集》。永定称杜濬"胜国遗民百世师"，洵为不诬。

《贾浪仙墓》："此老宜金铸，参军有墓存。名高遭佛忌，官小借诗尊。僧月敲佳句，荒烟冷旧痕。不逢韩吏部，谁识布衣坟？"贾浪仙，即贾岛，唐代诗人，字浪仙，河北范阳（今北京房山区）人，早年出家为僧，号无本。据说在洛阳的时候，贾岛作诗发牢骚，被韩愈发现其才华，后受教于韩愈，并还俗参加科举，但累举不中。唐文宗时被排挤，贬做长江县（今四川省大英县及蓬溪县部分地区）主簿。唐武宗会昌初年，由普州司仓参军改任司户，未任病逝。唐代长江县遗址，位于今四川省大英县郪口乡长江坝村，其地有贾岛衣冠墓。钟永定曾到长江坝拜谒贾岛衣冠墓。诗中对贾岛诗歌由衷赞赏，对其不幸深表同情。这也是诗人自身的写照，虽然才高八斗，却身处下僚。

三、名德巨儒

钟永定德高望重，著作等身，崇文重教，弟子有张澜（四川西充县人，民盟中央主席、中央人民政府副主席）、卢子鹤（清末蓬溪人，曾任四川省政协副主席）、曾世礼（大英县人，清末优贡）、纪大经（清末蓬溪县人，举人）等，深受人们敬仰。

以诗文著称的涪江三名士之一的射洪秀才邬建侯，曾到钟氏故里象山，拜见永定，并撰《读钟止安〈龙溪后集〉》云："先生吾党鲁灵光，蚤岁声驰选佛场。绛帐传经多弟子，红炉点雪有山房。宦游虎阜诗千轴，门抱龙溪水一方。我愿趋庭陪鲤对，几时能接令公香?""花时我作象山行，座入春风始识荆。一代文章推巨子，十年私淑等门生。倡提骚雅同嚆矢，宏奖人材乃性情。老去坡山更清绝，诗名难怪动公卿!"将钟永定比喻为硕果仅存的鲁殿灵光。

赐进士出身、翰林院庶吉士周学铭曾为钟永定《养正诗选》作序。在序中，周学铭称誉说："蓬溪拔贡钟止安，邑名宿也。其尊父薇垣（钟瑞廷）先生，以理学经术，为世纯儒。止安承其家学，著书以教后进。"

民国《蓬溪近志·行谊·钟永定》载："生平为学，务抉经心，不事标末。于新吾（明朝文学家、思想家）、二曲（明清之际哲学家李颙）、愧庵（清代学者杨甲仁）、西沤（清代学者李惺）诸先儒遗书，服膺尤至。盖其父薇垣，故双流刘止唐氏（清代学者刘沅）高弟子。永定承家学，又受业刘氏之子子维、子桥，学养深纯充沛，有以自乐。论者谓为近数十年名德巨儒，非仅乡邑善士云。"评价客观而准确。

【原载】《四川职业技术学院学报》2014 年 2 期

综合研究

遂宁历代显宦及鼎甲

遂宁历史悠久，钟灵毓秀，教育发达，人才辈出。从宋至清，有十六人官至朝廷达官显宦，其中宰相三人；尚书二人；侍郎五人；巡抚五人；布政使一人。有二人在科举大战中，位居鼎甲，名扬天下。现将其逐一考述，以供研究涪江文化者参考。

一、三位宰相

宰相是封建社会主管政事的最高行政长官的通称，位居“一人之下，万人之上”。职务是辅佐皇帝总揽国政，统领群臣，类似职务历代均有，但名称各有不同。明清时期内阁大学士类似于过去的宰相，“虽无宰相之名，而有宰相之实”（何良俊《四友斋丛说》卷七）。明清两代，遂宁有三人位居内阁大学士，号称辅臣，位高权重，名传当世，史册留芳。

（一）明代礼部尚书加武英殿大学士席书

席书（1461—1527），字文同，号元山，政治家、学者，明代遂宁县席家沟（今属遂宁市蓬溪县吉祥镇）人。弘治三年（1490）三甲第一百二十二名进士，授山东郯城知县，政绩卓异。弘治十四年晋升为户部员外郎。十六年，云贵发生灾害，席书上书指出朝廷腐败，皇亲侵夺民田，“灾异系朝廷，不系云南”，希望改革。正德四年（1509）任贵州提学副使，时王守仁被贬贵州龙场驿，席书遂择州县子弟请王守仁教之。正德十三年，任福建左布政使，十六年擢湖广巡抚。嘉靖元年（1522）晋南京兵部右侍郎。三年大礼议起，席书进《大礼集议》，草疏以宋英宗入继大统为例，建议尊皇父兴献王为皇考献帝，受到嘉靖帝宠幸，倚为亲臣重臣，授礼部尚书，加太子少保。嘉靖六年加武英殿大学士，入阁为辅臣，建议重用王守仁、杨一清。后来，席书因眼病不能上朝视事，屡疏乞休，并举罗钦顺代，帝慰留不允。及病笃，诏可离职休养，并赐第京师。“眷顾隆异，诸辅臣莫敢望。”十月病卒，嘉靖帝颁《赠席书制》云：“故少保兼太子太保、礼部尚书、武英殿大学士席书，学术纯正，才识优长……鞠躬尽瘁，惟卿德之。”赠太傅，谥“文襄”。归葬故里走马窑（今遂宁市大英县回马镇文武村金井坝）。著有《漕船志》《春秋论》《大礼集议》《元山文集》五卷等。《明史》有传。

（二）南明兵部尚书兼武英殿大学士吕大器

吕大器（1598—1650），字俨若，号东川，明末四川遂宁人。著名政治家、军事家、诗人。崇祯元年（1628）进士，历官甘肃巡抚，兵部侍郎，保定、山东、河北、江西、湖广、应天、安庆总督。南明隆武元年（1645），授兵部尚书兼东阁大学士；永历元年（1647），擢文渊阁大学士兼少傅，总督西南诸军；永历三年，晋武英殿大学士；永历四年春，病逝于贵州省都匀府独山州，谥“文肃”。人称“东川相国、南明宰相”。吕大器一生高风亮节，有文武大略。廉正刚猛，嫉恶如仇；沉毅知兵，善谋善战；为左良玉所嫉惮，为马士英所忌恨，为瞿式耜所敬重。著名学者陈龙正称其为“当世之真冢宰、真辅弼”，对大明江山作出了最后挽救，堪称永历朝之铁血将军。吕大器工诗文、善书法。前人评其诗“笔老情深”，“思精而语丽”，“音旨凄壮，逼似少陵”，“诗多横槊之气，终是唐人格调，不取宋元以下蹊径”。著有《东川诗草》《次梅集》《塞上草》《东川文集》《抚甘督楚疏稿》等，为世所宝。《明史》有传。

（三）清代文华殿大学士兼吏部尚书张鹏翮

张鹏翮（1649—1725），字运青，号宽宇，自号信阳子。著名政治家、治河专家、外交家、文学家、学者，清代遂宁县黑柏沟（今属蓬溪县任隆镇黑柏沟村）人。康熙九年（1670）进士，选翰林院庶吉士。十二年改刑部主事；十九年授苏州知府；丁母忧，服除，补兖州知府；二十五年迁兵部督捕右理事，会俄罗斯国扰边，奉命与内大臣索额图往定其界。事竣，迁大理事少卿；二十八年擢浙江巡抚；三十四年擢兵部尚书，旋提督江南学政；三十七年迁刑部尚书，寻授两江总督；三十九年至四十七年任河道总督；四十八年至五十二年任户部尚书；五十二年至六十年任吏部尚书；雍正元年至三年任文华殿大学士兼吏部尚书，卒谥“文端”。扬历中外，是清代蜀中官位最显赫、政绩最优异、名声最响亮的人物，著有《张文端公全集》《治河全书》等。《辞海》《清史稿》有传。

二、两位尚书

（一）宋代兵部尚书杨辅

杨辅，字嗣勋，宋代遂宁人。乾道二年（1166）进士，任秘书省正字，迁校书郎，出知眉州，累迁户部郎中，总领四川财赋。升大府少卿、利州西路安抚使。开禧二年（1206），知成都府兼本路安抚使。贻书大臣言蜀帅吴曦有异志，不宜使吴氏继续执掌川陕兵权。三年，授宝谟阁学士、四川节制使，许以便宜从事。后进四川宣抚使，因与副使安丙不协，被召还朝，任兵部尚书兼侍读。复以龙图阁学士知建康府，兼江淮制置使。爱君忧国，知无不言。卒于官，谥“庄惠”。杨辅善诗文，与诗人范成大友善。著有《奏议》、《文集》十卷，均佚。魏了翁《鹤山大全集》卷五十四载有《杨辅奏议序》。《全蜀艺文志》卷十录其诗一首、《宋代蜀文辑存》卷六十七录其文六篇。《宋史》卷三九七、《南宋书》有传。杨辅墓在遂宁县西佛现山下。

（二）明代工部尚书黄珂

黄珂（1449—1522），字鸣玉，明代遂宁西眉（今属遂宁市安居区西眉镇）北六里黄安桥黄榜石人。其父黄宗泗，举人，官云南大姚知县。黄珂于成化二十年（1484）中进士，授龙阳（今湖南汉寿）知县。擢御史，出按贵州、畿辅，授山西按察使。正德四年（1509）擢右佥都御史，巡抚延绥（今陕西榆林），屡立战功。六年秋，入为户部右侍郎，总督仓场。河南用兵，出理军饷。后改刑部左侍郎、兵部左侍郎。九年擢南京右都御史。十一年升南京工部尚书，越明年四疏乞休，始得允给驿还乡，令有司月给米三石与隶三人。嘉靖元年（1522）进荣禄大夫，是冬以病卒，赠太子少保，谥“简肃”，遣官祭葬，大学生杨廷和志其墓，葬遂宁土桥铺（今安居区聚贤镇）。祀乡贤祠，著有《蕨山文集》，《明史》有传。其女黄峨，系明代女诗人；子黄华，官至江西布政使。

三、五位侍郎

（一）宋代吏部侍郎王极

王极，宋代遂宁人，宋宁宗嘉定十年（1217）进士，其兄王翔，系嘉泰二年（1202）进士。王极官至吏部侍郎。后迁于吴（今苏州吴县市）。玄孙王立中，元末著名书画家；六世孙王璲，明代诗书画家，字如玉，号青城山人，著有《青城山人集》八卷，预修《永乐大典》，同解缙齐名，《明史》有传。

（二）明代吏部侍郎席春

席春（1472—1535），字仁同，号虚山，明代遂宁人。正德十二年（1517）进士。《正德十二年进士登科录》载："席春，贯四川潼川州遂宁县，民籍。国子生，治《春秋》。字仁同。行四。年四十二，四月二十三日生。曾祖思恭；祖瑄；父祖宪，封知县。母吴氏，封孺人。永感下。兄书，布政司右布政使；诗，义官；记。弟彖，户科给事中。娶黄氏，继娶陈氏。四川乡试第九名，会试三百二十三名。"改翰林院庶吉士，寻授河南道监察御史，出按云贵，厘革军政，改翰林院检讨，修《武宗实录》成，升侍讲学士，充经筵讲官。嘉靖十一年（1532），擢翰林院学士。未几，擢礼部侍郎。十二年秋，转吏部右侍郎。与尚书汪鋐有隙，遂辞官归隐，与二三知己，登陟遂宁玉山、涪水间，啸咏竟日。为文平通畅达，诗亦纯雅，不尚新奇，著有《虚山文集》。卒葬遂宁伞山之麓。席春与兄席书、弟席彖（1476—1521，户科给事中），有名于世，合称"三凤"。

（三）明末礼部侍郎马绍愉

马绍愉，字成愚，明末遂宁人。万历三十一年（1603）举人。历官宝应、武康、旌德知县，职方郎中。顺治元年（1644），明宗室福王进绍愉太仆寺少卿，迁礼部侍郎，奉旨出使，事见《东华录》《马氏家乘》。其故宅在遂宁县西金鱼场东五里，宅左有马绍愉墓。

（四）清代户部侍郎李仙根

李仙根，清代户部侍郎，事迹详见本文《榜眼》部分。

（五）清代工部侍郎张懋诚

张懋诚（1667—1737），字孟一，号存庵，清代遂宁人，张鹏翮长子。性忠直，有气节。康熙二十六年（1687）举人，位居第二名。出知怀宁县十年，抑豪强，救灾民，爱寒士，开运河。作养斯文，文教大兴，民深感戴。后任辽阳知州，巡东城，称铁面御史，后升通政司通政使，不避宰相私人，必行参奏。署工部侍郎，一清积案，官吏肃然，有古良吏风。著有《通政诗集》一卷，卒葬遂宁楼山。

四、五位巡抚

巡抚为明清时省级地方政府的长官，总揽一省的军事、吏治、刑狱、民政等，地位仅次于总督。别称“抚院”“抚台”，俗称“抚军”。遂宁市古代有五人任过巡抚。

（一）明代山西巡抚杨澄

杨澄（1433—1508），字宪父，明代射洪人，祖籍蓬溪。成化五年（1469）进士。《成化五年进士登科录》载：“杨澄，贯四川潼川州射洪县，民籍。国子生，治《诗经》。字宪父。行三。年三十四，正月初七日生。曾祖清，祖景安，父绍广。嫡母鲜氏，生母赵氏，继母费氏。慈侍下。兄端、本，弟源、翀、允。娶傅氏，继娶阳氏。四川乡试第五十五名，会试第一百九十名。”成进士后授官行人，未几，特授监察御史，巡按两淮，继而巡抚滇南，秉公理政。后迁大理寺卿，政声颇好，升左佥都御史，巡抚山西，政绩卓著。年五十，辞官归里。著有《宦辙存稿》行世。在京时，曾密访中秘藏书，抄得乡贤陈子昂全集，版刻行世。

（二）明代山西巡抚陈讲

陈讲（1487—1570），字子学，明代遂宁罗家场（今船山区永兴镇联盟）人。正德十一年（1516）解元，十六年进士。《正德十六年登科录》载：“陈讲，贯四川潼川州遂宁县，民籍。国子生，治《诗经》。字子学。行一。年三十五，正月二十九日生。曾祖本乾，祖万钟，父表。母熊氏。重庆下。弟咏、议、试、询、咨。娶席氏。四川乡试第一名，会试第九十三名。”选翰林院庶吉士，授监察御史。嘉靖年间，巡按陕西，历直隶、山西提学，作育人材，颇有成就。迁河南布政使，转都察院右副都御史，巡抚山西。著有《中川文集》十三卷、《陕西茶马志》《如鸟集》行世。卒葬遂宁真教寺，嘉靖四年（1570）明穆宗有《谕祭陈讲文》。

（三）明代山东巡抚谢东山

谢东山（1506—1586），字阳升，号高泉，明代射洪县太和镇南谢家坝人，明嘉靖十七年（1538）进士。《嘉靖二十年进士登科录》载："谢东山，贯四川潼川州射洪县，民籍。国子生，治《诗经》。字少安。行七。年三十六，正月初五日生。曾祖文高；祖爱；父应宗，寿官。母张氏。严侍下。兄：恩光（监生）、恩深、赐、诏、良、臣（贡士）。娶覃氏，继娶王氏。四川乡试第三名，会试第一百五名。"历任兵部主事、郎中、贵州提学副使，累官至右佥都御史、山东巡抚。为政清廉，著述甚丰，著有《近譬轩集》四十卷、《东山诗稿》四十卷、《东山诗知》三卷、《中庸集说启蒙》一卷、《贵州图考》二十六卷、《明近体诗抄》四十卷、《诗话》四卷、删正嘉靖《贵州通志》十二卷及《黔中小稿》，著述近六百万言。

（四）明代河南巡抚杨作楫

杨作楫（1582—?），字梦符，明末蓬溪县人。万历三十五年（1607）进士。《万历三十五年进士登科录》载："杨作楫，贯四川潼川州蓬溪县，民籍。县学生，治《易经》。字梦符。行二。年二十六，十月十三日生。曾祖春翔；祖玓，训导；父其清。母杨氏，继母崔氏。重庆下。兄作舟。弟作楷、作梁、作楹、作栻。娶赵氏。四川乡试第六十二名，会试第一百四十一名。"选翰林院庶吉士，后升编修。万历三十八年任山西闻喜知县，四十一年调襄陵知县。四十五年擢山西提督学政；天启初年升任江西布政使，擢河南巡抚。有治军之才，曾督兵剿捕明季寇盗，故《明史》云"惟作楫能军"。崇祯末年，卸任回蓬溪，田舍仍先人之旧，及卒后，惟存书史而已。撰有《重修明月寺碑记》《重修蓬溪县学宫记》《建石鱼山文昌阁书院记》等。

（五）明末江西巡抚旷昭

旷昭，字淑侯、伯余，明末遂宁县人。万历四十六年（1618）举人，历任天长教谕、国子监学录博士、户部主事，督粮榆林，起复甘州道台，改滁州新设兵道，升江西巡抚。护养旋里，以其兵守遂宁县城，城赖以完。赴巡抚任时，王师南下，昭退屯万安，城破被执，不屈死。乾隆四十一年（1776），赐谥“节愍”。民国本《遂宁县志》有传。

五、一位布政使

明代洪武九年（1376），分全国为十三承宣布政使司，每司设左、右布政使，为一省行政长官。宣德以后，增设总督、巡抚等官，地位比布政使高，清代为督抚的属官，专管一省财赋和民政。明代遂宁黄华，曾任江西布政使。

黄华（1502—?），字秀卿，明代遂宁人，工部尚书黄珂之子、女诗人黄峨之弟。嘉靖十一年（1532）进士。《嘉靖十一年进士登科录》载：“黄华，贯四川潼川州遂宁县，民籍。国子生，治《春秋》。字秀卿。行四。年三十一，五月二十日生。曾祖鉴，赠资政大夫、南京工部尚书；祖宗泗，知县，累赠资政大夫、南京工部尚书；父珂，资政大夫，南京工部尚书，进阶荣禄大夫，赠太子少保，谥简肃。前母张氏，赠夫人；母聂氏，封夫人。慈侍下。兄峤、岩。弟峰，官生；岳。娶张氏。四川乡试第六十七名，会试第二百六十四名。”任户部主事，转郎中，督饷有功，授松江知府。历江西副使，升江西布政使，进光禄寺卿。为人端严正直，以道学为己任。寻告归，倡明道学，激引后进甚众。后卒于家，葬遂宁楼子沟。与状元、妹夫杨慎唱和之诗颇多，著有《梓谷文集》十二卷、《麟经解义》等。《遂宁县志》有传。

六、一位榜眼

明清两代，殿试一甲第一名称状元；一甲第二名称榜眼；一甲第三名称探花，合称三鼎甲，是古代知识分子梦寐以求之事。考中鼎甲，最为荣耀。从隋代兴科举至清末废除，一千三百年来，遂宁有两人获隽鼎甲，他们是清代榜眼李仙根、明代探花杨名。

清代榜眼李仙根

李仙根（1621—1690），原名之钦，相传因梦考中榜眼而拆“榜眼”二字之半，合为“根”，遂更名为“仙根”，字子静，号南津，清代遂宁县人。父李实，明进士，长洲（今苏州市）知县；母吕氏，系南明兵部尚书兼东阁大学士吕大器之女。清顺治十八年（1661），李仙根殿试一甲第二名，成为榜眼。李仙根是四川入清以后获得鼎甲的第一人。授宏文馆编修，旋擢司业，晋秘书院侍读。康熙七年（1668）奉命出使安南（今越南），任正使。往返三个月，以大义折服安南王。事竣，迁侍讲学士。撰《圣学颂》以进，谏帝设史官为起居注，为帝所纳，并敕仙根首充之。九年任武会试总裁；十二年充世祖实录副总裁，擢内阁学士；十八年擢左副都御史；十九年擢户部侍郎。二十九年病卒，年七十。仙根善书法，尤精行书，自成一家，绘画造诣亦深。在京时，求书者不绝，得其片纸寸缣，皆为至宝。每书大字，径二尺，观者惊为神。著有《安南使事纪要》一卷（收入《四库全书》）、《高惕庵语录》一卷，吕潜作序。又有《游野浮生集》等。《四川通志》《锦里新编》有传。

七、一位探花

明代探花杨名

杨名（1505—1559），字实卿，明代遂宁土桥铺（今遂宁市安居区聚贤镇）银杏湾人。嘉靖《潼川志》云："凤台，上有双凤书堂，杨太史兄弟读书所也。"杨名与弟杨台青少年时期在遂宁凤台坝凤台山勤学苦练。嘉靖七年（1528），杨名乡试解元；其弟杨台，亦于嘉靖二十二年考中举人。嘉靖八年，杨名参加殿试，考中探花，授翰林院编修，后任展书官。《嘉靖八年进士登科录》载："杨名，贯四川潼川州遂宁县，民籍。县学生，治《春秋》。字实卿。行一。年二十五，六月十四日生。曾祖万全，寿官；祖时景，寿官；父洪江。母杜氏。重庆下。弟台。娶刘氏。四川乡试第一名，会试第六十九名。"嘉靖十一年十月，彗星现，杨名应诏上书，言嘉靖帝喜怒失中，用人不当，并劾吏部尚书汪鋐等人之过错。帝震怒，遂谪戍守瞿塘，翌年始获释，终不复召，家居遂宁二十余年，孝养其亲。四川巡抚刘大谟，礼聘杨名、杨慎、王元正等修嘉靖《四川通志》，嘉靖二十年成书，共八十卷，今存二十四年刻本。又与陈讲合修《遂宁县志》。晚年，杨名在遂宁蟠龙山方洲书屋（今安居区横山镇）讲学授徒。穆宗即位，始复原官。后病卒，赠光禄寺少卿。著有《方洲文集》《大昌县志》行世。《内江县志》录有其诗文，《明史》有传。

【原载】《四川职业技术学院学报》2015 年 3 期

风雅才俊遂宁多

北宋徽宗宣和年间（1119—1125）有一首名词《遂宁好》云：

武信旧藩，遂宁新府。乃东川之会邑，据涪水之上游。人物富繁，山川洒落。……宴东馆之靓深，傲北湖之清旷。

遂宁好，胜地产糖霜。不待千年成琥珀，直疑六月冻琼浆。

这首词的作者是时任遂宁府知府的马咸（号清虚先生）。在此之前，神宗熙宁年间遂州知州向哲始创此词牌。马咸依律而歌，惜今唯存一首。但仅仅这一首，便给我们展现了遂宁在宋代经济文化发展的高度。

一

东川遂宁，肇自古蜀。春秋战国时，遂宁为蜀地。南宋宁宗嘉泰间参知政事袁说友在《遂宁府库古铜物》中称："遂州古名邦，有物岁月深。""剑弰累苍节，凤口涂黄金。人形杂兽面，诡异难模临。"

秦代，遂宁属蜀郡，两汉及晋属广汉郡。明代遂宁探花杨名在《登梅山书屋》中说："广汉江光新庙开，灵泉山色旧碑苔。"即以广汉为遂宁历史之源流。据南宋《舆地纪胜》卷一五五《遂宁府》载，北宋钦宗靖康元年(1126)，因遂宁府府治小溪县疏浚城隍，得方寸古铜印，其文曰"广汉侯印"。故知遂宁确为广汉郡所在地。

西晋析广汉郡置德阳郡，郡治德阳县。西晋德阳县在今遂宁市船山区。清代遂宁相国张文端公鹏翮在《忆涪水端阳四首》中称"千年文献德阳城"，即以德阳为遂宁文化之滥觞。

东晋永和三年（347），桓温平蜀后，罢德阳郡，于德阳县东南置遂宁郡。"遂宁"从此出现在中华历史之中，且以"郡"为行政单位。"遂宁郡"向为遂宁之别称。

第一次出现在正史中的遂宁人是晋末宋初的龚颖。龚颖被益州刺史毛璩聘为劝学从事，后国变，谯纵据蜀，颖誓不附庸，为刘宋名臣陆徽所激赏。陆徽在《荐遂宁龚颖表》中称颖："秉身贞白，抗志不挠"，"虽桎梏在身，践危愈信其节；白刃临颈，见死不更其守"，并赞他为"当今之忠壮，振古之遗烈"（《宋书》卷九十一列传第五十一孝义）。

所谓"德阳旧垒，石山名区"，后周时，改遂宁郡为石山郡，同时置遂州，同城。"遂州"从此诞生，遂宁的历史亦走上了新的阶段。隋开皇初，石山郡废，仍曰遂州。仁寿初年，置遂州总管府。唐贞观十年（636），置遂州都督府。有唐一代，遂宁的经济文化获得了巨大的发展。唐代大诗人白居易云："遂居蜀之腴。"（《白氏长庆集》卷三十一）晚唐大诗人杜牧云："遂宁旁缘巴徼，号为沃野。"（《樊川文集》卷十八）此期，遂宁的纺织业获得了迅猛的发展，"樗蒲绫"成为遂宁之特产，上贡之精品。直到北宋，理学祖师周敦颐还请遂宁友人傅耆帮忙购买"平纹纱""樗蒲绫裤段"。

但是，由于遂宁东接合州，西近成都，居巴蜀要冲，自古以来兵燹实多。唐代大诗人杜甫在《去秋行》中称："遂州城中汉节在，遂州城外巴人稀。战场冤魂每夜哭，空令野营猛士悲。"也正是因为遂宁不宁，战乱纷繁，故宗教活动较他郡尤烈。

遂宁地区世传吕洞宾为遂宁洞宾寺人，于云灵山云灵观修道成正果。云灵山附近相关遗迹甚丰。云灵山有遂宁张九宗《云灵山寺碑》，唐元和十二年（817）二月八日立（南宋《宝刻类编》卷五）。吕洞宾在云灵观（又名嵩山观、崇元观）留有七律一首，诗云："着眼尽观为业障，平生无过是浮沤。何须底死言名利，寻得清闲即便休。"遂州州治方义县广山上还有著名的集虚观，观内有铜铸唐明皇像，殿柱上有葛璝（一名葛仙翁）题字，亦为唐代遂宁道教文化的代表。

遂宁佛教文化亦兴盛于隋唐，至今遗存有大量唐代摩崖造像，以大英县大埂子摩崖造像、安居区长年坡摩崖造像、安居区梵慧寺摩崖造像、安居区龙居寺摩崖造像为代表。唐代遂州更涌现了遂州道圆、圭峰宗密等著名禅宗大德，实为遂宁思想史之重要篇章。广德寺开山克幽禅师为剑南东川节度使杜济所请，住持方义县石佛寺，祈雨救民，慈航普度，后被认为是大慈大悲观世音菩萨的化身。今遂宁灵泉寺、天峰寺以及原境内的大佛寺均为隋唐时期所创建。

唐代遂宁文学史最重要的四个人物，一是梓州射洪县陈子昂，一是遂州方义县张九宗，一是遂州长江县贾岛，一是遂州方义县船子德诚。

陈子昂为梓州射洪（今遂宁市射洪县）人，武则天时期曾任麟台正字、右拾遗等职，后因射洪县令段简罗织罪名而冤死狱中。陈子昂是开一代诗风的伟大诗人，“自李、杜推激于前，韩、柳服膺于后，于是高步三唐，横扫六代，莫不以为今古之升降，质文之轨辙焉”（陈沆《诗比兴笺》）。其组诗《感遇》三十八首，与张九龄的《感遇》十二首并为初唐诗坛两颗耀眼的明星，“缠绵超旷，各有独至”（刘熙载《艺概》）；其《登幽州台歌》，则因被选入《唐诗三百首》、中小学教材而广为传颂。

张九宗为遂州方义县（今遂宁市船山区）人，历任戎州、同州、华州、普州、遂州、邛州刺史，治政有方，工书善文。其书，南宋《舆地碑记目》称“圆劲，有虞褚风骨”；其文雄朴，有《遂州学宫诸生题名》《韦南康纪功碑》《重立开元花台二寺碑》《云灵山寺碑》《觉苑寺铸钟记》《玉晨观碑铭》《元和修堤记》等。张九宗还创办有“张九宗书院”（简称“九宗书院”）。胡昭曦教授认为：“张九宗书院是我国古代早期书院之一，在中国书院史和中国文化教育史上占有重要地位，于今日的建设也具特有作用。”雍正《四川通志》云：“遂宁文学，自九宗倡焉。”

贾岛是世人熟知的中唐诗人，其诗以“寒瘦”著称。唐文宗时，坐飞谤，贬遂州长江县（今遂宁市大英县），为长江主簿，世称“贾长江”。贾岛是遂宁的诗魂。晚唐诗人李洞酷慕贾岛，曾铸铜像，置于头巾。常念“贾岛佛”，一日千遍。凡遇喜爱贾岛者，必手录岛诗相赠，并再三叮咛：“此无异佛经，归焚香拜之。”贾岛生前便拥有这样的崇拜者，可知其人其诗，绝非俗品。

船子德诚，遂州方义县人。约中唐宪宗元和、武宗会昌间在世。一代禅宗名僧，药山惟俨法嗣。与云岩昙晟、道吾宗周为同道交。住秀州华亭（今上海市松江区）。常泛一小舟，随缘度日，世因谓之“华亭和尚”“船子和尚”。后覆舟入水而逝。《祖堂集》卷五、《景德传灯录》卷一四、《五灯会元》卷四有传。其诗今存四十首，多咏歌渔人生活，深寓禅理，与张志和《渔父词》句法相同。

此外，唐代蓬溪隐逸诗人张令问亦以诗著。《全唐诗》卷七六〇载：“张令问，唐兴人，隐居不仕，号天国山人。”唐兴，即唐兴县，为今遂宁市蓬溪县前身。其《寄杜光庭》云：“试问朝中为宰相，何如林下作神仙？一壶美酒一炉药，饱听松风白昼眠。”

二

遂宁历史上最繁荣的时期在两宋。两宋的遂宁，无论是在政治上、军事上、经济上还是文化上，都达到了迄今未能赶超的高度。遂宁在宋代有两个主要别称：武信、遂府。

武信，即武信军、武信军节度。唐昭宗光化二年（899）（一说在昭宗乾宁四年），王建请置，治所在遂州，领遂州、合州、泸州、渝州、昌州等五州。五代因之。北宋仍为武信军节度，提举遂合等七州兵甲兼梓夔两路兵马钤辖。其后移钤辖司于泸州，止提举遂、合、昌、普、资五州兵甲。武信军节度使较著者有：夏鲁奇、陈尧咨、毕再遇等。

遂府，即遂宁府简称。遂宁在北宋初为遂州，辖小溪县、蓬溪县、长江县、青石县、遂宁县。神宗元丰八年（1085）三月，镇宁军节度使、检校太尉、宁国公赵佶进封遂宁郡王。自此，遂州成徽宗潜邸。明陈讲所纂嘉靖《潼川志》载：“（遂宁）南一里曰金鱼山，下有金鱼镇，旧传为宋徽宗藩邸。”据传，哲宗元符二年（1099）秋冬间，遂宁县慧明院忽现佛像五次，父老咸曰：“遂宁佛出。”此为徽宗即位前之祥兆。徽宗即位，于政和五年（1115）升遂州为遂宁府，宣和五年（1123），又升遂宁府为遂宁都督府，为大藩。

南宋兵部尚书许应龙在《刘端友知遂宁府制》中称：“武信乃西蜀之巨镇，重臣法从多均佚于此。”南宋《方舆胜览》有云：“地重潜藩，节镇素雄于一面；道院邃清，备载晁子西之记。”“权专会府，甲兵兼总于七州；禅关胜绝，更稽丁晋公之诗。”南宋兵部侍郎刘仪凤《南楼记》云：“平原沃野，贯以涪江，气象宽舒，为东蜀之都会。”南宋著名学者李石赋云：“山维东蜀，如连如伏，此贞观之所以建督府，而我宋之所以壮龙邸也；水控内道，或正或谲，此刘裕之所以策谯纵，而鲁奇之所以抗闰孟也。”

遂宁因为徽宗潜邸，自州升府，为大藩，故两宋时期的遂宁府知府大抵“重臣法从”。如殿中侍御史杜莘老，高宗绍兴三十一年（1161）冬以直显谟阁知遂宁府。刘光祖，宁宗时以宝谟阁待制知遂宁府。礼部侍郎宁宗庆元五年（1199）状元许奕，嘉定初知遂宁府。宋代著名理学家、政治家魏了翁，嘉定初知遂宁府。兵部侍郎杜孝严，嘉定中以华文阁待制知遂宁府。更有“丹棱四李”：李焘（南宋著名历史学家，于遂宁知府任上完成《续资治通鉴长编》，皇皇巨著，千秋彪炳）、李熹（焘弟，知遂宁府时治民以宽厚存心，凡地方无名之赋悉奏蠲免）、李璧（焘子，以端明殿学士知遂宁府，平张福之乱，遂宁遂宁）、李埴（焘七子，以焕章阁待制知遂宁府，政主简静，而时发以刚果，猝有措置，卒归平恕）一家四人先后担任遂宁知府，均有善政，郡人称之。

这些著名的政治家、学者、诗人在遂宁为政时，大多关心民生、发展经济、振兴文化，留下了许多动人的诗篇。最具代表者有李新、李石、魏了翁等。

李新因元符三年（1100）在南郑应诏上万言书，夺官贬遂州。他在遂州留下了《令狐秀才书堂》《盐井》《青石阻雨》《安居濒江小蓝留三小诗》等优秀篇章。其中《题遂宁冯德夫隐士画像》为我们研究宋代遂宁隐逸文化提供了重要线索。著名学者李石《大水寓武信二首》细致刻画了遂宁府在南宋时的水灾情形：“半夜水啮堤，一决不及御。贫民无灯火，下床已没股。晓登树杪呼，出没见屋脊。”“仓卒老稚计，共此高树栖。茫茫无舟筏，渺渺失陵陂。号呼性命急，千钧悬一丝。引手幸免鱼，十五为流尸。”我们可通过他的诗歌深刻体会到遂宁先民生活之不易。魏了翁《元夕卜油溪故事》《二月二日遂宁北郊迎富故事》等诗记录了遂府人的生活风俗。卜油溪在遂宁府府治小溪县南（今遂宁市船山区南）梵云山下，《舆地纪胜》云：“每至人日，一城人多游于此，以清油置水中，观其色之浅深，以占一年休咎。”

宋代遂宁本地诗人的代表为著名学者王灼。王灼，字晦叔，号颐堂，宋遂宁府小溪县（今遂宁市船山区）人。宋代著名文学家、科学家。所撰《碧鸡漫志》为我国第一部词学专著，《糖霜谱》为我国第一部糖业科技专著。王灼在诗歌中描述了书台山、云灵观、灵泉山、鹤鸣山、金璧池、广利禅寺等我们熟知的遂宁风景。其《水调歌头·长江飞鸟外》抒发了对贾长江的追慕与伤怀：

长江飞鸟外，明月众星中。今来古往如此，人事几秋风。又对团团红树，独跨蹇驴归去，山水澹丰容。远色动愁思，不见两诗翁。

酒如渑，谈如绮，气如虹。当时痛饮狂醉，只许赏心同。响绝光沈休问，俯仰之间陈迹，我亦老飘蓬。望久碧云晚，一雁度寒空。

两宋时期，遂府盛产高僧，以雪窦重显、痴绝道冲最为知名，且均善诗。雪窦重显禅师在《送俞居士归蜀》中云："何处深栖役梦频，青城抛却数溪云。如今老大归难得，只写情怀远送君。"思乡之愁，读之便知。痴绝道冲禅师则在对同乡船子和尚的赞中抒发了浓郁的乡情："与师同是遂宁人，来访遗踪愧后生。当日相逢定槌杀，也教知道有乡亲。"反复吟之，愈见韵味。

三

南宋末年，遂宁在四川宋蒙战争中惨遭荼毒，唐宋以来数百年文明积淀毁灭殆尽。东蜀大族纷纷出川，流寓荆湖、江南。有元一代，遂宁经济不振，然在文学上亦有所建树。代表作家有二，一为文礼恺，一为谢端。

文礼恺，字梦得，四川遂宁人。富于学，元仁宗延祐二年（1315）进士。文章雅重于时，人羡为"朝阳鸣凤"。代表作有《重修旌忠庙记》《金华书院记》《张横渠先生祠记》《修岐山县庙学记》等。

谢端，字敬德，号桤斋，四川遂宁人。元代著名蜀学家，《元史》评之曰："元世蜀士以文名者，曰虞集，而谢端其次云。"为文高古，以不同俗为主，简而有法，辞旨微直，以《加封孔子父母制》《贺亲祀南郊表》为代表。其诗雄逸，曾云"自古诗人天所放"，尤具蜀中唐风。曾与修《英宗实录》《明宗实录》《文宗实录》《宁宗实录》及《累朝功臣列传》。《元史》云："至顺、元统以来，国家崇号，慈极升祔先朝，加封宣圣考妣，制册多出其手。"时称端有史才。

进入到明代后，遂宁经济文化逐渐恢复，诞生了王璲、席氏三凤（席书、席春、席彖）、杨氏父子（杨澄、杨最）、陈讲、黄峨、章评、杨名、谢东山、吕大器、李实等著名诗人。

王璲，字汝玉，号青城山人，四川遂宁人。著名诗人、书法家。永乐初官翰林院检讨，与修《永乐大典》。仁宗时下狱死，赠太子宾客，谥"文靖"。著有《青城山人集》八卷。曾学诗于杨维桢，取法唐音，不为绮靡之辞，元季诗格卑下，乃求之古，可云特立。

席书，字文同，号元山，四川遂宁人。明弘治三年（1490）进士，官至武英殿大学士兼礼部尚书。明代心学大家王阳明先生赞之曰："豪杰之士，社稷之臣。"其诗多悲，代表作有《天峰寺》《登故弟彖梅山书屋二首》等。

杨澄，字宪父，号五休，四川射洪人。明成化五年（1469）进士，历官监察御史、大理寺少卿、佥都御史、两淮巡盐御史。曾于弘治四年（1491）刊刻《陈拾遗集》十卷并《附录》一卷。有《宦辙存稿》行世。

杨最，字殿之，号果斋，四川射洪人。杨澄之子。明正德三年（1508）进士，历任宁波知府、贵州按察使、太仆寺卿。以直谏著称，因谏明世宗勿信方士而死于廷杖之下。隆庆元年（1567），赠右副都御史，谥“忠节”。

陈讲，字子学，号中川，四川遂宁人。明正德十一年解元，正德十六年进士，官至山西巡抚。其诗气象弘舒，悲中寓壮，代表作有《偕席太常中大佛寺前游眺》等。

黄峨，字秀眉，四川遂宁人。明南京工部尚书黄珂之女，新都状元杨慎之妻。自幼聪敏好学，博通经史，善书札，能诗词，尤擅散曲。其《寄夫》一诗为后世诗人所激赏，桐城著名女诗人方维仪评之曰：“不织布庸，格老气逸。”

章评，字嘉言，号斗阳、斗阳子，四川遂宁人。章评为蒋信门人，著名心学家王阳明先生再传弟子。曾隐居读书数十年。其诗多寓哲理，有《斗阳诗集》。

杨名，字实卿，号方洲，四川遂宁人。明嘉靖七年（1528）解元，嘉靖八年探花，为明代遂宁最有才华者。惜为臣太忠，受帝排斥，以著史终老。其诗颇富史愁。

谢东山，字少安，号高泉子，四川射洪人。明嘉靖二十年进士，授兵部主事。历官贵州提学副使，累迁右副都御史、山东巡抚。巡抚山东时，考察酒技，返里后恢复春酒酿造术，其味浓香馥郁，人称“东山谢酒”（简称“谢酒”）。博学好古，工于诗歌。撰有《近譬轩集》《黔中小稿》《贵州通志》《贵阳图考》《东游小稿》《皇明近体诗钞》等。

吕大器，字俨若，号东川，谥“文肃”，四川遂宁人。明崇祯元年（1628）进士，官至南明永历朝武英殿大学士兼兵部尚书。工诗，尤擅五言。邓汉仪论大器诗“思精而语丽”，朱彝尊赞曰“忠孝之诚溢于言表”，李调元论曰“音旨凄壮，逼似少陵”。其《明月寺》有云：“屠龙犹有当年技，咒虎能忘此日忧。倚杖晴峦一怅望，大江难尽古今愁。”终身言行，不愧龚颖。

李实，字如石，号镜庵，四川遂宁人。崇祯十六年进士，明末清初著名文学家、理学家、语言学家。明末官长洲知县，后隐居于此，以著书终老。其诗多寓遗民之思，哀切沉重。

明代外地诗人歌咏遂宁者，以状元杨慎为代表。杨慎，字用修，号升庵，四川新都人，明代著名文学家，明代三才子之首。杨慎是遂宁人女婿，与遂宁杨名、陈讲，射洪谢东山等均为好友，酬唱不断。其《得杨实卿书》有云：“起草共知双笔健，转蓬何翅十年分。怀侬莫作相寻梦，蜃雨蛮烟泥杀君。”相惜之情，溢满纸间。

四

明代末年，遂宁再次遭受战争的重创，县城一度为虎狼盘踞。遂宁学者再度流寓江南，其中以吕潜家族、李仙根家族为代表。流寓江南的遂宁学者在文学和政治上均取得较大成就。

吕潜，字孔昭，号半隐、石山，四川遂宁人。明崇祯十六年（1643）进士，授太常博士。作为末代进士的吕潜，受父吕大器命，奉母侨居浙江湖州府吴兴县桑苎村，后迁住扬州府泰州海陵，计四十年。清康熙二十四年（1685）冬始扶母柩旋里，并迁父柩至遂。寓于遂宁城北课耕楼，以诗画娱老。吕潜博学工诗，善书画。其诗“清逸”，其画“萧疏简远，脱尽蹊径”。与新繁费密、达川唐甄合称“清初蜀中三杰”。

吕潜在江南时作《早过钓台》有云：“九十九峰梵云间，涪江亦有富春山。来年准别先生去，归钓故居明月湾。”明月湾在明月山下，在今遂宁市船山区北门外玉堂山附近。恋乡之情，不问可知。清保和殿大学士梁清标《扬州慢·寄酬吕半隐同年》有云：“苕溪寄迹，梦扬州、又泛仙槎。想邗上风流，海陵烟月，依旧繁华。为我蜀笺写句，图画里、犹带烟霞。看文成五岳，每怜王粲无家。”湖州知府吴绮《送吕半隐》有云：“难将往事论苏李，剩取高风似阮嵇。遥望故乡休下拜，杜鹃仙魄不重啼。”遗民之气节，虽显宦亦拜服。

李仙根，字子静，号南津，四川遂宁人。清顺治十八年辛丑科（1661）榜眼。李实长子。仙根乃一代帝师，为清朝首批经筵讲官、起居注官；还曾出使安南，平定边疆，诚一代外交名臣。遂宁张文端公鹏翮《祭李子静文》有云：“公钟岷峨之秀，秉箕尾之精，天性孝友，家学渊源。其为文，自成一家言；而书法遒劲，在率更河南之间。然此特公之绪余也。公负勃郁磅礴之气概，然以天下为己任，大受之器识者，早以希文期之矣。”可知其卓异，不愧为遂宁史上科名最高者。仙根《登遂州城晚眺》云：“城头日见七星悬，曳屩探奇即洞天。鸡犬不留缘底事，只遗百叠养琼田。”经明末清初巨大战乱，遂宁人口大减，境内一片荒凉。仙根自苏返遂时，战争才刚平息不久，仍有余扰，故有此长叹。

明末清初还有一位重要的本土诗人杨甲仁。杨甲仁，字乃所，号愧庵，四川射洪人。其为明末清初颇有声望的大儒，在延续儒家学脉的历程中起着重要作用。与其同时代的思想家李二曲评其学问云：“其学不事标末，直探原本，见地卓越……言言透髓，学有心得。”撰有《愧庵遗集》七卷。

如果说吕潜在清代遂宁文学史上起着发端的作用，那么张鹏翮就代表着清代遂宁文学的成熟，而张问陶则是清代遂宁文学的最高峰。

张鹏翮，字运青，号宽宇、信阳子，四川遂宁人。清康熙九年（1670）进士，身仕康熙、雍正二朝。官至文华殿大学士兼吏部尚书，时称“遂宁相国”。因谥“文端”，学者称“遂宁张文端公”。文端公集政治家、水利专家、理学家、文学家、外交家于一身，是清代四川官位最显赫、名声最响亮的一代贤相。

文端公《遂宁城》云：“十年重到德阳城，人事田畴几变更。仙井晴霞朝气散，鹤鸣夜月野烟轻。郊原几度余烽火，父老频经厌甲兵。所愿残邦沾化雨，桑麻从此乐深耕。”诗末二句盖叹惋遂宁之盛衰也常，而寓意乡人奋进革新也。“遂宁十二景”为文端公首次提出，且每景皆有一赞歌之。《仙井晴霞》有云：“松风夜静闻金马，仙井年深见古碑。若使当年身怕死，世间何处有男儿？”文端公即以夏鲁奇将军自励也。遂宁先正历来有通易慕道之风，公《题鹤鸣山二首》有云：“夜月几闻龙虎啸，白云常伴凤鸾还。神仙不在彝伦外，打破泥丸第一关。”公长年在外为官，心中常挂怀亲老、乡人，其《思家》云：“一春远梦动悲笳，不尽长空雾霭遮。隔渚始波漂落絮，空山初霁咽残霞。百年风木三江泪，万里星河八月槎。谁在遂州高处望？碧天无际月痕斜。”文端公之爱乡、敬乡，诚为有清三百年中最炽者。

文端公玄孙张问陶，以家乡遂宁城西船山（一名舟山、天榜山）为号，世称“船山先生”。其诗天才横溢，价重鸡林，与袁枚、赵翼合称“清代性灵派三大家”。被誉为“青莲再世”、“少陵复出”、清代“蜀中诗人之冠”，为元明清巴蜀第一大诗人。撰有《船山诗草》，存诗三千五百余首。

船山先生早岁流寓他乡，清乾隆五十一年（1786）方回乡里，其《初归遂宁作》叹道：“北马南船笑此身，归来已是廿年人。敝庐乍到翻疑客，破砚相随不救贫。”乡亲久闭塞，不识船山贤。先生在遂宁，始居东门，次移北门，又移西门，皆借居也，其《题洗马池上新居》叹云：“赁庑人高贞苦节，卜居心痒慕灵修。劳生自问吾何有，大户空衔署醉侯。”待中进士后返遂，则是“指点朝衫拥万人，拦街看煞苦吟身。山灵颇厌旌旗俗，子舍微闻笑语新”。先生在苏州时，赠李仙根后人李秉德诗有云：“我因怀蜀郡，君竟作吴人。尘海新谋面，门风旧比邻。”船山之赞涪江，恰似当年痴绝道冲赞船子和尚。遂宁乡亲，自古相惜。先生《北道怀船山》有云：“中原地大天无边，觅山不得愁可怜。强从黑夜窥高树，堂密残从杂烟雾，仿佛船山山下住。”至今咏怀船山之诗，以船山先生为第一。

出生年代稍晚于文端公的张星瑞，亦以博学工诗著称。张星瑞，字薇垣，号玉垒，四川射洪人。康熙三十八年（1699）贡生，四十四年举人。雍正五年（1727）选林县知县，后授天津知州，擢湖州知府，因治蝗有功，声誉大著。未几，以疾解官归里。辞官之日，浙中名士纷纷赠诗饯行。撰有《玉垒诗集》八卷，惜大部已佚。所幸嘉庆二十五年《张氏族谱》载有其诗数十首。

清中后期的射洪诗坛亦颇繁荣，涌现出赵夑元、夏肇庸、舒云逵、何敏等著名诗人。

赵夑元，字衡轩，四川射洪人。清嘉庆十二年（1807）举人。学识过人。主讲金华书院，多所培植，有功后学。任云南永平县令，除盗息狱，颇有政声。撰有《读易管见》二卷、《知非斋文集》二卷、《虎帐元机》四卷、《澹远轩文钞》四卷、《澹远轩诗稿》二卷等。

夏肇庸，字京珊，四川射洪人。清同治三年（1864）举人，同治七年（1868）进士，选授山西和顺县知县。喜文墨，学问宏博，知识淹贯。撰有《蓉村诗稿》《文品》。另与人合修有《交城县志》十卷。

舒云逵，字稚鸿，四川射洪人。清同治十二年（1873）举人，光绪六年（1880）大挑考二等，任南江训导。有文名，尤工诗，撰有《稚鸿诗存》《紫云山馆吟草》。

何敏，字幼聪、经纬，号瑞卿，四川射洪人。清同治秀才。宣统元年（1909）进四川法政学堂，后授湖北长阳知县（未赴任）。曾长期执教塾馆。撰有《桂香诗文集》。

此外，清代蓬溪也涌现出许多杰出诗人，以钟永定为代表。钟永定，蓬溪县石板滩（今大英县象山镇）人，钟瑞廷第三子。同治十二年（1873）拔贡，任江苏按察使李鸿裔（中江人）幕僚。后回川主讲中江、三台、蓬溪诸县书院，又任广安州训导，皆精心育才。年八十八，卒于家。先生之诗诗中寓画，以《钟氏祠堂八景》为代表。撰有《龙溪诗草后集》四卷、《龙溪骈文》一卷。

清代外地诗人歌咏遂宁者，以张松孙、李培峘、何人鹤、文棨、寂光印豁为代表。

张松孙，字稚赤，号鹤坪，江南长洲（今江苏苏州吴中区）人。乾隆四十八年（1783）至五十二年任潼川府知府。其《丙午再至广德寺小憩》有云："克幽示涅槃，钩锁中藏焉。慈悲现化身，灵应法无边。欲以龙象力，广结人天缘。宏愿度苦厄，一灯燃百年。"克幽禅师，大士显真，遗泽犹在，至今传承。

李培峘，字午桥，云南阿迷州（今云南红河州开远市）人。乾隆四十九年（1784）至五十六年任遂宁知县。培峘莅遂后，重培学校，重修县志（即乾隆五十二年《遂宁县志》），题咏风物，与民同乐，称贤令尹。李培峘为政清廉，自种菜蔬于署后，其《种蔬咏》有云："缓带步仄径，恍若巡郊阡。岂为俭自力，用之稼穑艰。"其《广德寺香会》描绘清代遂宁香会民俗甚详："二月和风初应律，击鼓吹竽市填溢。已见邻封迎驾来，还看士女倾城出。青纱蒙首朱丝萦，旃檀执拜心明诚。幡幢缨络路不绝，万口喃啰同一声。"西南佛国，可窥一斑。

何人鹤，字鸣九，四川绵州（今绵阳）人。少负才名，兼有至性。浪游天下，与东南诸名士结社唱和，甚为名流推重。撰有《台山诗草》。其《射洪舟中望金华山》尾联"诗家俎豆今谁是？合掌惟应拜子昂"，与元好问"论功若准平吴例，合著黄金铸子昂"遥相呼应，对子昂之评价极为恳切。

文棨，吉林长白人。清咸丰年间，历任四川荣县、奉节知县，汉州知州，夔州府通判。同治六年（1867），调署华阳，升补绵州知州。俱有善政，后寓籍于绵。工诗文，撰有《诵芬堂诗集》。咸丰六年（1856）至七年，先生在蓬溪县康家渡（今红江镇）盐局任职，留诗颇丰。其《康家渡景观即事》云："长江明月晚苍茫，野渡萧条尚姓康。我似寻巢新燕子，可怜辛苦一春忙。"《月夜同小屿望贾浪仙祠》云："烟水茫茫野色昏，教人何处吊诗魂？不知古寺空山里，可有僧敲月下门？"

寂光印豁，四川南充人。俗姓杨。清顺治五年（1648），年三十，投法雨禅师落发。以烟霞为侣，住蓬溪高峰山寺三载。后云游至梁平双桂堂，参拜破山明禅师，与东川相国吕文肃公大器同为破山嗣法弟子。工诗，其《再游高峰寺》云："高峰岑屼出重霄，挂锡当年寄寂寥。再步云烟披一笑，鱼龙惊起浪来潮。"有《寂光豁禅师语录》传世。

五

民国时期的遂宁诗坛亦颇热闹。本地诗人以杨焕之、真量禅师、李雨生、文璋为代表，外地诗人以周岸登、刘竹庵等人为代表。

杨焕之，字昌邠，号北山散人，四川射洪人。清光绪二十二年（1896）应聘作编修《潼川府志》采访，二十六年列岁贡生。民国二年（1913）任袁世凯总统府顾问。民国六年因年迈返川。集赵芳塘、李雨生、张吉甫等友人创办"达山诗社"。撰有《北山草堂诗集》十卷。其诗多为纵情山水、探寻名胜、吊古怀今、吟咏唱和之类，诗风多言淡旨远、逸兴淋漓，诗旨多抒激抗悲歌之志、忧世忧民之心。

真量，广德寺西法堂住持，四川遂宁人。民国七年（1918）于广德寺出家，拜西法堂悟凯为师。民国三十一年至三十二年任遂宁县佛教协会会长、理事、常委。真量为太虚大师（1890—1947）高足，太虚曾赠联云："本真法界无他物，现量风光只自知。"其《赞清福老和尚像四首》歌颂了广德寺民国时高僧清福禅师，为遂宁民国禅诗之代表。其四云："鹤立鸡群泾渭分，未沾法雨道先闻。六根清净身无碍，三业纯和意自欣。项佩圆光空色相，胸藏慧剑斩魔军。直超十二因缘外，天上人间布彩云。"所阐佛理，妙蕴无穷。

李雨生，字仪文，四川射洪人。清光绪三十二年（1906）优贡。由清末至民初，历任邻水知县、川北道宣慰副使、四川省咨议局议员，曾随张澜参加四川保路运动。后不复出仕。晚年信佛，清闲自适。所作《观乡吟》词一百余首，有反映民间疾苦、激发爱国热情等内容。

文璋，四川射洪人。历任南部县、蓬溪县盐场录事、供理员，三台县川北盐务局场务股长，蓬溪县河边（今大英县河边镇）盐场代理场长，西充县、乐至县盐场场长，1949年至1950年任蓬溪盐场场长。工诗善文，大倡诗教。曾在蓬溪县衙西园菩提楼创办"菩提诗社"，撰有《文璋诗词集》等。

周岸登，字道援，号癸叔，四川威远人。清光绪十八年（1892）举人。工于词曲，兼善诗赋。词风崇尚吴梦窗，自号"二窗词客"。博学专精，其作品“博雅矜炼，语出己铸，律细韵严，气度弘远”。其《瑶台聚八仙·遂州广利寺白玉大士像》有云：“谁知庄严色相，共祇园象树，劫换华鬘。海南千叶，珠座示现无边。群生魔难共忏，有万朵红莲礼白莲。无明境，证涅槃三昧，金石同坚。”千年广德，至今垂祥。

刘竹庵，重庆北碚人，民国间曾在遂宁省棉场及附属推广机构担任短期文书，其后终身从事教育事业。其《桂节前游灵泉寺》《再到灵泉寺》记录了民国晚期遂宁的社会生态，用语平实，诗锋犀利。《再到灵泉寺》有云：“乞丐坐梯旁，每级有一对。残缺与瘦柴，老大及幼稚。假令屈指数，盈百至三四。褴褛黧黑中，一呼声惨厉。先生赏个钞，做官有高位。我闻长叹息，谁是菩提树?”至今犹可鉴观。

风雅才俊遂宁多。欲以历代之诗华歌遂宁之神秀，以历代之先正激后进之猛力。存史述贤，增壮山色，冀东蜀遂宁人文再兴，终复武信遂府之盛景。

【原载】《四川客家通讯》2016 年第 3 期；《文化遂宁》2016 年 11—12 期，与陈名扬合撰

遂宁市历史名人简表

时代	姓名	别称	籍贯	主要事迹	代表著述
东晋	龚颖	龚从事	遂宁	谯纵据蜀，誓不附庸，为东晋孝义名臣。明陈讲所纂嘉靖《潼川志》载：“（遂宁县西四十里）曰三州，下有龚雅村，即龚颖宅。”	
唐	陈子昂	陈伯玉	射洪	唐代著名诗人，唐诗理论家，开一代文风。清四川学政张之洞至潼川府主持院试时将唐代射洪陈子昂、宋代中江苏舜钦、盐亭文同和清代遂宁张问陶合称为“潼川四君子”。	《陈伯玉集》
唐	陈光	陈孔明	射洪	陈子昂长子，以文知名，官商州刺史、朝议大夫。	《陈孔明集》
唐	张九宗		遂宁	唐代贞元间（785—805）进士，历官戎州、华州、普州、遂州、邛州刺史，以善治称，终御史大夫。善为文，工字画。在遂宁创建有张九宗书院，是我国古代早期书院之一，在中国（785—805）书院史和中国文化教育史上占有重要地位。遂宁文学自九宗倡焉。	《张尉史集》
唐	克幽禅师	圆觉大师	长江（今大英县）	唐代遂州高僧，广德寺开山和尚。克幽与成都保唐寺无住二人同为无相禅师的弟子。	
唐	邹和尚	邹衲	不详	唐代宗大历年间（766—779）到遂宁城北伞山，首创窨制糖霜（冰糖）的技术，被誉为“糖霜之父”。至宋代，遂宁成为全国五大产糖中心之冠。职人皆供奉其画像。	
唐	李浦	补履先生	通泉（今射洪南）	唐代宗大历时为右拾遗，正色立朝，刚直敢谏。工诗文。	《补履书》

续表

时代	姓名	别称	籍贯	主要事迹	代表著述
唐	李晛	李稚升	射洪	少负俊颖，读书过目即悟。仕至成都府教授，时人比于子昂、太白。	
唐	船子德诚	船子和尚	遂宁	晚唐禅宗大德、著名诗僧，与云岩昙晟、道吾宗周为同道交。	《船子和尚拨棹歌》
北宋	谢金	谢子真	长江（今大英县）	宋太平兴国五年（980）进士，司马池知小溪县，重其人而与之订交。曾居五龙山，以诗自娱。其诗平淡自然，有贾浪仙之风。	《五龙山居诗》
北宋	于至		小溪（今船山区）	七岁能属文，十七岁游京师，上书二十余万言，为时所称。大中祥符五年（1012）进士。时文章沿袭五代余风，于至自立机杼。曾作《蓬莱宫赋》，为寇准、丁谓等人所赏识。	《于至诗文集》《于进士集》
北宋	杜陟	杜从圣	长江（今大英县）	庆历六年（1046），特奏名赐三礼出身。初授僰道县尉，再迁叙州军事判官，力于吏治。司马光《温国文正司马公集》卷七十五有《府州军事判官杜君墓志铭》。	《化坊》
北宋	谢坦	涪翁长者	射洪	皇祐五年（1053）进士。仕至参议官，风裁侃直。	《四箴集》
北宋	张述	张绍明	长江（今大英县）	嘉祐元年（1056）进士，官太常寺博士，尚书职方员外郎。政绩卓著。平生慷慨喜论事。	《张员外奏疏》
北宋	傅耆	傅伯成	遂宁	嘉祐六年进士，北宋著名蜀学家、濂溪学派传人，曾亲炙濂溪先生周敦颐，交游伊川先生程颐，世称“理学大儒”。	《与周茂叔书》
北宋	雪窦重显	明觉禅师	遂宁	北宋禅宗大德，弘法江南，住明州雪窦山资圣寺（今宁波奉化雪窦寺），为“云门宗中兴之祖”。	《明觉禅师语录》《祖英集》《颂古集》《瀑泉集》《拈古集》
北宋	李曼	李修儒	射洪	嘉祐间进士。皇祐中，知果州。熙宁六年（1073），徙知泸州，建招抚策，兴利除弊。官至利州路提点刑狱。工诗文，受到苏轼推许。	
北宋	冯正符	冯信道	遂宁	熙宁九年进士，蜀州晋原主簿。	《易解》《诗解》《春秋得法忘例论》《论语解》

续表

时代	姓名	别称	籍贯	主要事迹	代表著述
北宋	僧智源	子丰	遂宁	宋神宗元丰（1078—1085）时在世。少出家为僧，晚年传法牛头山。平生工画，尤擅长人物、山水。	《看云图》
北宋	李时泽		遂宁	初为僧，受业于成都金地院，后游历中原各地名山古刹，多观古壁画。见武洞清所画罗汉，豁然解悟，得其笔法。兵乱归蜀，以画佛像知名于世。	
北宋	赵开	赵应祥	安居（今安居区）	宋代著名理财家，普州安居（今遂宁市安居区）人，其妻为朝议大夫遂宁傅耆之女。元符三年（1100）进士，官至总领四川财赋，深得抗金名将张浚的信赖。赵开长女婿为礼部侍郎孙道夫。生平载《宋史·赵开传》和李焘《赵待制开墓志铭》。	
北宋	冯楫		蓬溪	政和八年（1118）进士，授秘书省正字，礼部侍郎，后累官至敷文阁直学士、左中奉大夫，潼川府路兵马钤辖泸南沿江安抚使、知泸州军州提举学士兼管内劝农事，文安县开国伯，食邑九百户，赐紫金鱼袋。	《时议录》《临安录》《谏议录》
北宋	冯康国	冯元通	小溪（今船山区）	为太学生，负气节，善属文。官兵部员外郎，知万州，湖北转运判官，除直显谟阁，知夔州。	
北宋	王灼	颐堂先生	遂宁	宋代著名文学家、科学家。所撰《碧鸡漫志》为我国第一部词学专著，《糖霜谱》为我国第一部糖业科技专著。	《糖霜谱》《碧鸡漫志》《颐堂先生文集》《颐堂词》
南宋	杨甲	杨嗣清	遂宁	南宋孝宗乾道二年（1166）进士第五人，才华出众，为清议所推重。	《棣华馆小集》《奏议》
南宋	杨辅	杨庄惠公	遂宁	南宋孝宗乾道二年进士，历官总领四川财赋、四川宣抚使、兵部尚书兼侍读、龙图阁学士知建康府兼江淮制置使。明陈讲所纂嘉靖《潼川志》载：“（遂宁西）二里曰佛现，下有宋杨辅墓。”	《杨庄惠文集》
南宋	张震	张东父	遂宁	宋高宗绍兴间（1131—1162），与范成大同掌内制。孝宗朝除中书舍人，有直声，系一代名臣。庆元三年（1197），知湖州。后任福建路提点刑狱、江西提点刑狱、左司郎中。	《无隐居士集》《蓦山溪》

续表

时代	姓名	别称	籍贯	主要事迹	代表著述
南宋	杨济	杨钝斋	遂宁	淳熙五年（1178）进士，历官涪州教授、著作郎、吏部侍郎、潼川路转运判官、知果州。尚气节，善属文。	《钝斋集》《孝宗会要》
南宋	北涧居简	释居简	通泉（今射洪南）	南宋禅宗大德，为临济宗“居简系”鼻祖。著名诗僧，存诗约一千六百首。其著述与思想对日本之“五山文学”产生过巨大影响。	《北涧文集》《北涧诗集》《北涧外集》《北涧居简禅师语录》
南宋	痴绝道冲	释道冲	大英	南宋著名禅僧、诗僧，曾住持明州天童寺、阿育王寺，弟子有渡日高僧兰溪道隆等。	《痴绝和尚语录》
南宋	王极		遂宁	宋宁宗嘉定十年（1217）进士，其兄王翔，系嘉泰二年（1202）进士。王极官至吏部侍郎。后迁于吴（今苏州吴县市）。六世孙为明代诗人王璲。	
元	谢端	谢文安公	遂宁	元代著名文学家、史学家，《元史》评之曰：“元世蜀士以文名者，曰虞集，而谢端其次云。”	《谢文安集》
元	许维祯	许周卿	遂宁	元代至元十五年（1278）任淮安总管府判官，有政绩，入《元史·循吏传》。	
元	文礼恺	文梦得	遂宁	延祐（1314—1320）进士，官左右司员外郎。文章雅重于时，人羡为朝阳鸣凤。	《文进士集》
元	冯元	冯如晦	遂宁	进士，善隶书，通五经，屡举四川贡举，多得人。	
元	王立中	王彦强	遂宁	元末著名书画家，以荫授开化尉，官至松江太守。长于词，亦能书善画。传世作品存绘画《山水图》卷，书法《兰陵王词帖》，现藏北京故宫博物院。王立中在绘画中最为著名的是《破窗风雨图》，已不存。	绘画《山水图》卷，书法《兰陵王词帖》
明	王璲	王汝玉	遂宁	王立中次子。明初著名诗人、书法家。官翰林检讨直内阁。他是永乐（1403—1424）时期最主要的文人之一，当时与解缙、王达辈等号东南五才子，佚名《春坊赞善王公汝玉传》中云：“汝玉为文，兼古今体制，而赋尤赡丽；诗语隽永，得唐人风格，举笔数千言，刻立就。”清初学者曹溶论曰：“其诗不费冥索，斤斤唐人之调。吴人徐用理集永乐后诗家三百三十人，以汝玉压卷焉。”	《青城山人集》

续表

时代	姓名	别称	籍贯	主要事迹	代表著述
明	李彬	李文质	遂宁	建文己卯（1399）举人，官大理府同知、南京礼部郎中、浙江左布政使，以丁艰归，遂卒。事载明陈讲等纂修《潼川志》。	
明	谭宣	谭克明	蓬溪	治《易》，宣德壬子（1432）乡试，中亚魁，知河源县。擢知定州，实心爱民，振兴文教。谭氏为明代蓬溪科举世家。谭宣子：宗泗，进士；宗简，贡生。孙谭缵、谭维，兄弟进士。曾孙谭訚，进士。	
明	张赞	张靖翁	遂宁	景泰五年（1454）进士。历官礼部主事、员外郎、郎中。天顺八年（1464）出任云南姚安府知府，惠政卓著，吏民称歌。	
明	杨澄	杨宪父	射洪	祖籍蓬溪。成化五年（1469）进士，授官行人。未几，特授监察御史，巡按两淮，继而巡抚滇南，秉公理政。后迁大理寺卿，升左佥都御史，巡抚山西，政绩卓著。在京时，曾密访中秘藏书，抄得乡贤陈子昂全集，版刻于世。	《宦辙存稿》
明	黄珂	黄鸣玉	遂宁	明成化二十年进士。正德十一年（1516）升南京工部尚书，越明年四疏乞休，始得允给驿还乡，令有司月给米三石与隶三人，嘉靖元年（1522）进荣禄大夫，是冬以病卒，赠太子少保，谥“简肃”，遣官祭葬，大学生杨廷和志其墓。其故居遂宁西眉黄安桥黄榜石，人称“尚书里”。	《崍山文集》
明	王勤	王克勤	遂宁	明成化二十年进士，官户部郎中，督税蓟州，为政清廉，持身清白。三年将代，军民赴阙奏留，弘治十七年（1504）拟升河南参政。弘治十八年春病卒。	《冰玉声》《筹边策》
明	余本实	余诚之	遂宁	明成化二十三年进士，官江南道监察御史，巡按云南，河南副使。光明正大，政绩卓著。	
明	席书	席文襄公	遂宁	明代著名政治家，官至礼部尚书加武英殿大学士，谥“文襄”，人称其为“席阁老”“柱国少保”。善识才，著名哲学家王阳明即为其延请，讲学于贵阳文明书院。王阳明先生赞曰：“豪杰之士，社稷之臣。”	《元山文选》《大礼集议》《大礼纂要》《漕船志》

续表

时代	姓名	别称	籍贯	主要事迹	代表著述
明	席春	席仁同	遂宁	席书弟，历任翰林院检讨、翰林院修撰、翰林院学士、吏部右侍郎等。席书、席春人称“兄弟学士”。	《虚山文集》
明	余玮	余方山	遂宁	字璞夫，进士余本实子，随宦京师，未弱冠即从内江刘五清瑞讲求理学。寄其友人曰：“大丈夫当生有益于时，死有传于后，不止一第为荣也。”弘治十七年（1504），年十九，举于乡。与杨名游，得闻阳明良知之传。	《四书实解》《五经实解》《方山稿》
明	席彖	席司谏	遂宁	席书弟，早年读书于遂宁灵泉山梅山书屋，曾官户科给事中。因劝阻武宗幸金陵，贬谪夷陵判官。人称为“乡会文魁”。	《灵泉山读书记》
明	张庠	张子英	蓬溪	正德九年（1514）年进士，授户部主事，改兵部，转贵州副使，备兵都匀。苗民反叛，张庠上任，整饬兵马，直捣其巢，执首领，释放协从者，苗人畏服。嘉靖十一年（1532），杨恒又倡乱，庠率兵剿破，声名大振，人称“小诸葛”。去任之时，士民卧辙攀留。嘉靖二十八年卒。	
明	杨最	杨忠节公	射洪	明代名臣，性憨直，与人寡合，潜心问学，闭户终日，人莫测其所事。正德三年进士，任工部主事。十二年，补宁波知府，约己省民。席书对大学士廖纪说：“若最者，当例之古人，未可以今人论也。”遂调黄州府，转信阳兵备副使，升云南参政、贵州按察使、太仆寺卿，均奉公执法。因劝世宗莫信方士邪术而入狱，重杖而死。其名与罗洪先、杨椒山并称。杨澄、杨最为“父子进士”。	《果斋集》
明	杨仪	杨仲立	射洪	正德十二年进士，官刑部主事、兵部职方郎中，晋贵州参议。南京工部尚书黄珂侄女婿。	《陇起杂事》

续表

时代	姓名	别称	籍贯	主要事迹	代表著述
明	谭缵	谭在川	蓬溪	进士谭宗泗侄。正德十二年（1517）进士。气岸峭直，行履贞方。初授行人，升江西道监察御史，弹劾翰林院掌院学士、吏部尚书汪鋐，闻者吐舌，暗称好一个铁面御史。嘉靖十一年（1532）升河南副使，抚治信阳兵备。嘉靖《潼川志》载："黑头西归，仅卧病卒，迄今中外称名御史者犹曰谭在川云。"谭缵与谭维号称"兄弟进士"。四川巡抚、礼部侍郎朱廷立莅蓬溪，谭缵在蓬溪飞云楼为其接风，朱撰《谭在川宴予飞云楼次楼中原韵》答谢。	《宝梵寺修造记》
明	谭訚	谭朝言	蓬溪	席书长女婿。正德十六年进士，授顺天府推官，历官陕西副使，兵备固原，始议修边墙以御外患，因边有铁铸泉，番人饮马于此，谭訚分兵驻守，番民不敢近境。边境安宁，大建边功，闻于朝，受上赏。秉公直己，拂衣西归，坚卧不起。越明年，以疾终。谭宗泗与谭訚，号称"祖孙进士"。	
明	陈讲	陈中川	遂宁	明代著名政治家，席书次女婿，举人陈衮侄子。正德十一年四川乡试第一名，正德十六年进士，选翰林院庶吉士，改广东道监察御史，巡陕西茶马督学北畿，升山西提学副使，累官都察院右副都御史。	《中川文集》《如鸟集》《马政志》《茶马志》《盐马志》《牧马志》《点马志》《（嘉靖）潼川志》《（嘉靖）遂宁县志》
明	杨名	杨太史	遂宁	明代名臣，嘉靖七年（1528）乡试第一名，嘉靖八年殿试第三名，探花及第。初授翰林院编修，后任展书官。因应诏上书言嘉靖帝喜怒失中，用人不当，谪戍守瞿塘，翌年始获释，终不复召。杨名与弟杨台，号称"兄弟元魁"。	《方洲集》《杨太史奏疏》《三贤集》《（嘉靖）四川全志》《（嘉靖）遂宁县志》《大昌县志》
明	席中	席月川	遂宁	席书长子，廪生，官至太常寺少卿。《遂宁县志》："席中，字丹卿。以父书荫尚宝丞，升本寺卿，转太常寺少卿。"清光绪本《新修潼川府志》卷二十一《人物志一·先贤》有传。人称"尚宝正卿""小宗伯"。	《登梅山书屋》
明	章评	斗阳子	遂宁	明代蜀中著名学者，蒋信门人，著名心学家王阳明先生再传弟子，曾刊蒋信《道林诸集》。人称"云汉天章"。	《斗阳诗集》《（嘉靖）兴平县志》

续表

时代	姓名	别称	籍贯	主要事迹	代表著述
明	谢东山	高泉子	射洪	明代名臣。历官贵州提学副使，累迁右副都御史，山东巡抚。巡抚山东时，考察酒技，返里后恢复春酒酿造术；其味浓香馥郁，人称“东山谢酒”，简称“谢酒”，为今沱牌曲酒前身。	《近譬轩集》《黔中小稿》《贵州通志》《贵阳图考》《东游小稿》《明近体诗钞》《阳升诗话》
明	黄峨	黄安人	遂宁	明南京工部尚书黄珂之女，新都状元杨慎之妻。自幼聪敏好学，博通经史，善书札，能诗词，尤擅散曲，与卓文君、薛涛、花蕊夫人并称“蜀中四大才女”。	《杨升庵夫人词曲》《杨夫人乐府》《杨状元妻诗集》
明	黄华	黄秀卿	遂宁	明南京工部尚书黄珂之子，嘉靖十一年（1532）进士。官松江府知府、江西布政使。	《麟经解义》《梓谷文集》
明	吕大器	吕文肃公	遂宁	明末著名政治家、军事家、诗人。历任吏部稽勋主事、考功主事、文选主事，陕西关南道参议，固原副使，都察院右佥都御史巡抚甘肃，兵部添注右侍郎，保定、山东、河北总督，江西、湖广、应天、安庆总督，南京兵部右侍郎兼礼部事，吏部左侍郎，兵部尚书兼东阁大学士，文渊阁大学士兼少傅，武英殿大学士。	《抚甘督楚疏稿》《东川文集》《东川诗集》《塞上草》《次梅集》
明	李实	贞文先生	遂宁	明末清初著名文学家、理学家、语言学家，江南著名明遗民。	《蜀语》《（崇祯）遂宁县志稿》
明	杨作楫	杨梦符	蓬溪	万历三十五年（1607）进士，历任翰林院庶吉士、编修，山西闻喜县知县、山西提督学政、河南布政使、江西布政使。崇祯初年，擢河南巡抚。崇祯末年，卸任归里，家无余资，田舍仍旧，唯存书史而已。	《修建石鱼山书院记》《重修明月寺碑记》《重修学宫记》
明	马绍愉	马成愚	遂宁	万历三十一年举人，历官宝应、武康、旌德知县，兵部职方司主事。顺治元年（1644），明宗室福王晋绍愉太仆寺少卿，迁礼部侍郎，奉旨出使，事见《东华录》《马氏家乘》。	
明	杨先芳	杨二嵋	射洪	万历四十年举人。官户部郎中、贵州安顺知府、安平督粮道、云南金沧道。	
明	旷昭	旷淑侯	遂宁	万历四十六年举人，历任天长教谕、国子监学录博士、户部主事，督粮榆林，起复甘州道台，改滁州新设兵道，升江西巡抚。护养旋里，以其兵守遂宁县城，城赖以完。赴巡抚任时，清师南下，昭退屯万安，城破被执，不屈死。乾隆四十一年（1776），赐谥“节愍”。	

续表

时代	姓名	别称	籍贯	主要事迹	代表著述
明	吕潜	吕半隐	遂宁	明崇祯进士，著名诗书画家、遗民诗人，与新繁费密、达川唐甄合称“清初蜀中三杰”，与“金陵八家”之首龚贤并称“天下二半”。	《怀归草堂集》《守闲堂集》《课耕楼集》
明	僧祖嵩	友苍	遂宁	明崇祯初，云游京师，名动公卿。入清后到金陵，居报国寺圆寂。工诗，高洁清超，迥异流俗。	《友苍语录》《友苍诗集》
清	席腾芳	席震衢	遂宁	湖北天门县知县、监纪同知，署陕西龙安府知府。性豪迈，下笔千言立就。	
清	朱衣点	朱遇修	遂宁	清顺治十一年（1654）举人，大挑一等，官崇明县知县，颇多惠政。积学工诗，为名流推崇。	《萍水集》《瀛海人文集》《康熙》《崇明县志》
清	杨应魁	杨斗垣	射洪	通满汉文字。初任叙泸道，实心爱民，转郎中，擢台州兵备道，晋江西按察使。	
清	蒲拱辰	蒲居北	蓬溪	清顺治十四年举人，自甘淡泊，不乐仕进，以教授生徒为业。杨兆龙（解元）、王许（亚魁）、梁再灏（解元）等名士皆出其门下。蓬溪本荒僻之地，清初振兴文教者，实自拱辰始，旧志比拱辰为蓬溪之文翁。	
清	彭王垣	彭觉山	遂宁	康熙二年（1663）举人，署顺庆府教授。学通五经，长于《易》《诗》。因材施教，士子咸服。归里后设馆授徒三十余年，大学士张鹏翮即从王垣学，成为一代贤相。	《四书纂要》
清	杨甲仁	杨愧庵	射洪	清初学者，明代杨最后裔。幼颖悟，每听师授经，辄晓大义。喜静室端坐读书，默然不与群儿伍。年十五，入邑庠，学通六经之旨。曾徒步数千里，从楚南硕儒刘丽虚学。归来讲学金华山中，从游者众。康熙三十四年以明经赴京考取中书，于吏部讲解《太极图》，精辟透彻，闻者叹服。后遇陕西名儒李颙于周至县，谈学讲经十余日，李赞其“字字入髓，针针见血，滴滴归源”。归里后潜心攻《易》十余年。年八十卒于家。侧室周氏亦多才，著有《了心宗传》。	《愧庵遗集》七卷（分别为《北游录》、《下学录》两卷、《自验录》两卷、《下学芙城录》、《忧患日录》）、《易学验来录》

续表

时代	姓名	别称	籍贯	主要事迹	代表著述
清	李仙根	李南津	遂宁	清初著名文学家、书法家、外交家，康熙皇帝老师。顺治十八年（1661）辛丑科榜眼。历任弘文院编修、国子监司业、秘书院侍读、宣谕安南正使、国子监祭酒、康熙庚戌科武会试总裁、经筵讲官、日讲官、起居注官、内阁学士、礼部侍郎、《太宗文皇帝实录》副总裁、鸿胪寺少卿、左副都御史、明史纂修官、户部右侍郎、光禄寺少卿。	《安南使事纪要》《游野浮生集》
清	张鹏翮	张文端公	遂宁	清代著名政治家、水利专家、理学家、文学家、外交家，清代四川官位最显赫、名声最响亮的一代贤相。历任刑部主事、苏州知府、兖州知府、河东盐运使、通政司参议、兵部督捕副理事官、大理寺少卿、浙江巡抚、兵部右侍郎提督江南学政、左都御史、刑部尚书、江南江西总督、河道总督、户部尚书等职，官至文华殿大学士兼吏部尚书，时称“遂宁相国”。雍正三年（1725）于相位上病逝，归葬遂宁。祀于清朝贤良祠、遂宁乡贤祠。	《冰雪堂稿》《如意堂稿》《信阳子卓录》《治镜录》《奉使俄罗斯行程纪略》《兖州府志》《遂宁县志》《治河全书》《关夫子志》《三国蜀诸葛忠武侯亮年表》《诸葛忠武志》《遂宁张文端公全集》
清	杨兆龙		蓬溪	康熙十一年（1672）乡试解元，授涪州学正。为官廉洁，不为毁誉所动。出王士祯门下，诗为王士祯赞赏。	《杨学正诗集》
清	王许	王芝溪	蓬溪	康熙十一年乡试亚元，任知县，有政声。行取部曹，历官岳常道、布政使司参议。	
清	郑新命	郑拙庵	遂宁	康熙二十一年举人，大挑一等，官浙江青田知县，有惠政。乙酉（1705）科充浙江乡试同考官，所取皆知名之士。	《九水吟集》《集古诗》《读史一则》
清	张懋诚	张存庵	遂宁	张鹏翮长子。康熙二十六年举人，出知怀宁县十年，抑豪强，救灾民，爱寒士，开运河。作养斯文，文教大兴，民深感戴。后任辽阳知州，巡东城，称铁面御史，后升通政司通政使，不避宰相私人，必行参奏。署工部侍郎，一清积案，官吏肃然，有古良吏风。	《通政诗集》

续表

时代	姓名	别称	籍贯	主要事迹	代表著述
清	张星瑞	张玉垒	射洪	性沉静，博学工诗文。康熙四十四年（1705）举人。雍正五年（1727）大挑一等，选河南林县知县，擢天津州知州，浙江湖州府知府，所至均有惠政。	《玉垒诗集》
清	张勤望	张孚嘉	遂宁	荫生，历官宁国府知府、山东登州府知府，署登莱青海防兵备道，诰授中宪大夫。时人称誉曰："不愧天下清官张相国之孙，二十年尘案，片言决矣。"所至卓有循声，无愧贤良。	《晓梦窗文钞》
清	张顾鉴	张镜千	遂宁	乾隆六年（1741）顺天乡试副榜，历官河南安阳知县、山东馆陶知县、湖北均州知州、荆门州知州、汉阳府同知、云南开化府知府，诰授朝议大夫。	《近花窗诗稿》《耐舫近稿》《撷芳斋晚窗集》
清	蒲心豫	蒲介庵	蓬溪	乾隆九年解元，十年进士。任山东青城、观城，湖南麻阳县知县。皆廉洁自守，所至卓有循声。任满归里，行李萧然，人皆叹仰。	《归林诗集》
清	王旭龄	王书山	蓬溪	乾隆十六年进士，任湖北房县、郧阳县知县，有惠政，廉洁自持，卒于官，贫不能治丧事，士民感其德，集资助抚榇归里，闻者皆叹其有清德。	
清	蒲心浩	蒲巨川	蓬溪	乾隆三十年举人，任陕西西乡知县，兴学育才，除奸剔弊，狱讼衰息，一时有"蒲青天"之誉。丁忧去官，后改任广东省永安县知县，多善政。	
清	奚继徽	奚琴轩	蓬溪	乾隆三十五年举人，授直隶曲周知县。为官十余年，轻徭薄赋，明决善断，惠民为先。	《琴轩诗草》《鹤鸣草堂文集》
清	张问陶	张船山	遂宁	清代杰出诗人、诗论家，著名书画家。生于乾隆二十九年五月二十七日。乾隆五十五年进士，曾任翰林院检讨、江南道监察御史、吏部郎中。后出任山东莱州知府，终辞官寓居苏州虎邱山塘。晚年遨游大江南北。嘉庆十九年（1814）三月初四日酉时，病卒于苏州寓所。其诗天才横溢，价重鸡林，与袁枚、赵翼合称"性灵派三大家"。被誉为"青莲再世""少陵复出"、清代"蜀中诗人之冠"，为元明清巴蜀第一大诗人，东坡之后，一人而已。	《船山诗草》《船山诗草补遗》

续表

时代	姓名	别称	籍贯	主要事迹	代表著述
清	林颀	林佩环	大兴（今北京大兴区）	清代四川布政使林俊女、大诗人张问陶妻。工诗文，蜀中才女。	《林恭人集》
清	张问安	张亥白	遂宁	清代著名诗人。颖异嗜学，淡于荣利，例授教职不就。天性孝友，家居奉母，以读史自娱。随涪陵周东屏侍郎视学岭南，遍览名山胜水，格律益进。主讲华阳、温江书院，诱掖后进，多所成就。	《亥白诗草》《小嫏嬛诗集》《小嫏嬛琐记》《小嫏嬛外集》
清	张问彤	张饮杜	遂宁	清代著名诗人。与张问安、张问陶为从兄弟，合称“遂宁三张”。少负隽才，工古文词。乾隆五十七年（1792）举乡试第一。嘉庆元年（1796），荐孝廉方正，补什邡教谕，日以讲学为事。晚授山西和顺县知县。	《饮杜诗集》《饮杜文集》
清	陈慧殊	陈缃箬	海宁	清代著名女诗人。有夙慧，耽览经史，殊于常女。乾隆三十九年，在汉阳与遂宁张问安成婚。夫妇鸿案相庄，花晨月夕，每多唱酬。事舅姑以孝，相夫子以德。安淡泊，乐吟咏。	《香远斋诗稿》
清	张问莱	张旃山	遂宁	张问陶季弟、才女杨古雪之夫。官浙江候补主簿，署嵊县典史、鄞县典史、吉安县县丞、太平县县丞、余杭县县丞，加捐五品衔，廉洁有声。工诗善楹联。	
清	杨继端	杨古雪	旺苍县	清代著名女诗人。十九岁与张问莱（张问陶之弟）结为伉俪。善诗书画，尤喜刺绣。	《古雪诗钞》《古雪词钞》《古雪集》
清	张昌泽	张沛六	蓬溪西乡（今大英县）	嘉庆五年恩贡。性孝友，贯通经史，笃信正学。屡荐不售，遂开别墅于会川，教授生徒，从者如云。卒年七十有一，祀乡贤祠。清末蓬溪近百年称有道者三人，即张昌泽、钟瑞廷和叶法先。	《学庸贯义》《会川制艺》《五律偶钞》

续表

时代	姓名	别称	籍贯	主要事迹	代表著述
清	蒲文甲	蒲震东	蓬溪	嘉庆六年（1801）进士，任内阁中书，历充方略馆协修、大清实录馆分校、文渊阁检阅、稽察六部事务，后为军机处行走，俱能称职，受奖赏。善诗赋，凡所阅历，必记以诗。时川陕白莲教起义，波及蓬溪，文甲深以为忧，遂离任而归。未几病卒，年三十八岁，远近惜之。	《清平诗集》
清	奚大壮	奚雨谷	蓬溪	嘉庆十年进士，授湖北应城县知县，卓有政声，尤以拿获天主教匪徒，名震湖广，被皇帝垂询接见。嘉庆二十二年，升兴国州知州，四充湖北、云南乡试同考官，所拔多知名之士，民仰之如神。	《雨谷诗集》《雨谷文集》《应城县志》《纪行草》《雨谷时文》《试帖存稿》《宰蒲偶存》《富川偶存》《制艺续集》
清	赵燮元	赵衡轩	射洪	清代著名学者，嘉庆十二年举人。学识过人，主讲金华书院，多所培植，有功后学。后任云南永平县令，除盗息狱，颇有政声。	《读易管见》《知非斋文集》《虎帐元机》《澹远轩文钞》《澹远轩诗稿》《（嘉庆）射洪县志》
清	郭道成	郭鱼山	遂宁	清代藏书家。嘉庆二十四年举人，大挑授云阳县训导，升靖远县知县，政绩卓异。遂宁藏书，首推郭氏。	《江安诗草》《出山小草》《囊里闲吟》
清	钟瑞廷	梅花瘦人	蓬溪西乡（今大英县）	咸丰九年（1859）举人，授中书科中书。由于时局动荡，遂决意不求仕进，著书自娱。曾主讲蓬莱、蓬山、象山、经义书院。为清代蜀学大家双流刘沅弟子，槐轩学派传人。	《龙溪诗草》《易象显微》《易学探源》
清	钟体志	钟泽生	射洪	曾任江西德化、新喻、奉新诸县知县，兴利除弊，施行德政。	《藻雪堂诗钞》《藻雪堂文钞》《柴桑佣录》《筹海蠡言》《锦江别话》《藻雪堂联语》
清	蒲预麟	蒲瑞卿	蓬溪	同治七年（1868）进士。工诗文书法，选翰林院庶吉士。九年散馆，十一年授翰林院编修。后官刑部江西司主事。	

续表

时代	姓名	别称	籍贯	主要事迹	代表著述
清	夏肇庸	夏京珊	射洪	同治七年（1868）进士。工诗善书，曾任山西交城、和顺两县知县。	《清江擢秀集》《蓉村诗稿》《京珊文钞》
清	钟永定	钟止庵	蓬溪西乡（今大英县）	同治十二年拔贡。钟瑞廷第三子，为清代双流刘沅槐轩学派再传弟子。曾任江苏按察使李鸿裔（四川中江县人）幕僚，回川后主讲中江、三台、蓬溪诸书院，任广安州训导，皆精心育才。年八十八岁卒于家。工诗文，学养深纯，论者谓为近数十年名德巨儒，非仅乡邑善士。清末民初，蓬溪以善诱著称者，唯钟永定与叶薰南而已。	《龙溪诗草后集》《龙溪骈文》
清	释永光		遂宁	清末遂宁广德寺名僧，华严学者。日本前田慧云、中野达慧等学者编选之《续藏经》收录有永光法师研究《华严经》的两卷著作。	《大方广佛华严经纲目贯摄》《大方广佛华严经三十九品大意》
清	王鸿骥	王翔鹤	遂宁	清代医家。因幼年多病而究心医学，通读古代医经，于脉法尤多研究。所著医著有《脉诀采真》，精采古代脉学著作精华，并有所发挥。又有《药性选要》四卷，系韵体文写成，对药物归经之说持有异议。另撰《医书捷钞》，系经与名医研讨后予以修订，加入伤寒、金匮有关方论，分病辑成。宣统二年（1910），将各书合成《利溥集》行世。	《利溥集》（包括《脉诀采真》三卷、《药物选要》四卷、《医书捷钞》三卷、《素问提要》三卷、《灵枢提要》一卷）
清	刘光谟	刘文卿	射洪	方志学家。光绪元年（1875），应岁贡生试，考中第一名，选调省城尊经书院肄业十年，潜心治学，研究经史，后任尊经书院斋长。光绪二十三年，应聘襄纂《潼川府志》。	《高石斋文钞》
清	补晓岚	补一	遂宁	别号老农，博学好问，多才多艺，琴棋书画，戏曲舞蹈，武术气功，无所不晓，咸臻精绝。善用姜桂附子，是中医火神派名医，人称“火神菩萨”。晚年定居重庆，誉满山城。	

【原载】《四川客家通讯》2017 年 1 期、《地方文化研究辑刊》第十二辑，与陈名扬合撰

研究综述

宋代遂宁人物研究综述

有宋一代，遂州教育发达，人物阜繁，号称“风教重地，文献名邦”。据宋代《方舆胜览》载，遂州系当时四川盆地内最重要的干道成渝道上的交通枢纽，为“四达之区，西接成都，东连巴蜀”，号称“剑南大镇”。遂州是宋朝四川除成都、梓州以外的第三大城市，曾管辖渝州（今重庆市），“地重潜藩，节镇素雄于一面；权专会府，甲兵兼总于七州”。宋代遂州产生了许多文学家、诗人、政治家、理财家和高僧大德。在宋代科举大战中，有四百余遂州学子榜上有名；近十人进入《宋史》列传，二十余人进入《遂宁县志》人物传，名垂青史。学术界对他们已有一些研究，主要集中于王灼、重显、赵开、冯楫、道冲等人，现将研究情况综述于后。

一、王灼研究

王灼，字晦叔，号颐堂，宋代遂宁府小溪县（今遂宁市船山区）人，是北宋末年、南宋初年的一位文学家、词论家、科学家，著述颇丰。学术界对王灼这样一位具有多方面建树的学者，研究甚多。

（一）王灼作品整理

王灼学识渊博，现存作品有《颐堂先生文集》五卷、《碧鸡漫志》五卷、《颐堂词》一卷、《糖霜谱》一卷、佚文十六篇。整理王灼作品的专著有：胡传淮、刘安遇《王灼集校辑》，巴蜀书社 1996 年出版，是最早对王灼现存作品进行全面搜集、标点、校辑和整理的本子。该书出版后，书评有黄圭《王灼研究的新成果——简评〈王灼集校辑〉》（《天府新论》1997 年 1 期）和易然

《金石有声，不考不鸣——读〈王灼集校辑〉》（《社会科学研究》1997 年 1 期）；岳珍《碧鸡漫志校注》，巴蜀书社 2000 年出版；李孝中、侯柯芳《王灼集》，巴蜀书社 2005 年出版。这些整理书籍的出版，为研究王灼及其创作奠定了良好基础。

（二）王灼全面研究

有 3 篇硕士学位论文对王灼及其创作进行较为全面地研究：陶丽丽《王灼及其作品研究》，首都师范大学 2009 年硕士学位论文；肖燕《王灼研究》，河北大学 2010 年硕学位论文；赵引霞《王灼及其文学创作研究》，西北师范大学 2013 年硕士学位论文。这些论文，资料丰富，研究全面，考证严谨，对王灼研究贡献巨大。

（三）王灼生平研究

王灼出身寒微，终身未仕，《宋史》没有为他立传，其生平行迹多不清楚。研究其生平的论文主要有：谢桃坊《王灼事迹考》（《文献》1992 年 1 期），从王灼的籍贯、生卒年、行迹及著述等方面入手，考证其行迹；李孝中、侯柯芳《王灼生平爵里考辨》（《西南师范大学学报》1992 年 2 期），考辨王灼的生年、籍贯及其主要生平事迹，考证出的王灼生卒年、行迹均与谢文不同；胡传淮、刘安遇《王灼事迹补考》（《王灼集校辑》附录部分），质疑谢文中的一些观点，同时提出了新观点；钱建状《王灼生年新证》（《古籍研究》2004 年 1 期），对谢文关于王灼生年的观点提出质疑；岳珍《〈碧鸡漫志〉作者王灼生卒年补考》（《西华师范大学学报》2014 年 1 期），论证王灼生于北宋徽宗崇宁四年（1105），卒于淳熙八年（1181）秋以后。《王灼与〈糖霜谱〉》（刘德仁等著《四川古代科技人物》，四川人民出版社 1980 年出版），简介了王灼生平和《糖霜谱》的科学价值。

（四）王灼词学思想研究

王灼是宋代著名词论家，其专著《碧鸡漫志》是我国词史上第一部系统的词学理论专著。学术界研究王灼词学思想及其《碧鸡漫志》的论文甚多，如：谢桃坊《中国词学史》（巴蜀书社 2002 年出版）列专节论述“王灼的词学思想”；方智范、邓乔彬等著《中国词学批评史》（中国社会科学出版社

1994年出版)，亦论述了《碧鸡漫志》。单篇论文有：杨荫浏《王灼及其〈碧鸡漫志〉》（《中国古代音乐史稿》，人民音乐出版社1981年出版）；杨海明《论王灼的词学观点》（《四川师范学院学报》1983年1期）；刘扬忠《王灼〈碧鸡漫志〉》（《宋词研究之路》，天津教育出版社1989年出版）；段学俭《〈碧鸡漫志〉在宋代词话中的位置》（《中国韵文学刊》1996年2期）；路成文《王灼〈碧鸡漫志〉词学思想探析》（《鄂州大学学报》1997年4期）；宋迁虎《王灼〈碧鸡漫志〉》（《中国修辞学通史》，吉林教育出版社1998年出版）；颜翔林《论〈碧鸡漫志〉的词学思想》（《文学遗产》2003年4期）；谢桃坊《唐宋燕乐歌辞的历史考察——论〈碧鸡漫志〉的主旨及其意义》（《社会科学研究》2002年2期）；岳珍《王灼〈碧鸡漫志〉版本考》（《文献》1999年1期）；岳珍《〈碧鸡漫志〉的校改及其价值》（《天府新论》2001年6期）；迟乃鹏《谈王灼〈碧鸡漫志〉的审美标准——兼与颜翔林先生商榷》（《西华大学学报》2006年2期）；黄世民《王灼〈碧鸡漫志〉的诗词乐关系论探微》（《钦州师范高等专科学校学报》2006年1期）；迟乃鹏《王灼〈碧鸡漫志〉"中正"音乐思想探源》（《西华大学学报》2004年2期）；李敏《试论王灼〈碧鸡漫志〉对柳永词的评价》（《淮南师范学院学报》2010年1期）；谢桃坊《中国古代音乐文学史的考察——〈碧鸡漫志〉简介》（《古典文学知识》1999年6期）；王德埙《〈碧鸡漫志〉——南宋乐曲考古的发轫之作》（《音乐艺术：上海音乐学院学报》1994年2期）；李扬《论〈碧鸡漫志〉的词学批评蕲向》（《克山师专学报》1999年2期）；彭东焕、王映珏《〈碧鸡漫志〉札记》（《蜀学》第六辑）；彭东焕、王映珏《〈碧鸡漫志〉续札》（《蜀学》第七辑）；李孝中、侯柯芳《传统观念与求实精神——王灼〈碧鸡漫志〉试论》（《南充师范学院学报》1987年3期）；郭中华《〈碧鸡漫志〉词学批评的理学痕迹》（《哈尔滨师范大学社会科学学报》2013年5期）；李莉《〈碧鸡漫志〉史料来源》（《黄河之声》2011年20期）；张丹卉、宋娟《王灼〈碧鸡漫志〉词体流派论探析》（《大众文艺》2013年8期）；刘雄、孙纪文《"别是一家"与"其本一也"——论李清照、王灼词学观的殊途同归》（《厦门教育学院学报》2011年3期）；曾晓洪《王灼词源主张及哲学基础》（《四川职业技术学院学报》2009年4期）；张丹卉、宋娟《王灼词派论被忽视原因探析》（《大众文艺》2013年8期）；杨保国《论王灼的诗乐观》（《淮北煤师院学报》1994年3期）；钟琳《论王灼诗歌中的爱国思想》（《文学界》2012年6期）；刘石《关于王灼一段话的理解》(《文史知识》1997 年 10 期)。

有 4 篇硕士学位论文对王灼词学理论及《碧鸡漫志》进行较为全面的研究：李建强《略论王灼词论批评的内涵与审美理想》，四川师范大学 2011 年硕士学位论文；姚锋《〈碧鸡漫志〉中的音乐美学思想》，南京艺术学院 2009 年硕士学位论文；丁霞《王灼〈碧鸡漫志〉的编撰研究》，西安音乐学院 2010 年硕士学位论文；张丹卉《王灼〈碧鸡漫志〉词学批评理论研究》，牡丹江师范学院 2012 年硕士学位论文。

（五）王灼诗文词赋研究

王灼现存诗 176 首、词 21 阙、赋 5 篇、文 16 篇。历代研究者对王灼作品都较重视。宋代袁说友辑《成都文类》选录王灼诗 7 首、文 1 篇；明代杨慎编《全蜀艺文志》收入王灼诗 2 首；清代嘉庆本《四川通志》收入王灼诗 1 首；清代厉鹗《宋诗纪事》收入王灼诗 2 首；清代沈辰垣等编《历代诗余》收王灼词 1 阙；清代朱彝尊、汪森辑《词综》收王灼词 2 阙；清代王奕清等编《御定词谱》分析了王灼《恨来迟》(柳暗汀州) 的用韵情况。

当代岳珍《王灼诗文辑佚》(《南京师范大学文学院学报》2003 年 3 期)，发现《全宋诗》《全宋文》外王灼诗文 12 篇。胡传淮《王灼咏长江县风物》(胡传淮著《芝溪集》，2003 年出版)，专论王灼咏蜀中长江县风物的诗词。胡传淮、成镜深《王灼著述中的遂宁地名考释》(《四川职业技术学院学报》2010 年 1 期)，考证王灼作品中涉及的遂宁地名古今沿革。

学术界对王灼的研究不够均衡，主要用力在《碧鸡漫志》上，对他的科技专著《糖霜谱》、文学创作研究不多，成果较少，且存在诸多不足之处，尚待深入浚阐。

二、重显研究

重显 (980—1052)，宋代遂州（今四川遂宁市）人，俗姓李，字隐之，号长松长老。23 岁出家，一生参禅问道、住持弘法 50 余年，足迹所至包括四川、湖北、湖南、江西、安徽、江苏和浙江等地区，因住宁波雪窦寺 29 年，故称“雪窦重显”。重显道行高深，性格俊迈，内外兼修，学识渊博，享誉禅林，号称“云门中兴”，是一位在宋代禅宗史上有着深远影响的大师。重显诗才极高，誉为“雪窦翰林”，元代万松行秀禅师云：“吾宗有雪窦、天童，犹孔门之有游、夏。二师之颂古，犹诗坛之李、杜。”评价之高，无出其右。

（一）重显文献文本研究

重显著述丰富，著述有《洞庭语录》、《雪窦开堂录》、《祖英集》二卷（收入《四库全书》集部）、《瀑泉集》一卷、《佛果节击录》二卷、《雪窦颂古》八卷、《拈古集》、《雪窦后录》、《碧岩录》十卷、《明觉禅师语录》六卷等。日本安庆三年（1650），京都秋田屋平左卫衙门刊刻有《祖英集》二卷；日本天保六年（1835）大智院刊刻有《祖英集》二卷。1934年，上海商务印书馆张元济等编《四部丛刊续编》收入重显撰《雪窦四集》。1981年，《祖英集》收入《禅门逸书初编》第三册，台湾明文书局股份有限公司出版。1995年，重显诗歌409首收入《全宋诗》，北京大学出版社出版。2002年，国家图书馆出版社出版的《中华再造善本》收入《庆元府雪窦明觉大师集（宋刻本）》（共一函五册）。2013年，东方出版社出版了雪窦重显大师撰《碧岩录》。《碧岩录》是与《坛经》比肩的禅宗第一书，韩国称为“天下第一奇书”，日本视为国宝，它开茶禅一味、诗禅一味、字禅一味、教禅一味、禅禅一味、儒禅一味之源，九百年来未有人能全解，本书为首次全译精注本。赵德坤主持了四川省教育厅2012年人文社科项目《〈祖英集〉研究》（项目批准号：12SA146）。李国玲《宋僧著述考》（四川大学出版社2007年出版），对雪窦著述作了详尽考述。黄绎勋是迄今为止对重显著述考辨最为深细的学者，他的《雪窦重显禅师生平与雪窦七集之考辨》（《台湾大学佛学研究》第14期）一文，对雪窦七集逐一进行稽考。关于重显颂古，吴言生的研究别开生面。他在《禅宗哲学象征》一书中，先后对重显《颂古百则》进行分类解读和评析，语言优美，富有诗意。日本学者土屋太祐称重显为“文字禅大师”。

（二）重显全面整体研究

学术界对重显大师作整体全面研究的有：瞿勇《雪窦重显禅师研究》，四川省社会科学院2008年硕士学位论文。该文认为：中国禅宗发展到宋代，进入了一个新的历史阶段。重显的颂古在禅林中产生了极为深远的影响。论文在前人已有研究成果的基础上，结合重显的各种文献资料，对他的生平著作、禅法思想、古诗文以及对后世的影响等方面作一次综合性的考察，明确其在宋代禅宗史乃至佛教史上应有的地位和贡献。论文具有开拓性。

赵德坤《雪窦重显研究》，四川大学2011年博士学位论文。在此基础上，赵德坤补充博士学位论文，撰成《指月与话禅：雪窦重显研究》，中国社会科学出版社2014年出版。该书是目前最为全面、系统和深入研究雪窦重显的专著。它有五大亮点：一是第一次对重显的著述作全面考述；二是第一次对重显的交游作全面考察；三是第一次对重显全部著述深入分析；四是第一次深入探讨“云门中兴”这一著名论题；五是对重显的禅学与文学接受以及“雪窦禅”展开尝试性研究。为推进重显研究向纵深发展，作出了杰出贡献。

（三）重显生平行迹研究

历代典籍对重显大师记载较多，如《禅林僧宝传》《高僧传》《续高僧传》《四库全书》《锦江禅灯》《续传灯录》《佛祖历代通载》《巴蜀禅灯录》《四川通史》《五灯会元》《文献通考》《宋诗纪事》等数十部典籍，俱载有重显生平。其中宋代吕夏卿撰《明州雪窦山资圣寺第六祖明觉大师塔铭》（《明觉禅师语录》卷六），是后人研究重显生平不可或缺的原始文献。杜继文、魏道儒编著《中国禅宗通史》（江苏古籍出版社1995年出版）；日本忽滑谷快天《中国禅学思想史》（朱谦之译，上海古籍出版社1994年出版）；麻天祥《中国禅宗思想发展史》（武汉大学出版社2007年出版）；黄启江《北宋佛教史论稿》（台湾商务印书馆1997年出版）；日本土屋太祐《北宋禅宗思想史及其渊源》（巴蜀书社2008年出版）；李淼主编《中国禅宗大全》（长春出版社1991年出版）；张立文、祁润兴著《中国学术通史》（宋元明卷，人民出版社2004年出版）等专著，对重显生平均有简介。传记有李安刚《云门宗中兴之祖——雪窦重显大师传》（佛光文化事业有限公司2013年出版）。论文主要有：何兹全《号称云门中兴的雪窦重显》（《中国历代名僧》，河南人民出版社1995年出版）；胡传淮《宋代高僧云门宗大师重显》（《芝溪集》，2003年出版）；胡传淮《宋代高僧云门宗大师重显考略》（《空林佛教》2009年3期）；李富华《雪窦寺与雪窦重显》（《世界宗教研究》1997年1期）等。

（四）重显思想禅法研究

雪窦重显是宋代云门宗的一个重要的承上启下的著名人物，著名禅学家，研究其思想禅法的文章主要有：杨曾文《雪窦重显及其禅法》（《中国禅宗》第一卷，中华书局2002年出版）一文认为：重显《颂古百则》不仅是禅法著作，亦属于文学作品，由于收入了《碧岩录》而得到广泛流传，对中国佛教乃至文学都有不少影响，论述全面。赵德坤《〈祖英集〉论：游戏翰墨，诗韵禅心》（《中华文化论坛》2014年1期）认为：重显的《祖英集》作为文字禅的代表作，表现出悠悠禅韵和殷殷诗心，具有禅学与诗艺的双重品格。彰显了一代名僧游戏于翰墨之间，高蹈于尘俗之外的精神风貌。无言《雪窦百颂讲座》、赵德坤《千古谁参雪窦禅——雪窦禅考论》（《中华文化论坛》2012年5期）等，亦有类似的看法。

（五）重显地位影响研究

在北宋乃至中国佛教禅宗史上，雪窦重显作为一代龙象，地位崇高，影响深远，风靡宋元禅苑，远播海外丛林。探讨其地位的论文有：董群《雪窦重显对禅学的贡献》（《五台山研究》1995年4期）认为：雪窦重显对禅学的贡献有二：一是推动了禅风的改变，即禅风由“不立文字”到“争立文字”的改变；由“直指人心”到“绕路说禅”的改变。二是中兴云门。尤其是前者，使雪窦重显禅师名垂禅史。法缘《雪窦重显禅师及其颂古禅风》（《南闽佛学》第二辑，岳麓书社2003年出版）认为：云门宗雪窦重显是宋代文字禅的著名代表人物，在中国禅宗史上有重要地位。黄卓越《经典的设置与消解——论重显颂古的历史意义及文本策略》（《佛教研究》1995年）认为：目前对雪窦重显的评价过低，在禅学史上，重显是难以绕过的。

三、赵开研究

赵开（1065—1141），字应祥，宋代著名理财家，四川普州安居（今遂宁市安居区）人，其妻为朝议大夫遂宁傅耆之女。元符三年（1100）进士，官至总领四川财赋，深得抗金名将张浚的信赖。赵开长女婿为礼部侍郎孙道夫。绍兴十一年（1141）正月初二日卒，享年76岁。生平载《宋史·赵开传》和李焘《赵待制开墓志铭》。

（一）赵开全面研究

对赵开生平及其茶盐酒法进行全面整体研究的，有硕士学位论文2篇：宋妙《简析赵开茶法》，四川大学2007年硕士学位论文。该文对赵开的茶法从其形成的社会背景、内容、意义及出现的问题进行论述，是目前研究赵开茶法最详尽的一篇论文。赵欢《赵开茶盐酒法研究》，河北大学 2011 年硕士学位论文。该文论证赵开是南宋初年在四川主持茶盐酒法变革的一位重要历史人物，是一位敢想敢干、务实、不惧非议的杰出财臣。赵开茶盐酒法变革在解决国计这个大问题上可谓功不可没，在国家危难之际，为使国家摆脱困境尽己所能，在四川进行茶盐酒法变革，度过了他一生中最轰轰烈烈的岁月。该文史料丰富，分析中肯，是全面研究赵开茶盐酒法的一篇佳作。

（二）赵开茶盐酒法

赵开茶盐酒法，有不少专著论及：漆侠《中国经济通史·宋代经济卷》（经济日报出版社 1999 年出版）、贾大泉《宋代四川经济述论》（四川省社科院出版社 1985 年出版）、邓海波《中国历代赋税思想及其制度》（台湾正中书局 1988 年出版）、戴裔煊《宋代钞盐制度研究》（中华书局 1981 年出版）、郭正忠《宋代盐业经济史》（人民出版社 1990 年出版）、梁庚尧《两宋盐榷——食盐产销与政府控制》（台湾大学出版中心 2010 年出版）、黄纯艳《宋代茶法研究》（云南大学出版社 2002 年出版）、李华瑞《宋代酒的生产和征榷》（河北大学出版社 1995 年出版）等专著的有关章节，对赵开茶盐酒法进行了探讨。研究赵开茶盐酒法的单篇论文主要有：杨倩描《赵开酒法述评》（《河北大学学报》1986 年 3 期），是较早对赵开酒法进行分析的文章，介绍了赵开酒法的原因和内容，认为赵开创立了一套新的财政模式，奠定了南宋四川赋税体系的基础。杨师群《也评赵开酒法——与杨倩描同志商榷》（《河北大学学报》1989 年 1 期），对杨先生的论文提出了不同意见，认为作为负责四川财赋和总揽军费大权的赵开，为了应付南宋庞大的军费开支，大变茶酒盐法，以剧增的税收来保证川陕军队和地方日益激增的开支，自身有其不可避免的缺点。高飞《赵开茶盐酒法变革浅探》（《法制与社会》2008 年 28 期），阐述赵开总领四川地方财计，改革茶盐酒法，增加了财政收入，解决了四川防区高额的军事需求供给。他对专卖法的改革在南宋初期对四川地区的稳定和经济发展有深远意义。胡宁《论赵开总领四川财赋》（《西华师范大学学报》2004 年 3 期），论述赵开是一位出色的理财专家，他在南宋初年总领四川财赋，长达十年之久。在不增加地税和户税的情况下，通过改革茶法、盐法和酒法，大大增加了财政收入，保障了四川防区庞大的军需供给。

四、冯楫研究

冯楫（1075—1152），楫，一作檝，字济川，号不动居士，宋代遂州蓬溪县人，宋徽宗重和元年（1118）进士。历官秘书省正字、蜀州教授、尚书司勋员外郎、巴州知州、利州路提点刑狱公事、剑州知州、涪州知州。绍兴八年（1138）任国信计议副使；绍兴九年正月，任宗正少卿权尚书礼部侍郎；绍兴十三年九月，任泸南沿边安抚使知泸州，成为宋朝的边陲大员。绍兴十九年，升为敷文阁直学士（从三品）。乾隆《蓬溪县志·人物志》载："仕至敷文阁大学士、左中奉大夫、潼川府路兵马钤辖泸南沿江安抚使、知泸州军州提举学事兼管内劝农事、文安县开国伯，食邑九百户，赐紫金鱼袋，祀乡贤祠。"绍兴二十二年（1152）六月卒。

（一）冯楫生平研究

元人修《宋史》，仓促而成，在《列传》中遗漏了一些重要人物，冯楫就是其中之一。探讨冯楫生平的文章主要有：胡传淮《宋代名臣冯楫与大足石刻泸州报恩塔》（《芝溪集》，2003 年出版）一文。该文载：冯楫撰有《时议录》《临安录》《谏议录》等著作，今存《中兴永安桥记》《净严和尚塔记》《密印寺钟楼记》《大中祥符院大悲像并阁记》《南禅寺记》等文。冯楫官至礼部侍郎、敷文阁直学士，是宋代一位高级官员和著名佛教居士。曾捐修泸州报恩塔、大足多宝塔和潼南大佛，全国重点文物多宝塔内塑有冯楫造像。《宋诗纪事》录其诗 1 首，《宋代蜀文辑存》录其文 10 篇。《四川通志》《五灯会元》《巴蜀文化大典》有传。

（二）冯楫与佛教研究

冯楫在朝和外出任官都不忘佛教，研究冯楫与佛教活动的论文主要有：赵辉志《冯楫与大足石刻妙高山三教造像考述》（《四川文物》1999 年 1 期）；胡昭曦《冯楫与泸州报恩塔》（《四川文物》2004 年 2 期）；邓灿《大足多宝塔供养人冯大学即冯楫的史料调查》（《华夏考古》2007 年 1 期）；李明瞳《第一个为潼南大佛捐资饰金的人——冯楫》（《中国佛教网》2010 年 1 月 28 日）；佚名《给事冯楫居士悟道因缘》（《显密文库》）；李朝正《冯楫事略与诗文系年》（《蓬溪文史资料精选》，中国文史出版社 2011 年出版）；赵永康《南宋泸州安抚使冯檝事实》(《新浪博客·学生的博客》2002 年 4 月);佚名《张浚与同乡、同年进士的冯檝》(《新浪博客》2015 年 2 月)。胡昭曦《大足多宝塔石刻与宋人冯楫》(《中国历史文物》2002 年 1 期)认为:在世界文化遗产大足石刻北山多宝塔内,有两龛造像和 6 件铭文与冯大学、冯某有关。经过考证,冯大学、冯某即冯楫。胡昭曦《冯楫的仕宦生涯和崇佛活动》(《中华文化论坛》2004 年 1 期),对冯楫的仕宦生涯和崇佛活动进行了较为全面系统的考论。

五、道冲研究

痴绝道冲(1169—1250),俗姓苟,号痴绝。蜀中长江县(今遂宁市大英县)人,南宋临济宗高僧、禅林巨匠。撰有《痴绝和尚语录》二卷,收入《续藏经》。《全宋诗》辑其诗一卷。道冲工书法,日本尚珍藏其书法作品一帧。

(一)道冲生平研究

高明道《读史杂记——谈痴绝道冲禅师》(台湾《法光》2010 年第 248 期),对痴绝道冲有全面介绍,史料性、学术性兼具。胡传淮《宋代临济宗高僧痴绝道冲禅师事略》(《空林佛教》2011 年 2 期;《赤城春秋》,中国文联出版社 2013 年出版)载:痴绝道冲禅师,武信长江(今四川省大英县)人。科举失意,受释氏学,于梓州妙音院落发。光宗绍熙三年(1192)出峡,谒松源岳,闻密庵之道。于云居曹源生处出世,遍历诸老宿逾二十年。净慈肯堂充、华藏遁庵演一见以为法器,知密庵之传必由其复兴。其后潜庵光、一翁如、痴钝颖、掩室开、浙翁琰皆与分座。宁宗嘉定十二年(1219),由径山入住嘉兴报恩光孝寺。理宗宝庆元年(1225),移住建康府蒋山太平兴国寺。嘉熙二年(1238),迁雪峰崇圣寺。三年,住庆元府天童景德寺,兼领育王。淳祐四年(1244),移住临安府景德灵隐寺。九年,至平江府觉城山法华寺开山。同年十月,住临安府径山兴圣万寿寺。

(二)道冲思想研究

研究道冲禅法思想的文章有:蒋九愚、阎丰《痴绝道冲禅法思想析论》(《池州学院学报》2013 年 2 期)认为:痴绝道冲是南宋后期一代临济宗高僧,被誉为“真法门之栋梁，后学之标准”。“以激扬宗风为己任”是道冲禅法思想的特点及价值旨趣，其禅法思想性格，虽有融合之精神，实则回归于古德临济义玄时代，不受普遍流行的看话禅、文字禅、默照禅之禅风影响，亦不受宋代禅宗内部禅、净融合论之影响。在儒释道三教关系问题上，道冲禅师主要继承发展了明教契嵩的儒佛融合论，在本体论上强调儒、释、道三教同一之“道”、同一之“心”，反复借着释迦灵山拈花、达摩西来的禅宗公案，坚守禅宗直指人心、见性成佛的宗门精神。

【原载】《四川职业技术学院学报》2015 年 6 期

明清遂宁五大家族研究综述

在中国的文化版图上，巴蜀文化是极具特色、极有分量的一个重要组成部分。这种特色和分量是多种因素促成的，其中一个重要因素是它涵养深广，植根民间。在巴蜀大地各个历史时期都曾有一批数代传承、各具特色的文化世家，这些文化世家在中华文化殿堂上熠熠生辉。在这些家族中，文化人才群落辈出，文化成果不断涌现。因此，探索蜀中文化世家对于研究中华文明史、巴蜀文化史，都是非常重要的。蜀中遂宁，据涪水之上游，乃东川之都会，水陆交冲，佳气盘结，人才辈出，风俗淳美，乃巴蜀第一奥区，传统文化根基殷实丰厚，文化世家延绵不绝。

清代学者孙海在光绪本《遂宁县志序》中云："遂宁为东川名邦，唐宋以前，远不论矣。有明之席氏、吕氏、黄氏，国朝之李氏、张氏，皆以文章经济，焜耀宇内，为江山生色。而近代之船山先生，尤为籍籍，其诗篇字迹，几于家有而户存。"民国十八年（1929），抗日名将李家钰为《新修遂宁县志》撰序云："家钰束发受书时，闻乡先辈谈蜀中旧事，莫不曰：相业以张文端公（张鹏翮）为最优；科第以榜眼李仙根为最早。至以诗书画三绝，树帜立坛，为后贤所景仰企慕者，前则潜叟吕半隐（吕潜）；后则检讨张船山。问其人，皆遂宁也。夫胜清一代，二百余年，以总揆（宰辅）谥文端者，蜀中仅二人，而遂宁居其一；以鼎甲显者，蜀中仅三人，而遂宁又居其一。"由此可见，席氏、黄氏、吕氏、李氏、张氏，为明清两代遂宁地区涌现出来的具有全国影响的五大文化世家。席氏以明代宰相席书、侍郎席春、户科给事中席彖为代表；黄氏以明代工部尚书黄珂及其子布政使黄华、女黄峨为代表；吕氏以南明宰相吕大器及其子"诗书画三绝奇才"吕潜为代表；李氏以明末清初语言学家李实及其子清康熙户部侍郎李仙根为代表；张氏以清代名相张鹏翮及其玄孙大诗人张问陶为代表。

明清遂宁五大家族中，经济文章，代有闻人。产生了宰相3人（席书、吕大器、张鹏翮），尚书4人，侍郎3人，通政使1人，总督2人，巡抚3人，布政使二人，榜眼一人（李仙根），进士15人；入《明史》《清史稿》人物传8人，入国家贤良祠1人（张鹏翮），入《辞海》3人（黄峨、张鹏翮、张问陶），入《中国通史》1人，入《中国文学史》2人，入《四川历史文化名人辞典》16人；入《中国文化世家》3家；有明代最杰出的女诗人、女散曲家黄峨，明末清初书画大师吕潜，元明清巴蜀第一大诗人张问陶。真乃人文踵起，可云极盛，为繁荣发展中华民族文化作出了卓越贡献，值得我们宣传、研究和继承发扬。

一、席氏家族研究

明代遂宁席氏家族是蜀中政治望族和文化世家，对其研究刚刚起步，研究成果甚少，主要集中于对席书的研究。

研究论文有：胡传淮《明代礼部尚书加武英殿大学士席书世系》（《四川职业技术学院学报》2012年6期），该文考证了席书一家之世系、席氏宗族发展史和重要人物事迹，叙述了遂宁席氏从始祖席友轸至第十一世席渤、席沛等家族成员的姓名、字号、行次、生卒年月日、科第、职官、妻室、子女、寿数、葬地等情况，提供了研究席书及其家世的有关资料。胡传淮《明代遂宁席氏家族诗人初探》（《四川职业技术学院学报》2012年5期），介绍了遂宁席氏家族主要诗人及其取得的成就。毛远明《“席象”而非“席篆”辨》（《中国史研究》2000年3期），纠正了《明史》中将“席象”误为“席篆”的错误。

研究专著有：胡传淮编著《明代蜀中望族：蓬溪席家》，2013年中国文史出版社出版。该书全面介绍了明代遂宁席氏源流世系、家族名人、科第仕宦、著述艺文、文物古迹等，客观叙述了席氏家族对巴蜀文化所作出的不可磨灭的贡献。该书是第一部全面介绍明代遂宁席氏家族的专著。

二、黄氏家族研究

学术界对明代遂宁黄氏家族研究较多，主要集中于对明代最杰出的女作家黄峨身上。

研究黄峨的论文有60余篇，其中有硕士论文3篇：2008年华中师范大学梁蓓硕士论文《明代女诗人黄峨研究》；2010年中南大学李冰《黄峨作品研究》；2010年重庆师范大学黄燕《黄峨及其散曲研究》。这些论文对黄峨生平、思想、婚姻、家庭、创作等进行了全面阐述和探讨，客观评价了黄峨在中国古代文学史上的重要地位。

研究明代遂宁黄氏家族名人的论文有：胡传淮《明代遂宁黄氏家族诗人初探》(《四川职业技术学院学报》2006年1期；胡传淮《明代最杰出的女散曲家黄峨初探》(载《新世纪散曲研究文存两种》，2003年上海古籍出版社出版)。

研究黄峨作品的专著有：《黄峨诗词曲赏析》，蔡忠、王金星、谭国应主编，2005年10月香港教育出版社出版。该书赏析了黄峨诗歌10首、散曲190余首，填补了黄峨作品研究的空白，功莫大焉。

2005年10月，由遂宁市政府、中国散曲研究会、四川大学、四川师范大学、西华师范大学、四川职业技术学院联合在遂宁市举办了“国际黄峨学术研讨会暨第八届中国散曲研讨会”。大会收到论文40篇，其中专题研究黄峨的论文有22篇。2006年由中国文史出版社出版了《国际黄峨学术研讨会·第八届中国散曲研讨会论文集》。通过会议，人们进一步认识了中国古代曲学史上最伟大的女作家黄峨，认识了遂宁黄氏家族的几代名人及其家风。

三、吕氏家族研究

目前，对明末清初遂宁吕氏家族研究最少。该家族成就最大者为吕潜，学术界对其有些零星研究。

研究吕氏家族名人的专著有：《诗书画大家吕潜》，胡传淮、陈名扬主编，现代出版社2016年出版；《南明宰相吕大器》，胡传淮、陈名扬主编，现代出版社2016年出版。

研究吕潜的论文有：胡传淮《“诗书画三绝”奇才吕潜初探》(《四川职业技术学院学报》2006年3期)；彭高泉《三绝奇才吕孔昭》(《四川文物》1993年6期)；吕晓《试论龚贤与吕潜山水画风的关系》(《荣宝斋》2008年6期)；胡传淮《吕潜诗书画艺术初探》(《书法家》2013年3月31日，第43期)；胡传淮《明末清初著名书画家吕半隐探析》(《地方文化研究辑刊》第七辑)；胡传淮、陈名扬《吕潜年谱简编》(《四川职业技术学院学报》2017 年第 2 期)。

对吕氏家族名人研究的论文有：胡传淮《明代遂宁吕氏家族诗人初探》(《四川职业技术学院学报》2014 年 1 期)，该文将明代遂宁吕氏家族中之诗人吕大器、吕潜、吕泌、吕其樽，逐一介绍评述，使人们对其家族诗人有了总体了解；《吕大器年谱简编》(《四川职业技术学院学报》2017 年第 4 期)。

四、李氏家族研究

遂宁李氏家族崛起于明末清初，成就和名气以李实、李仙根父子为最。李实为著名方言学家，李仙根为外交家、史学家，学术界对他们研究较多。

研究李实及《蜀语》的论文主要有：黄尚军《〈蜀语〉所反映的明代四川方音的两个特征》(《方言》1995 年 4 期)；汪大明《论李实〈蜀语〉的方言研究》(《皖西学院学报》2010 年 4 期)；李文泽《历代巴蜀学者的方言学研究——以扬雄、李实、张慎仪等学人为例》(《儒藏论坛》2012 年)；羊玉祥《李实诗四首疏解》(《川北教育学院学报》1991 年 2 期)；何旭光《李实的人格美》(《川北教育学院学报》1991 年 2 期)；蒋均涛《李实〈蜀语〉简论》(《四川教育学院学报》1994 年 1 期)；甄尚灵、张一舟《〈蜀语〉词语的记录方式》(《方言》1992 年 1 期)；纪国泰《〈蜀语〉简论》(《成都师专学报》1992 年 1 期)；傅定淼《〈蜀语〉成书年代考》(《辞书研究》1987 年 5 期)；向学春《从〈蜀语〉词汇看明代四川方言的基本概貌》(《电影评介》2008 年 13 期) 等。

李实《蜀语》成书于清初，收入清乾隆年间李调元编辑之《函海》和民国商务印书馆《丛书集成初编》。研究《蜀语》的专著有：《蜀语校注》，黄仁寿、刘家和等校注，巴蜀书社 1990 年出版；张美兰《〈蜀语校注〉补证》(《古籍整理研究学刊》1997 年 2 期)，对该书进行了补正。《〈蜀语〉研究疏注》，日本汉学家坂井健一著。

《蜀语》记录考订了明末四川方言词语 560 余条，是中国现存的第一部"断域为书"的方言词汇著作，是研究明代四川方言的有效材料。1991 年 9 月，由遂宁市文联、文化局等单位和中国方言学会联合举办了"李实国际学术交流会"，有中国、美国、德国、日本的 40 余名专家与会。以《蜀语》为中心，兼及李实生平、思想和诗作，进行了学术交流，认为《蜀语》开创了四川方言学研究之先河。会议收到论文 20 余篇，1996 年语文出版社出版了《李实学术研讨会文集》。

研究李仙根的论文有：胡传淮、陈名扬《李仙根年谱》（《地方文化研究辑刊》第十辑）；胡传淮、陈名扬《李仙根生平考述》（《蜀学》第十辑）；胡传淮、陈名扬《李仙根年谱简编》（《四川职业技术学院学报》2016 年第 1 期）；胡传淮《清代榜眼李仙根与邓小平家族》（《文史杂志》2017 年 1 期）等。

研究李仙根的专著有：《榜眼李仙根》，胡传淮、陈名扬主编，2015 年中国文史出版社出版。有清一代，四川获鼎甲者三人：状元骆成骧，榜眼李仙根，探花江国霖。李仙根是清初外交家、书法家、文学家，一代帝师。在清代蜀中三鼎甲中，李仙根从政最久（30 年）、品级最高（正二品）、享年最长（70 岁），研究却最少。本书分《李仙根诗文》《李仙根资料》两部分，较为全面地收录整理了李仙根现存诗文、传记、年谱等文献资料，填补了李仙根研究的空白。

五、张氏家族研究

清代蜀中遂宁黑柏沟张氏家族是一支兴盛时间长达两百年左右，在政治上和文学上都有重要影响的大家望族，被称为“清代四川第一家”，学术界对其研究甚多。主要集中于对张鹏翮、张问陶二人之研究。

（一）张鹏翮研究

目前国内发表的有关张鹏翮的论文有 30 余篇，如：胡传淮《张鹏翮简谱》（《四川职业技术学院学报》2010 年 2 期）；薛瑞录《张鹏翮“文华殿大学士”考》（《清史研究》2010 年 3 期）；王俊桥、霍伟杰《张鹏翮治河思想初探》（《兰台世界》2013 年 33 期）；蔡东洲、唐金文《张鹏翮出任河东盐运使考论》（《盐文化研究论丛》第二辑）；李朝正《为张鹏翮的人品与文品一辩》（《社会科学研究》1996 年 6 期）等。以张鹏翮为主题的硕士论文两篇：2008 年湖南师范大学王俊桥《清代张鹏翮研究》；2011 年西华师范大学唐金文《张鹏翮研究》。

有关张鹏翮生平、思想、诗文研究的专著有：《张鹏翮诗选》，胡传淮编选，2006 年香港银河出版社出版；《烬余录注》，胡传淮注，2010 年中国文史出版社出版；《张鹏翮研究》，胡传淮主编，2011 年中国文联出版社出版，该书分上编、中编、下编三部分，上编收录张鹏翮世系、年谱；中编收录有关张鹏翮的家书、传略、行述等史料；下编选录张鹏翮研究论文。该书是全面研究张鹏翮的第一本专著。《张文端公全集注》，胡传淮主编，四川大学出版社 2017 年出版。

（二）张问陶研究

张问陶为清代大诗人、书画家，对其研究已成为目前清诗研究之热点。国内外发表有关张问陶研究的论文多达 300 余篇，出版专著 10 余部。如：《船山诗草》（中华书局 1986 年出版）；《张问陶及其诗歌创作》（赵云中著，西南师范大学出版社 1987 年出版）；《张问陶年谱》（胡传淮著，巴蜀书社 2000 年出版、2005 年修订再版）；《张问陶及其论诗诗研究》（温秀珍著，中国文联出版社 2007 年出版）；《张问陶研究文集》（胡传淮主编，中央文献出版社 2009 年出版）；《张问陶诗选注》（赵云中、曹廷华、唐文光、李萱华、刘长贵选注，四川文艺出版社 1985 年出版）；《船山诗选》（周宇澄选注，书目文献出版社 1986 年出版）；《于成龙、曾国藩、李鸿章、袁子才、张船山、胡林翼、端午桥：大清拍案惊奇》（金人叹、吴果迟编，2003 年海峡文艺出版社出版）；《大清神断》（张军著，重庆出版社 2012 年出版）；《船山诗草全注》（成镜深、胡传淮等注，巴蜀书社 2010 年出版）；《张问陶诗歌菁华录》（罗应涛选注，大众文艺出版社 2011 年出版）；《张问陶资料汇编》（许隽超、胡传淮编，中华书局 2016 年出版）等。

以张问陶为研究对象的博士论文有 2 篇，即《张问陶论诗诗及其诗论研究》（温秀珍，复旦大学 2005 年）；《张问陶诗歌研究》（邹鹏，四川大学 2010 年）。硕士论文 7 篇，其中有两篇是台湾的。

2000 年 10 月，在遂宁市召开了由中国社会科学院文学研究所和遂宁市政府联合主办的“张船山全国学术研讨会”，赴会专家近百人，收到论文 50 余篇。会后，由胡传淮负责编辑成《张船山全国学术研讨会论文集》，收文 46 篇，约 30 万字，中国三峡出版社 2002 年出版。这是张问陶研究史上第一次全国学术研究会和第一本论文集。随后，四川职业技术学院成立了张船山研究会。

2014 年是张问陶诞生 250 周年、逝世 200 周年，11 月 19 日至 20 日在张问陶故里四川省蓬溪县召开了“张问陶第二届全国学术研讨会”，来自中国社科院、上海大学、香港城市大学、四川大学、四川省社科院等单位的学者数十人与会。会后，胡传淮主编了《张问陶研究文集》，2015 年团结出版社出版。

（三）家族整体研究

对清代遂宁张氏家族及其他人物研究的论文有：胡传淮《清代蜀中第一家遂宁黑柏沟张氏家族简论》（《四川职业技术学院学报》2012 年 2 期）；胡传淮《清代遂宁张氏家族诗人初探》（《西华大学学报》2007 年 1 期）；胡传淮《民国本〈遂宁张氏族谱〉初探》（《谱牒学论丛》2007 年 2 辑）；胡传淮《清代蜀中第一家——遂宁张氏家族兴衰探原》（《四川职业技术学院学报》2011 年 6 期）；胡传淮《清代蜀中第一家遂宁黑柏沟张氏家族探析》（《蜀学》第八辑）；胡传淮《清代诗人张问安行年简谱》（《川北教育学院学报》2000 年 4 期）；胡传淮、成镜深《清代女诗人杨继端考略》（《内江师范学院学报》2009 年 9 期）等。

对张氏家族进行整体研究的专著有两部：《清代蜀中第一家：蓬溪黑柏沟张氏家族》，胡传淮编著，中央文献出版社 2012 年出版。该书以张氏家族的源流世系、家族名人、诰敕御书、科第仕宦、著述艺文、文物古迹为重点进行阐述，客观地叙述了张氏家族对巴蜀文化所作出的不可磨灭的贡献。本书是第一部全面介绍张氏家族的专著。《张问陶家族诗歌选析》，胡传淮主编，大众文艺出版社 2012 年出版。该书从张氏家族诗人现存 6000 余首诗歌中，精选出 13 位诗人 50 首诗作，进行简注和赏析，以期凸显张问陶及其家族的文学业绩，从而尽可能客观地确定其家族在清代巴蜀文学发展史和清诗史上的地位。同时，也为宣传、普及张氏家族诗歌提供一种读本。

【原载】《地方文化研究辑刊》第八辑

两百余年来张船山研究综述

张问陶（1764—1814），字仲冶，号船山，清代四川省遂宁县黑柏沟（今属遂宁市蓬溪县）人。乾隆五十五年（1790）进士，官翰林院检讨、吏部郎中、山东莱州知府，是清代乾嘉诗坛泰斗、书画大师，著有《船山诗草》二十卷、《补遗》六卷，存诗3500余首、书画作品数千件，泛传宇内，价重鸡林，时有“青莲再世”“少陵复出”之誉。清代张问陶与唐代李白、宋代苏轼，并称古代巴蜀诗歌史上三位最杰出的天才诗人。2014年是张问陶诞生250周年、逝世200周年。现将200余年来张问陶研究情况，作一回顾，概述如下：

一、发轫期（1790—1911）

清乾隆五十五年（1790），张问陶中进士，其诗歌在全国产生影响。袁枚将张问陶之诗选入《随园诗话》，并加以评论，从此揭开了张问陶研究的序幕。张氏时年27岁，足见其少年便得享大名。之后，清代学者对张问陶诗歌，运用唱和赞颂、诗话点评等形式进行了卓有建树的研究，是为张问陶研究之发轫期。

（一）《船山诗草》刊刻、注释和传播

据《清人别集总目》载：《船山诗草》今存之最早刻本刊于乾隆五十七年（1792），时年张问陶29岁，今存华中师大。此后，又多次刊刻，计有：嘉庆十三年戊辰（1808）刻本（存国图）；嘉庆十三年山西河东道衙刻本（今藏赣图、辽图、粤图、山大、南大）。以上为张问陶生前诗集刻印情况。

嘉庆十九年（1814）三月初四申时，张问陶因患噤口痢病逝于苏州山塘街青山桥寓所。其好友同科状元石韫玉，搜集张问陶诗歌，编为《船山诗草》二十卷，于嘉庆二十年（1815）刻于吴中，一时为之纸贵。石韫玉遂又选录张问陶诗500余首，编成《船山诗草选》六卷，黄丕烈于嘉庆丁丑（1817）刻入《士礼居丛书》中，为世所重。道光二十九年（1849），著名诗人顾翰编选张问陶未刻遗稿，成《船山诗草补遗》六卷，由陈葆森等出资刊刻于安徽皖城（今安庆市）。《船山诗草》尚有同治九年（1870）刻本（旅大）；同治十三年刻本（国图）；同治十三年绾绣阁序刻本（日本国会）；同治十三年味经堂重刻本（鲁图、豫图、安庆、无锡）；光绪十年（1884）刻本（南图）；光绪十八年宏道堂刻本（豫图）；宣统二年（1910）扫叶山房石印本。《张船山自写诗册》，今存宣统元年上海神州国光社铜版印本；《张船山先生诗画册》，今存宣统二年游艺图书社影印本等，翻刻甚多，流播极广。

张问陶在世时，其诗已流播至海外，“才隽之士，多则效之。……朝鲜使人求其诗，至比之鸡林纸价”。乾隆六十年（1795），韩国著名诗人朴齐家来燕京向张问陶求诗云：“曾闻世有文昌在，更道人将草圣传。珍重鸡林高纸价，新诗愿购若干篇。”朴齐家还撰有《别船山吉士》《赠张船山问陶归四川》等诗。后来朴齐家将张问陶诗携之归国，从此，朝鲜半岛上又有了中国性灵诗篇。今韩国延世大学尚存《船山诗钞》写本。1796年，韩国著名学者柳得恭编纂清朝诗人诗选《并世集》，其中选录介绍了张问陶之诗作，说明韩国朝鲜后期诗坛受到了船山的影响。日本亦多次刊刻《船山诗草》，如：《船山诗钞》一卷，今存日本江户广獭建轩写本（日本国会）；《船山诗草》二十卷石韫玉刻本，存日本国会图书馆；《张船山诗草初集》三卷、《二集》六卷，今存日本嘉永元年京都山城屋佐兵卫等刻本、日本嘉永三年京都山城屋佐兵卫等刻本、日本上野圭庵筱崎长平点嘉永元年皇都山田茂助刻本。这些刻本的出现，为东亚国家研究张问陶提供了基本资料。日本明治汉诗重镇小野湖山《读张船山集》云：“淡远萧疏迥绝尘，宝鸡之什最精神。诗才已富深诗学，袁赵而来独此人。”（《湖山楼十种·湖山诗集》）可见船山诗在清代已在日本、朝鲜等国产生了很大影响。

同时，在清代张问陶诗集之抄本、刻本广为流播之际，又有研究者毕生从事《船山诗草》的注释工作。同治年间，江津（今属重庆市）李岑注、江海清增注《船山诗草》二十卷，编成《船山诗注》二十卷，于同治九年

（1870）席珍山馆刻印行世（今存国图、南图、川图、皖图、温州），为研究船山诗做了基础工作。

（二）清代学者对张问陶的研究

乾嘉诗坛，诗空灿烂，张问陶乃其中一颗最亮的巨星。清代学者对张问陶研究用力甚勤，关注亦夥。据不完全统计，清代袁枚、洪亮吉、赵翼、宋湘、桂馥、王昶、吴树萱、何道生、法式善、伊秉绶、杨芳灿、王汝璧、李赓芸、吴锡麒、秦瀛、王芑孙、孙星衍、许宗彦、吴鼒、赵怀玉、鲍文逵、孙原湘、史善长、陈庆槐、王衍梅、王祖昌、曾燠、刘大观、彭蕙支、吴嵩梁、乐钧、王苏、彭兆荪、陈用光、石韫玉、朱文治、邵葆醇、赵睿荣、王斯年、查有新、陈文述、钱守璞、杨铸、张祥河、英和、梅成栋、崔旭、姚元之、缪共位、姚椿、张澍、屠倬、陈一沺、蔡曾源、宋之睿、郭麐、朱渌、查世官、方维甸、袁通、赵函、蔡曾沂、马学乾、徐大镛、张晋、李鼎元、刘沅、张怀溎、傅世洵、李宗羲、陆元鋐、袁树、张问安、张问彤、陈慧殊、杨继端、张问莱、张复旦、杨伦、王大堉、陈昙、周思兼、陈榕、袁洁、赵燮元、方于穀、张鸿基、杨昌彝、黄维甲、林祥、黄人、江椿、林思进、杨庶堪、刘师培、柳亚子等一百多位诗人，均有题赠张问陶或《船山诗草》之诗作（参见《清代六十五诗家题赠船山诗校辑》，载《张问陶研究文集》，胡传淮主编，2009年中央文献出版社出版）。

同时，清代诗话、史志、笔记等对张问陶评论亦甚多。如《随园诗话》《清诗铎》《国朝诗人征略》《梧门诗话》《北江诗话》《灵芳馆诗话》《庸闲斋笔记》《两般秋雨庵随笔》《三家诗话》《筱园诗话》《榆巢杂识》《郎潜纪闻》《国朝先正事略》《词林辑略》《国朝耆献类征初编》《墨林今话》《国朝书画家笔录》《霞外捃屑》《国朝书人辑略》《湖海诗人小传》《乾嘉诗坛点将录》《春冰室野乘》《慧因室杂缀》《清秘述闻三种》《重论文斋笔录》《津门杂记》《竹叶亭杂记》《四川通志》《锦里新编》《昭代名人尺牍小传》《鸥陂诗话》《桐阴论画》《两浙輶轩续录》《听雨楼随笔》《天咫偶闻》《梦园书画录》《国朝全蜀诗钞》《虚斋名画续录》《樵说》《兰苕馆外史》《苏州府志》《蕉轩随录》《青芙蓉阁诗话》《药栏诗话》《念堂诗话》《卧园诗话》《蠡庄诗话》《历下偶谈续编》《挹翠楼诗话》《雪庐诗话》《伯山诗话》《寄心盦诗话》《瞑庵杂识》《庄谐诗话》《眉庐丛话》《偷闲庐诗话》《艺苑丛话》《煮药漫抄》《养自然斋诗话》《味蔬诗话》《蒇园诗话》《楹联丛话》《蒲褐山房诗话》《履园丛话》《小仓山房尺牍》《溪山卧游录》《瓯钵罗室书画过目考》《新修潼川府志》等一百余部诗话、史志、笔记中，均有对张问陶其人其诗的介绍评析，发幽探微，精彩迭出，创获颇多。

袁枚在《答张船山太史书》中云："以执事倚天拔地之才，亦是八十衰翁生平第一知己。"洪亮吉称张问陶之才"为长安第一"，"谪仙和仲并庶几，若说今人已无偶"。袁枚对洪亮吉说："吾年近八十，可以死，所以不死者，以足下所云张君诗犹未见耳!"可见诗坛盟主袁枚对张问陶的称誉。

著名学者吴锡麒云："余在都下，与张船山侍御为莫逆交。读其诗，如龙跳虎卧，令人色然而骇。"《寄张船山》云："大集为必传之作，魁奇排奡，横绝古今。"说明张问陶诗大气雄放，刚健有力。这种认识，颇为准确。石韫玉《船山以诗见遗，奉答四绝》有云："醉中骑马长安市，错被人呼李谪仙"；"冰雪聪明铁石心，诗名远播到鸡林"。吴嵩梁《香苏山馆全集·诗话》云："（张船山）七律尤妙，述怀叙事，沉透能到十分，吐属生新，音节悲壮。忽如猛将斫阵，忽如高士参禅，忽如舞女簪花，忽如仙人吹笛，别有一番悟境；五律亦多名句可采。"表明张问陶诗风多姿多彩，七言律绝，佳句络绎。

诗人朱文治是清代最早以诗歌来论述张问陶的人。他在《书船山纪年诗后》云："满纸飞腾墨彩新，谁知作者性情真？寻常字也饶生气，忠孝诗难索解人。一代风骚多寄托，十分沉实见精神。"评价张问陶之诗具有气势，富有创新性，以性情真实著称，语言饶有生气，内容多忧国忧民，寄意遥深，有很强的感染力和冲击力，袁枚尽管名气大，但赶不上写作态度严谨、长于表现时事的张问陶。评价非常准确到位。

清代道嵘《船山诗草序》和顾翰《船山诗草补遗序》，是清代两篇最全面评价张问陶诗歌的文章。道嵘《序》介绍了张问陶的为人和张问陶诗崇尚自然、独创，追求诗中有我，"是众作之有滋味者也"，领异表新，自成一对，乃诗中豪杰。顾翰在《船山诗草补遗序》中云："余读之飘飘有仙气，心窃爱慕之。又数年，有以先生《宝鸡道中题壁》诗抄示者，余始骇然以惊。见其跋涉关河，崎岖戎马，欲歌欲泣，情见乎辞，以为太白、少陵复出也。"表明张问陶诗，有的近乎诗仙李白，有的与杜甫相似，是惊世骇俗的大作。评价全面而准确。陈文述《挽船山太守》云："十年京洛问骚坛，第一才人压建安。自有诗名齐李杜，即论文望亦苏韩。"宋之睿《跋张船山先生宝鸡题壁十八首诗后》云："眼底早轻程不识，毫端直接李青莲。生逢盛代诗无祸，价重鸡林句远传。"王祖昌《题张船山》云："从今国史添清议，工部千秋有替人。"均表明船山诗近乎杜甫，是受杜甫影响极深之诗人。

张维屏《听松庐诗话》和李元度《张船山先生事略》认为张问陶诗："于从前诸名家外，又辟一境。"《宝鸡题壁》"指陈军事，得老杜《诸将》之遗"，因而"传诵殆遍"。说明张问陶提倡独创，是一位独立的大家，其诗歌自问世以来便有巨大而深远的影响。这一评价非常准确。

孙桐生《国朝全蜀诗钞》谓张问陶："为诗专主性灵，独出新意，如神龙变化，不可端倪。近体超妙清新，雅近义山；古体奔放奇横，颇近太白。卓然为本期一大名家，不止冠冕西蜀也。"孙氏认为船山主性灵而重独创，源于李白，风格超妙沉雄，越义山而近子美，乃为有识之见。

总之，清人对张问陶评价相当准确，不发空话，且多发明，具有一定深度和广度，为张问陶研究开了一个好头。他们筚路蓝缕，以启山林，取得的成就，足堪启发后人。

二、消沉期（1912—1949）

民国学者对张问陶研究不多，大都照搬前人之论，有些粗糙和简略。研究力度、深度、广度都很不够，没有展开全局式的系统批评，学术论文亦罕见。本期张问陶研究值得一提的亮点是：出现了两种船山年谱、一种船山诗注和一本《张船山判牍》。

两种船山年谱：一是蔡珅编、蔡璐参校的《张船山先生年谱》。蔡珅（？—1921），浙江桐乡乌镇人，原名蔡宝珅、蔡琞，字温如。入京师女子师范学校讲习科，以甲等第一毕业，后任该校附小教员、工诗，有《响苏梦蒋室诗稿》。兄有蔡玮、蔡璐。蔡璐（1882—1969），原名宝瑞，字端如。早年就读于京师同文馆俄文馆，毕业后任天津海关道翻译委员。工诗文、书法。建国后，研究与沙俄的不平等条约及中苏边界问题。此谱由蔡珅创编于清光绪庚子年（1900）以后，断断续续，历时十余年，至民国初年始编辑成功。该谱正文三十七页，一直未刊刻行世。原稿家藏四十余年，直到1962年（壬寅）夏，珅兄蔡璐"为参校另录"，亦未刊刻，稿藏国家图书馆。二是王世芬编《张船山先生年谱》。王氏系清末民初四川三台县人。此谱编成于民国二年癸丑（1913）秋，正文二十三页。十年以后，即民国十二年始有写刻本面世。

两谱是船山最早之年谱，虽内容较为单薄，仅有几千字，挂漏甚多，然属草创，功不可没。

民国年间，出版了一种《增注船山诗草》，四册八卷，李小山注。今存民国二十二年（1933）陈氏铅印本（存于川图、南大）。民国二十三年，上海中央书店出版了一本襟霞阁主编的《张船山判牍》，又名《新编评注张船山判牍菁华》《张船山判牍菁华》。著者小史云："张船山，名问陶，遂宁县人。乾隆进士，以诗古文名家，书画兼佳。书法刚劲，画学徐青藤，有青莲再世之目。官山东莱州府知府，政声卓著，为一时冠。盖张公虽喜闲情，而宗理学，且熟于历代史事。凡古之所谓循吏良史者，无不熟谙其施行之方法。而采精撷英，以临其民，宜其有神明之目，无冤抑之事也。且工于文词，其所著判牍批词，均斐然成章，为后世称诵。盖循吏而兼儒林也。"同时，《船山诗草》在民国时期亦有翻印出版，如民国十年和十四年，上海扫叶山房石印了《船山诗草》；民国二十五年，上海大中华书局出版了《张船山诗集》，全一册，列入国学基本诗选。

民国各种报刊对张问陶诗书画，亦有零星刊载；亦有学者考其轶事、论其耿直气节。如谭薮《张船山侍御之直节》（载《神州丛报》1914 年），胡适《致顾颉刚托借〈南巡盛典〉及〈船山诗草〉书》（《中外文学》1943 年），巢章甫《张船山轶事》（《永安月刊》1948 年）等。

民国时期诗话、史志、笔记，如《清史稿》《清史列传》《新世说》《然脂余韵》《苌楚斋随笔》《蕉廊脞录》《益州书画录》《晚晴簃诗汇》《清画家诗史》《清代名人翰墨》《十朝诗乘》《雪樵诗话》《吟边小识》《海山诗屋诗话》《山泾草堂诗话》《冷禅室诗话》《骨董随记》《尊瓠诗话》等，对张问陶其人其诗均有点评，有助于船山研究。如沈其光《瓶粟斋诗话》云："遂宁张船山，诗学太白、东坡而不袭其貌，袁、赵、蒋三家外，能拔戟自成一队，洵为豪杰之士。"沈氏言船山独立于袁、赵、蒋三家之外，自成一队，别定门户，不依傍他人。此乃不刊之论。

三、停滞期（1950—1979）

本期张问陶研究较为寥落，基本处于停滞状态。政治风云的变动，使得人们难以以冷静、公允之心面对古人。此时期出版的各种《中国文学史》在清诗部分，虽然提及张问陶，但持论多袭前人，且片面偏颇，少有创新与发明，甚至还不如清人评述那样准确、深刻和到位。

在这二十多年间，有关张问陶生平、诗作、诗论、书画研究的专题论文几乎没有。游国恩主编《中国文学史》、中国社科院文学所《中国文学史》、刘大杰《中国文学发展史》等，对张问陶虽有论及，但评价不高，定位不准。《中国文学发展史》说张问陶诗“内容贫乏，骨格不高，很少富有特色的作品”，很欠公允。其实，在乾嘉诗坛上，张问陶诗称得上是最为丰富多彩的，骨格很高，甚至风骨凛然，富有特色之作亦多。因这一时期的文学批评，带有强烈的政治倾向性，不独有失公允，且已失去了文学批评的理性，连杜甫这样伟大的诗人都被划入地主阶级反动作家行列而遭到批判，强调独创、追求性灵和自我的张问陶，被冷漠乃至歪曲也在情理之中了。

1975 年，台湾学生书局将《船山诗草》列入历代画家诗文集，影印出版。张问陶诗在台湾得到了极大欢迎和广泛传播。

四、繁荣期（1980—2015）

20 世纪 80 年代后，张问陶研究逐渐引起学界重视。1980—2015 年无疑是张问陶研究史上最为辉煌的时期。其标志有九：

第一，研究论文、专著大量涌现。据“中国知网”统计，30 多年来发表以张问陶为主题的论文多达 500 余篇，出版专著 10 余部。如《张问陶及其诗歌创作》（赵云中著，西南师范大学出版社 1987 年出版）；《张问陶年谱》（胡传淮著，巴蜀书社 2000 年出版、2005 年修订再版）；《张问陶及其论诗诗研究》（温秀珍著，中国文联出版社 2007 年出版）等，张问陶研究获得了全面的探讨和深入的开拓。

第二，召开了张船山全国学术研讨会，出版了两本论文集。2000 年 10 月，由中国社会科学院文学研究所和四川省遂宁市政府联合主办的“张船山全国学术研讨会”在张问陶故里召开，赴会专家近百人，收到论文 50 余篇。会后，由胡传淮负责编辑成《张船山全国学术研讨会论文集》，收文 46 篇，约 30 万字，中国三峡出版社 2002 年出版。这是张问陶研究史上第一次全国学术研究会和第一本论文集。近年来，胡传淮又撰写和征集有关张问陶研究的论文，主编了《张问陶研究文集》，收文 31 篇，约 35 万字，中央文献出版社 2009 年出版，这是张问陶研究的第二本论文集。两本论文集，对张问陶生平、诗歌、诗论、书画、判牍等方面进行了卓有建树的探讨，对张问陶在清代诗歌史上的地位及影响，作了历史性的公正客观的评定，集国内清诗研究专家学者论文于书中，质量甚高，可谓研究船山之学术论文的集成之作，为深入研究张问陶提供了珍贵丰富的资料。

第三，诗集整理成绩显著，普及性的选注本及其他著作大量出版。1986年，《船山诗草》收入《中国古典文学基本丛书》，由中华书局整理出版。该书正集以嘉庆二十年初刻本为底本；《补遗》以道光二十九年刻本为底本，共收诗3000余首，这是目前最完备、最通行的张问陶诗集。同时，《船山诗草》及《补遗》还收入了《续修四库全书》第1486册，上海古籍出版社2002年出版。2003年，兰州大学出版社出版了《船山诗集》十二卷影印本。

张问陶诗之选注本出现了四种：一是《张问陶诗选注》，选诗170余首，赵云中、曹廷华、唐文光、李萱华、刘长贵选注，四川文艺出版社1985年出版；二是《船山诗选》，选诗418首，周宇澂选注，书目文献出版社1986年出版；三是《张问陶诗歌菁华录》，选诗688首，50余万字，罗应涛选注，赵伯陶、胡传淮撰序，大众文艺出版社2011年出版；四是《张问陶家族诗歌选析》，胡传淮主编，大众文艺出版社2012年出版。清代蜀中蓬溪黑柏沟张氏家族，是著名的文学世家，上述第四书精选张氏家族13位诗人50首诗作，进行简注和赏析，为宣传、普及张氏家族诗歌提供一种读本。

2010年，《船山诗草全注》由巴蜀书社出版。该书由成镜深、胡传淮、彭静中、郭孝儒、罗应涛等十余人对船山现存诗作3000余首进行了注解，约180万字，是张问陶诗歌的第一个全注本。

这一时期，船山判牍以及以船山为原型的小说也出现多种。张问陶精于吏事，判词精炼，广为传颂。海峡文艺出版社2004年出版了《于成龙、曾国藩、李鸿章、袁子才、张船山、胡林翼、端午桥：断案精华》，又名《大清拍案惊奇》。张军著有历史悬疑推理小说《大清神断（张问陶）》，称“张问陶是中国历史上与包拯、狄仁杰齐名的神断”、“东方福尔摩斯”。该书2006年获中文原创长篇小说大赛第一名，2007年由二十一世纪出版社和百花洲文艺出版社联合出版。

第四，博士、硕士论文不断出现。近年来，高校研究生毕业论文选题，以张问陶作为研究对象的明显增多，出现了一批高质量的硕博论文。其中，博士论文2篇，即《张问陶论诗诗及其诗论研究》（温秀珍，复旦大学2005年）；《张问陶诗歌研究》（邹鹏，四川大学2010年）。硕士论文8篇，即《张船山研究三题》(蔡荣中，重庆师范学院 1990 年);《张问陶性灵诗论与性灵诗》(张洪海，山东师范大学 2005 年);《好诗不过近人情——张船山诗歌与诗论研究》(童际鹏，四川大学 2006 年);《扬弃与超越——论张问陶与清代四大诗说》(彭玉美，山东大学 2007 年);《张问陶诗歌研究》(梁黎丽，湘潭大学 2007 年);《张问陶诗歌研究》(马月珍，长沙理工大学 2012 年);《张问陶对杜诗的接受研究》(王旋，西南大学 2012 年);《张问陶饮酒诗研究》(吴世民，台湾中山大学中国文学系 2014 年)。这些论文，资料收集较为丰厚，考证严密，论述充分，体例规范，质量较高，不乏学术创见，对深化张问陶研究均有不同程度的参考价值。

第五，成立张船山研究会，开通张问陶研究论坛。2002 年 6 月，四川职业技术学院成立了“张船山研究会”，聘请全国对清诗和张问陶研究有素的专家为顾问或研究员，协同合作，推进张问陶研究。2009 年 11 月，开通了张问陶研究论坛，标志着张问陶研究在网络上有了一个广阔的舞台。

第六，以张问陶之号，设立了一个县级行政区——船山区。2003 年 12 月，经国务院批准，撤销四川省遂宁市市中区，设立遂宁市船山区(县级行政区)。船山区得名由来，就是因为这里是清代大诗人张船山之故里。张船山得到了故乡人民的崇敬热爱和永久纪念。船山区是中国唯一一个以清代诗人之名号命名的县级行政区，清代 268 年间诗人多达 10 万之众，能享用其名号来命名县级行政区者，唯张问陶一人而已。

第七，2011 年 5 月 22 日，为了传承问陶文化，弘扬性灵诗风，经四川省民政局和蓬溪县文联批准，成立了“问陶诗社”，有会员 100 余人，定期开展活动，编辑出版社刊《问陶新韵》。

第八，编辑出版《张问陶资料汇编》，40 余万字，许隽超、胡传淮编。是编以辑录张问陶身世行实及诗书画之题赠、评价文字为主，举凡酬唱、题赠、伤悼、序跋、追和、感怀之什，均予辑录，大致以民国前为限。分序跋、家世、酬唱、题咏四类。家世包括家谱、方志、政书内相关资料。每条后标出材料来源，注明卷数，俟使用者复核。书末附引用书目及版本。该书 2014 年列入国家社科基金重大委托项目《巴蜀全书》子项目、四川思想家研究中心 2014 年度资助项目，2015 年中华书局出版发行。

第九，召开纪念张问陶诞生 250 周年全国学术研讨会。2014 年是张问陶诞生 250 周年、逝世 200 周年，问陶故里四川蓬溪县举办了一系列纪念活动。

8月，修复了张船山墓。11 月 19 日至 20 日，举办了张问陶诗歌朗诵会，召开了张问陶全国学术研讨会。

由于本期张问陶研究论文数量大，专著多，故下面仅从张问陶的生平、地位、诗论、诗歌、书画及判牍等方面考察其研究的大致情况。

（一）张问陶生平研究

本期有关张问陶生平研究的专著 1 部、论文 30 余篇。胡传淮历时十余年，撰著《张问陶年谱》20 万字，巴蜀书社 2000 年出版，2005 年列入四川省巴蜀文化研究丛书修订再版。该《年谱》对船山世系、家世、生平、创作、交游、与高鹗之关系等，均有颇为详尽的考实。震钧、胡适、俞平伯、王利器、周汝昌等人认为高鹗系船山妹夫，《年谱》用充分的材料证明了张问陶的妹夫不是高鹗，而是高扬曾，解决了红学研究中的一大悬案。后来，胡传淮又发表了《张问陶的妹夫不是高鹗》（《中华读书报》2000 年 10 月 11 日）、《洗百年奇冤，还高鹗清白——高鹗非“汉军高氏”铁证之发现》（《红楼梦学刊》2001 年第 3 辑，与李朝正合撰）等论文，彻底澄清了这一疑案。红学家胡邦炜在《张问陶与高鹗有无姻亲关系》（《文史杂志》1999 年 3 期）中说：“近百年来，在红学研究中，大多数人都相信高鹗与张问陶的姻亲关系，并写入论文中。这一资料的发现，使这一说法彻底崩溃，无可再议了。至此，红学研究中这一悬案可以说彻底解决，可以画上句号了。这一问题的解决，其功劳自然应当归于胡传淮先生。”《中国古代文学研究年鉴·2005》（刘扬忠、钟振振、霍有明主编，陕西师范大学 2008 年出版）、《巴蜀文学史》（杨世明著，巴蜀书社 2003 年出版）和《玉宇澄清万里埃——读〈张问陶年谱〉随想》（胡文彬撰，载《红楼长短论》，北京图书馆出版社 2004 年出版）对该《年谱》有较高评价。《巴蜀文学史》云：“胡传淮的《张问陶年谱》，既本正史，又征诸家乘方志，搜采事实及材料最为详备，辨析亦颇精审，可供研究时参考。”罗应涛《评〈张问陶年谱〉的学术品格》（《聊城大学学报》2006 年 1 期）认为《张问陶年谱》是“一部学术品格很高的好书”。

研究张问陶生平的论文主要有：胡传淮《张船山世系》（《川北教育学院学报》2002 年 2 期），李朝正《张问陶的家世与身世考评》（《成都教育学院学报》1999 年 3 期），胡传淮《张问陶与刘大观交游考》（《四川职业技术学院学报》2009 年 2 期），胡传淮《清代遂宁张氏家族诗人初探》（《西华大学学报》

2007年1期），李朝正、胡传淮《船山诗注隐玄机，红学研究起纷争》（《社会科学研究》1999年5期），胡传淮《张门三才子探析》（《四川职业技术学院学报》2009年4期），胡传淮《清代大诗人张船山研究资料汇编》（《中国文学网》，中国社会科学院文学研究所主办，2009年8月27日发布），温秀珍《也说乾嘉诗人张问陶蓄妾》（《今日科苑》2009年19期），沈金浩《夜窗同梦笔生花：张问陶和林颀》（《文史知识》2003年1期），王英志《袁枚神交张问陶》（《古典文学知识》2002年1期），邹少雄《高鹗与张问陶关系考辨》（《中南民族学院学报》1998年2期），李胜《张问陶与涪陵的因缘际会》（《长江师范学院学报》2008年5期），李哲伟《袁枚与张问陶之间的莫逆之交——从一方袁枚款、张问陶铭文古砚说起》（《东方收藏》2012年12期）等，对张问陶家世、生平、交游等进行考辨，颇具学术价值。

（二）张问陶地位研究

张问陶在清代乾嘉诗坛地位崇高，系一代诗宗。本期论其在清诗史上的地位和影响的论文有十余篇，如：胡传淮《简论张问陶在清诗史上的地位》（《聊城大学学报》2006年4期），王英志《性灵派殿军张问陶》（《苏州大学学报》1998年4期），蔡荣中《张船山与性灵派——兼谈其诗歌创作的成就地位及影响》（《川北教育学院学报》1994年3期），吴庚舜《略论张问陶在清代文学史上的地位》（《张船山全国学术研讨会论文集》，中国三峡出版社2002年出版）等。

朱则杰《清诗史》、严迪昌《清诗史》、霍有明《清代诗歌发展史》、刘世南《清诗流派史》、杨世明《巴蜀文学史》、王英志《性灵派研究》等专著，都列专章或专节评论张问陶，都给予张问陶充分的肯定。尤其是钱锺书、钱仲联等主张以张问陶代替蒋士铨，重组一个三大家集团，即以袁枚、赵翼、张问陶为乾嘉诗坛三大家。钱锺书推崇的清代诗人甚少，唯对张问陶多次提及并给予很高评价，他在《谈艺录》中说："袁、蒋、赵三家并称，蒋于袁、赵议论风格大不相同，未许如刘士章之贴宅开门也，宜以张船山代之。"（1984年中华书局出版，第137页）又云："予尝谓乾嘉三家当为袁蒋张而去藏园。非有轩轾，良以笙磬同音，薰莸异器，谈艺者宜以风格分类，不可取出处行迹之密迩与否也。"（华中师范大学图书馆藏扫叶山房《船山诗草》"吴越王孙"批语）。王英志《性灵派三大家简论》（《厦门教育学院学报》2008年

4期）云："性灵派三大家袁枚、赵翼、张问陶，他们先后支撑起乾嘉时期队伍庞大的性灵派，为使文学特别是诗歌创作回归表现真情、个性的健康轨道，扫除模拟复古的风气，发扬开辟新径的创造精神，都作出了卓著的贡献。"杜贵晨《从张船山与袁枚的交往看其诗史地位》（《张船山全国学术研讨会论文集》）认为过去《中国文学史》给予船山的地位偏低："张船山是清中叶重要诗人，是一位行至近代边缘的清醒的思想家。"船山并没有"师承袁枚"，更不是袁枚的弟子。如果说船山"师法、师承"袁枚，就会"造成研究与评价上以船山为袁枚附庸的封闭心态。这就关乎船山研究进而清诗及文化史研究的大局，不可不辩"。就"可能成为进一步研究的误导，给人造成船山是靠了袁枚指教甚至提携才有诗坛地位的印象""'豪杰之士，不待文主而后立'。船山不免受袁枚的影响而自有面目，自有千秋!"刘扬忠《张船山全国学术研讨会学术小结》（《张船山全国学术研讨会论文集》）云："张船山不单是西蜀诗人之冠，而且是清代中期全国诗人之冠。"持论公允，实为不易之论。

（三）张问陶诗论研究

张问陶诗论研究是本期张问陶研究重点之一，相关论文60余篇、专著1部。论文如：温秀珍《张问陶性灵诗论兼与袁枚、赵翼性灵说之比较》（《苏州大学学报》2007年5期），温秀珍《张问陶论杜甫其人其诗》（《时代文学》2009年19期），王利器《张问陶读苏诗简端记赘言》（《南充师范学院学报》1988年1期），张树霞《论张问陶"空灵"诗境》（《大庆师范学院学报》2008年1期），张洪海《论张问陶诗歌的美学风格》（《社会科学家》2007年S2期），胡传淮《张问陶批点〈杜诗论文〉辨伪》（《收藏家》2008年6期），霍有明、黄芸珠《清人张问陶诗学理论及创作观照》（《复旦学报》2008年5期），张树霞《漫谈张问陶的诗学观》（《牡丹江师范学院学报》2008年5期），郑家治《"要从原始传丹诀，万化无非一味真"——张问陶诗歌美学论初探之一》（《四川职业技术学院学报》2009年2期），郑家治《张问陶与袁枚交往论考——兼论张问陶的诗学渊源》（《四川职业技术学院学报》2009年4期），郑家治《张问陶袁枚诗论异同简论》（《四川师范大学学报》2006年6期），王欢《兄弟情深见天真——略论张问陶的赠兄诗作及其"天真"诗论》（《辽宁行政学院学报》2007年2期），吴春玲《天籁自鸣天趣足——张问陶"趣"内涵初探》（《井冈山学院学报》2005年4期），苏虹《张问陶与"性灵诗派"》（《天中学刊》2005 年 6 期），罗应涛《万化无非一味真——论张问陶之“天真”说》（《内蒙古大学学报》2002 年 2 期），罗应涛《九转金丹铸始成——张问陶的风格论及其诗歌风格》（《社会科学研究》2002 年 3 期），罗应涛《张问陶晚年诗学思想透视——解读〈题屠琴坞论诗图十首〉》（《广西大学学报》2002 年 2 期），罗应涛《张问陶诗学思想论纲》（《贵州大学学报》2002 年 5 期），罗应涛《墨光都借性灵传——论张问陶的性灵说》（《社会科学家》2002 年 6 期），罗应涛《论张问陶的性灵说》（《许昌师专学报》2002 年 6 期），于晓婷《论李白对张问陶的影响》（《内蒙古教育学院学报》1999 年 1 期），孙霞《张问陶诗论主旨及其创作实践初探》（《徐州教育学院学报》2000 年 2 期），刘健芬《张问陶诗学的渊源与演变》（《重庆广播电视大学学报》2001 年 4 期），周子瑜《刍议张问陶诗论体系对诗人“自我”的强调》（《四川师范学院学报》2001 年 2 期），赵庆元、余丹《从张问陶的爱情诗窥其对“性灵说”的继承与发展》（《阜阳师范学院学报》2001 年 2 期），张志良《论张问陶的诗歌主张及其创作实践》（《苏州铁道师范学院学报》1994 年 4 期），赵伯陶《张问陶与“性灵”说》（《宁夏社会科学》1987 年 3 期），王世德《张船山美学思想与张诗美学特色》（《文史杂志》2001 年 4 期），蒋均涛《张船山诗论美学思想简论》（《川北教育学院学报》2002 年 1 期），罗应涛《张船山诗论漫议》（《文史杂志》2001 年 4 期），蔡荣中《张船山的思想内蕴与情感心态》（《重庆师范大学学报》1993 年 2 期），蒋维明《张船山的文艺思想及其创作实践》（《重庆师范大学学报》1981 年 2 期），雨岑《张船山与袁随园》（《社会科学研究》1982 年 3 期），蒋剑书《张船山的诗论及其创作实践》（《西华师范大学学报》1988 年 1 期），羊玉祥《张船山文艺思想浅探》（《成都大学学报》1989 年 2 期），李朝正《张船山诗歌理论对性灵诗派的贡献》（《贵州社会科学》1989 年 10 期），香港中文大学哲学系王煜《儒道相争，佛教得胜——张问陶的悲剧思路》（1992 年 1 月《哲学与文化》十九卷第一期），刘运好《从“性灵”处写“天真”——张问陶诗学思想研究》（《张船山全国学术研讨会论文集》），温秀珍《张问陶论诗诗研究》（《东岳论丛》2009 年 10 期），温秀珍《刍议张问陶对沈德潜“格调说”的借鉴》（《山花》2010 年 4 期），郑家治《张问陶袁枚诗风异同初探》（《四川职业技术学院学报》2010 年 2 期），邹鹏《张问陶与袁枚诗派传承关系之慎论》（《求索》2010 年 4 期），温秀珍《张问陶对翁方纲“肌理说”的批判与借鉴》（《新闻爱好者》2010 年 7 期），温秀珍、李丽宁《性灵派诗人张问陶论苏轼》（《新闻爱好者》2010 年 19 期），温秀珍《清代诗人张问陶论屈宋》（《新闻爱好者》2010 年 21 期），窦强《从李调元、张问陶关系看乾嘉四川诗坛的一桩公案》（《中国诗学》2010 年第十四辑），胡传淮《李调元〈雨村诗话〉不录张问陶原因初探》（《四川职业技术学院学报》2011 年 2 期），郑家治《张问陶诗歌本质论初探》（《四川职业技术学院学报》2011 年 3 期），邹鹏、李诚《洪亮吉“尚气说”对张问陶诗风之影响探微》（《当代文坛》2011 年 4 期），郑家治《张问陶早期诗学思想初探——张问陶诗学思想发展嬗变研究之一》（《四川职业技术学院学报》2012 年 4 期），滕新才、贺玉《论张问陶三峡风物诗的性灵》（《重庆三峡学院学报》2013 年 1 期），李铮、孙纪文《张问陶与赵翼性灵诗论之异同》（《四川文理学院学报》2013 年 6 期），蒋寅《张问陶与清代中叶自我表现观念的极端化》（2013 年国际会议《中国古代文学理论学会第十八届年会暨国际学术研讨会论文集》），郑家治《张问陶道德文章论略——与彭端淑、李调元比较》（《四川职业技术学院学报》2013 年 3 期），郑家治《张问陶中期诗学思想嬗变初探——张问陶诗学思想发展嬗变研究之二》（《地方文化研究辑刊》2013 年第六辑），蒋寅《乾嘉之际诗歌自我表现观念的极端化倾向——以张问陶的诗论为中心》（《复旦学报（社会科学版）》2014 年 1 期），郑家治《张问陶与杜甫：张氏诗学、诗歌渊源初探》（《四川职业技术学院学报》2014 年 4 期），郑家治《彭端淑道德文章论略——与李调元、张问陶比较》（《蜀学》2014 年第八辑），郑家治《李调元道德文章简论——与彭端淑、张问陶比较》（《地方文化研究辑刊》2014 年第七辑）等。综观这些论文，学者们对张问陶诗论进行了深入开拓和研究，取得了实质性的进展，开辟出了许多新的研究领域。

本期出版的张问陶诗论研究专著有温秀珍博士之《张问陶及其论诗诗研究》（中国文联出版社 2007 年出版）。该书共分四章，重点研究了船山诗论，创获很多，甚有建树。如该书云：张问陶是“论诗诗史上的大家”；“在论诗阐述诗歌理论方面，如果说戴复古有开创之功的话，张问陶则有弘扬光大的杰出贡献”。张问陶“真正读懂了杜诗，真正继承了杜诗的精髓，堪称杜甫千古知音”。论述精辟，富有新意。

本期涉及张问陶研究的著作还有郑家治、李咏梅著《明清巴蜀诗学研究》（巴蜀书社 2008 年出版）。该书第六编《“独立乾嘉一诗豪”——张问陶诗学研究》整编篇幅评介船山诗学，约 9 万字，用如此多的篇幅来全面论述船山诗学尚属首见。该书认为：张问陶是“古代巴蜀最后一个诗论大家”；“他的诗歌在整个乾嘉时期成就最大，独树一帜，也是巴蜀自苏轼之后成就最大的大家。相比较而言，袁枚的诗学影响很大，他所领袖的性灵派的影响更大，但其诗歌却比不上张问陶”。张问陶“是最重视独创、重视诗中有我的大家”。“张氏的诗学其远源应该是李白、苏轼等巴蜀诗人。他的诗学及诗歌创作受杜甫的影响最大。”“张问陶被人视作继承袁枚衣钵的性灵派传人，是性灵派的后期代表，这种观点在近来越来越盛行，以致成了定论。但如仔细考察，则未必如此，张问陶并不是性灵派的传人。”袁行霈主编《中国文学史》说“张问陶师承袁枚”，这一说法“是不严肃的，至少是失察的。显得片面偏颇。将张氏这位‘又辟一境’卓然独立的大家塞进性灵派的队伍里面，其失察及主观之处却是明显”。“张问陶的诗学及诗歌近乎杜甫及李白、苏轼，而与袁枚差别很大”。著名学者阎嘉在该书《序言》中说：该书“论定张问陶主要受杜甫影响，张氏与杜甫的渊源最深”；“考察张问陶与袁枚的交往诗文，否定了张氏是性灵派信徒之说”，“这些论述证据充分，论证严密，可称独得之见。”

（四）张问陶诗歌研究

张问陶以诗名世，为乾嘉诗坛泰斗，一生作诗5000余首，现存3500余首。数量大、质量高，学界对其诗歌研究甚夥。30年来，共有40余篇论文专论其诗。如：梁黎丽、李剑波《张问陶诗歌略论》（《宜宾学院学报》2007年3期），张喜全《析张问陶的田园诗》（《西南民族大学学报》2003年5期），徐希平《“杜陵诗境在，寂寞古今情”——杜甫与张问陶》（《杜甫研究学刊》2003年4期），王利民、查紫阳《秦蜀驿道上的神韵与性灵——王士祯和张问陶的蜀道诗对读》（《中国韵文学刊》2003年1期），郑杰文《张问陶诗作的文化先导意义》（《文史哲》2002年6期），孙卓虹《真实性情的自然流露——论张问陶闺情诗的积极意义》（《西南民族院学报》2001年5期），冯岁平《清代性灵派诗人张问陶的连云栈道之行》（《成都大学学报》2001年3期），李玫《解读张问陶》（《解放军艺术学院学报》2001年2期），孙善兰《谁持万管玲珑笔——张问陶与三峡》（《中国三峡建设》2001年12期），羊玉祥《张问陶时事诗刍议》（《川北教育学院学报》1994年3期），王英志《张问陶性灵诗论略——性灵派研究之一》（《江苏社会科学》1996年4期），羊玉祥《“搜尽山川奇句出，听残风雨客愁来”（上）——论张问陶的记游诗》（《川北教育学院学报》1996 年 1 期），羊玉祥《“搜尽山川奇句出，听残风雨客愁来”（下）——论张问陶的记游诗》（《川北教育学院学报》1996 年 3 期），王英志《张问陶山水诗简论》（《临沂师范学院学报》1996 年 5 期），羊玉祥、张喜全《张问陶的蜀道川江诗》（《攀枝花大学学报》1998 年 4 期），何国定《读张问陶组诗〈宝鸡县题壁〉十八首》（《四川师范大学学报》1980 年 2 期），江慰庐《张问陶和他的〈登焦山〉诗》（《江苏大学学报》1983 年 4 期），赵伯陶《从张问陶的两首佚诗谈起》（《苏州大学学报》1990 年 1 期），赵厚均《张问陶〈船山诗草〉补遗》（《苏州大学学报》2007 年 6 期），羊玉祥《张问陶的爱情生活及爱情诗漫评》（《川北教育学院学报》1992 年 2 期），郭孝儒《〈船山诗草〉勘误举隅》（《四川职业技术学院学报》2006 年 2 期），蔡忠《匠心描山水，纵情抒性灵——论张船山纪游诗的艺术特色》（《四川职业学院学报》2007 年 3 期），谢碧琼《有关张船山诗的三个数字浅析》（《科技咨询导报》2007 年 13 期），李朝正《对张船山诗歌评论者的几点质疑》（《西南民族学院学报》1997 年 6 期），蒋维明《张船山的政治诗和山水诗》（《四川大学学报》1980 年 3 期），洪钟《论张船山的诗》（《社会科学研究》1980 年 6 期），羊玉祥《张船山咏遂宁诗述评》（《川北教育学院学报》1988 年 1 期），丁集之《“性灵”巨擘张船山》（《天津师范大学学报》1989 年 1 期），何旭光《张船山诗歌中的“真善美”》（《社会科学研究》1989 年 4 期）蒋维明《张船山成都行吟》（《星星诗刊》1980 年 5 期），朱则杰《读张问陶〈阳湖道中〉》（《博览群书》1986 年 10 期），沈金浩《论述张问陶诗的情志结构》（《广州师范学报》1992 年 3 期），温秀珍《感荡性灵之作——张问陶闺情诗赏析》（《时代文学》2008 年 17 期），许隽超《张问陶的一首佚词》（《江海学刊》2010 年 2 期），李阳《浅析张问陶的闺情诗及其积极意义》（《沧桑》2010 年 4 期），胡传淮《〈船山诗草全注〉出版》（《苏州大学学报》2010 年 5 期），周志荣、张小燕《张问陶〈泸州〉诗略考》（《泸州职业技术学院学报》2011 年 1 期），邵福亮《三点〈船山诗草全注〉》（《四川职业学院学报》2011 年 1 期），赵伯陶《读〈船山诗草全注〉》（《四川职业学院学报》2011 年 2 期），王娟娟《论张问陶的饮酒诗创作》（《甘肃联合大学学报（社会科学版）》2011 年 3 期），李兴来《张问陶〈感事〉诗赏析》（《诗词月刊》2011 年 4 期），马月珍、王亚茹《浅论清代诗人张问陶的怀乡诗》（《剑南文学（经典教苑）》2012 年 2 期），毛晓雯《泸州老窖系列品牌故事之十：张问陶衔杯却爱泸州好》（《环球人文地理》

2012年3期)，贺玉《论张问陶的三峡风物诗》(《青春岁月》2012年16期)，邵福亮《二拍〈张问陶诗歌菁华录〉》(《四川职业技术学院学报》2012年3期)，张隆溪《〈张问陶家族诗歌选析〉序》(《书屋》2013年2期)，刘雄《〈船山诗草全注〉订误》(《四川职业学院学报》2013年4期)，《清代遂宁张氏家族诗歌简论》(《四川职业技术学院学报》2014年5期)等。这些论文从不同侧面、不同角度探讨了船山诗，探幽发微，精彩纷呈。但还应加强对张诗的整理研究，应对张诗的整体特色进行准确把握与定位。

（五）张问陶书画研究

张问陶是诗书画三绝奇才，其书法、绘画作品颇多，他是乾嘉时期书画大变革中崛起的一位杰出书画大家。30余年来，研究船山书画的论文有20余篇。如：胡传淮《张船山书画年谱》(《四川职业技术学院学报》2009年1期，入选《四川省第三届书法理论研讨会论文集》，中国国际文化出版社2012年出版；入编第四届中国成都国际非物质文化遗产节《笔墨东方：2013中国书法艺术国际论坛研究文集》，四川美术出版社2013年出版)，专门为船山书画活动撰谱，此为第一。秦化江《张问陶书画艺术刍论》(《四川文物》2002年4期)，江玉祥《读张问陶〈南台寺饮酒图〉》(《四川文物》2003年6期)，彭高全《张问陶及其书画诗词艺术》(《四川文物》1996年2期)，《清代画家张问陶》(《2008古董拍卖年鉴·书画卷》，湖南美术出版社2008年出版)，李志勇、高远树《张船山墨梅浅谈》(《四川职业技术学院学报》2005年3期)，范国明《妙灵何处说新声，百练功纯始自然——蜀中诗人张问陶及其书法艺术》(《中国书法》2003年12期)，戴明贤《张问陶诗横披》(《贵阳文史》2012年2期)，张玉林《张船山行草自赏诗八首（拓片）浅析》(《成都大学学报（社会科学版)》2013年1期）等。这些论文介绍和评论船山的书法、绘画艺术，不作泛泛之论，充分注意到诗、书、画三门艺术的相通之处，联系张问陶的诗论和诗风来讨论其书法、绘画，创获良多。

（六）张问陶判牍研究

张问陶是中国历史上与包拯、狄仁杰齐名的神断。因断案名闻天下，誉为“大清神断”。1934年上海中央书店出版襟霞阁主编、秋痕楼楼主校之《张船山判牍》一书。收录张船山任山东莱州府知府期间审理的相关案件，司法审判强调明断是非、解决纠纷、裁判合情合理合法，为后世称颂。30余年来，研究船山判牍的论文有20余篇。如：苗丽《论文学与法制双重视域中的张船山判牍》（《甘肃社会科学》2011年6期），洪佳期《论中国传统司法审判中的儒家法律价值观——以〈张船山判牍〉为考察中心》（《杭州师范大学学报(社会科学版)》2013年1期）等，认为船山判牍既有充溢的文人性情，灿然的文辞风貌，又内含执著的对伦常合法性的坚守。船山判牍的文学修辞乃至诗性抒发显其性，而对伦常合法性的坚守则显其志，二者结合为一体。它体现了诗人与循吏人格的统一，展示了诗性与法理融合的空间。

200余年来，张问陶研究取得了辉煌成就，但在研究的深度和广度上并非尽如人意，任务还很艰巨，亟待深入浚阐。建议以张问陶故里四川遂宁市蓬溪县为基地，建立张问陶研究中心，联合国内外清诗及张问陶研究专家，尽快编著出版《张问陶评传》《张问陶辞典》《张船山书画全集》等著作，把张问陶研究推上一个新台阶。

【原载】《蜀学》第五辑、《四川职业技术学院学报》2010年4期

张问陶全国学术研讨会综述

2014年，是清代大诗人、著名书画家张问陶诞辰250周年、逝世200周年。11月19日至20日，在问陶故里四川省遂宁市蓬溪县，召开了“张问陶全国学术研讨会”。来自北京、上海、广东、江苏、河北、陕西、重庆、四川等省市以及香港特别行政区的专家学者共计100余人参加了会议。在两天时间里，与会者参访了蓬溪县金桥镇翰林村问陶故里，拜谒了重新修复的船山墓；观看了四川宋瓷博物馆收藏的张问陶书画作品；参观了蓬溪县国家档案馆张问陶诗书画展厅；观看了《蜀中诗冠、大清神断张问陶》专题片；观赏了“性灵问陶，永远船山：蓬溪县纪念张问陶诞辰250周年诗歌朗诵会”。大会收到论文45篇、30余万字，专家们就张问陶的思想、诗论、诗歌、书画、交游、师承、影响、家族、故里开发等方面，进行了论证、思考和建议，达到了预期的文化学术目的，获得了巨大的成功。现将此次研讨会综述如下。

一

本次会议所收学术论文内容丰富，形式多样，视角独特，见解新颖。这些论文涉及到张问陶研究的方方面面，论文主题大致可分为八个方面：

（1）张问陶诗论、思想。张问陶是清代性灵派理论家，构建了自己完整的诗学理论体系。探讨张问陶诗论、思想的论文有五篇：张隆溪先生《法自然或法古人：略论张问陶吟咏性情的诗学主张》一文，系统论证了张问陶的诗学主张是强调性情和诗人自我之表现，而不强调学问和师法前人。蒋寅先生《乾嘉之际诗歌自我表现观念的极端化倾向——以张问陶的诗论为中心》认为：张问陶是乾嘉诗坛宣扬极端自我表现论最集中最有影响力的诗人。郑家治先生《张问陶儒家伦理思想初探》，细致深入地论证了张问陶一生以儒家思想为主而又兼及释道，其儒家思想既包括仁政思想与仁政实践，也包括通常所说以“三纲五常”为主的儒家伦理思想；梳理《船山诗草》的有关诗歌，可知他的伦理思想主要体现在忠孝与忠义、孝悌与亲情、爱情与节烈三个主要方面；诗人一生信奉并践行之，可称当时正面伦理实践的典范，而且写下大量有关诗歌，其内涵与艺术都值得进一步研究。罗应涛先生《张问陶“天真说”论析》，阐明张问陶在对前辈诗学理论扬弃的基础上，既“专主性灵”，又“独出新意”，标举“天真”之说，倡导从“天真”处抒写“性灵”；张问陶对其“天真说”毕其一生躬行实践，创作的大量“性灵”诗作，充满了诗人悯民忧国的风雅情怀。温秀珍女士《张问陶性灵诗论兼与袁枚、赵翼性灵说之比较》，采用比较研究的方法，将张问陶的性灵说与袁枚、赵翼的性灵说相对照，强调张问陶超越同辈性灵诗人之处在于其标举风雅之精神，切入角度和论述方法都十分新颖。这组论文理论性强，能发前人所未发，有一定的创见。

（2）张问陶诗歌。这组论文共有十三篇，在八组论文中是数量最多的一组。张问陶是乾嘉诗坛射雕手，存诗3500余首，他的主要成就是在诗歌创作方面。这组论文从不同角度、不同侧面探讨了张问陶诗歌。张寅彭《张船山诗初读札记》一文，从《船山诗草》的版本及成书情况、编年与分体、七言近体摘句图、船山诗的主题、船山为乾嘉性灵诗三大家之一等方面探讨了张问陶及其《船山诗草》，认为张船山是一位擅作七言今体尤其是七律的诗人；船山诗的精华，尽在《奇零集》后的六卷中；船山是一位“思家”，其诗歌主题出入，其次为“佛”“尘”与“仙”，即他对人生意义持续不断的思考，及从中所获得的信仰；张船山有大量关心兵灾民瘼的作品，此类作品以《宿宝鸡县题壁》为代表而广为人知；乾嘉诗坛向有袁、蒋、赵“三大家”之说，其实蒋士铨之诗并不近性灵，反而船山诗的“性灵”性质，加上其诗的成就与影响，足以取而代之，钱锺书先生即有此说。时志明、王金星先生《鸟怜杜宇皆思蜀，山爱峨眉不向秦——张问陶的山水诗述论》，指出清代诗派众多，而性灵派因其卓异特出的诗论主张，及其诗人群体领先清代诗坛，成为那个特殊年代诗歌领域的一个标签；张问陶是继袁枚之后性灵派崛起的又一重要诗人，他生活的年代正是大清由盛而衰的转折期，时代变革的印迹体现在诗人的创作中，就形成他性情自在、性灵独抒的诗歌风尚，以及诗酒清狂、孤高绝世的人格特征；张问陶的山水诗是诗人整个诗歌创作的重要组成部分，亦是诗人性灵诗论主张的物质体现，因为山水诗本来的自然状态恰恰符合性灵派天籁自成、不拘陈式的诗学主张；张问陶足迹遍南北，江南京师、湖湘齐鲁，特别秦蜀古道、长江三峡都有他千里奔波的身影，故而他的山水诗不但题材丰富、内容纷繁，而且意境高远、情韵绵渺，有很高的诗学研究价值和艺术审美价值。滕伟明先生《匠心独运，自然天成：略论张船山的语言风格》一文，阐述了张问陶、赵翼、袁枚并称乾隆三大家，创作主张相近，但语言风格却有差异：赵翼走的是苏东坡的路子，重在理趣，袁枚走的是王梵志的路子，油滑而见性灵，张船山走的是陆放翁的路子，重在描摹，尤其长于内心描写。张船山在清诗中理应名列前茅，可惜《中国文学史》并未给予足够的重视，张船山已经竖起了蜀诗的旗杆。张海、陈颖博士《简论张问陶的巴蜀情结》，阐述张问陶虽然在蜀中生活的时间并不长，但对故乡巴蜀感情至深；他用诗歌抒发思蜀之乡情，描绘巴蜀之盛景，关怀蜀中之百姓，敬仰蜀中之先贤，淋漓尽致地表现了其萦绕心中的巴蜀情结。曾添、周于飞博士《从记游诗看清代四川三才子诗歌创作》，从“清代四川三才子”张问陶、彭端淑、李调元三人在不同时期创作的纪游诗来分析各人的诗歌创作特点。有五篇论文分别探讨了张问陶山水诗中的三峡诗（滕新才、贺玉《张问陶三峡风物诗探赜》），川南诗（赵永康、陈志林《张船山万里长江最上头》、赵永康《张船山衔杯却爱泸州好》），栈道诗（袁永冰《彭田桥〈栈行杂诗〉与张问陶〈宝鸡县题壁〉》、邓厚忠《才子蹉跎意不失，为有松柏劲挺姿——说张问陶〈剑州官道古松歌〉》）等；有三篇论文探讨了张问陶诗歌的审美风格、艺术特征和张氏家族诗歌概貌（李建强、汪旭《试论张问陶诗歌的审美风格》；梁劲松《张问陶诗情景结合的艺术特征初探》；胡传淮《清代蓬溪黑柏沟张氏家族诗歌初探》）。这些论文研究张问陶诗大体上是从某一角度、某一侧面和某一点上深入下去进行探幽发微，但还缺乏从整体上全方位研究张问陶诗歌的论文。

（3）张问陶诗日本选本、书柬、书法等。这组论文有七篇。周斌先生《张船山诗日本选本及其评论》一文，评介张船山诗歌在清代就传入日本，并出现多种刻本：1815—1828 年之间，日本有四种张船山诗歌选本；1848—1850 年，又出现了两种选本：即嘉永元年（1848）刻《船山诗草》初集三卷、嘉永三年（1850）刻《船山诗草》二集六卷，此时日本视张船山为“名家”，各处书铺竞相刊刻此选本，由此可见张船山诗在当时尤受欢迎，风行一时，很有洛阳纸贵的气象。明治初年，日本诗坛领袖森春涛将张船山、陈碧城、郭频伽的绝句选编成《清三家绝句》，1878年刊刻，小野湖山《序》曰："春涛森翁所选三家绝句，三家为谁？曰张船山，曰陈碧城，曰郭频伽，皆近世巨匠。"张船山在日本诗界由"名家"一跃而为"巨匠"。这组论文中，有五篇分别论述了有关张问陶的书法艺术（邢飞、唐希鹏《张问陶书法简论》）、交游书柬（王承军《李崧霖次张问陶诗及其人》、袁永冰《张问陶与凤县》、邵福亮《张问陶书柬四通简释》）以及与《红楼梦》的关系（李宝山《张问陶与〈红楼梦〉》）等重要问题，因而颇具学术价值。

（4）张问陶的师承影响。施霞、游翠萍女士《论张问陶对陶渊明的接受》一文，论述了张问陶的人格精神、为诗作文深受陶渊明影响；考证张向陶生平及其推崇陶渊明任真自然的生活态度又追慕其率真自然的诗品风格；张问陶结合陶渊明的"任真"言论，创造性地提出了"以性灵入天真"的诗论，发展了自陶渊明以来的任真诗论，对后世产生了深刻久远的影响。邹鹏先生、罗莹女士《张问陶高祖张鹏翮对其诗歌创作之影响探微》，阐明了张问陶高祖张鹏翮的道德人品、仕宦生涯、诗学观念以及创作技巧对张问陶的深刻影响。刘扬忠先生《当代诗词爱好者和习作者如何向古代优秀作家学习——我举清代中期性灵派大诗人张问陶为学习对象》，说明自己在"诗词中国"传统诗词创作大赛中，推荐张问陶为参赛青年朋友们的异代老师和知心文友。李宝山、宋长丰先生《接地气而不失灵气——张问陶诗对当代诗词写作的启示》和胡亮先生《涪江流域诗群：传统、生态与特征——从陈子昂，经张船山，谈到涪江流域现代诗》，阐释了张问陶强调诗歌要直接抒发人的性灵、表现真实情感，在近代和现代文学史上都产生了重大影响，还影响到今天涪江流域诗人群体。

（5）张氏家族诗人研究。蓬溪黑柏沟张氏家族为清代著名"诗人世家"。成镜深先生、汪旭女士《天下廉吏，卓然完人：张鹏翮之人品》和肖刚先生《孟春相知张鹏翮》，评析张问陶高祖张鹏翮的人品；介绍了张鹏翮在重庆市铜梁县留下的题刻和诗歌，可补史之阙。何胜莉女士《论张问安诗歌中的"唐风"》和冯岁平先生《被冷落的清代诗人张问安》，简论了张问陶之兄张问安的诗风和诗作，可详史之略。

（6）张问陶家族研究。胡传淮《清代蜀中第一家蓬溪黑柏沟张氏家族探析》，全面阐述了黑柏沟张氏家族作为“清代蜀中第一家”的依据，论证了张氏家族兴衰原因。唐学镛先生《遂宁黑柏沟张氏家族的重要分支——绵竹唐氏家族源流世系探考》，介绍了清代著名诗人绵竹唐乐宇家族，实为黑柏沟张氏家族的一个重要分支，同为张氏入川始祖张万后裔，丰富了张氏家族研究资料，弥足珍贵。

（7）张氏故里开发研究。温勉双先生《关于开发名人故里，打造“清代四川第一家”旅游区的建议》，提出依托成、渝特大城市和遂宁城区，加快蓬溪旅游发展，将张问陶故里打造成“张氏祖居地、四川第一家、移民寻根处、休闲养生园”的建议，具有可行性和操作性。胡传淮先生《重修清代大诗人张船山墓记》，介绍了位于蓬溪县金桥镇翰林村二社唐家湾月亮坪的张船山墓于2014年8月重修的情况，翔实准确。王洪林先生《盘歌缝里看蓬溪张家》和钟利戡《船山之麓谈张姓》简介了张鹏翮在四川的影响和张姓来历。这组论文，虽然数量不很多，却都不作泛泛之论。

（8）张问陶研究综述。胡传淮先生《清代大诗人张问陶研究概述》，全面评价了200余年来张问陶研究成果。张一璠先生《读懂张问陶：浅说“张学”研究的路径选择》、邓尚培先生《张问陶学术研究的现实意义》、王勇先生《问陶文化的时代价值》等文，对研究张问陶的路径、现实意义和时代价值，提出了新思路，给人以启发。

二

本次张问陶全国学术研讨会，准备充分，论文内容广泛，研讨发言水准高。研讨会有三大亮点：

（1）专家学者云集，张船山研究走向了全国。本次研讨会收到的论文中，有20篇稿件出自中国社科院、香港城市大学、上海大学、苏州职业大学、山东工商学院、重庆三峡学院、广东嘉应学院、四川大学、四川师范大学、西南科技大学、西华师范大学、西华大学、绵阳师范学院、宜宾学院、四川省社科院等科研单位和高校的专家教授之手，出席张问陶全国学术研讨会的省内外学者有张隆溪、张寅彭、赵义山、马强、周斌、时志明、金生杨、郑家治、张一璠、罗应涛、成镜深11位教授。这说明张问陶故里在蓬溪，但张问陶研究在全国，我们希望下一届张问陶学术研讨会能够邀请到更多海外的学者参加，逐步将张问陶研讨会变成定期举行的学术论坛。十四年前，在遂宁市召开了首届张船山全国学术研讨会，当时参会学者主要是以中老年专家学者为主。十四年后，当我们再次聚首时，发现了令人欣慰的新气象。这次参会者有相当一批是近年来专注于张问陶研究的青年才俊，大多数是近年来获得较高学位的年轻学者，其中有文学博士 6 位、文学硕士 8 位，这让我们欣喜地看到了张问陶研究的未来和希望。

（2）研究话题深入，内容有新突破。本次研讨会受到张学专家学者和广大张学爱好者的广泛关注、积极参与，所收论文内容丰富，质量上乘，有的以新颖的见解取胜，有的以翔实的论据服人，有的以视角的独到见长。张问陶生平研究有新发现，思想研究有新启示，作品研究有新拓展，遗址研究有新突破，从多方面填补了张问陶研究空白，意义十分重大。

（3）遂宁本地学者发挥了重要作用。对张问陶进行专业、系统的研究，国内外研究机构和专家学者责任重大，本地群众性组织和业余研究人员也有所担当和作为。正如著名学者蒋寅先生所言："清代文学留下的文献实在太浩繁了，靠有限的专业工作者从事研究，许多作家和书籍不知何时才有人触及。如果各地文史工作者都能热心于地方文献的搜集和整理，利用地方资源的优势，开展有地方特色的研究，那是很有意义的。各地从事乡邦文学史研究的人多了，清代文学史的全面拓展和深入就不难在较短的时间内实现。"四川职业技术学院、蓬溪县政协文史委和蓬溪问陶诗社中的一批本地学者，长期从事张问陶的宣传和研究，为本次研讨会提交论文 16 篇，占三分之一以上，贡献良多。

张问陶全国学术研讨会收获巨大，取得了圆满成功，将张问陶研究大大向前推进了一步。

【原载】《四川职业技术学院学报》2015 年 2 期、《地方文化研究辑刊》第九辑

后　记

四川是中华文明的重要发源地之一，历史文化积淀深厚，名人巨匠灿若星辰。特别是历史上涌现出的一大批杰出政治家、思想家、文学家、艺术家、科学家等，承载着中华民族优秀的精神品格，闪烁着巴蜀人民独特的气质风范，是四川发展的宝贵资源和突出优势。

遂宁乃蜀中奥区，历史名人如天上繁星，有进士400多人，有20余人进入国史、100余人进入省志。正因为有了他们，才有了遂宁历史文化的厚重积淀；也是因为有了他们，才有了丰富的文脉流传至今。二十多年前，我即潜下心来，开始关注、搜集和研究陈子昂、王灼、黄峨、吕潜、张鹏翮和张问陶等遂宁历史名人。先后编著出版了《王灼集校辑》（合编，1996年巴蜀书社出版）；《张问陶年谱》（2000年巴蜀书社出版、2005年修订再版）；《船山诗草全注》（合编，2010年巴蜀书社出版）；《张问陶研究文集》（2015年团结出版社出版）；《张问陶资料汇编》（合编，2016年中华书局出版）；《张鹏翮研究》（2011年中国文联出版社出版）；《张文端公全集注》（合编，2017年四川大学出版社出版）；《张问安研究》（2016年现代出版社出版）；《诗书画大家吕潜》（合编，2016年现代出版社出版）；《南明宰相吕大器》（合编，2016年现代出版社出版）；《榜眼李仙根》（合编，2015年中国文史出版社出版）；《明代蜀中望族：蓬溪席家》（2013年中国文史出版社出版）；《清代蜀中第一家：蓬溪黑柏沟张氏家族》（2012年中央文献出版社出版）等有关遂宁历史名人之专著10余部，发表有关遂宁历史名人之论文50余篇。

为了积极响应四川历史名人文化传承创新工程，全面准确掌握遂宁历史名人相关情况，在四川宋瓷博物馆何瀛中馆长大力支持下，特编著《遂宁历史名人研究》一书。全书将遂宁市（辖船山区、安居区、蓬溪县、大英县、射洪县）1911年辛亥革命以前诞生之各界有代表性的名人，按照时间先后，分为唐宋名人、元明名人和清代名人三部分加以介绍。不便分类的，列入综合研究。全书共计收录文章36篇，30万字。这些文章，大多系我二十多年来陆续所撰，均在有关刊物上发表过，收入本书时都注明了出处；少数文章标题及内容略有修改。因资料匮乏，水平有限，挂一漏万，在所难免，敬祈方家补正。

拙著编辑出版，得到了何瀛中先生尽心支持；陈名扬、李宝山二君实心校对；儿子胡云柯、儿媳陈阳细心录稿，在此，一并深致谢忱。

胡传淮

2017年4月2日，最美人间四月天，识于蜀北唐兴弘扬新城翰林别苑。是日上午，春光如海，孙子峻晨生。